中原崛起的足音

ZHONGYUAN JUEQI DE ZUYIN

王全书◎著

中国文史出版社
CHINA CULTURAL AND HISTORICAL PRESS

《政协委员文库》丛书
编辑委员会

王全书（2014年）

目録

辑一 建言中原

辑二 献策发展

辑三 履职政协

辑四 传承文化

辑五 书序随笔

辑一

建言中原

广泛凝聚构建中原经济区的社会合力

——在河南省政协委员为构建中原经济区建言献策座谈会上的讲话

继东部率先发展、西部大开发、东北老工业基地振兴、中部崛起四大经济板块和长三角、珠三角、环渤海等八大经济圈划定后，去年以来，国务院又先后批准十余个区域发展规划上升为国家战略，如海西经济区、海南国际旅游岛、武汉城市圈、长株潭城市群、鄱阳湖生态经济区、黄河三角洲生态经济区、皖江城市产业带、长吉图开发开放先导区等。由于这些区域获得了从国家层次上组织市场资源、吸引要素流动的机会，发展速度明显加快，发展前景一片光明。面对千帆竞发、百舸争流的发展态势，河南应该如何定位、如何谋划？如何化解被边缘化的危险性？如何增强被肢解化的危机感？如何在全国区域协调发展中扮演应当扮演的角色？如何在促进中部地区崛起中担当率先崛起的重任？如何在加快中原崛起进程中取得更加明显的成效？诸如此类的问题，决策层在思考，各部门在思考，专家学者们在思考，社会各界都在思考。

一、深刻认识构建中原经济区的重要意义

在省委、省政府主要领导同志的点题推动下，一些专家学者和职能部门负责同志立足国家区域协调发展新形势，顺应全省人民渴望跨越新期待，创造性地提出了关于中原经济区的总体构想，开始了力争将其纳入国家发展战略的不懈努力。我认为，这是一个符合河南实际、顺应时代要求、体现群众意愿的好思路，是一个促进中原崛起、支撑中部崛起、服务全国发展的大手笔。

（一）构建中原经济区是实现区域协调发展的必然选择

新中国成立后较长一段时期，我国实行区域非均衡发展战略，东快西慢、东高西低的经济格局不断被强化。近年来，虽然国家先后实施了西部大开发、振兴东北老工业基地、促进中部地区崛起等区域发展战略，但从整体上看，地区发展的差距仍然较大，区域失衡的矛盾依旧突出。构建中原经济区，有助于在陇海兰新经济带上再建一个战略支点，再造一方增长板块，进一步释放以郑州为中心、以京广—陇海为骨架、以中原城市群为龙头的广袤中原地区的发展能量，激发中西部地区的发展潜力；有助于推动沿海经济带和沿江经济带以东带西、京广大动脉和京九大动脉连南贯北，整合区域资源，加强合作分工，促进沿海沿江要素转移，实现全国区域协调发展。

（二）构建中原经济区是保障国家粮食安全的迫切需要

民以食为天，保障国家粮食安全，始终是人们生存的首要问题、治国安邦的头等大事。河南作为全国第一农业大省，耕地面积占全国1/10，粮食产量占全国1/10，夏粮产量占全国1/4，不仅解决了全国第一人口大省的吃饭问题，而且每年还向省外调出粮食300多亿斤，为保障国家粮食安全做出了重大贡献。构建中原经济区，有助于进一步联结以河南为主体的内陆平原农区，在更大范围内和更高层次上对粮食生产进行统筹、规划和建设；培育和建立粮食生产稳定增长的长效机制，进一步增强粮食稳定增产的内生动力；有助于正确处理保障国家粮食安全和促进农民增收、农村劳动力转移的关系，统筹工农、城乡发展，加快解决“三农”问题。

（三）构建中原经济区是实施中部崛起规划的重大举措

2009年9月，国务院颁发的《促进中部地区崛起规划》，对大力促进中部地区崛起，加快形成“两横两纵”经济带，培育武汉、郑州、长沙、合肥、南昌、太原六大城市群等作出了明确部署。构建中原经济区，有助于充分发挥中原城市群经济实力最强、人口密度最大、发展前景最好的比较优势，进一步加快我省工业化、城镇化和农业现代化进程，努力使河南走在中部地区崛起的前列；有助于提升发展速度，扩充经济总量，优化产业结构，转变发展方式，尽快把中部地区建设成为全国重要的粮食生产基地、能源原材料基地、现代装备制造和高技术产业基地、综合交通运输枢纽；有助于促进潜在需求转化为现实需求，形成活力四射的内需市场，为中部地区崛起提供强大动力。

（四）构建中原经济区是加快中原崛起进程的有效途径

河南北连京津唐和环渤海，东接黄三角和长三角，南临武汉城市圈和皖江城市带，西望关中—天水经济带和成渝经济带。相形之下，河南则显得缺乏一个涵盖多重发展目标、承载综合发展理念的平台，处于战略布局的空白点，在对外开放、招商引资、产业发展、政策扶持等方面的优势未能充分发挥。构建中原经济区，对于系统梳理整合原来的各种发展战略，形成一个和中部崛起规划相衔接、与中原崛起需要相适应的总体发展战略，为中原崛起提供集聚产业、集聚资本、集聚人气、集聚政策的发展平台；对于把以往的好经验、好做法整合起来、持续下去，有效破解钱从哪里来、人往哪里去、民生怎么办、粮食怎么保等四大难题，建设粮食保障有力、城乡共同繁荣、经济持续发展、全面对外开放、生态环境良好、社会和谐稳定的新河南，作用非同寻常。

二、客观分析构建中原经济区的有利条件

改革开放以来，河南省委、省政府坚持以邓小平理论、“三个代表”重要思想和科学发展观统领经济社会发展全局，坚定不移地加快推进工业化、城镇化、农业现代化进程，经济结构不断优化，质量效益稳步提高，成功实现了由传统农业大省向全国重要经济大省、新兴工业大省和有影响的文化大省的历史性转变，已经完全具备了构建中原经济区的能力和实力。

（一）综合经济实力的不断增强为构建中原经济区奠定了雄厚的物质基础

2009年，全省生产总值达到19367亿元，占全国的6.1%，占中部地区的27.6%，稳居全国第五位，名列中西部各省区之首；地方财政一般预算收入完成1126亿元，全社会固定资产投资13705亿元，社会消费品零售总额6746亿元，规模以上工业企业实现利润2377亿元，城镇化率达到37.7%；粮食总产

1078亿斤，连续4年稳定在千亿斤以上，连续10年居全国第一；城镇居民人均可支配收入和农民人均纯收入分别实际增长9.9%和7.5%，教育、医疗等公共服务保障水平进一步提高；文化强省建设迈出坚实步伐。所有这些，都使得河南完全有能力、有实力、有精力在更高的起点上实现新的跨越。

（二）中部崛起规划的颁布实施为构建中原经济区创造了绝好的历史机遇

2004年以来，党中央、国务院多次在重要会议和文件中，明确提出促进中部地区崛起的要求。随着《促进中部地区崛起规划》的颁布实施，加大资源投入量、扩大政策扶持面等优惠政策将使河南获取更多、更好的发展良机。胡锦涛总书记、温家宝总理等中央领导同志近年来对河南发展的殷切希望，为实现中原崛起、加快河南振兴指明了前进的方向和着力的重点。当前，我国工业化、信息化、城镇化、市场化、国际化深入发展，国际国内产业结构升级和产业转移明显加快，也为我省利用两个市场、两种资源加快转型升级、实现跨越发展提供了千载难逢的历史机遇。

（三）中原城市群的快速隆起为构建中原经济区积蓄了巨大的发展能量

经过近10年的发展，中原城市群九市综合实力显著增强，地区生产总值、经济总量、综合实力、社会消费品零售总额、固定资产投资总额和金融机构存款余额均居中部其他城市群之首，在全国七个二级城市群中仅次于山东半岛城市群和成渝城市群，已经成为我国内陆地区区位优势突出、大中城市集中、人口密集度高、综合实力较强的地区，在影响力、可达性、辐射面等方面都明显优于中部其他城市群，是中部地区乃至全国的重要战略支点。2008年以来，我省大力实施中心城市带动战略，根据向心发展、集群发展的理念，规划“一极两圈三层”的空间布局，打造以郑州为中心的中原城市群“半小时”交通圈和“一小时”交通圈，培育中原城市群核心增长极，有力地促进了以中原城市群为主体形态，大中小城市和小城镇、农村社区的科学布局，初步形成了城乡统筹、产城互动、资源节约、环境友好的发展格局。

（四）论证调研工作的有序开展为构建中原经济区提供了良好的前期铺垫

今年3月份全国“两会”期间，驻豫全国政协委员联名向大会提交了《将中原城市群农业现代化、工业化、城镇化协调发展示范区（或“中原经济区”）上升为国家战略》的提案，引起了中央领导和国家有关部委的重视。今年上半年，中共中央政治局委员、全国政协副主席王刚同志和其他几位全国政协副主席来豫考察、调研时，我们多次就这一问题向他们汇报思路、征询意见。“三夏”期间，我跟卢书记、郭省长一起，向来豫考察的温家宝总理作了专题汇报。7月上旬，省委常委会用半天时间，集中研究了这一重大问题，卢展工书记发表了深思熟虑、鞭辟入里、高瞻远瞩的重要讲话。根据省委主要领导指示精神，在省政府领导下，全国“两会”后，省发改委会同省直有关部门和部分专家学者，就我省建设中原经济区、中原城市群“三化”协调发展示范区、新型城镇化示范区的问题，作了认真的研究，形成了若干个研究报告。省委统战部、省各民主党派、工商联、国内知名经济学家也举办了专题论坛。所有这些，都为构建中原经济区作了深入的理论探讨和有力的舆论宣传，前期工作做得相当扎实有效。

三、广泛凝聚构建中原经济区的社会合力

构建中原经济区并将其纳入国家发展战略，是一项复杂的系统工程，牵动上上下下，涉及方方面面，需要社会各界的通力合作。人民政协素有关注发展、服务发展、参与发展、推动发展的光荣传统，应该也能够在这个过程中大有作为。

（一）扎实搞好建言献策

构建中原经济区，需要寻求差异、准确定位、加强运作，有许多重大的理论和实践问题需要研究和破解。比如：如何协调推进粮食核心区、现代城镇体系和现代产业体系建设，率先走出一条不以牺牲农业和粮食生产为代价的工业化、城镇化和农业现代化协调发展之路；如何进一步巩固农业基础地位，建

立粮食生产稳定增长的长效机制，切实保障国家粮食安全；如何发展壮大战略支撑产业，加快培育战略性新兴产业，做强做优战略基础产业，推动产业发展集聚化、产业结构高级化、产业竞争力高端化；如何发挥中原城市群的支撑带动作用，推进城乡基本服务均等化，促进形成以城市群为主体形态，大中小城市与小城镇、农村社区协调发展、互促共进的新型城镇化格局；如何以城市新区和产业聚集区为载体，承接发达国家和沿海地区产业转移，构建内外互动的开放型经济支撑体系；如何强力推进郑州全国综合交通枢纽建设，打造覆盖全省、辐射周边、服务全国的现代交通网络；如何坚持开发与保护并重、节约与利用并举，大力发展循环经济、低碳经济、绿色经济，促进资源永续利用、生态环境良好、人与自然和谐发展；如何加强社会公共服务，完善社会保障体系，创新社会管理体制，促进社会公平正义，加快和谐中原建设；等等。全省广大政协委员尤其是政协委员中的专家学者，要紧紧抓住构建中原经济区中这些带有综合性、全局性、战略性、前瞻性的重大问题，深入开展调查研究，广泛组织座谈论证，为构建中原经济区进诤言、献良策。省政协各专门委员会和省政协办公厅要认真做好征集和办理政协委员提案、编报社情民意信息等工作，让更多的委员献策体现到构建中原经济区的规划中，落实到加快中原崛起的行动上。

（二）主动开展宣传造势

政协各参加单位和广大政协委员要充分发挥人民政协沟通各界、联系广泛的界别优势，自觉在各自所联系的群众中，大力宣传构建中原经济区的现实基础、重大意义、基本思路、战略定位、发展目标、主要任务等，把社会各界的思想和力量统一到加快中原崛起的战略部署上，凝聚到促进河南振兴的宏伟事业中，形成全社会关心、理解、支持、参与中原经济区建设和发展的浓厚氛围。要注重利用《人民政协报》、《中国政协》杂志、《协商论坛》杂志等新闻媒体和已经在河南电台开播的“政府在线·委员访谈”、已经在《大河报》设立的“提案追踪”、即将在《河南日报》开设“协商与议政”专版等阵地，积极撰写文章，踊跃接受专访，坚持不懈地为构建中原经济区奔走呼号。

（三）积极争取全国政协支持

近年来，全国政协会同有关部委深入调研、广泛论证，在推动天津滨海新区、海峡西岸经济区、海南国际旅游岛、辽宁沿海经济带、长吉图开发开放先导区、鄱阳湖生态经济区上升为国家战略的过程中发挥了至关重要的作用。还组织全国政协委员围绕北部湾经济区、曹妃甸科学发展试验区、武汉城市圈、湖南长株潭“两型”社会综合配套改革试验区、南向国际大通道建设进行视察考察和跟踪调研，提出了许多很有价值的意见和建议。省政协要进一步加强与全国政协的联系，争取组织一个由全国政协领导带队、众多知名人士参加的影响力大、权威性强的视察团，赴我省就中原经济区的规划、建设和发展进行专项视察，就中原经济区纳入国家“十二五”发展规划，上升为国家战略，适时向党中央、国务院提出建议，以求运筹于帷幄之中，决胜于千里之外。

（2010年7月29日）

为建设粮食生产核心区提供强力的科技支撑

——在视察河南省农业科学院时的讲话

最近，河南省委、省政府作出了“关于加强河南粮食生产核心区建设，探索建立国家粮食生产稳定增长机制”的决定，编制了《国家粮食战略工程河南核心区建设规划纲要》，提出要紧紧抓住提高粮食综合生产能力这个核心问题，确保每年粮食增产，力争2020年粮食产量由目前的1000亿斤增加到1300亿斤。建设国家粮食战略工程河南核心区，是省委、省政府从全国大局出发、从河南实际出发、从广大农民的迫切愿望出发作出的一项重大决策，是促进全省粮食增产、农业增效、农民增收的一个重要动议，对国家是一件大事，对河南是一大好事，对河南农民是一大喜事。省农科院一定要认真贯彻落实省委、省政府的决策部署，着力提高自主创新能力，强力推进科技成果转化，大力开展科普培训活动，为建设国家粮食战略工程河南核心区提供强力的科技支撑。

一、在提高农业科技研发能力上攀高峰

以科学发展观统领全局，紧紧抓住全省农业和农村经济发展中带有全局性、前沿性、方向性、针对性的重大农业科技问题，深入开展综合研究和协调攻关，着力在农作物超高产新品种选育、动植物良种繁育、规范化栽培、集约化养殖、重大动植物疫病防治等方面，推出具有重大影响、效益明显的科研成果和先进适用技术。坚持可持续发展战略，努力在基础研究和高新技术研究领域实现重点突破，为推进育种技术革命和新兴产业的形成储备技术。进一步加强与中国农科院、兄弟省（区、市）农科院及其他科研院所的联系与协作，广

泛开展国际合作与交流，多方位利用农业科技创新资源，提高创新起点，缩短创新周期，推动我省农业在更大范围、更广领域和更高层次上参与国际国内合作与竞争。加快建设集科研、培训、推广、观光于一体的现代农业试验示范基地，真正使其成为全省现代农业发展的侦察兵、领航员。

二、在完善农业科技推广体系上探新路

大力推进农科教协作、产学研结合，积极鼓励农业科技人员针对农业生产需要和农民群众需求，开展各种类型的科技研发、成果展示和技术示范活动，努力形成科研课题来源于实践、科研成果应用于生产的良性循环机制。按照“稳定公益型、放开经营型、建立区域性”的思路，建立健全体系完善、结构合理、运转高效、富有活力的国家公益性农技推广队伍，扶持培育多种所有制成分、多种经营形式的农技服务组织，加快构建和完善以国家农业技术推广机构为主导，以农村合作经济组织为基础，农业科研、教育等单位和涉农企业广泛参与，分工协作、服务到位、充满活力的多元化的农业科技推广体系。创新农业科技服务和农民培训方式，提供技术咨询与市场信息服务，提高农民对先进适用技术的接受能力和应用水平。

三、在加强农业科技队伍建设上育群星

倾力营造宽松的创新环境，建立有效的激励机制，在创新实践中发现人才，在创新活动中培育人才，在创新事业中凝聚人才，下大力气培养和造就一批德才兼备的农业科技领军人物，建设一支结构合理、功能优化、精干高效、服务全面的农业科技创新队伍。形成巨星耀眼、群星璀璨的喜人局面，使“杂交水稻之父”袁隆平式的巨人脱颖而出，力争在辽阔厚重的中原大地上产生无愧于诸如“高优小麦之父”“高优玉米之母”“红薯之王”称号的农业科技巨星。建立科学评价体系，完善管理体制机制，把创新文化建设作为提高科技队伍素质的重要内容，倡导敢为人先、敢于创新、宽容失败的良好风尚，调动

每一个团队成员的积极性和创造性，实现团队整体效能的充分发挥。着力改善农业科技人员的待遇和工作条件，用好现有人才，稳定关键人才，引进急需人才，培养未来人才，提高农业科技人才的整体素质，优化农业科技队伍的知识结构，为全面推进社会主义新农村建设搞好人才储备。

四、在深化农业科技体制改革上求突破

继续深入推进用人制度和分配制度改革，积极探索完善技术、管理等生产要素参与分配的政策和办法，扩大知识、劳动、资本等科技资源在收入分配中的比重，鼓励科技成果、知识产权等技术资本化，允许科技人员以技术、服务、投资等多种形式参与分配，支持科技人员在不影响本职工作的前提下从事兼职工作、合法取得收益。突出优势学科和重点领域，将有限的科研资源包括科研经费、科研队伍等，集中用于既具有世界高新水平，又对我省至关重要的农业科技攻关项目的研究，务求在若干重要领域占领国际国内农业科技的制高点。按照以“以市场为导向，以效益为中心，以人才、成果为主要资本”的指导思想，依托现有研究成果和科技资源优势，通过调整产业结构，逐步建立和完善现代农业科技企业的新体制和新机制。加大市场开发力度，强化生产经营管理，形成一批拳头产品，打造一批知名品牌，培育一批实力雄厚的科技产业和科技企业。

（2008年8月11日）

谈资源节约型、环境友好型社会建设

——在河南省政协九届常委会第二十四次会议上的讲话

胡锦涛总书记"五一"期间视察我省时强调："要着力做好节约能源资源和保护生态环境工作……坚决落实节能降耗减排的目标任务。"建设资源节约型、环境友好型社会，是党中央、国务院以科学发展观为指导，以人与自然和谐相处为目标，将经济运行过程与资源运行过程、生态运行过程、社会运行过程有机结合、统筹兼顾而作出的一项战略决策，是有效解决我国资源相对不足和环境严重恶化两大压力，实现经济、社会、资源、环境全面协调可持续发展的一个重大举措。

一、建设资源节约型、环境友好型社会是我省经济社会发展的内在要求

其一，建设资源节约型、环境友好型社会，是提高我省资源保障水平的内在要求。我省人均能源占有量只有全国平均水平的1/3，人均矿产资源占有量只有全国平均水平的1/4，人均淡水资源占有量只有全国平均水平的1/5，人均土地面积不及全国平均水平的1/4，人均耕地占有量仅占全国平均水平的4/5。这样的资源禀赋，决定了我们在经济社会发展过程中，经常会面临这样那样的资源供求矛盾。特别是近年来，伴随着工业化和城镇化进程的不断加快，资源需求数量大幅攀升，资源消耗强度逐年增大，省内一些重要资源，已经出现保有储量严重下降、后备资源明显不足、对外依存度越来越大的境况。加快建设资源节约型、环境友好型社会，有助于增强资源忧患意识，提高资源

利用效率，促进资源高效利用、循环利用、永续利用，缓解资源瓶颈制约，实现资源供求平衡。

其二，建设资源节约型、环境友好型社会，是减轻我省环境污染状况的内在要求。改革开放以来，我省国民经济发展取得了举世瞩目的成就，但同时也付出了不容忽视的环境代价。我省的资源利用效率、资源综合利用水平和再生资源回收利用率大大低于全国平均水平。2005年，我省万元GDP能耗为1.38吨标准煤，比全国平均水平高出13%；规模以上工业企业万元工业增加值能耗为4.02吨标准煤，比全国平均水平高出55%。加快建设资源节约型、环境友好型社会，有助于将经济社会活动对自然资源的需求和生态环境的影响降低到最小程度，从根本上解决经济社会发展与环境保护之间的矛盾。

其三，建设资源节约型、环境友好型社会，是转变我省经济增长方式的内在要求。长期以来，我省沿用的是高投入、高消耗、高污染、低产出的粗放型增长模式，不仅成为企业降低生产成本、提高经济效益的重要障碍，而且对生态环境也造成了巨大压力。当前，资源节约和环境保护已经成为区域布局的重要依据、结构调整的重要手段、市场准入的重要条件、价格形成的重要因素。加快建设资源节约型、环境友好型社会，有利于以提高能源资源利用效率为核心，以节能、节水、节地、节材、资源综合利用和发展循环经济为重点，把节约资源和保护环境贯穿于生产、流通、消费各个环节和经济社会发展各个领域，促进全省经济增长尽快从粗放型转向集约型，快速提升产业结构和经济运行质量。

其四，建设资源节约型、环境友好型社会，是增强我省综合竞争能力的内在要求。随着经济全球化进程的加快，一系列新的国际公约对经济贸易特别是工农业产品提出了更为严格的环保要求，发达国家为了维护自身的既得利益，不惜利用经济和技术的先发优势，从产品的研发、生产、包装、运输、使用、循环利用等环节设置越来越多的技术壁垒。近年来，我国因卫生、安全、环境等技术指标不合格等因素而被国外制裁的案例越来越多，据不完全统计，受阻出口产品价值高达400多亿元。我省的一些鲜活农产品、中成药和工业产品，也多次遭遇绿色壁垒的阻击。加快建设资源节约型社会，大力发展环境友好型产品，有助于消除绿色壁垒影响，在更高层次、更大范围、更广领域参与国际国内的市场竞争。

其五，加快建设资源节约型、环境友好型社会，是加快和谐中原建设的内在要求。随着经济社会的快速发展和人民生活水平的不断提高，人民群众对资源的需要和环境的要求越来越高，资源浪费和污染排放过量问题越来越受到社会公众的关注。“十五”期间，全省各级环保部门受理的群众来信数量比“九五”时期增加28.7%，接待的群众来访人次比“九五”增加33.5%，一些突发的污染事故和环境纠纷，已经成为影响社会稳定的重要诱因。加快建设资源节约型、环境友好型社会，有助于推动整个社会走上生产发展、生活富裕、生态良好的文明发展道路，实现经济效益、社会效益与生态效益的协调统一，促进社会的和谐与稳定。

二、我省建设资源节约型、环境友好型社会取得的可喜成效和存在的突出问题

近年来，省委、省政府对建设资源节约型、环境友好型社会高度重视，省八次党代会报告将其作为加快经济大省向经济强省跨越的六大“新突破”之一作了部署。我省坚持以污染物防治为重点，以污染物排放总量控制为主线，以开展重点领域、区域、行业环境综合整治为突破口，标本兼治，严格执法，“两型”社会建设工作取得了明显进展。全国节能减排工作电视电话会议召开和《国务院关于印发节能减排综合性工作方案的通知》下发后，省委、省政府明确要求，把节能减排作为加快产业结构调整、促进产业优化升级、推动我省经济增长方式转变的一项难得机遇，制定了《河南省节能减排实施方案》；成立了由李成玉省长任组长、主管副省长任副组长、有关部门主要负责同志为成员的节能减排工作领导小组，并实行了严格的节能减排工作问责制；开展了高耗能高污染行业专项大检查，进一步完善了差别电价政策；在前两年已经关停小火电机组98.8万千瓦的基础上，加大了高效环保大型机组与小火电机组电量交易等工作力度，在全国率先关停了10万千瓦机组，拆除了安阳2×10万千瓦火电机组，被国家有关部委确定为全国“上大压小”启动工程；将卫河、惠济河、贾鲁河3条河流，化工、医药、电力3个行业，133个生活饮用水源保护

区作为今年环境综合整治重点，对行业、区域内不能稳定达标排放或不符合总量控制要求的355家企业实行停产治理或限期治理，依法关停150家重污染企业；在去年底已建成污水处理项目93个、城市垃圾处理场65座的基础上，今年又开工建设并于年内竣工38个污水处理项目、87座垃圾处理场；实施了治理整顿黏土砖瓦窑厂专项行动，2005年至今已拆除实心黏土砖瓦窑厂3600多个，整治复垦土地近10万亩，有效地促进了粉煤灰、煤矸石等工业固体废弃物的综合利用，目前全省新型墙体材料占墙材总量的比例达到50%以上；我省还在全国率先组织开展了第一批循环经济试点工作，已初步形成了鹤壁市、义马市资源型城市转型和河南天冠集团粮食加工及综合利用等循环经济模式。上半年，全省单位规模以上工业增加值能耗为每万元3.69吨标准煤，比上年同期降低5.35%；全省39个工业行业中，33个行业万元增加值能耗有不同程度的下降；纳入全国考核的88项产品能耗指标中，同比下降的有62种，占70.5%；全省能源效率达64%，同比提高2.5个百分点；二氧化硫排放总量77.1万吨，比去年同期下降1.25%。节能降耗减排初见成效。

同时，我们也要清醒地看到，在“两型”社会建设上，我省各项环保目标任务整体推进不够理想，化学需氧量排放总量35.67万吨，比去年同期增加0.2%，地表水断面水质达标率较去年同期有所下降，已建成的城市污水处理厂多数不能稳定运行和达标排放，违法案件查处不到位的问题较为突出。我们取得的成绩还是初步的、阶段性的，“两型”社会建设面临的形势还相当严峻。

三、关于加快资源节约型、环境友好型社会建设的若干建议

有鉴于此，我们提出以下建议。计六个方面共28条：

（一）健全法律法规

1. 按照科学发展观的要求，对大力发展循环经济，建设资源节约型、环境友好型社会作出更加明确的法律规定。重新界定现行专项资源法和防治污染法中相互交叉、相互矛盾的法律条款，使之更加系统、更加规范、更具有可操作性；科学制定《循环经济促进法》，以更加严格的法律规范、更加健全的监

管措施、更加高昂的违法成本，使之真正体现稀缺资源的优化配置和环境保护的公益要求，成为推进节能减排和清洁生产的强制法，推动经济增长方式转变的促进法，惩治高耗能、高污染、高浪费行为的约束法；改变以往先由国家立法、后由地方配套实施的习惯性做法，鼓励各地适时制定有关地方性法规或条例，创造性地开展资源节约和环境保护工作。

2. 在完善法律法规的同时，制定资源高消耗行业市场准入标准，明确主要用能设备能效标准，修订主要耗能行业节能设计规范，完善重点行业清洁生产评价指标体系，使所有节能环保的法律、法规、规章、技术规范构成一个相互联系、相互统一、相互配套、相互支持的有机整体，强化法律的可操作性。

3. 加快环境监测站、节能监测中心和技术服务中心建设，提高节能和环境执法监管能力。适时开展节能减排专项检查和监察行动，确保各项法律法规的贯彻落实。建立环保和生态建设责任追究制度，严肃查处各类违法违规行为，对违反资源节约、环境保护法律法规的单位，要依法查处，并有选择地对典型案例公开曝光；对因决策失误、未正确履行职责、监管工作不到位而造成生态环境明显恶化等严重后果的，要依法追究有关领导和部门责任人的责任。

（二）加强政策引导

4. 增加各级政府公共财政支出中的节能环保投入，采取资金扶持、贴息贷款等补助、奖励方式，进一步加大对资源节约和环境保护重大项目的财政支持力度。财政新增的技术改造支出、中小企业发展专项资金和科技投入等专项资金，要重点扶持高效节能产品和节能新机制推广，支持节能减排重点工程、节能管理能力建设及污染减排监管体系建设。

5. 充分发挥政府投资对社会投资的引导作用，积极采取灵活多样的担保形式，鼓励和引导各类金融机构加大对循环经济、环境保护及节能减排技术改造项目的信贷支持。对重大循环经济项目，要给予适当的利率优惠。采取多种形式的国际合作，鼓励外商及其他各类投资主体，以独资、合资、承包、租赁、股份制、BOT（建设—运营—转让）等形式，投资循环经济领域。

6. 改革资源型产品价格形成机制，理顺资源与最终产品比价关系，使价格信号真实体现各种生产要素的稀缺程度，引导资源合理配置。对淘汰、限制类项目和高耗能企业，实施差别价格制度，对超过国家、地方能耗、水耗限额标准的企业实施梯级价格制度。扩大水资源费征收范围，适当提高水资源费征收标准，加强水资源费征收。全面开征城市污水、生活垃圾、危险废物和医疗废物处理费，调整城市供水价格和污水处理费征收标准，适度提高企业排污费征收标准。

7. 认真落实促进节能、节水、资源综合利用及环保产业发展的所得税、增值税优惠政策，调动企业节约资源、保护环境的积极性。严格执行国家用地标准，鼓励企业盘活存量，节约增量，提高土地利用效率。对低于投资标准的项目不予供地；对投资强度超过规定标准50%以上的重点项目，优先安排用地计划；对利用原有厂区进行增资扩建或改造的，免缴增加建筑面积部分的土地出让金。

8. 通过必要的行政干预，促使政府优先采购经过生态设计和通过环境标志认证的产品，优先采购经过清洁生产审计的产品，并以此影响社会公众，拉动循环经济发展。审计机关要对政府部门采购再生产品的情况进行必要的监督检查，对未能按有关规定采购的行为进行必要的干预和处罚。

（三）创新体制机制

9. 创新环境咨询制度，完善民主决策机制，注重听取广大人民群众和综合型专家学者意见，切实加强纵向层级之间和横向部门之间的协商，力争把重大经济社会发展政策和中长期规划对资源和环境可能带来的不利影响控制到最低限度。充分发挥环保志愿者、非政府环保组织的积极性，完善联席会议制度和定期不定期联络制度，把公众参与和政府决策有机结合起来，提高公众参与程度和科学决策水平。

10. 严格执行环境影响评价制度、环保“三同时”制度、污染物总量控制制度，建立规划环评专家审查机制，从决策源头上防止环境污染和生态破坏。借鉴国内外成功经验，探索实行资源节约统计制度和信息发布制度、固定资产投资工程项目节能评价制度、排污许可证有偿取得制度、重点排污企业公告制度、环保“三同时”保证金制度和生态恢复保证金制度。

11. 加大区域之间资源节约、环境保护工作协调力度，推广流域联防联治模式，健全跨行政区域河流交界断面水质达标管理、建设项目环境影响评价联合审批、跨行政区域污染事故应急协调处理等制度，鼓励环保基础设施共建共享，统筹解决跨地区、跨流域的重大环境问题。建设覆盖全社会的生态环境管理信息系统和监控网络，构建水、大气、生态、土壤、危险废物和危险化学品污染事故等环境监测预警体系。

12. 按照“谁开发、谁保护，谁受益、谁补偿”的原则，建立并完善生态补偿机制，在上游地区和下游地区、优先开发地区和限制开发地区之间进行利益调整。建立国家产业补偿制度，实现末端产业对源头产业的利益补偿，二、三产业对第一产业的利益补偿，成品产业对资源产业的利益补偿。

13. 改革党政领导干部考核制度，将资源消耗、环境质量、污染排放和环境效益等作为评价党政领导干部政绩和企业负责人业绩的重要内容，引导各级党委、政府和企业坚决摒弃重开发、轻节约，重速度、轻效益，重外延发展、轻内涵发展，片面追求GDP增长、忽视资源节约和环境保护的倾向，大力发展循环经济。积极探索企业绿色会计制度、政府和企业绿色审计制度、绿色GDP经济核算办法等，综合核算经济与环境发展状况。

（四）提供技术支撑

14. 进一步加大对资源节约、环境优化技术创新的投入力度。各级财政现有的科技攻关、成果转化、技术改造、新产品贴息、民营经济发展、污染防治等专项资金，要重点支持循环经济共性技术、关键技术的研究开发，努力突破制约循环经济发展的技术障碍。综合运用改革、激励、扶持等多种手段和措施，引导企业多方筹措资金，不断加大投入，以保证技术创新的资金需求。

15. 整合全社会科技资源，加强国内外合作交流，针对制约资源节约、环境友好的共性问题，大力开展联合攻关，尽快突破重点领域、关键技术的瓶颈制约。目前，要重点做好具有普遍推广意义的资源节约和替代技术、能量梯级利用技术、延长产业链及相关产业链接技术、废弃物零排放技术、有毒有害原材料替代技术、资源回收处理再制造技术等方面的研发工作。

16. 根据机关、学校、社区、家庭对节能环保适用技术的实际需求，组织有关专家研发一批节能、节水、节地、节材方面的适用新技术及产品，为全社会文明消费、健康消费、节约消费、环保消费提供强有力的科技支撑。大力开展职工小革新、小发明、小设计、小创新、小窍门和岗位练兵、技术比武、技术培训等活动，帮助职工掌握节能环保技能，不断提高企业节能环保能力。

17. 积极支持有关科研部门、行业协会、技术中介组织建立形式多样、机制灵活的节能环保技术孵化中心和科技咨询服务体系，加快开发推广符合循环经济原则的新技术、新工艺、新设备、新材料，淘汰高消耗、高排放的传统落后技术和工艺。加快建立以企业为主体、产学研相结合的节能环保技术服务体系建设，大力实施节能环保示范工程，促进节能环保技术创新、成果转化和示范推广体系建设。

18. 畅通人才交流渠道，营造人才创业环境，广泛吸纳国内外优秀人才，着力培养造就一大批对建设资源节约型、环境友好型社会有特殊技术专长的创新型领军人物。注重发挥国土资源和环境保护系统工作人员的理论和实践优势，鼓励和引导他们更多地支持、参与节能环保技术创新。

（五）转变增长方式

19. 以科学发展观为指导，以“减量化、再利用、再循环”为原则，严格按照物质消耗强度、能耗强度、水耗强度、污染物排放强度、温室气体排放强度、能源消费结构等绿色发展指标要求，进一步修订完善国民经济和社会发展总体规划、城市总体规划、土地利用总体规划和生态建设规划，科学编制《循环经济发展规划》《循环经济示范园区建设规划》和节水、节能、资源综合利用等专项规划。当前，要抓紧制定和完善五大领域的绿色发展战略规划，即：国土环境经济协调布局规划、资源保护与资源节约规划、绿色经济与绿色产业发展规划、生态保护与生态建设规划、环境污染综合治理规划。

20. 依法控制高耗能、高污染行业过快增长，淘汰耗能高、污染重的落后生产能力、工艺装置和技术设备，对未按期完成“十一五”污染物总量削减目标的地区或行业，超过污染物总量控制指标、国家主要控制断面不能满足环境功能区划要求的河流流域，多次发生特大重大环境污染事故、环境风险隐患突出的行政区域，采取严格的“区域限批”与“行业限批”政策。积极推进能源结构调整，大力发展可再生能源，稳步发展替代能源。加快发展第三产业和高新技术产业，不断促进产业结构优化升级，从根本上改变经济增长对第二产业特别是重化工业的过分依赖。按照总体发展规划的要求，加强与国际国内大型企业（集团）的战略合作，在项目整合和原料互供等方面实现资源共享。

21. 积极鼓励企业运用先进的工艺，推进清洁生产和资源的循环利用，施行“资源—产品—再生资源”的闭环反馈式循环过程，达到最佳生产、最适消费、最少废弃的效果。各类企业在新上项目或技术改造时，要充分考虑行业链条关系，把上下游产品衔接起来，把各种废弃物利用起来，力争从产品的研制、开发、生产到包装、运输、使用、循环利用等各个环节，都以尽可能小的资源消耗和环境成本，获得尽可能大的经济社会效益。

22. 按照先试行、后完善，先试点、后规范的要求，或以利用工业废弃物为主，或以资源综合利用为主，或以经营生态农业为主，或以清洁生产为主，在重点工业领域和再生资源领域、农业生产领域，积极培育循环经济示范产业链。通过这些循环型产业链的健康发展，探索重点行业和再生资源领域、农业生产领域发展循环经济的有效途径，创新促进资源循环利用和环境保护的政策措施。

23. 进一步完善各类高新区、经济开发区、创业园区、产业经济带的管理及运行机制，积极引导关联性大、带动性强的高新技术企业和企业集团落户园区，使资金、技术、人才等生产要素向园区汇集。按照产业链拓展延伸、资源综合利用、土地集约使用、废物集中处理、热电能源共享的要求，加快建设循环经济示范园区，通过不同产业之间的组合与补充和物质流、能量流、信息流的关联与交换，促进产业之间、企业之间实现生态链接，形成循环网络，以求资源最优利用。

（六）强化全民参与

24. 从提高党的执政能力和国家长治久安的战略高度，坚持不懈地在各级领导干部中积极倡导资源节约、环境友好的价值观念，坚决反对大手大脚、铺张浪费的不正之风，把环境道德教育、环境行政意识、环境经济意识、环境法制意识、环境科学意识等有机结合起来，使人与自然和谐相处的原则渗透到所有社会管理工作之中。

25. 充分发挥新闻媒体宣传教育和舆论监督作用，大力宣传节能环保政策法规，普及节能环保基本常识，推介节能环保先进典型，鞭挞严重浪费资源、破坏生态环境的恶劣行为，在全社会形成建设资源节约型和环境友好型社会的浓厚氛围。认真组织节能节水宣传周以及世界水日、土地日、环境日等宣传活动，大力开展节约资源、保护生态、改善环境、合理消费、循环经济等观念和知识的宣传教育。

26. 在党政机关、企事业单位、大中小学校、服务行业、城乡社区中深入开展“节约资源，从我做起”实践活动、“珍惜资源，保护生态”教育活动、“绿色消费”引导活动、“节约型社区”创建活动和“依法利用资源，科学生活生产”促进活动，全面启动“节能减排全民行动”，努力建设全民参与、全民受益、全民监督的生态文明。

27. 各级党政机关要充分发挥示范、表率作用，努力建设节约型机关。从自身做起，从小事做起，带头执行建设资源节约型和环境友好型社会的各项政策规定，带头优先采购节能产品，带头加强对机关事业单位节能、节水和办公用品的消耗管理，带头节约行政事业费开支，带头把节约资源和环境保护的各项要求落实到具体工作之中。

28. 全体社会成员都要增强资源忧患意识、节约意识和参与意识，积极培育科学、文明、健康的生活方式和工作方式，自觉进行生活消费垃圾分类回收，自觉购买绿色产品（如绿色住宅、绿色食品、绿色用品等），自觉减少一次性物品消耗（如一次性筷子、塑料袋等），自觉改变相互攀比、奢侈浪费的生活方式，把节能、节水、节材、节粮、垃圾分类回收等节能环保要求变成全体社会成员的自觉行动。

四、人民政协要踊跃为建设资源节约型、环境友好型社会献计出力

建设资源节约型、环境友好型社会，是我省加快“两大跨越”、推进“两大建设”的必然选择，是我们加快构建和谐中原、奋力实现中原崛起的必由之路。各级政协组织和广大政协委员，要从牢固树立和落实科学发展观、全面建设小康社会的战略高度，提高认识，强化责任，扎实做好各项工作。一要充分发挥人民政协联系各界、凝聚人心的作用。团结一切可以团结的力量，调动一切积极因素，形成合力，添加动力，激发活力，共同致力于资源节约型、环境友好型社会建设。二要充分发挥政协委员们的主体作用。鼓励委员们继续就建设资源节约型、环境友好型社会的重大问题，深入开展调查研究，努力形成有

价值、有分量的意见建议，为省委、省政府科学决策提供优质服务。三要充分发挥各界别的桥梁和纽带作用。及时了解经济社会生活中节能环保的重要情况和人民群众关注的热点难点问题，如实反映人民群众的愿望和要求，使党和政府的各项决策更加符合民意、顺应民心。多做加强沟通、增进理解、化解矛盾、维护稳定的工作，巩固好、发展好建设资源节约型、环境友好型社会的群众基础。

（2007年9月11日）

县域经济与城镇化

——在全国政协十届常委会第十四次会议上的发言

“郡县治，天下安。”治理县政自古以来就是安邦定国的根本之策。全国13亿人口，80%在县域，县域人口又绝大部分是农民，所以，全面建设小康社会关键是壮大县域经济，推进城镇化进程，使占人口绝大多数的农民获得同城市居民一样的国民待遇。

一、县域经济是城镇化的物质基础，城镇化是县域经济的重要支撑

县域经济是一种区域经济，是在县级行政区划范围内，以县城为中心，以乡镇为纽带，以农村为腹地，以发展农产品加工和乡镇企业为重点，城乡一体、工农并进，由各种经济成分和不同产业构成的区域经济。县域经济这种定位本身就说明，壮大县域经济和推进城镇化进程是一个命题的两个方面，二者相互作用，互为依存。

首先，发展县域经济是推进城镇化的前提和基础。城镇化的前提是城镇工业的走强和农业产业化程度的提高。一方面，县域经济的发展有赖于高效益的产业经济作支撑。一个地方没有高水平的工业化，县域经济成长就缺乏动力，农村富余劳动力的转移就会成为一句空话。另一方面，发展县域经济不是要弱化农业，而是要通过非农产业发展促进农业产业结构调整升级，增强农业发展活力；同时，县域经济的发展也为县域财政提供了财源，从而有较大的财力用于公共设施和公共服务建设，为推进城镇化提供必要的物质基础。

其次，推进城镇化是发展壮大县域经济的重要支撑。城镇是县域经济的载体。城镇化有利于农村工业的产业集聚，有利于服务业的成长，有利于促进农村劳动力的转移。从目前形势看，县域经济不发达，主要制约因素是乡镇工业发展不充分，城镇化建设滞后。推进县域经济发展理应把加快中小城市及小城镇建设作为重头戏，以城镇环境的不断改善、服务业的不断提高、乡镇企业的不断集聚，提升城镇品位，推动县域经济的发展。同时，相对于大中城市已较大程度地实现了与工业文明相适应的现代生活方式而言，农村很大程度上还延续着传统生活方式。推进城镇化，有利于从根本上改造农村传统生活方式，加快社会主义新农村建设。

最后，发展壮大县域经济，推进城镇化进程是破解“三农”问题的钥匙。农业、农村和农民问题，始终是我国革命、建设和改革的根本问题。当前我国“三农”问题的核心是农民问题，农民问题的核心是收入问题，收入问题的核心是就业问题。解决就业问题一是要在壮大县域经济上做文章。县域经济的特色是广泛性、综合性、多样性。在县域经济范围内，既有城镇经济，也有乡村经济，既有第一产业，也有第二、第三产业。只有县域经济发展壮大了，农民的就业机会充分了，才有可能从根本上解决长期困扰我们的农民收入增长缓慢和农民负担过重两大难题。二是要在推进城镇化上做文章。农民就业难，核心是城镇化滞后。发展县域经济，小城镇这个层次具有无可替代的优势。小城镇是城乡经济的结合部和交汇点，是城之尾、乡之首，既具有农村的优势，又发挥着城市的功能，因而是统筹城乡经济发展的重要环节。只有小城镇加快发展，才能为农民的就业创造更多机会，为农民真正转变为市民提供可接受的条件。

总而言之，在全国工业化和城镇化快速推进的新形势下，把加快发展壮大县域经济与推进城镇化进程有机结合起来，以县域经济发展来推动城镇化进程，以推进城镇化进程来促进县域经济的发展，是一条符合科学发展观和我国目前实际的经济发展道路。

二、在推进城镇化进程中，推动县域经济实现跨越式发展

观念守旧、小富即安和县域经济的整体发展水平低、缺乏新的经济增长点，是加快城镇化进程的两大制约因素，从河南近年来的发展实际看，壮大县域经济，必须做好以下几方面的工作。

一是主攻工业经济。工业化是推进城镇化、工业化、农业现代化进程的核心，是城镇化的载体，只有强力推进工业化，才能加快城镇化进程。加快县域工业发展，要从实际出发，落实科学发展观，坚持走科技含量高、经济效益好、资源消耗低、环境污染少、人力资源优势得到充分发挥的新型工业化路子。一要实施项目带动战略。基础设施项目可以带动促进投资增长，生产性项目可以促进经济结构调整优化。县域经济体量较小，争取若干大的项目落户县域，可以优化资源配置，集聚生产要素，改善发展环境，增强发展后劲，实现县域经济的跨越式发展。二要抓好县域骨干企业。骨干企业对县域经济具有较强的辐射作用，是县级财政的重要支撑，要加强对县域骨干企业的改组改造，帮助骨干企业上档次、上水平，提高竞争力，发挥引领作用。三要科学调整工业经济布局和结构。要调整区域结构，大力发展块状经济，推动工业布局从遍地开花的乡村工业向集约化、集群式的城镇经济发展。调整工业产业结构，提升传统优势产业的发展水平，扶持做大新兴产业，有重点地发展高新技术产业。调整企业内部结构，突出主业，增强竞争优势。积极实施“名企、名牌、名人”工程，不断提高企业的对外影响力和名牌产品的市场竞争力。

二是放活民营经济。经过几年的改制，民营经济已经成为县域经济的主体。壮大县域经济，某种意义上就是壮大民营经济。要真正把发展民营经济作为主攻方向，思想上放心、放胆，政策上放宽、放活，工作上放手、放开。要进一步放宽市场准入，从培育和发展个体工商户入手，大力发展民营企业。要加强对民营企业的服务，优化民营经济发展环境，扶持有基础、有规模的民营企业做强做大，尽快形成一批综合实力强的大型企业和企业集团。要继续鼓励民间资本参与国有集体企业的改制重组，以存量吸引增量，以增量激活存量，形成全方位发展民营经济的格局。要严格依法管理，调动人们投资兴业、发展民营经济的积极性。

三是培育特色经济。特色就是优势，有特色就有竞争力。各地发展县域经济的一条重要经验就是培育县域特色产业。近年来，我省各个县（市、区）通过发展特色经济，初步形成了巩义的有色金属、长垣的防腐材料、鄢陵的花卉、西峡的中药材、临颍的农副产品加工等特色明显的优势产业，从而带动了一方经济的繁荣。客观地讲，各地都有自己的比较优势，能否将比较优势转化为特色经济，转化为生产力，关键是要善于发现优势、利用优势、放大优势、叫响优势，因地制宜培育壮大具有较强比较优势的特色支柱产业。

四是提升劳务经济。农村人口多，是制约县域经济发展的重要因素。如何变人口压力为发展优势，一个重要途径就是大搞劳务输出，加快农业劳动力向非农产业转移。这对于农业大省和人口大省尤其重要。如我省的滑县去年劳务输出达3.5万人，一年带回资金8亿元；长垣县发挥厨师、防腐材料等优势，大力发展劳务经济，已成为我省有名的县域经济发展先进县。各县特别是贫困县一定要牢固树立劳务输出是一个大产业的观念，将其作为一条富民强县的有效途径，千方百计扩大劳务输出的规模和质量，积极引导农村富余劳动力外出务工就业，切实增加农民的务工收入。当前，随着经济的发展和工业化、信息化的推进，二、三产业对劳动力的素质要求越来越高，必须高度重视在发展国民教育的同时，大力发展职业教育，加强对劳务输出人员的技能培训，建立灵活多样的劳务人员培训基地，为加快发展劳务经济创造良好的条件。

五是打造开放经济。县域经济发展受制于资金、项目、人才、市场等方面的制约，扩大开放、招商引资、招才引智是解决这些问题的现实途径。要坚持“跳出县域谋划县域，走出县域发展县域”的方针，以集天下之智、天下之士、天下之财为我所用的视野、胸襟和本领，扩大县域工作开放度。牢固树立县外都是外的观念和无外不快、无外不活、无外不强的外向思维，面向国际国内两个市场，紧紧抓住世界性产业向我国转移、东部产业向内地转移的机遇，不断创新方式，采用多种办法，引进资金、技术、人才、管理和品牌，加快发展县域开放型经济。

三、在发展壮大县域经济中，进一步加快城镇化进程

欠发达地区和发达地区的差异，主要是工业化和城镇化水平的差距。发展壮大县域经济，其实质就是加快工业化和城镇化进程，逐步消除城乡二元结构，实现全面建设小康社会的目标。结合河南实际，我认为加快城镇化进程，应该做到“三个结合”，解决“三对矛盾”，强化“一个管理”。

（一）做到“三个结合”

城镇化不能等同于小城镇建设，小城镇建设也不能简单地归结为修几条马路，盖几栋楼房。农村城镇化过程实际是农村经济全面发展的过程，因此，必须做到“三个结合”：第一个结合是与农村产业结构调整相结合。农村在粮经作物及农林牧渔两大结构调整基本完成之后，向二、三产业发展的需求日渐迫切。小城镇建设必须抓住机遇，根据本区域的市场、资源特点，选准主导产业，合理规划产业结构和产业布局，提升和完善硬件设施和经济服务功能，积极培育和拓展城镇集聚人口、产业、资金、技术、信息等功能优势，承载、辐射和牵动当地产业结构向二、三产业转移。第二个结合是与乡镇企业二次创业相结合。要利用乡镇企业进行结构调整的大好时机，充分发挥小城镇集聚产业、集聚资金及基础设施共享的优势，引导乡镇企业向小城镇集中，使乡镇企业利用小城镇优越的经营环境，调整结构，完善机制，增强活力。第三个结合是与农业产业化相结合。要在小城镇建设中积极发展和培植农产品加工企业、专业市场、中介组织等多种类型的产业化龙头，尤其是要健全和完善产前、产中、产后全程配套服务，把小城镇建设成农副产品加工和销售中心、农业产业化信息和技术服务中心。简言之，建设小城镇与全面发展农村经济相结合，就是要以主导产业支撑小城镇，以乡镇企业夯实小城镇，以市场建设激活小城镇，使小城镇真正成为县域经济发展的重要载体。

（二）解决“三对矛盾”

推进城镇化进程，既有诸多良好的机遇，也面临不少困难和制约因素。概括起来，亟待解决好以下三对矛盾：第一对矛盾是建设资金需求量大与供给严重短缺的矛盾。近年来，小城镇建设虽被提升到关系农村“三化”大战略的

高度，但是城镇建设投入不足的矛盾仍然十分突出，甚至还有加剧之势。因此，拓展投资渠道，建立健全多元化的投入机制成为小城镇建设的当务之急。要强化乡镇一级政府财政职能，加大政府投资力度，设立专项资金用于小城镇建设开发；要改革现行不合理的财税体制，实行核定上缴基数，超额全留政策，并明确提出用于城镇建设的比例；对于与小城镇建设紧密相关的税收部分应全部留镇作为城镇建设基金。要积极开辟信贷或债券融资渠道，积极探索民间投资城镇基础设施回报机制。要本着谁投资谁所有、谁经营谁受益的原则，对一些有投资回报的基础设施项目（如公厕、自来水、排污设施等）实行有偿投入或收费方式建设。有条件的地方，要采取优惠政策，吸引外商投资。要以地生财，滚动发展。镇政府可以通过先期投资，兴建水、电、路、通信、电视等公共基础设施，将生地建成熟地，使土地大大增值后统一出售，将所得收入继续投入到城镇开发建设中去。第二对矛盾是城镇规模的迅速扩张与城镇管理滞后的矛盾。2005年，我省县城及小城镇建成区面积1350平方公里，常住人口近800万人，城镇化水平明显提高。但许多城镇的管理却还是停留在农村集镇的管理水平上，远不能适应现代化城镇发展需求。因此，大力推进城镇户籍制度改革，对那些在城镇购有住房、有稳定收入来源的城镇常住人口，可以登记转入城镇户口，成为合法的城镇居民；必须改变小城镇建设中“重建轻管”“重硬件轻软件”的倾向，切实加大城镇管理力度，提高管理水平；广泛开展创建文明城镇活动，在实践中探索既不同于大中城市，又有别于农村的城镇管理模式，创造健康、文明的新型城镇生活方式。第三对矛盾是农民进镇与原家庭承包土地流转的矛盾。现在大批农民脱离土地进镇务工经商，并没有带来人们所希望的土地流转和规模经营，绝大多数进镇农民包括那些已经取得城镇户口的农民，都仍然保留着承包地，并办理了二轮承包手续。对这种现象，既要看到在目前情况下大多数进镇农民仍然把承包地看作是自己生活福利的最后保障，因而具有一定的合理性，也要看到其阻碍了土地规模经营、科技推广运用及农村的分工分业等消极后果。土地流转对农民来说是一个极其敏感的话题，必须慎重对待。当前要注重做好以下几个方面的工作：第一，要加快推进城镇户籍制度、社会保障制度等城市配套改革，解除进镇农民的后顾之忧；第二，对那些长期脱离土地，土地已基本不成为其生活来源的进镇农民，在办理城镇户口时要求并鼓励他们退出承包权，彻底完成由农民向市民的转变；第三，对那些城乡兼顾的农民，可以在一定期间内实行保留承包权、转让经营权的政策，通过村集体进行有偿转让，实现土地的适度规模经营，同时也为那些进镇农民经营失败返回农村留下退路。

（三）强化“一个管理”

就是强化各级政府管理城镇的职能作用。推进城镇化进程，是一项综合性的系统工程，涉及农村经济和社会发展的各个方面，必须依靠各级政府强有力的组织、协调与指导。如果说农民是城镇化的建设主体，那么各级政府就是城镇化的主导。一些先进地区的经验表明，政府城镇化推进的思路、措施和力度，是影响城镇化进程的一个关键。因此，要加快城镇化步伐，首先，需要各级政府进一步提高认识，切实把城镇化作为事关经济社会发展全局的一个重要战略摆上位置，不断研究小城镇建设中出现的新情况、新问题，提出新对策、新措施；建议省及市、县（市、区）都由政府主要负责同志挂帅，有关部门领导参加，统一制订农村城镇化的规划和有关政策措施，协调解决城镇化进程中出现的困难和问题，形成上下左右齐促城镇化的合力。其次，政府各个部门要把推进城镇化作为自己一项重要的工作职责，在自己的工作领域内为小城镇建设排忧解难，创造良好的外部环境。最后，加快推进乡镇管理体制改革，强化乡镇政府职能。对一些区位条件优越、经济实力强、发展潜力大的建制镇要简政放权，可以赋予其县级行政管理职能。要建立健全乡镇一级独立的实体财政，设立乡镇级金库，培育乡镇财源，增强乡镇财力。要强化乡镇政府城镇管理功能，结合正在进行的合乡并镇和乡镇机构改革，将乡镇政府管理工作重心由过去的农村经济为主转向城乡并举。要不断学习和摸索小城镇管理方式，注重引进和培养城镇发展急需的管理人才、专业技术人才、经营型人才，以提高城镇建设发展的决策管理水平。

（2006年7月4日）

建设社会主义新农村和创新型河南

——在河南省政协九届常委会第十九次会议上的讲话

建设社会主义新农村和创新型河南是关系我省经济社会发展的全局性、战略性、综合性、前瞻性的议题，是省委、省政府正在部署实施、人民群众非常关心、政协有条件发挥积极作用的重大课题。这两个课题搞好了，将对我省实现跨越式发展、在中部崛起中走在前列起到重要的促进作用。

一、充分认识建设社会主义新农村和创新型河南的重大意义

建设社会主义新农村和创新型河南，是省委、省政府深入贯彻中共十六届五中全会精神、着力推进全省经济社会协调健康发展而提出的两项重大历史任务，是保证“十一五”规划各项战略目标顺利实现的两个重要战略举措。

（一）建设社会主义新农村和创新型河南，是提高我省综合竞争能力的重大举措

我省是全国第一人口大省，第一农业大省，第一粮食产量大省，“三农”问题始终是关系经济社会发展全局的根本性问题。改革开放特别是近些年来，我省通过实施一系列支农、强农、惠农政策，明显改善了广大农村的生产和生活条件，但由于农村生产力水平相对较低、农业基础设施比较脆弱、农村公共事业严重滞后、农业科技体系尚未健全等原因，仍有相当一部分地区农村经济发展缓慢，农民增收困难。要提高我省综合竞争能力，使河南农业和农村经济在国内外市场竞争中立于不败之地，就必须以建设社会主义新农村为载体，在“三农”问题上采取新的重大举措。当今世界，随着新技术革命的迅猛发展，

经济社会发展比以往任何时候都更加迫切需要科学技术的支撑，自主创新能力越来越成为一个国家和地区综合竞争能力的决定性因素。近年来，我省在经济规模总量扩张、经济增长质量有效提高等方面取得了令人瞩目的成就，但重引进轻消化吸收、重模仿轻自主创新、重基建轻技术改造、重生产轻科学管理的状况仍然存在，科技人才相对缺乏、科技成果转化率低的问题仍较突出，在高成长性和高技术行业中能在全国叫得响的企业还是凤毛麟角。必须大幅度提升自主创新能力，尽快把经济增长转变到依靠科技进步、鼓励科技创新、加快技术推广、加速科技成果转化上来。

（二）建设社会主义新农村和创新型河南，是我省全面建设小康社会的迫切需要

农业是国民经济的基础，农业兴才能百业兴；农民是最大的群体，农民富才能全省富；农村是最大的市场，农村活才能全省活。建设惠及全省人民更高水平的小康社会，重点在农村，难点也在农村。按照生产发展、生活宽裕、乡风文明、村容整洁、管理民主的总体要求，扎实稳步推进社会主义新农村建设，有助于我们认真解决影响农业和农村发展的一系列深层次矛盾和问题，有助于全面建设小康社会奋斗目标的顺利实现。目前，我省产业技术层次较低、科技创新能力不强，仍在很大程度上制约着全省经济增长的质量和效益。全面建设小康社会的目标、资源环境的制约、经济和国防的安全，都决定了我们必须努力走自主创新之路。一部人类社会发展史表明，从传统农业、手工业和重化工业，到今天的信息经济、生物经济和现代服务业的发展，每一次产业跃升和结构调整，无一不是科技进步与创新的结果。只有提高自主创新能力，科技和人才要素全面介入，才能大幅度提高产业层次和水平，促进产业结构的优化升级，促进经济增长方式由粗放型向集约型、由要素驱动型向创新驱动型转变，实现“腾笼换鸟”和“浴火重生”。

（三）建设社会主义新农村和创新型河南，是扎实推进和谐社会建设的有效途径

经验表明，当一个国家工业化发展到一定阶段时，只有较好地处理工农关系和城乡关系，妥善解决城乡二元结构矛盾，才能保持经济社会的持续快速健康发展，从而顺利迈进现代化国家行列。要构建社会主义和谐社会，进一步加快现代化进程，必须坚持以工业反哺农业、以城市带动乡村的方针，认真扎实地做好“三农”工作，促进工业与农业的协调发展，实现城市与农村的共同繁荣。经济社会快速发展与人口增长和资源环境约束的矛盾，是当前和今后一个时期我省经济社会发展面临的重大挑战。一方面，我省人均资源占有量少，水资源仅相当于全国平均水平的1/5，探明储量的矿产资源人均仅为全国的1/4；另一方面，我省资源利用率低，地区GDP单位能耗是国内先进水平的2.1倍，工业万元增加值用水量是发达国家的3—5倍，能源利用率比发达国家低10个百分点。随着经济规模的扩大和工业化、城镇化进程的加快，继续沿袭这种传统的粗放型增长方式，资源将难以支撑，环境将难以承受，人与自然和谐相处将难以保证。只有依靠科技进步与技术创新，才能进一步提高资源利用效率，更好地治理环境污染，保护生态环境，突破人口、资源、环境的瓶颈制约。

（四）建设社会主义新农村和创新型河南，是巩固党的执政地位、保持和发展党的先进性的必然要求

我们党是一个在农业大国夺取政权并实现长期执政的马克思主义政党，亿万农民是我们党执政的重要基础。巩固党的执政地位、巩固工农联盟的政权基础，必须坚持立党为公、执政为民，把广大农民群众紧紧团结在党和政府的周围，同心同德，为实现国家富强和人民幸福而奋斗。这对农村人口占多数的河南来说，显得更为重要。我们党又是一个具有先进性的马克思主义政党，党的先进性是党的生命所系、力量所在。重视推动科技进步与创新，是党的先进性的重要内涵和生动体现，关系党的事业兴衰成败。在新世纪新阶段，我们党要不断保持和发展先进性，始终走在时代前列，引领中华民族的伟大复兴和中原的崛起，必须敏锐关注世界科技发展的新趋势，准确把握我国改革开放的新形势，把科学技术发展真正置于优先发展的战略地位，坚持走中国特色的自主创新道路，努力建设创新型国家、创新型河南，依靠科学技术的新突破，带动经济社会的新跨越。

总之，建设社会主义新农村和创新型河南，不仅是关系长远、影响全局的战略问题，而且是当前需要抓紧解决的紧迫问题；不仅是重大的发展工程，

而且是重大的政治任务。全省各级政协组织和广大政协委员，要充分认识建设社会主义新农村和创新型河南的重要性和必要性，认真贯彻落实科学发展观，切实增强责任感和使命感，紧紧围绕这两大议题，集中力量开展调查研究，提出有价值、有分量的意见建议，为党委、政府决策提供参考和依据。

二、对建设社会主义新农村的意见建议

（一）关于农村生产力建设

1. 大力推进农业的产业化经营

新农村建设的首要任务是发展生产力，通过政府扶持的推动作用、科学技术的促动作用、市场需求的拉动作用、典型示范的带动作用，培育发展产业支撑。作为粮食主产区，要积极探索在家庭承包经营基础上实现集约化、规模化的农业和农村经济发展的新路子。要通过服务的社会化来扩大农业经营的空间，通过生产的专业化来提高农业生产的集约度，通过经营的产业化来拉长农业的产业链，促进农产品的转化增值。在新农村建设中，最突出的问题还是在粮食主产区。粮食主产区农业人口最多，致富门路最少。同是平原地带，东部沿海地区的一些县已经退出了粮食生产，经济收入已经达到了相当高的水平，而粮食主产区则被圈定在基本农田范围内。这些承担粮食生产任务地区同不承担粮食生产任务地区相比，经济发展水平悬殊，百姓收入差距太大。建议国家妥善处理粮食生产与农民增收的关系，进一步加大对粮食主产区的财政性投入，抑制农资价格上涨，保护和提高粮食价格，让承担国家发展粮食责任的农民能够与不承担粮食发展责任的农民共享改革发展成果。

2. 积极培育农村第三产业

随着农村经济的快速发展和社会的全面进步，第三产业将成为我省农村经济新的富有生机与活力的增长点。发展农村第三产业，有利于农村一、二、三产业协调发展、良性互动。建议积极引导广大农民立足当地优势和自身实际，大力发展投资少、见效快、收益多、就业容量大的第三产业项目，处理好新农村建设与全面发展农村生产力的关系。例如：有旅游资源优势的地方，可

以发展集观光、娱乐、休闲、度假于一体的现代旅游业；有厚重文化积淀的地方，可以发展体现地方特色、群众喜闻乐见的文化产业；人流会聚、客源较多的地方，可以发展商业、饮食、运输、住宿等传统服务业；工业发达、经济繁荣的地方，可以发展金融、保险、物流、中介等现代服务业；等等。

3. 加快发展农民专业合作经济组织

国内外实践证明，发展农民专业合作经济组织，是促进农村产业结构调整、实现小生产与大市场对接、提高农民组织化程度、提升农村生产力整体水平的有效途径。目前我省各类农民专业合作组织整体发展势头良好，但还存在立法滞后、资金匮乏、体制不顺、管理混乱、领域狭窄等诸多问题。建议各级政府充分认识发展农民专业合作经济组织的重要意义，细化有关部门的职责，在注册登记、财政支持、税收优惠、信贷服务等方面，制定相应的政策措施。农业产业化、基地建设、农业综合开发、扶贫开发等资金要向农民专业合作经济组织适度倾斜。参照浙江等地经验，对农民专业合作组织从事为成员自身服务的经营活动，免征企业所得税和增值税；对为非成员服务不超过成员部分的经营活动，视同为成员服务。明确农民专业合作经济组织的法人地位，规范农民专业合作组织的经营行为。加快培养农民专业合作经济组织的领军人才，委派或鼓励公务员、职业经理人、专业技术人员、大学毕业生到农村指导、协助农民专业合作经济组织建设，实现传统合作经济组织与新型农民专业合作经济组织两种资源的对接。同时，还要通过产业带动、合作开发、政策引导、公益捐助、光彩事业等多种形式，鼓励非公有制企业参与新农村建设。

4. 加强农业科技推广体系建设

农业科技推广体系是农业科技成果转化为现实生产力的重要桥梁，是实现农业增长方式转变的重要环节。近年来，随着农村综合改革的不断深入，农业科技推广体系凸显出机制不活、体制不顺、队伍不稳、保障不足、多元化服务组织发育滞后等问题，严重影响了农业科技推广工作的开展。建议按照强化公益性职能、放活经营性服务的要求，科学设置农业科技推广机构，创新农业科技推广体系，充分发挥农业龙头企业、中介组织的作用，尽快建立以政府农业科技推广机构为主导，以农民专业合作经济组织为基础，农业科研、教育等单位和涉农企业广泛参与、分工协作、服务到位、充满活力的基层农业科技推广体系。对承担公益性职能的推广机构，政府要加大投入，提高其服务能力和水平；对经营性的推广机构，政府要制定相应的优惠政策，扶持其做大做强。

5. 加强农村基础设施建设

加强农村基础设施建设，不仅能改善农业生产条件，提高农业综合生产能力，而且能增加农民就业机会和收入，提高农民生活质量。建议重视发挥城市对农村的带动作用，加大市级财政性建设资金对郊区和所属县乡的投入，加大公共基础设施向农村的延伸。充分发挥农民和社会各方面的积极性，引导农民对直接受益的公共设施建设投工投劳，鼓励各种社会力量参与基础设施建设。着力加强农民最急需的生产生活设施建设，优先解决水利工程老化失修、饮水安全问题突出、用电紧张、道路不通、信息不畅等问题，力争通过“十一五”时期的建设，使农村生产生活条件和整体面貌有比较明显的变化。农村住宅改造要尊重农民意愿，切合当地实际，统一规划、量力而行、节约土地、方便群众。

（二）关于统筹城乡经济社会发展

6. 建立财政对“三农”的长效投入机制

建设社会主义新农村，必须首先解决好资金问题。建议按照存量适度调整、增量重点倾斜的原则，不断增加对农村、农业、农民的投入，并确保投入增长速度不低于同期财政收入的增长速度。省、市、县三级财政增量部分，应重点向“三农”倾斜，财政支农资金增量、预算内资金用于农村建设的比重以及直接用于改善农村生产生活条件的资金等要明显高于上年。各级财政要具体明确对农业和农村的投入份额，尤其要明确农村基础设施建设和社会事业投入的刚性增长比例。

7. 积极探索农村多元化投融资体制

按照“谁投资、谁拥有，谁受益、谁负责”的原则，积极探索多种投入方式，广泛吸纳社会资本、民间资本和外来资本投资新农村建设。建议抓紧制定符合农村实际的产业发展政策，大量吸引工商资本投资现代农业，培育以现代产权制度和企业制度运作为特征的新型农业市场主体。建立对口帮扶机制，鼓励和引导党政部门、科研院所、大专院校、大集团、大企业对经济薄弱的农村进行各种形式的帮扶。积极推进农村金融体制改革，巩固和发展农村信用社、农村供销社改革成果，县域内各金融机构要将一定比例的新增存款投放当地的新农村建设。

8. 继续实施城镇带动战略

我省有近7000万农村人口，人多地少现象非常突出，仅靠现有的农业资源，很难实现建设社会主义新农村的宏伟目标。建议彻底摆脱单纯就“三农”论“三农”的传统思维定式，把解决“三农”问题与实施城镇带动战略紧密结合起来，正确处理新农村建设与工业化、城镇化的关系，在加快新农村建设的同时，进一步加强县城、中心镇和专业镇建设，以主导产业支撑城镇，以乡镇企业夯实城镇，以市场建设激活城镇，以科学管理规范城镇，为农村富余劳动力就近转移创造就业条件。要完善道路、电力、供水、排污、通信、信息、商饮、旅游等基础设施和服务设施，不断增强城镇对农村的辐射带动功能。

9. 大力发展县域经济

“郡县治，天下安”，治理县政自古以来就是安邦治国之策。县域经济以县城为中心，以乡镇为纽带，以农村为腹地，以发展农产品加工和乡镇企业为重点，涵盖“三农”，连接城乡，是破解“三农”问题的重要力量。目前，我省相当一部分县还是农业弱县、工业小县、财政穷县，今后应结合县域实际，充分发挥各自资源优势，大力发展特色支柱产业，尽快形成主导产业突出、后续产业强劲的工业集群。建议合理调整工业经济布局和结构，扶优扶强，集约发展，不断提高县域的对外影响力和名企、名牌、名人的市场竞争力。继续加大招商引资力度，以优惠的政策措施、丰厚的投资回报、良好的社会环境、快捷的办事效率，吸引国内外企业到县域兴办企业。

10. 规范提升劳务经济

近年来，我省每年有1500万左右的农村富余劳动力外出务工，约占全国农村外出务工人员总量的1/10。劳务经济的迅速发展，对促进农村富余劳动力向城镇转移、增加农民收入、促进农村发展发挥了非常重要的作用。建议我省在率先出台一系列完善农民工就业服务体系和农民工权益保护政策的基础上，认真清理不利于农民进城就业的政策、法规和种种不合理限制，更加周到地为外出务工人员提供用工信息、政策咨询、就业指导、职业介绍等服务。进一步加大培训经费投入，整合教育培训资源，多层次、多渠道开展工作，提高农民外出务工的组织化程度、整体素质和转岗就业技能，逐步实现由自发输出向由有组织输出、由体能型输出向智能型输出、由国内输出向国内外输出、由农村单一输出向城乡共同输出、由外出务工向回归创业转变。通过政府引导、规范管理、订单培训、定向输出等措施，培育劳务输出的重点行业和工种，打造河南农民工知名品牌。构建劳动力输出回流机制，鼓励和支持进城务工先富起来的人员反哺家乡建设，返乡投资兴业或捐建各种公益项目。

11. 加大对贫困地区和少数民族聚居地区的扶持力度

目前全省有690万贫困人口，大都居住在深山区、革命老区、行洪蓄洪滞洪区，这些地区是新农村建设的难点。建议国家比照西部大开发的有关政策，对这些地区进行集中连片开发。我省黄河滩区拥有106万人口、280万亩耕地，还有24万人口、30多万亩耕地属倒灌区，扶贫开发任务很重。建议国家把黄河滩区列入行滞洪区，给予相应的补偿政策，将这一全国最贫困的地区之一作为新农村建设的重点加以扶持。沿河各级政府要打破固有的思维定式，把除弊与兴利、治河与治穷、安澜与富民、整治与开发更加有机地结合起来，在确保黄河安全的前提下，充分利用黄河自身优势，大力发展沿河高效产业，走经济、文化、生态三位一体综合开发的路子。我省有3个城市民族区和21个回族乡镇，少数民族人口绝对数500人以上、比例50%以上的聚居村555个，做好这些地区的新农村建设工作，是促进各民族共同繁荣，巩固和发展各族人民大团结的必然要求。建议各级党委、政府充分认识加快少数民族聚居地区社会主义新农村建设的重要意义，创新工作机制，完善政策措施，进一步加大对少数民族聚居地区经济社会发展的支持力度。

12. 切实解决乡村债务问题

受多种因素影响，我省部分乡村债务沉重。这不仅严重制约着农村经济的发展，而且也在很大程度上影响着基层政权运转和农村社会稳定。建议在认真澄清底数的基础上，尽快出台相关政策，区分不同债务原因，分门别类予以化解。对乡村办企业形成的债务，该企业偿还的，划转企业偿还，企业无力偿还的，可通过出租、拍卖、转让企业财产偿还；对因政策性原因造成企业关停并转形成的债务，可按照规定实行挂账停息；对确实因建校、修路等公益事业形成的债务，可由各级财政列入计划，逐年予以偿还。有条件的地方，财政要设立乡村债务准备金，用于清偿乡村债务中需要政府承担的部分。建立防止乡村债务产生的长效机制，严禁出现新的债务。

（三）关于发展农村社会事业

13. 加强农村文化事业建设

农村公共文化的发展状况，标志着农村的文明程度。建议进一步加强农村文化设施建设，增强农村文化活动内涵，培育优秀的农村文化队伍，提高农村文化可持续发展能力。在硬件方面，要加强村级文化站、图书室等公共文化设施建设，加强农村广播电视和远程教育网络建设，构建农村公共文化服务体系；在软件方面，要加强农村群众性思想道德建设，引导农民崇尚科学、抵制迷信、移风易俗、破除陋习，形成科学健康的生活方式和文明向上的社会风貌。

14. 逐步建立农村社会救助和社会保障制度

建立城乡统一的社会救助和社会保障制度，是确保社会公平、保证全体社会成员共享经济社会发展成果的重要条件，也是建设社会主义新农村的重要内容。建议从建立农民需求迫切的社会养老、合作医疗和最低生活保障等三项制度着手，尽快形成统一、规范、城乡一体化的农村社会救助和社会保障体系。中央和省级财政要将农村社会救助和社会保障资金纳入预算，并重点对贫困地区给予财政转移支付资金补助，确保农村困难群体不因地方财力有限而失去保障。

15. 大力实施乡村清洁工程

长期以来，我省部分农村人畜混居，污水横流，垃圾随意堆放，蚊蝇恣意肆虐，脏、乱、差现象严重，人民群众喝不上干净的水，呼吸不上清洁的空气，吃不上放心的食物，给农业生产和农民生活造成了很大危害。这既有因农业生产手段的过度使用带来的污染，也有因农村聚居点缺乏规划和环境管理滞后导致的污染，又有因乡镇企业和集约化养殖场布局不当、污染治理不够形成的污染。建议各级政府把以清洁田园、清洁家园、清洁水源为主线，以农村废弃物资源化利用和农村面源污染防控为核心的乡村清洁工程，作为新农村建设的重要内容，尽快纳入国民经济和社会发展总体规划。参照对前联养殖业、后带种植业的农村户用沼气建设国债项目的投入补贴方式，设立乡村清洁工程建设专项，对农村污水、生活垃圾、人畜粪便、农作物秸秆的收集、处理和资源化等方面予以支持。合理规划村镇建设和产业布局。探索有利于农业清洁生产的生态补偿政策，对在农业生产过程中采取环境友好型技术，对农业废弃物进行无害化和资源化利用，踊跃开展沃土工程的生产者进行生态补偿，以鼓励和引导更多的农民和农业企业采取清洁生产技术。

（四）关于加强新农村建设统一领导和基层组织建设

16. 切实加强对新农村建设的统一领导

建设社会主义新农村，涉及农村政治、经济、文化、社会建设等各个方面，工作千头万绪，任务量大面广，迫切需要加强统一领导与协调。建议强化省、市、县农村工作领导小组及其办公室的职能，由党政领导牵头，协调各有关职能部门，统筹新农村建设工作。

17. 进一步强化村级意识

长期以来，由于一些地方轻视或忽视村的存在和作用，不注重激发村的活力，释放村的能量，致使部分村级功能名存实亡。建设社会主义新农村，农民是主角、是主体，村一级是重要的组织者、引导者、服务者和实践者，不调动村级组织的积极性、主动性和创造性，不增强村级组织的战斗力、凝聚力和号召力，势必造成工作被动。各级党委、政府要进一步强化村级意识，切实把村级工作纳入重要议事日程，做到工作上有安排、资金上有投入、时间上有保证、管理上有措施。

18. 高度重视农村“两委”班子建设

继续深入实施“双强”工程，搞好驻村帮扶工作，使省委、省政府决定在新农村建设中开展的“抓试点、争致富、办实事”活动落地有声。当前，农村基层组织中，“懒班子”“散班子”“软班子”“弱班子”还占有一定比重。由于待遇偏低，部分村干部工作积极性不高，创造性不强，缺乏动力，没有活力，被群众形象地比喻为“维持会”“传话筒”“复印机”。建议采取内选、外请、下派等多种方式，选准配强农村党支部书记。对一些班子弱化的村，建议推广一些市实施的“大学生村官”计划，积极开展“村企联建”“村村联建”活动，从附近选派优秀企业或强村支部书记到弱村兼任支部书记。为更好地调动村干部的工作积极性，建议合理确定村干部的工资待遇。对一般村干部，可参照当地下岗职工低保标准执行；对表现突出、贡献较大的村干部，可探索解决他们的养老保险、医疗保险等问题；对有集体经济来源的村干部，除财政支付的工资外，可根据实际情况由村里再补贴一点。

19. 加强农村社会治安综合治理

建议全面贯彻打防结合、预防为主方针，建立完善社会治安防范体系，依法打击“两抢”、盗窃、黑恶势力等各种犯罪活动，坚决扫除黄赌毒、传销、邪教等社会丑恶现象。大力整治农村治安重点地区和突出问题，加强农村治安防范工作，预防和减少不稳定因素和各类案件发生。建立健全排查调处农村社会矛盾纠纷工作机制，加强人民调解工作，依法、公正、合理调处农村各种矛盾纠纷，有效预防、及时妥善地处置化解群体性事件，防止矛盾激化，促进农村社会和谐稳定，为农民群众安居乐业创造良好的社会环境。

三、对建设创新型河南的意见建议

（一）关于提高企业自主创新能力

1. 强化企业自主创新的主体地位

在市场经济条件下，企业是市场竞争的主体，也是技术创新的主体。企业的核心技术来自于自主创新，其核心产品要靠自主创新来形成，其核心竞争力要靠自主创新来培育。就我省目前情况而言，企业还没有真正成为技术创新的主体。一是企业自主创新意识不强，有相当一部分企业不注重核心技术培育，创新起点低，产品和技术更新换代慢，产品档次差。二是研发投入严重不足，2005年全省研究开发经费占生产总值的比例仅为0.5%，远低于全国1.3%的平均水平。省百户重点工业企业中，仍有33家企业研发经费占销售收入的比重低于0.5%。三是多数企业没有研发机构，半数企业没有技术研发活动。创新能力不足只是现象，创新动力不足才是本质。如果大多数企业通过攻关，可以得到低成本的土地、矿产资源和能源，自然就会失去技术创新的热情。建议进一步破除体制性、机制性障碍，综合运用改革、激励、扶持等多种手段和措施，引导企业特别是作为自主创新真正主导者的企业主要领导，加大研发投入，激活创新要素，促使企业尽快成为技术创新的决策主体、投入主体、利益主体和风险承担主体。

2. 建立国有企业技术创新的内生动力机制

要加快我省国有企业的改革与改制进程，尽快建立产权多元的股权结构，并以此为基础建立现代企业制度和公司治理结构，特别是要建立由股东大会选举产生的董事会、代表投资者利益进行重大经营决策的制度，促使企业经营者从企业的长远发展出发，增加技术研发投入，克服短期行为。国有企业要加大对技术创新的投入力度，该提的提足，该摊的摊足，该留的留足，不断提高研究开发支出占销售收入的比重，确保企业有充足的研发资金。有条件的企业要建立工程技术研究中心、研究院或重点实验室。鼓励企业将研发平台前移到高校、科研单位和沿海地区、发达国家，有效利用内外部科技资源，尽快形成优势互补、风险共担、利益共享、合作共赢的运作机制。

3. 扶持民营科技型企业做大做强

民营科技型中小企业大多以自主知识产权的技术起家，拥有"绝活""绝招"，价值发现能力敏锐，决策机制灵活，发展潜力巨大，勇于冒险又能快速分散风险，是技术创新的生力军。我国的发明专利65%是中小企业获得的，80%的新产品是由中小企业开发成功的。科技型中小企业是自主创新中一支十分活跃、不可或缺的力量。比如，郑州拓普轧制技术有限公司，依靠自主研发，使中国的轧钢技术一跃进入世界先进行列，在62个国家和地区中取得专利授权17项，为河南赢得了荣誉，也使自身有了立足之本。民营企业成长为科技创新的重要方面军，在我国将是一个大趋势。鉴于高新技术具有高投入、高收益、高风险的特性，客观存在融资难等诸多问题，建议政府部门在融资、市场准入、减少行业垄断、政府采购和财政科技投入等方面给予大力支持。

4. 进一步落实支持企业自主创新的金融财税政策

前不久，国务院发布的国家中长期科技发展规划若干配套措施（国发〔2006〕6号）中，对现行的企业技术开发投入的所得税税前抵扣政策有三项重要突破，取消了行业限制、技术开发经费增幅的限制及对当年应纳税所得的限制。规定企业当年实际发生的技术开发费用的150%抵扣当年应纳税所得额；实际发生的技术开发费用当年抵扣不足部分，可按税法规定在5年内结转抵扣；等等。好政策重在贯彻落实，建议有关部门加紧出台相关配套优惠措施，确保政策的可操作性和预期效果。推动投融资制度创新，利用基金、贴息、担保等方式，引导各类商业金融机构支持自主创新与产业化项目；调动社会投入的积极性，培育和发展与中小企业相匹配的小金融机构，以政府科技经费作配套资金和种子资金，吸引、鼓励海内外投资者在我省进行风险投资和创业投资。

5. 正确处理引进技术和自主创新的关系

长期以市场换技术的政策，导致我国不断重复引进和对国外技术的持续依赖，大量关键技术的产权属于外资，拉大了中国与世界的技术差距。以机械工业为例，据20世纪末所作的调查，我国机械工业的主要技术来源50%以上来自国外。在主导产品中，汽车工业的70%、发电设备的50%、基础机械的60%、农业机械的30%均靠引进，很多产品的品牌、关键技术和销售渠道掌握在跨国公司手中。随着我国经济的快速发展和技术进步，一些工业发达国家为保持竞争力和国际领先地位，对我国实行了高技术的种种禁运和封锁手段。我国企业面对积累多年、经验老到的知识产权强国，以及它们精心构建的知识产权"地雷阵"，创新发展步履维艰。我省企业的核心技术主要还是依靠从外部引进，真正意义上的自主研发只在极少数企业和个别高新技术企业中有所展开。现阶段，我们不能再一味走以市场换技术的老路，只有把引进消化吸收再创新作为技术进步的重要途径，才能尽快掌握关键核心技术，逐步过渡到集成创新，最终实现原始技术创新。建议对具有自主知识产权的重要高新技术装备与产品加大政府首购政策、订购制度的实施和监督力度，确需引进的重大技术装备，优先购买向我省转让技术的产品，并由承担企业在项目引进前制定关键技术和装备的消化吸收创新方案，作为工程项目审批和核准的重要内容；积极利用合资经营、合作生产的技术溢出效应，开发具有自主知识产权的核心技术，尽快缩短与发达地区、发达国家的技术差距，提升我省优势产业、优势产品在国内外的市场竞争力。

（二）关于提高科研单位自主创新能力

6. 认真解决科技工作和经济工作"两张皮"的问题

长期以来，科技工作和经济工作被人为分割为两个主体、两条战线，彼此独立运行、各成体系。表现为科技活动主体与经济活动主体相互分离，科技管理部门与经济管理部门相互牵制，科技运行机制与经济运行机制相互脱节，科技体制改革与经济体制改革相互独立。游离于经济活动之外的科技难以真正起到第一生产力的作用，也难以真正成为经济发展与结构调整的动力。建议国家成立高层次的统领全国自主创新工作的决策机构，比如，成立有国务院各相关部门、民主党派和工商联以及社会团体参加的建设创新型国家战略指导委员会，统一领导经济和科技体制以及其他方面的改革，面向经济建设主战场，优化配置国有科技资源，扩大参与科技决策的民主基础，使不同主体能够在重大决策上有相应的话语权。要围绕我省支柱产业升级、发展强势经济，提出重大产业创新专项，集中突破一批核心技术。

7. 完善科技成果评估体制

近年来，科技界存在着急功近利和浮躁之风，其深层次原因在于政策导向和科技管理的体制、机制性障碍。目前，科技成果的评估一般是科技部门或一组科技专家说了算，往往停留在理论上的论证，而不是实行社会回报、市场认同标准，大量成果没有实际价值，成为科技泡沫。科技成果评价体系对科研费用的使用效益和科技成果的转化效益不够重视，不少科技人员按“申报—研究—鉴定—归档”模式，为谋生、获奖和晋升而科研，缺乏推广科技成果的动力和压力，导致大量成果停留在样品、展品，甚至沦为废品。建议建立和完善以发明专利、成果成熟度、市场需求量和产业化前景为主的技术创新成果评价新体系，由独立的社会专业机构按照政府立法执行科技成果评价和奖励，并建立评价的监督制度。

8. 建立有效的技术转移和成果转化机制

在发达的市场经济国家，科研成果产业化的转化率已达60%—80%，我国则不足16%，我省尚不到10%，重论文、轻专利，重研发、轻转化的倾向相当普遍。我省2/3以上的科技成果是靠科技人员自己洽谈和实施转化的，通过中介服务机构实现科技成果转化的比例仅占10%左右。科技成果转化服务体系不健全，科技成果找不到需求方，需求方又找不到合适的成果，企业产品开发中遇到的技术难题找不到合适的科技人才来及时破解。建议尽快建立和完善技术咨询、技术转让等社会化服务体系，推动新技术专利、品牌的转让。加快制定鼓励科技中介组织发展的相关政策措施，支持社会力量创办科技中介服务机构。加强培训和交流，扩大技术经纪人队伍，进一步活跃技术市场。建立产权激励机制，使科技人员的科技成果和知识变成可以投资的资本。

9. 构筑产学研紧密结合的体制和机制

科研机构改革不是简单地转化为企业或进入企业，而应根据行业技术经济特征和产业组织特点，分类重组科研机构，依托“产学研联盟”，优化科技资源配置，在产学研之间，以技术或资本为纽带，开展联合开发、技术转让、技术交流、人才培训、共建研发机构等多种形式的合作。建议在战略性和公共性较强的行业，建立省级产业技术研发机构，以加强产业基础和共性技术的研究。对一些企业比较分散、规模不大的行业，应充分发挥行业性或区域性科研机构的作用，吸收相关中小企业参与，组成行业性技术中心或联合体，为中小企业服务。在政策上应鼓励发展集筹资、研发、技术扩散于一体的专业技术公司。

（三）关于加大知识产权保护力度

10. 提高对知识产权保护工作重要性的认识

我省知识产权保护工作比较薄弱。全省从事专利行政执法的人员仅有20余人，90%的县（市、区）没有专人管理知识产权工作。一些地区和部门对知识产权保护工作仍存在模糊认识，涉及专利、商标、版权的侵权行为屡禁不止，有法不依、执法不严、分割管理、不作为乃至地方保护现象时有发生，给致力于自主研发的科技型企业造成了巨大的经济损失和精神压力。建议进一步提高对知识产权保护工作重要性的认识，不断完善知识产权制度，加强知识产权立法，充实知识产权保护机构，落实责任制和责任追究制，努力使知识产权保护工作有人抓、能抓好，尽快步入制度化、规范化、经常化轨道。

11. 建立各部门联动的知识产权保护机制

建议省保护知识产权领导机构充分发挥统筹协调作用，各知识产权主管、相关部门和各地方要真正树立全局意识，在科学地制定完善发明专利认定、授权条件和法律法规的前提下，打破地域、行业的限制，成立由司法、技术、知识产权联动的发明专利保护机制和体制，建立知识产权公共信息平台和应用服务系统、执法协作及维权援助机制，加强执法部门和公安、司法机构的有机衔接，在全省形成强有力的知识产权保护网络。建议尽快出台“河南省著名商标保护条例（或办法）”。

12. 加大对侵权行为的打击力度

目前，对创新型企业的侵权案件屡屡发生，而现行法律规定的侵权违法所得和对权利人损害赔偿数额的计算、挽回损失的保障机制等问题有待进一步科学认定和合理解决。建议进一步研究新形势下知识产权保护工作中出现的新情况、新问题，加大对侵权人的责任追究力度和经济处罚力度。行政执法部门和司法机构应充分利用现代通信、信息网络技术，建立知识产权侵权举报制度。针对突出问题，有计划、有重点地开展知识产权保护专项行动，重拳出击，维护知识产权法律法规的严肃性和震慑力。

13. 增强企业的知识产权保护能力

保护知识产权，企业负有重要责任。要及时在国内外将自主创新成果、核心技术、名优产品申请相应的知识产权注册，以期得到有效保护。企业内部要设立专门工作机构，配备专职人员，强化对企业自主知识产权的维护与管理，发现侵权行为及时采取措施。强化企业内部管理，界定企业与发明人、设计人之间的责权利关系，对企业的关键技术采取严格的保密措施，在与员工签订劳动合同的同时注意签订保密协议。

（四）关于创新型科技人才队伍建设

14. 加快培养科技创新领军人物和行业技术、学科带头人

建设创新型河南，必须有强大的人才、智力支撑。我省每万人拥有专业技术人员198人，相当于全国平均水平的81.6%，居全国第22位。大中型企业中工程技术人员仅占职工总数的11.3%，从事研究开发活动的人员仅占职工总数的1.6%；尤其是缺乏科技创新的领军人物，生产一线高级技师所占比例很小，国有企业科技人才流失严重。建议尽快建立和完善政府、企业、学校、行业组织等社会多元化的人才培养和投入机制。加大人力资本投入，加强人力资源能力建设，加速培养以中青年为主的创新型领导人才和行业技术、学科带头人，在重点产业和重点领域，造就一批具有国际、国内先进水平的高级人才。鼓励企业与科研院所、高等院校合作，培养研究型人才和复合型人才。定期开展对先进制造业、现代服务业、软件等产业发展紧缺人才的培训。支持民办培

训机构参与政府主导的人才培训。加大教育改革力度，加快推进从应试教育向素质教育的转变，注重培养学生的创新精神，提高学生的创新能力。高起点规划职业教育，优化整合职业教育资源，建好一大批中高等职业学校、技工学校、技师学院，强化创新教育和岗位培训，形成一流的职业技术教育体系和高技能人才培训基地。

15. 大力引进科技创新人才

要把省委、省政府制定的政策落实到位。对引进获得国家级学科带头人称号的高层次人才，在子女就学、住房等方面应给予优先安排或资助，并提供一定的科研条件和居住、生活便利。用人单位引进高级人才的住房货币补贴、安家费、科研启动经费等费用，可依法列入成本核算。大力吸引海外留学人员来豫创业，突出创新团队引进、核心人才引进和高新项目引进。按照“不求所有，但求所用；不求所在，但求有为”的思路，进一步完善人才、智力、项目相结合的柔性引进机制。

16. 完善创新人才的激励机制

大力提高科技创新创业人才“净所得”，鼓励各类创新人才和创新团队以知识、技术、成果、专利、管理等要素，在国家没有明确限制的一切领域投资创业、领办企业。建议注重对管理与技术骨干的中长期激励，从制度上解决保护和留住人才的问题，如试行股票期权、股权激励、技术入股、岗位分红权、技术创新特别奖励、优秀技术人员津贴制、技术高管年薪制、提高薪酬等政策措施，把我省的科技主力军向企业技术创新第一线延伸，为科技创新人才提供施展聪明才智的岗位和科技研发空间。

17. 发展创新文化

制度创新是自主创新的核心，组织创新是自主创新的条件，技术创新是自主创新的载体，而创新文化则是自主创新的根基。创新文化孕育创新事业，文化与科技有着相互促进、相互激荡的关系。建议在全省人民中大力弘扬科学精神、普及科学知识、树立科学观念、提倡科学方法，努力在全社会形成学习科学、相信科学、依靠科学、运用科学的浓厚氛围。积极倡导勇于创新、敢为人先、鼓励竞争、宽容失败、追求成功、力戒浮躁的创新文化，加大对自主创新型企业、个人以及创新型城市的宣传力度，使方方面面充分认识自主创新的重要性，使一切有利于社会进步的创新愿望得到尊重，创新活动得到鼓励，形成尊重知识、尊重人才、尊重创造、尊重劳动的社会风尚。

四、人民政协要为建设社会主义新农村和创新型河南多做贡献

无论是建设社会主义新农村，还是建设创新型河南，都将贯穿于“十一五”规划实施、全面建设小康社会乃至现代化建设的全过程，需要全省各族各界人士的不懈奋斗和持续努力。人民政协围绕这两大问题献计出力，不是通过开一两次常委会议就“毕其功于一役”了，而应作为一项长期的任务。政协委员的“三农”情结和“科教兴豫”情结，赢得了社会的广泛赞誉，这一好传统好作风，我们任何时候都不能丢。各级政协要深入贯彻落实《中共中央关于加强人民政协工作的意见》和省委政协工作会议精神，坚持科学发展观，把促进发展作为履行职能的第一要务，切实履行政治协商、民主监督、参政议政职能，充分发挥自身特点和优势，调动各方面的积极性，为建设社会主义新农村和创新型河南贡献力量。

（一）继续有重点地选择一些课题深入开展调查研究

建设社会主义新农村和创新型河南，都是牵涉面广、系统性强的宏大工程。其中的许多问题如统筹城乡发展、统筹区域发展等，都需要我们深入调查研究，深化认识，把握规律，提出系统、科学、稳妥的解决办法。人民政协围绕建设社会主义新农村和创新型河南建言献策，要继续发挥自身优势，找准发挥作用的着力点，积极探索开展调研的新形式、新方法，深入开展专题调研。要通过召开研讨会、协商会等形式，整合各方面的资源，加强对有关问题的研讨交流。要组织力量在分析、综合、提炼调研成果上下功夫，在增强措施和方案的可操作性上下功夫，提高人民政协议政建言的针对性和实效性。各专委会、各民主党派和工商联，都应有选择地对已经形成的调研、视察、建议成果加工提炼，由省政协或政协办公厅报送省委、省政府，并抄送各有关职能部门，作为了解情况、科学决策的参考。

（二）进一步加强与政府有关部门之间的协作与配合

政协办公厅和各专门委员会要主动加强与政府有关部门的联系与交流，及时了解决策机关的工作部署和有关工作的进展情况，有针对性地配合其开展工作。在政协开展调研和召开研讨会、座谈会时，要主动邀请政府有关部门的领导同志参加，认真听取他们介绍和通报有关情况，仔细阅读政府提供的相关资料和信息，使政协的参政议政建立在较高的起点上。在调研过程中，要经常与政府有关部门沟通情况、互通信息、推心置腹、共同探讨。在调研成果形成以后，要及时同有关部门联系，通过委员提案、政协信息、专项报告等不同形式向有关部门反映，并建立健全调研成果的跟踪办理和反馈机制，促进意见、建议的落实。

（三）不断提高为建设社会主义新农村和创新型河南服务的能力和水平

要组织政协委员认真学习贯彻中央和省委关于建设社会主义新农村和提高自主创新能力的有关方针政策，不断提高委员们参政议政的水平和能力，增强委员的责任感和使命感。要注意发挥政协界别的优势。政协的农业界、经济界、科技界等界别集中了众多农业、科技方面的专门人才，长期从事这方面的工作，具有丰富的专业知识和相当高的管理水平。要通过开展有界别特色的活动，发挥联络和带动作用，团结各界人士特别是有关专家学者共同为建设社会主义新农村和创新型河南献计出力。政协办公厅和各专委会要通过联合举办座谈会、研讨会、论坛等方式，搭建起探讨和交流的平台，与各方面人士合作，进行联合攻关。民主党派和人民团体是人民政协的组成单位，他们中很多成员对“三农”问题和提高自主创新能力做过长期深入的研究，具有独到的见解和难得的聪明才智，政协专门委员会要主动吸收政协委员中的民主党派成员和人民团体成员参加调研，建立起与民主党派和人民团体合作协作的工作机制，切实发挥民主党派和人民团体在建设社会主义新农村和创新型河南中的重要作用。

（2006年9月6日）

努力打造中部大型门户枢纽机场

——在视察郑州机场时的讲话

伴随全球经济一体化的迅速发展，机场作为多种运输方式相互连接交换的重要节点，越来越成为一个国家、一个地区走向世界的窗口，越来越成为支撑经济社会发展的战略资源。河南既不沿边，又不靠海，如果机场发展上不去，那么我省建设综合交通枢纽的设想就不可能实现，承东启西、连南贯北的区位交通优势就难以充分发挥，开放度低的内陆省份形象就难以有大的改观。因此，在加快发展公路、铁路交通的同时，下决心把郑州机场做大做强，对于更好地聚集人流、物流、资金流和信息流，让河南的人气更旺；对于加大招商引资力度，扩大全省对外开放；对于加快中原城市群建设，积极推进中原崛起、中部崛起，都具有举足轻重的作用。

目前，郑州机场既面临难得的发展机遇，拥有众多的独特优势，又面临严峻的市场挑战，存在诸多的困难。一方面，随着我国经济社会发展步伐的加快和人民生活水平的提高，航空市场的消费需求正在逐年攀升，我省作为全国第一人口大省、第一农业大省、第一粮食大省、第一粮食加工大省、第一劳动力输出大省和重要的经济大省、重要的工业大省、重要的文化大省，蕴含着巨大的航空消费潜力；另一方面，与周边机场比，郑州机场无论在航线数量、航班密度、覆盖范围、机场容量、运行效率、周边环境方面，还是在基地航空公司引进、各种交通方式对接方面，都有一定差距。全国新的一轮机场竞争，更使我们处在“南北合围、东西夹击”之中。在这种情况下，郑州机场应该如何抢抓机遇，加快发展？概括起来，就是要在以下五个方面努力：

一要坚持规划先行，努力实现科学发展。将郑州机场定位为“中国中部大型门户枢纽机场，航空货物、快件中转及集散中心，国内航材及备件储运中心”，既能发挥郑州的独特优势，又可顺应航空的市场走向，不仅是积极的，而且也是可行的。下一步，建议尽快聘请国内外专业规划机构，及早启动中长期发展规划项目。要牢固树立和全面落实科学发展观，坚持以人为本，遵循客观规律，树立超前意识，立足当前，着眼长远，解放思想，创新理念，转换机制，变适应性修补为战略性谋划，变粗放性构想为缜密性论证，变单向性思维为全局性把握，变封闭性运作为开放性问计，力求使规划更具科学性，充满时代性，体现前瞻性，富于创造性。规划确定后，则要切实维护其权威性，一张蓝图绘到底。

二要坚持加大投入，努力实现跨越发展。机场发展需要巨额的资金投入。解决资金问题，要注重做到“三个善于”：一是善于用足用活优惠政策。国家、省市对机场建设，先后出台过一系列优惠政策。要认真研究这些政策，大胆探索各种方式，力争在政策允许的范围内多渠道筹措资金。二是善于争取民航总局支持。“十一五”期间，国家将对83个机场进行改扩建或迁建。要继续加强与民航总局的沟通联系，及时汇报机场发展的资金需求，争取国家在机场改扩建、安全改造等方面给予更多支持。三是善于引进战略投资伙伴。现在，国内外社会资本和金融资本投资机场的热情很高。要全方位考察，多角度对比，谨慎选择那些实力雄厚、信誉可靠的知名企业进行战略合作。

三要坚持互利共赢，努力实现和谐发展。发展有赖和谐，和谐助推发展。郑州机场要发展壮大，就要牢固树立互利共赢理念，切实处理好“三个关系”。一是与航空公司的关系。要以完善的设备设施、健全的服务功能，提高对航空公司的保障力；以周详的市场分析、优惠的配套政策，增强对航空公司的吸引力；以高效的营销体系、充足的客货资源，维护航空公司的竞争力。二是与其他机场的关系。要顺应未来机场群、机场联盟的发展趋势，主动加强联系，超前谋划合作，共同开拓航空腹地，有效增加航班数量。三是与周边群众的关系。要想群众之所想，急群众之所急，力所能及地为机场周围的老百姓多办实事、多办好事。

四要坚持优质服务，努力实现文明发展。优质服务是机场生存的永恒主题、机场发展的动力之源，也是机场文明程度的重要标志。要强化服务意识，优化服务措施，规范服务程序，完善服务监督，全方位、高质量地服务好进出港航班的售票、值机、安检、候机、登机、旅客摆渡、行李交付以及进出港飞机的到港、下客、清洁、交接、离港等环节，实现服务措施规范化、服务质量标准化、服务手段人性化、服务内容个性化、服务监督社会化。继续推进劳动用工、干部人事、收入分配三项制度改革，加快制度创新步伐，完善激励约束机制，积极营造干事创业、优质服务的浓厚氛围。坚持以人为本，实施人才战略，多渠道培养和引进高层次人才，全面提升机场员工的整体素质。

五要坚持主辅并重，努力实现多元发展。机场的主业和辅业，犹如车之双轮、鸟之两翼，相辅相成，缺一不可。在为社会提供高质量航空服务的同时，大力发展与航空主业有关的地面代理、酒店餐饮、旅客班车、广告宣传、候机楼零售、停车场管理、航空配餐等业务，不仅可以丰富机场的服务内容、提升机场的服务层次，而且还可以为机场带来丰厚的收入回报。建议参照国内外机场辅业发展的成功经验，适时引入特许经营模式，将机场辅业交给专业化公司自主经营。通过国退民进，使主业和辅业责任主体相对独立，管理权限相对明确，实现相互支持，相互配合，相互协作，相互促进，公平竞争，共同发展，为建设临空经济产业带、构建未来机场航空城创造条件，打好基础。

郑州机场的建设和发展，事关我省实现"两个跨越"、加快中原崛起之大局，是一件功在当代、利在千秋的重大项目、宏大工程。对机场提出的五点建议，我们将积极为之鼓与呼，奔走呼号，乐助其成。热切地希望各有关部门、有关单位对机场高看一眼，厚爱几分，在项目审批、资金投放、土地征用、工商税收等方面给予必要的更多的倾斜。对机场提出的加快建设集铁路、轻轨、地铁、高速公路于一体的综合交通体系的设想，有关方面要给予科学论证，积极支持。社会各界和广大人民群众，要关心机场、爱护机场，努力为机场营造良好和谐的发展环境。

（2006年11月17日）

从“安全正点、多拉快跑”说起

——在视察郑州铁路局座谈时的讲话

一年来，郑州铁路局在铁道部的坚强领导和河南省委、省政府的大力支持下，求真务实，开拓创新，改革发展各项工作都取得了丰硕成果。一是体制机制改革全面深化。以解放和发展生产力为根本，不断优化运输生产力布局，精简生产站段和管理机构、管理人员，进一步完善了管理体系，理顺了管理关系，优化了资源配置，释放了运输潜能，建立了更加符合现代企业要求的管理新体制和生产力新布局。二是整体运输能力大幅提升。积极争取铁道部的支持和地方政府的协作，加大对河南铁路的投资力度，顺利推进境内重点铁路建设工程建设和既有线路的扩能改造，不断优化路网结构，有效缓解了铁路运输对国民经济的瓶颈制约。三是运输经营水平显著提高。深入挖掘运输潜力，全面提高运输效率，全年旅客发送、货物发送、换算周转量和运输收入分别完成5563万人、16334万吨、2098亿吨公里和120.33亿元，同比分别增长9.4%、3.4%、4.6%和10.7%，实现了社会效益与经济效益双赢。四是安全管理体系更加完善。以规范新体制、新布局下的安全管理为主线，努力提升各层面的安全管理能力，初步建立了适应新形势新要求的安全管理新体系。构建覆盖全局的应急管理网络，安全预防控制能力和应急处置能力有效提升，一大批突出问题得以解决，运输安全趋于稳定，为各项工作的顺利开展创造了良好环境。

郑州铁路局在外有压力、内有难题的情况下，能够创造如此辉煌的业绩，得益于公司领导班子的正确决策和团结和谐，得益于广大员工的拼搏进取，成绩来之不易，应该倍加珍惜。多年来，郑州铁路局始终以服务河南经济社会发展为己任，全力保障煤炭、石油、钢材、化肥等关系国计民生的重点物资运输，着力打造河南对外贸易的“黄金通道”，积极支持劳务经济和旅游经济发展，在我省经济社会生活中发挥了举足轻重的作用。

铁路作为国民经济的大动脉、国家重要的基础设施和大众化的交通工具，在连接不同区域、沟通城乡联系、方便群众出行、运送大宗货物、促进经济社会全面协调可持续发展等方面，有着其他交通方式不可替代的优势和作用。河南既不沿江，又不靠海，铁路一直是全省综合交通体系的重中之重。在协调发展其他交通方式的同时，进一步加快铁路基础设施建设，对于我省充分发挥区位优势、加快建设综合交通枢纽；对于更好地聚集人流、物流、资金流和信息流，让河南的人气更旺；对于加大招商引资力度，扩大河南的对外开放度；对于加快由经济大省向经济强省、文化资源大省向文化强省跨越，促进中原崛起，都具有十分重要的意义。

当前，郑州铁路局面临着极为难得的发展机遇：一是随着我国经济社会发展步伐的加快和人民生活水平的提高，铁路市场的消费需求正在逐年攀升，河南作为全国第一人口大省、第一农业大省、第一粮食大省、第一粮食加工大省、第一劳动力输出大省和重要的经济大省、重要的工业大省、重要的文化大省，蕴含着巨大的货运、客运消费潜力。二是铁路与其他交通运输方式相比有着能耗低、占地少、污染小等明显优势，是实现以电代油的主要运输方式。加快发展铁路，有利于节约土地、能源资源，保护生态环境，推动资源节约型、环境友好型社会建设。三是按照铁路“十一五”规划，今年河南省境内将有一大批重点工程陆续开工建设或进入前期准备阶段，其中包括郑西、石武客运专线及黄河公铁两用桥、集装箱中心站、郑州车站西出口建设等工程，还有洛襄、京九、新菏线电气化改造工程等，中原大地将掀起新一轮的铁路建设高潮。四是今年全国铁路将实施第六次大提速，铁路客货运能力将分别增长18%和12%，并推出城际快速客车、动车组高速客车、夕发朝至客车、一站直达特快客车等一大批客运新产品，铁路运输能力将得到进一步增强。我们坚信，郑州铁路局一定能抢抓机遇，加快发展，在中原大地上全面建设一个布局合理、结构优化、点线协调的铁路运输网络，为河南经济社会发展提供强有力的运力保障。

下面，我谈几点想法，供郑州铁路局决策时参考。

第一，着眼于提升交通区位优势，加快铁路基本建设步伐。大力推进铁路建设，全面提升路网能力，是加快河南“两大跨越”、促进中原快速崛起的迫切要求，也是铁路部门实现和谐发展的必然选择。铁路建设的模式和手段单一，是妨碍铁路快速建设发展的重要问题。为解决铁路建设存在的巨大资金缺口，必须研究放宽铁路投融资政策和投融资思路，大力推进铁路投融资体制改革。在目前省部联合建设、上市融资、发行债券等基础上，要向非公有资本开放铁路建设、铁路运输、装备制造、多元经营等领域。宜发局长前几天在省“两会”平顶山市代表团提出的用股份制形式建设郑平轻轨铁路的动议，就得到了平顶山市党政主要领导的热烈响应。这是铁路建设的一大创新，我举双手赞成！我们要以高度的责任心和使命感，抓紧抓好各项重点工程的建设。对已经确定的项目，要创造条件，抓紧实施；对已经开工的项目，要加快推进，确保质量。同时，要加强与地方政府的沟通协调，提高工程设计的科学性和前瞻性，未雨绸缪，超前规划，全面打造科学、完善、先进、合理的综合运输保障体系，努力把郑州建成多种运输方式有机衔接的大型现代综合交通枢纽，使河南在全国的交通区位优势更加突出。

第二，着眼于保护人民生命财产，加强运输安全体系建设。目前，铁路运输能力十分紧张，确保运输安全仍然是铁路工作面临的严峻挑战。我们要进一步强化安全第一的思想和安全发展的理念，始终把确保运输安全、确保人民生命财产安全放在各项工作首位，加强对安全生产的宏观管理和对所属站段的具体指导，实现对现场安全管理的全方位有效控制。要进一步强化安全生产基础工作，提高职工素质，完善管理机制，配置现代化装备，加强危险源监控，确保铁路运输安全畅通。要进一步强化突发公共事件应急机制建设，完善铁路系统应对自然灾害、行车事故等突发情况的应急预案，增强保障公共安全和处置突发事件的能力，努力减小各类突发事件造成的损失。

第三，着眼于满足生产生活需求，提高铁路客货服务水平。坚持以旅客、货主为中心，为人民群众提供优质服务，是构建和谐铁路的具体体现。我们要以适应人民群众日益增长的物质文化需要为目标，改进服务方式，提高服务质量，不断提供更方便、更快捷、更经济、更舒适的服务。要结合路网大能力通道建设，发展重载运输、直达运输，实施大客户战略，提高对重点物资运输的保证能力。要切实加强与地方政府、重点企业的沟通，在运输组织、办理手续等方面提供便利条件。要加强铁路精神文明建设，不断提高文明服务水平。

第四，着眼于服务经济社会建设，确保提速调图顺利实施。今年即将实施的第六次大提速，是对铁路改革发展实力的一次严峻考验。我们要站在促进全省经济社会又好又快发展的战略高度，深刻认识此次提速调图工作的重大意义，进一步加强领导，完善制度，更新设备，强化培训，为提速调图顺利实施提供可靠保证。要以确保提速安全为核心，超前预想提速过程中的各类安全问题，加强对安全薄弱环节、重点部位、关键处所的控制，完善各项工作预案，确保提速安全万无一失。要以发挥提速效应为重点，加强客货市场调查与营销力度，进一步增加运输产品的种类，创出品牌，扩大市场，更好地服务河南经济社会建设。

第五，着眼于实现和谐春运目标，加强春运工作组织协调。今年，铁路部门严格按照“以人为本、和谐春运”的原则，明确提出春运期间铁路票价不上浮。这一举措，在为广大人民群众春节出行带来实惠的同时，也给铁路部门带来了巨大的运输压力。预计郑州局春运期间将发送旅客695万人，较去年增长4%，最高日发送旅客将高达30万人。这不仅是对铁路运输能力的考验，更是对铁路服务质量的检阅。我们要切实加强组织领导，整合各方力量，全力以赴打好今年的春运攻坚战。要加强候车室、售票室及列车等人员密集重点区域的管理，加大“三品”查处力度，加强防火防爆检查，确保人民群众的生命财产安全。要增开售票窗口，增设临时通道，增发临时客车，提供充足运力，最大限度地满足旅客出行需求。

郑州铁路局的建设和发展，事关我省加快“两大跨越”、实现中原崛起之大局。今后，省政协和驻豫全国政协委员将更加关注郑州铁路局的发展，一如既往地发挥人民政协人才荟萃、智力密集的优势，进一步加强对铁路发展的战略性研究，积极为推动河南铁路建设与发展建言献策；影响推动省市各部门、各单位、社会各界和广大人民群众，要更加关心铁路、爱护铁路，努力为铁路建设营造良好和谐的发展环境。

（2007年2月6日）

共同开创豫台合作美好未来

——在台方欢迎“中原文化宝岛行”参访团晚宴上的答词

踏上宝岛这片热土，就深深地被岛内同胞的热情所感动，被亲情所感染，被美景所吸引，这种亲情和感染力发自肺腑、出自内心、源自骨肉情深。

河南与台湾有着割舍不断的情缘。一是居住在台湾的同乡很多，与河南的联系密切；二是河南是河洛文化的发源地，豫闽台文化渊源很深；三是河南作为闽南人、客家人的祖根地，与福建省和港澳台地区的血缘关系很深，1988年台湾出版的《台湾族谱目录》收录了200多姓的近万种族谱，其中大部分记载着先祖来自中原河洛地区。这种文缘、地缘、血缘，把两岸同胞紧紧地连在一起。连战荣誉主席2007年4月率团到河南新郑市出席丁亥年黄帝故里拜祖大典时，曾深情地说：“河南是中华儿女心灵的故乡。”此乃豫台同胞发自肺腑的心声。因此，2002年河南电视台《梨园春》第一次走进台湾，就受到广大台湾同胞的热烈欢迎。“中原文化宝岛行”活动，以“和谐主旋律、发展硬道理”为主题，举行由河南电视台“梨园春栏目”精心打造的《梨园飞歌·少林功》演出、海峡两岸河洛文化论坛、海峡两岸戏剧交流培训启动仪式，魅力河南图片展、国画展，经贸和旅游同业交流等。我们期待着通过这一系列活动，再次把欢乐和深情厚谊带给台湾同胞，把中原父老乡亲的祝福带给台湾同胞。

河南位于黄河中下游，古为“豫州”，因此简称“豫”。面积16.7万平方公里，总人口9869万，既是全国第一人口大省，也是全国重要的经济大省、第一粮食生产大省、新兴的工业大省和有影响的文化大省。2007年全省生产总值达15058亿元，经济总体上保持着平稳较快发展的良好态势。

河南是中华民族的主要发祥地之一。从中国第一个世袭王朝夏朝建都于河南偃师，至清王朝覆灭的4000余年历史长河中，有3000年位居全国政治、经济、文化的中心，先后有20多个朝代建都或迁都于此。中国八大古都中河南有其四（即九朝古都洛阳、七朝古都开封、殷商古都安阳、商都郑州）。悠久的历史给河南留下了大量宝贵的历史文化遗产。河南的地下文物居第一位，地上文物居第二位，馆藏文物占大陆地区的1/8，有国家重点文物保护单位189处。河南既是历史文化资源大省，也是自然景观荟萃之地，山川壮美，风光秀丽，融南秀北雄于一体。全省有国家级风景名胜区8处，省级23处。希望有更多的台湾同胞到河南旅游观光，寻根觅祖，寻求合作，发展事业。河南人民和中原大地将敞开胸怀，热烈拥抱、真情恭候来自宝岛的每一位朋友。

豫台两地交流合作的空间非常广阔。我们有理由相信，通过双方良性互动，必将进一步加强豫台文化交流，也希望随着两岸关系的不断发展，寻求更多的豫台经贸交流、旅游合作的契机，实现互利双赢，造福两岸人民，创造两岸人民共同期盼的美好愿景，为中华民族大家庭的和睦、和谐、团结、发展作出新的贡献。

（2008年11月23日）

推进郑许经济联动发展

——在推进郑许经济联动发展座谈会上的讲话

城市群作为城市的联合体，产业高度契合、功能相互补充、资源充分共享，实现了由孤立发展向聚合发展、由单体循环向整体循环的转变，能够产生巨大的规模效应、聚集效应、辐射效应、互动效应、带动效应，成为引领和支撑区域发展的核心力量。国家“十一五”规划明确提出，要加强区域城市分工和优势互补，增强城市群的整体竞争能力。目前，国内从沿海到内地城市群发展风起云涌，长三角、珠三角、环渤海三大城市群，已经成为我国经济发展的重要引擎和参与国际竞争的核心力量；辽中南城市群、武汉都市圈、成渝城市群等新兴城市群蓬勃发展，正在成为区域发展的领头羊和金招牌。

一、关于推进郑许经济联动发展需要强调的作用意义

实施中原城市群战略是省委、省政府的重大决策，其目的是通过整合以郑州为中心的中原城市密集区的资源和经济优势，打造大运量高速通道联结、产业优势互补、具有较强影响力和辐射力的经济增长高地，或叫“经济隆起带”，拉动全省经济社会持续快速健康发展。郑州、许昌两市提出以打造交通优势为纽带，发展产业带集群经济，加速推动郑州、许昌两市产业联结，是加快中原城市群建设步伐和增强中原城市群经济实力的内在要求，也是落实省委、省政府提出的加快“两大跨越”、促进中原崛起的重要举措。作为中原城市群的核心城市，郑州和许昌两市在总体实力、产业发展水平和各类生产要素的集聚能力方面互补性强，优势明显。郑许两市互为一体、联动发展，有利于郑州进一步发挥“极化效应”，有利于两市整合资源，降低发展成本，形成发

展合力。积极推动郑许经济联动发展，符合省委、省政府提出的中原城市群“一极两圈三层”的发展思路。这样的好事，何乐而不为?

二、关于推进郑许经济联动发展需要做好的几篇文章

第一篇：制订科学发展规划

要在科学发展观的指导下，坚持以政府为主导，以市场为取向，在郑州南下、许昌北上的基本思路上制订和调整两市间经济产业发展规划，提高经济一体化程度；要统筹考虑基础设施、产业布局和服务体系管理建设，按照优势互补、资源共享、合作双赢的原则，认真研究、论证两市的产业分工关系；要以招商引资、项目建设为突破口，大力提高两市经济发展的关联度，扩张优势产业规模，延伸重点产业链条，形成富有特色的产业集群，为中原城市群发展提供可资借鉴的经验。

第二篇：打造快捷交通体系

郑许两市之间地势平坦，没有天然屏障，且资源、文化禀赋相近。许昌号称郑州的“南大门”，并处于开封、平顶山和漯河的环抱之中。要发挥这一特有的地理区位优势，加快建设快捷完善的交通网络，以交通快捷的优势带动两地经济发展的融合，促进两市之间人流、物流、信息流快速流动。两市要共同推动交通基础设施的规划建设，包括促进安信公路郑许段尽早开工；加快107国道郑州至长葛段改建；搞好郑州至机场城际轨道交通建设延伸至许昌、郑州市区至港区快速通道延伸至长葛的可行性研究，加快项目前期论证，务求尽快开工；确保今年年内开通郑州至许昌的城际公交。

第三篇：强化节点市县功能

刚才，两市领导同志的发言都讲到新郑、长葛两个节点市的发展问题。新郑市是全国百强县，长葛市正向全国百强县冲刺，两市处于郑许之间的节点位置，不仅工业基础好，而且位临新郑机场南北，在发展临空经济方面具有得天独厚的条件，是联结、融合两市产业发展的重要支撑点。要将其纳入全省规

划实施的产业集聚区建设，重点抓好新郑、长葛的新一轮发展规划，完善强化其产业发展的集聚作用，培育以优势产品带动、产业集群发展为特征的区域增长极。在我省沿京广线规划建设的26个产业集群中，郑许之间就多达11个，足见两市联结联动发展条件之优越、优势之明显。省直各有关部门和郑州、许昌要采取更为有效的扶持措施，帮助解决好制约集群经济发展的资金、土地等问题，促进11个产业集群区的发展。

第四篇：发挥产业互补优势

培育主导产业是提升产业竞争力的关键，直接决定着一个城市的发展水平。近几年，郑许两市狠抓产业发展，大力优化产业和产品结构，加快推进工业化进程，特色优势产业逐步形成，城市经济实力不断增强。两市产业优势突出，产业分工合理，汽车及零部件、装备制造、纺织、服饰、食品等产业的上下游配套能力较强，联动发展的要素充分。如汽车及零部件产业，郑州的整车制造能力强，仅宇通客车一家产值即超百亿元；而许昌的汽车零部件产业则实力不俗，两市有着明显的互补性。一定要立足现有主导产业，加大资源整合力度，提高产品上下游配套能力，进一步拉长产业链条，不断增强两市主导产业和产品的竞争力。在旅游产业方面，也可探索以郑汴洛三点一线黄金旅游线为基础，将许昌三国文化、钧瓷文化、花卉温泉等新的旅游产品要素吸纳进来，丰富黄金旅游线内容。

第五篇：创新管理服务体系

要按照区域经济一体化的要求，打破行政区域界限，构筑郑许两市设施服务共建体制和责任体系，设施服务共同规划、共同筹资、共同建设，消除对人才、资本、资源跨地区流动和市场准入的限制。大力推进两市教育、科技、文化、旅游、金融、电信等公共服务对接，积极探索郑许电信服务、工商管理、金融同城服务、文化教育协作的有效途径和办法，降低服务成本，提高服务质量，逐步形成资源共享、功能互补的一体化发展新格局。据了解，湖南长株潭城市群三城之间的电话区号已经统一，我们能不能快速跟进?

三、关于推进郑许经济联动发展需要提供的有力保障

郑许经济联动发展是一项系统工程，涉及面广、关联性强，工作量大，只有强力推进，狠抓落实，才能迈出实质性步伐。

（一）健全协调联动机制

城市群经济是在市场机制基础上发展起来的，主要动力来源于各市之间的共同利益，必须统一规划，制订共同发展的合作机制。这次会议形成的共识和下一步需要解决的问题，要形成会议纪要，以利于今后的工作。要逐步建立和完善相应的运行机制和协调机构，加强两市间的合作和协调。要尽快达成郑许产业带经济整合的框架性协议，确定产业布局的配套关系，制订拉长产业链条的实施方案，做大做强主导产业；要制订区域内商品、生产要素自由流动和投资便利化的具体规划，统一市场体系和公共服务体系建设；要建立促进信息资源共享，加强在生态建设、环境保护、环境治理等方面的合作机制。

（二）提高组织领导效能

省直各有关职能部门要把郑许经济联动发展放在实现中原崛起战略全局的高度，群策群力，主动服务。要充分发挥各自职能，研究解决重大问题，组织抓好各项规划的衔接和实施。两市市委、市政府要建立健全协调领导机构，掌握工作动态，及时研究制订有针对性的工作措施，确保各项工作顺利实施。省政协和郑许两市政协也要建立相应的沟通协调机制，定期召开沟通协调会议，探讨共同关心的问题，使之成为两市交流互动、解决问题、合作共赢的一个平台。

（三）弘扬真抓实干作风

当前，中原城市群发展面临着重大机遇，郑许经济联动发展面临着重大机遇，社会各界都高度关注，寄予厚望。这就要求我们，一方面要抓紧把规划编制好，争取得到中央和省上更多支持；一方面要争分夺秒地加快基础设施建设步伐，务求搭上国家拉动内需这趟车。机会不可多得，机遇稍纵即逝。看准了的事情，就要全力以赴地干。要以学习实践科学发展观活动、“讲、树、促”教育活动和学习弘扬焦裕禄精神活动为载体，大力弘扬求真务实之风。要在细

化深化上下功夫，把工作目标、工作任务、工作责任落实到具体单位和个人，一件事情一件事情地落实，一个问题一个问题地解决，一项工作一项工作地推进；要在创新创造上下功夫，敢走前人没有走过的路，敢做前人没有做过的事，富有创造性地开展工作；要在奋发有为上下功夫，越是困难越向前，顽强拼搏，克难攻坚，争创一流。

（四）营造浓厚社会氛围

要大力宣传郑许经济联动发展的重要意义，宣传两市在推进经济发展中的新思路、新政策、新措施，宣传取得的新实践、新进展、新成效，宣传发展中形成的好经验、好做法、好典型，增强发展的决心和信心，增强工作的积极性、主动性和创造性。要鼓励和支持各类研究机构、群团组织、行业协会发挥各自优势，通过发展论坛、企业家论坛等交流平台，努力营造全社会关心、支持、参与郑许联动发展的浓厚氛围。

（2009年8月5日）

加强诚信建设　构建和谐中原

——在河南省政协第九届委员会第五次会议闭幕会上的讲话

党的十六届六中全会《决定》要求："加强政务诚信、商务诚信、社会诚信建设，增强全社会诚实守信意识。"在前不久召开的省委八届二次全会上，徐光春书记就和谐中原建设中的诚信问题作了深刻阐述。在近期召开的省委经济工作会议、外事工作会议上，省委、省政府主要领导同志都多次对诚信建设大声疾呼，再三强调。李成玉省长在"两会"的政府工作报告中，明确要求"推进诚信河南建设"。加强诚信建设，已经成为全省社会各界关注的热点和提升河南形象的关键之一。

诚信，顾名思义，就是指诚实无欺、守信履约；通俗地讲，就是要说老实话、办老实事、做老实人。人无信不立，家无信不和，企无信不旺，国无信不稳，世无信不安。大力弘扬诚实守信之风，加快推进诚信河南建设，对于提高公民道德水平、调节人际互动关系、规范市场经济行为、协调社会各方利益、促进和谐中原建设，具有颇为现实的意义和未可限量的作用。

诚信是中华民族的传统美德。中国是一个有着悠久传统的礼仪之邦，在长期的社会道德实践中，诚信一直被人们视为安身立命之本、道德修养之基。从《礼记》的"讲信修睦"，到《周易》的"人之所助者，信也"；从孔子的"人而无信，不知其可"，到孟子的"诚者，天之道也"；从老子的"轻诺必寡信"，到庄子的"不精不诚，不能动人"……古代贤哲给我们留下了许许多多脍炙人口的诚信格言。曾参教子、商鞅移木、孙膑一诺千金、宋濂连夜抄书等传世佳话，更是将中华民族"一言既出，驷马难追""言必信，行必果"的诚信品质演绎得淋漓尽致。可以说，中华民族五千年的文明史，每一页都折射着诚信的印记，闪烁着诚信的光芒。

诚信是道德建设的重要内容。诚信作为社会主义道德体系的重要组成部分，不仅规定了每个道德主体诚实守信的道德责任，而且确立了全社会道德建设的基本前提。每个社会成员只有以诚实的态度加强道德修养，以守信的品质恪守道德规范，各种道德要求才能融于心，付于行。正因为如此，党的十六大报告强调，“以诚实守信为重点，加强社会公德、职业道德和家庭美德教育”。十六届三中全会要求，“政府、企事业单位和个人都要把诚实守信作为基本行为准则。”胡锦涛总书记倡导树立的以“八荣八耻”为主要内容的社会主义荣辱观，更是将诚信列为重要内容之一。在《公民道德建设实施纲要》中，“明礼诚信”也被概括为道德规范的必备要素。

诚信是市场经济的基本准则。市场经济本质上是一种信用经济。商品的买卖、资本的借贷、证券的交易，无不以信用作为支撑。伴随着经济全球化趋势的发展，以劳动和资金为重点的低端竞争，正在逐渐转向以核心技术和品牌信誉为重点的高端竞争；市场主体早期对产品质量的单纯强调，越来越多地转向对重诺守信的伦理要求。市场主体的任何失信违约行为，都有可能导致等价交换链条的断裂，造成市场经济秩序的混乱。对企业而言，诚信是无形的力量，是潜在的财富，是遨游商海的通行证，是市场角逐的助推器。对一个国家或一个地区而言，诚信是现代文明的显著标志，是对外开放的形象大使，是持续发展的厚重基石。

诚信是和谐社会的内在要求。我们要构建的社会主义和谐社会，是一个民主法治、公平正义、诚信友爱、充满活力、安定有序、人与自然和谐相处的社会。在和谐社会建设中，每个社会成员只有自觉遵守诚信规则，共同维护公共秩序，尊重他人，理解他人，关心他人，信任他人，整个社会才能形成团结友爱、和睦礼让的人际关系；政府只有带头讲诚信，提高公信力，才能更好地履行经济调节、市场监管、社会管理和公共服务职能，践行民主法制，维护公平正义；各行各业只有以诚信为纽带，正确处理义与利、竞争与协作、局部与全局、眼前与长远的关系，经济活力才能竞相迸发，社会合力才能融汇凝聚。

近年来，省委、省政府高度重视诚信道德教育和诚信体系建设，内强素质，外树形象，多策并举，共铸诚信，河南的整体形象得到了大幅提升。同时，我们也毋庸讳言，个别社会成员价值取向扭曲、诚信意识缺失、寡廉鲜耻、言而无信等现象依然存在，经济领域制假售假、偷税骗税、商业欺诈、赖债不还等行为仍时有发生。确立诚信意识，打造诚信社会，需要我们作坚持不懈、锲而不舍的长期努力。我们要从加快发展、扩大开放、维护稳定、促进和谐的战略高度，更加重视诚信建设，让诚信理念成为全社会共识，让诚信行为化作全社会自觉，让诚信典范得到全社会尊重，让失信主体受到全社会制裁，从而形成人人尚诚信、事事讲诚信、时时守诚信、处处重诚信的良好社会风尚。

一要大力开展诚信宣传教育。要按照社会主义荣辱观的要求，认真贯彻落实中宣部等部门联合下发的《关于开展社会诚信宣传教育工作的意见》，充分利用广播、电视、报纸杂志、信息网络等新闻媒体，持久开展“3·15消费者权益保护日”“9·20公民道德宣传日”“12·4法制宣传日”“诚信纳税日”等集中活动，大力宣传诚实守信的重要意义，适时推出诚实守信的先进典型，鞭挞失信行为，揭露失信危害，努力营造诚信为本、操守为重、守信光荣、失信可耻的浓厚舆论氛围。从各个年龄阶段、各个领域、各行各业的具体实际和特点出发，运用多种形式和手段，广泛深入地开展诚实守信教育。家庭、学校和社会都是诚信教育的课堂和阵地，诚实守信的品德必须从小开始培养，必须从娃娃抓起。家长要言传身教，身体力行；教师要学高为师，德高为范。组织丰富多彩的、为广大青少年所喜闻乐见的诚信教育活动，使其入耳、入目、入脑、入心，把正在全省大学生和未成年人中开展的“伦理、心理、生理”教育引向深入。

二要有效组织诚信实践活动。以“消费者权益保障”“诚信经营推广”“重合同守信用企业评选”“金融业诚信联盟”“诚信维权中原行”“百城万店无假货”“质量万里行”等为载体，广泛开展“道德规范进万家、诚实守信万人行”活动。在组织开展文明城市、文明景区、文明村镇、文明行业、文明单位、文明家庭、人民满意公务员等各类创建活动时，要强化诚实守信的主旨，突出诚信建设的内容。组织诚信实践活动，要与公民道德教育相结合，与各行各业开展业务相结合，与每个社会成员履行岗位职责相结合，与各个部门解决群众关心的热点难点问题相结合，不断总结经验，创新形式，增强活动的实效性和感召力。

三要注重抓好诚信建设主体。实施包括政务诚信、商务诚信、社会诚信在内的诚信体系建设。政府信用是建设社会信用体系的主导，各级政府要依法行政，公正执法，廉洁自律，勤政为民，提高办事效率，规范办事程序，加强信用担保体系和信用制度建设，认真落实各项社会承诺，提高公信力，以党风、政风带民风。企业信用是建设社会信用体系的重点，各行各业要自觉遵守诚实纳税、守法经营、及时还贷、按期交费、信守合同、童叟无欺等职业道德规范，建立服务公约，提高自律水平，杜绝失信行为。公民是组成社会的细胞，建立社会信用体系，归根结底要以每个公民的诚信为基础。只有人人知荣辱、个个讲诚信，诚信才能在全社会蔚然成风；只有首先成为诚信建设的参与者，才会成为诚信建设成果的受益者。

四要切实加大诚信奖惩力度。建立征信业务机构和公共信用信息网络，健全信用评价体系，依法采集并向公众提供个人或单位的资信、经营、纳税、信贷、质量、服务、履约等各方面的信用信息，有效解决信息不对称的矛盾。建立完善信用奖惩制度，通过对守信者的必要奖励和对失信者的严厉惩处，让"诚信无价、信用有价"成为全体社会成员的高度共识。对守信者，在精神鼓励的同时，要让他们得到更多的物质实惠，如更低的利率水平、更长的信用账期、更高的信用额度、更多的就业机会，等等；对失信者，不仅要通过信用信息网络将其失信行为记录在案、公之于众，使其一处失信、处处受制，一时失信、时时受制，而且还要给以必要的物质惩处，如针对不同程度的失信行为，分别在贷款、就业、税收、投标竞标等方面予以制约，使其为失信花费昂贵的成本，付出沉重的代价。

大力弘扬诚实守信之风，人民政协负有义不容辞的责任。政协各参加单位和广大政协委员，要以高度的责任感和使命感，积极投身诚信建设。要牢固树立自律意识，从我做起，从现在做起，从身边点滴小事做起，言行一致，知行合一，争做诚实守信的楷模、践诺履约的楷模。要围绕加强诚信建设问题，开展专题调查研究，广泛征求各方意见，多建善言，多献良谋。要切实履行民主监督职能，勇于揭露和抵制各种失信行为。要善于发挥人民政协联系面广、影响力强的独特优势，广泛联系群众，深入宣传群众，引导社会各界大力弘扬诚实守信之风，共同为推进诚信河南建设尽职尽责、尽心尽力。

（2007年1月29日）

注重信用建设 打造信用河南

——在河南省信用建设促进会成立大会上的讲话

河南省信用建设促进会的应运而生，是贯彻党中央、国务院和省委、省政府关于健全社会信用体系指示的一项有益举措，标志着我省社会信用体系建设在社会组织制度方面向前迈出了重要的一步。

一、以中外经验为借鉴，科学理解社会信用体系建设的基本内涵

从世界各国的文化传统看，信用作为处事规则和伦理道德，长期以来，一直受到人们普遍的尊崇。100多年前，欧美等西方国家就已开始使用各种措施制约失信行为；20世纪中叶以后，各国又纷纷建立社会信用制度；现在，西方发达国家不仅形成了比较完备的社会信用制度，而且形成了完整的运作体系，以美国为例，仅专门的信用法律就达16部之多。

我国有着宝贵的诚实守信的传统美德。在中华民族的传统文化中，“童叟无欺”“诚信为本”成为千百年来的商业道德规范；“一诺千金”“言必信，行必果”反映了人际交往的君子之德；《礼记》中提出的“讲信修睦”，则深刻揭示了讲究信用与社会和谐之间的内在联系，是对信用社会功能的精辟概括。可以说，中华民族五千年的文明史，每一页都折射着信用的印记，闪烁着信用的光芒。同时也要看到，由于我国历史上商品经济长期不发达，对信用的追求只留下了文化意义上的道德规范，而缺乏经济意义上的制度安排。我国目前还是一个非征信国家。

我认为，经济学意义上的信用制度，其基本内涵至少应该包括以下几个方面：

第一，就信用概念本身而言，它的核心是债权债务关系，是指与价值运动相联系的债权债务关系及偿还情况。在现代市场经济条件下，这种信用关系的领域在不断扩大，不仅包括信贷保险等金融信用，还包括各种商业信用以及信任关系。各种信用形式的出现和信用交易规模的增加对驱动经济增长、提高人民生活水平、降低交易成本发挥着巨大作用。

第二，就社会信用体系而言，它是一个更为广义的系统范畴，不仅包含人们通常所说的信用服务体系，也包含支撑这一服务体系运作的各项基本制度或基础设施，比如信用道德支撑体系、信用法律法规体系、社会监督体系等。由于我国缺少市场经济自然成长的历史过程，加强信用道德支撑体系、信用法律体系、社会监督体系等信用基础设施建设，显得尤为必要。

第三，就社会主义市场经济的整体而言，信用、道德、法律作为社会主义市场经济的三大基石，它们是相辅相成、缺一不可的。道德是一种自律和自我规范机制；法律是一种具有强制力的惩罚机制，主要是对触犯法律的失信行为进行强制性惩罚；而信用则是一种社会制约机制，以道德为支撑，以法律为保障，对失信行为及信息进行记录、传播，形成社会联防，一方面惩戒失信，使失信者失去市场机会；另一方面褒扬守信，使守信者获得更多的市场机会。

二、以党的十七大精神为指导，充分认识加强社会信用体系建设的重大作用

从党的十六大到十七大，我们党一再反复强调加强社会信用体系建设，建立规范市场经济秩序的长效机制。党的十六大提出，要“健全现代市场经济的社会信用体系”；十六届三中全会明确提出，要“建立健全社会信用体系，形成以道德为支撑、产权为基础、法律为保障的社会信用制度”；十六届六中全会强调，要“加强政务诚信、商务诚信、社会诚信建设，增强全社会诚实守信意识”；“十一五”规划《纲要》要求“以完善信贷、纳税、合同履约、产品质量的信用记录为重点，加快建设社会信用体系，健全失信惩戒制度”；党

的十七大又进一步强调，要“加快形成统一开放竞争有序的现代市场体系，发展各类生产要素市场，完善反映市场供求关系、资源稀缺程度、环境损害成本的生产要素和资源价格形成机制，规范发展行业协会和市场中介组织，健全社会信用体系”。

加强社会信用体系建设，是党中央、国务院作出的一项重大战略决策，对于促进经济社会协调健康发展起着十分重要的作用。主要表现在：（一）加强社会信用体系建设是实践“三个代表”重要思想、落实科学发展观、构建和谐社会的内在要求；（二）加强社会信用体系建设是完善社会主义市场经济体制、健全现代市场体系的重要制度建设；（三）加强社会信用体系建设是适应对外开放新形势、主动参与经济全球化的战略举措；（四）加强社会信用体系建设是整顿和规范市场经济秩序的治本之策，是党和政府提高执政能力的重要标志；（五）加强社会信用体系建设是优化地区投资和贸易软环境的重要措施。

三、以营造“信用河南”为己任，积极开展信用建设促进会的各项工作

随着改革开放的深入，政府职能正在发生重大转变，一些过去由政府承担的职能将逐步移交给社团或中介组织。在这样的大背景下，河南省信用建设促进会的闪亮登场，有利于解决在市场经济条件下政府不能办而企业办不好的事情；有利于整合各种社会资源，团结各种社会力量，营造良好的社会环境，建立良好的社会信用秩序；有利于推动信用体系建设，营造“信用河南”，加快中原崛起。当然，信用建设在我国、我省还是一项全新的工作，没有现成的经验可循，法律制度还不健全，遇到的困难可想而知。这就要求我们锐意创新、勇于开拓、积极探索，不断地总结经验，走出符合我省实际的信用建设的路子。

信用建设促进会，顾名思义，就是要在促进信用建设上起作用、下功夫。热切地希望河南省信用建设促进会按照民政部门社团管理条例、促进会《章程》、业务主管部门批准的业务范围开展好各项工作。一要搞好调研，为政府当好参谋。充分发挥联系面广的自身优势，开展信用专题调研和政策研究，尤

其是行业信用调研，吸收和集中信用行业及专家学者们的智慧，向政府提出合理化建议，为政府决策提供服务。二要办好“信用河南”网站。要在各有关部门的支持参与下，与征信机构合作，依法征集政务、商务和社会信用信息，建立信用信息服务平台，促进信用信息资源的开发利用和交流共享，为社会提供信用信息服务。三要搞好试点，开展信用创建活动。要在各副会长单位和部门的支持下，与行业协会商会强强联合，共同制定信用评定标准，严格评定程序，与有关部门一道，有计划、有步骤地开展信用建设示范企业和示范单位的评定工作，提升企业和单位的整体信用管理水平。四要完善规章制度，加强自身建设。要按照国家有关法律法规，建立和完善促进会的各项规章制度，在会员管理、各项活动管理、信息资料管理、经费管理等方面，做到有章可循、按章办事，努力把促进会建成客观、公正、运作规范的社团组织。五要积极发展新会员，吸引那些资质、信誉确无问题的企业、单位和个人加入进来，不断壮大会员队伍，扩大影响力，增强吸引力。

社会信用体系建设涉及到经济社会的各个方面，是一项复杂的系统工程。希望各有关部门、各企事业单位关心支持河南省信用建设促进会的工作，积极参与到信用建设中来，共同为加快我省社会信用体系建设、建设诚信河南、信用河南尽心尽力。

（2007年12月21日）

养老问题八议

针对一些地方城镇养老保障体系尚未健全，农村养老保险制度建设进展缓慢，进城农民工和失地农民养老保障问题逐步凸显，部分国有企业退休人员的生活陷入困境等问题，现提出以下建议：

一、多渠道筹集养老保障资金，建立多层次的养老保障体系。充分发挥政府的主导作用，逐步增加对老年福利事业的投入，积极发展老龄产业，逐步完善老年福利设施，确保老年人在经济供养、医疗保健、生活照料、精神慰藉等方面的基本要求。加强个人账户基金管理，研究制定其投资运营和实现保值增值的政策措施。同时，鼓励企业建立年金，引导个人参加商业性补充养老保险，建立健全适应老龄化社会需要的多元化、多层次的保障体系。适当改变现有养老金的计发比例，建立企业退休人员养老金动态调整机制，营造离退休人员与在职职工之间的和谐代际关系。

二、适当延长法定退休年龄。由于人口预期寿命不断增加，我国法定退休年龄已明显偏低，加上未到年龄即提前退休人员，既领保障又返岗就业，未富先老、未老先退、退而不富的现象越来越突出，严重影响到我国社会基本养老保险基金安全和防范老龄化风险的能力。目前，我国退休职工领取养老金的时间已从原来的10年提高到25年，因而无论是当期支付还是长期支付，养老基金都面临巨大风险。适当延长法定退休年龄，这既是国际发展需要，也是我国在老龄化问题不可避免而政府财力又无法全面承担的情况下的必然选择。考虑到我们的现实情况，可以采取渐进式延长法定退休年龄的办法，不搞“一刀切”，先在一些特殊行业或特殊人才身上试行，如社会短缺的高级技工、律师和医生等。

三、刹住提前退休风。近年来，国企改革使大批未到年龄的退休人员由国家养起来，虽有利于社会稳定，却透支了地方养老基金。更为严重的是，有的企业和单位甚至把提前退休当成一种“福利”，钻政策的“空子”，利用特殊工种可提前退休的规定，想方设法把“包袱”甩给社会和国家。建议严格控制提前退休人员的数量，提前退休期间企业连续缴纳养老保险费的单位部分、基本养老金，达到退休年龄后再转由社保部门支付。

四、建立中央统筹基础养老金制度。实行全国一盘棋，由中央统一为全国所有养老人员确定和发放一份基础养老金，以实现养老金发放的全国调剂，实现基础的公平和保障。当前，养老保险各地自成体系，社保关系无法跨区域转移和接续，迫切需要建立中央统筹基础养老金制度。在社保试点上逐步把个人账户做实后，个人账户归个人所有，社会统筹部分要尽快实现全国统筹，资金在全国范围内调动，只要劳动者有账户，走到哪里都可以领取养老金。目前全国统筹的障碍主要是财政分灶吃饭，因此需要重新调整中央和地方之间的财政分配关系，中央建立调剂金制度，征收系统依靠国税部门，信息系统建设依托现有网络。

五、加快养老保险立法，增强其约束力。将外商投资企业和私营企业职工全部纳入覆盖范围，将城镇个体工商户和灵活就业人员尽可能多地纳入覆盖范围，使更多人享有养老保障。

六、大力推广“居家养老，政府买单”和“以房养老”“以老养老”等新型养老模式。“居家养老，政府买单”是指以家庭为核心，以社区为依托，以专业化服务队伍为依靠，由政府出资，免费为既住不起养老院，又请不起保姆的孤寡老人提供生活照料、卫生保健、法律援助、精神慰藉等服务。“以房养老”即倒按揭，是指晚年没有正常收入的老人将自己的房产抵押给银行或其他金融机构，从而获得流动资金进行周转，待老人过世后再由贷款者将房产收回。“以老养老”，是指由社区身体健康的低龄老人志愿者为高龄老人提供个人护理等力所能及的服务，志愿者把这些服务的时间累积起来，到年迈时可以享受其他低龄老人提供的同等时间的服务，从而形成良性循环。

七、大力发展农保。计划生育政策的成功，使农村家庭逐渐小型化，家庭养老的功能趋于削弱，延续了数千年的“子女养老”模式遇到了越来越大的挑战。原有农村社会养老保险制度设计模式已无法适应新农村建设的需要，不少地区存在着缺乏有效政策和财政补贴、保障水平太低、基金保值增值难、农保机构自我生存艰难等问题。发展农保成为现实的需要和历史的必然。一是因地制宜，分类指导，逐步推进。可采取由经济发达地区向经济欠发达地区逐步推进，由富裕群体向广大农民群众逐步推进的策略。二是国家和省尽快出台政策，对参加农村社会养老保险的农民给予中央、省、市、县配套财政补贴，公共财政要对农村社会养老直接投入，建立起农民个人、集体、政府补贴三方构成养老金的新型模式，以调动农民的参保积极性。三是真正发挥农村社会养老保险是“社会保险”的作用，变目前的农民完全自愿参保为带有法律强制性的参保方式，先从经济条件较好的乡镇优先发展农村社会养老保险，采取政府组织引导和群众自愿相结合的办法，逐步由自愿向强制性过渡。四是理顺管理体制，完善管理服务体系，严格管理和监督，确保基金安全和保值增值。五是大力弘扬尊老、敬老、助老、养老的传统美德，倡导子女孝敬老人、悉心照料父母的社会风尚，充分发挥家庭的力量，使有家庭的老人在儿女的关心照顾下安享晚年。

八、完善失地农民养老保障体系。要保护那些种地无田、就业无岗、低保无份的“三无”农民的利益。在征地过程中，农民作为主体一方要享有知情权、参与权与同意权。建立必要的监督机制，保证土地补偿安置费直接发放到农民手中，任何组织和个人不得拖欠、截留与克扣，参照城市养老保险基金的筹集方式，由政府、农村集体组织、失地农民个人共同出资、合理负担，建立失地农民养老保障体系。

（原载于《国内动态清样》2006年7月20日第2378期，
原题为《河南政协主席王全书就养老问题提出建议》）

破解六大难题　促进民生改善

党的十六大以来，党中央、国务院和省委、省政府及各职能部门，坚持把实现好、维护好、发展好最广大人民群众的根本利益，作为制定各项方针政策的出发点和落脚点，先后采取了一系列协调各方面利益关系、消除各种不和谐因素的政策措施，取得了明显成效。从总体上看，我们的社会关系是协调的，社会机体是和谐的，人民群众的满意度普遍提高，幸福感日益增强，一个以“民主法治、公平正义、诚信友爱、充满活力、安定有序、人与自然和谐相处”为基本特征的和谐社会正在形成。据美国权威研究机构皮尤调查中心6月13日公布的民情项目年度调查结果显示，中国的国际形象继续超过美国。在法国，60%的被调查者对中国抱有好感，对美国抱有好感的只有39%；连美国的盟友英国，其民众也觉得中国更受欢迎；中国赢得65%的好感，美国只有56%；在俄罗斯，63%的被调查者对中国抱有好感，对美国抱有好感的只有43%；在埃及，63%的被调查者喜欢中国，喜欢美国的只有30%；在中国，喜欢自己国家的有94%，喜欢美国的只有43%。我国有81%的人对现状感到满意，而俄罗斯、美国、日本、法国对本国现状感到满意的人则分别只有32%、29%、27%、20%。本次调查的中国样本来自我国的6个城市及其郊区，其中就有河南的新乡。

同时，我们也应该清醒地看到，由于当前我国正处于“黄金发展期”和“矛盾凸显期”相互交织的时期，长期以来妨碍经济社会发展的一些体制性、结构性矛盾还没有完全消除，能够有效解决矛盾和化解冲突的社会机制还没有完全建立起来；由于我国正处于并将长期处于社会主义初级阶段，生产力还不发达，现阶段基本公共服务供给仍与人民群众快速增长的公共需求之间存在着严重的供需矛盾等原因，我们也出现了一些诸如上学难、就业难、看病难、住房难、养老难、收入差距过大等突出的社会问题，社会的和谐程度和和谐水平有待进一步提高。在教育方面，一些地方教育经费不足，教育资源短缺，教育成本过高，教育机会不均等，人民群众特别是低收入家庭普遍感到上学难、上学贵。以高等教育为例，2004年我国每生每年收费平均5000元左右，若加上基本生活消费，每生每年则需要花费8000—10000元。2005年，河南省农民人均纯收入为2870元，即使全家人不吃不喝，也仅够培养一个学生。由于被过早淘汰出局，致使许多普通工人和农民家庭的子女无缘参与高考。在就业方面，劳动力供求总量矛盾与就业结构性矛盾同时并存，城镇就业压力加大和农村富余劳动力向非农产业转移加快同时出现，新成长劳动力就业和失业人员再就业问题相互交织，就业形势十分严峻，失业人群逐年增多，高校毕业生就业压力增大。在医疗卫生方面，一些地方医疗卫生资源总量不足，医疗保险制度尚未建立，药品和医用器材价格虚高，城乡居民得不起病、买不起药、住不起院，因病致贫、因病返贫现象时有发生。在住房方面，一些地方经济适用房建管不力，政府廉租房供应不足，普通商品房价格飙升，相当一部分城市居民的收入积累赶不上房价上涨速度，不得不望房兴叹。在养老方面，一些地方城镇养老保障体系尚未健全，农村养老保险制度建设进展缓慢，进城农民工和失地农民养老保障问题逐步凸显，部分国有企业退休人员的生活陷入困境。在分配方面，城乡之间、部门之间、地区之间收入差距进一步拉大，贫富悬殊现象愈益严重。有专家指出，目前我国的贫富悬殊已经达到黄色警戒水平，如果五年内不能采取有效措施，贫富悬殊将会恶化到红色危险水平。

上述问题，尽管只是产生在少数地方，存在于某些方面，但如果得不到有效解决，矛盾不断积累，将会引起部分社会成员的心理失衡，进而导致社会不和谐甚至社会的冲突。这些问题已经引起以胡锦涛同志为总书记的党中央和省委、省政府的高度重视，正在组织有关部门研究制定具体的解决方案。大家认为，解决这些问题，关键是树立和落实科学发展观，处理好经济发展与社会发展、城市发展与农村发展、效率与公平的关系，处理好不同利益群体之间的关系，一要坚持以经济建设为中心。社会主义初级阶段的主要矛盾，始终是人民日益增长的物质文化需要同落后的社会生产之间的矛盾，根本任务是发展社会生产力。党执政兴国的第一要务是发展。只有不断解放和发展生产力，才能为社会全面进步和人的全面发展提供坚实的物质基础。二要坚持经济社会协调发展。经济发展是社会发展的前提和基础，也是社会发展的根本保证；社会发展为经济发展提供精神动力、智力支持和必要条件。随着物质生活水平的日益提高，人民群众对精神文化、公共服务、健康安全、社会保障等方面的需求也日益增长，迫切要求社会与经济共同发展。我们在大力推进经济发展的同时，应更加注重社会发展。三要坚持城乡协调发展。全面建设小康社会，重点和难点都在农村。我们党历来重视“三农”问题，但由于种种原因，城乡差距、工农差距仍呈现不断扩大的趋势。农业基础薄弱，农村发展滞后，农民收入增长缓慢，已成为我国经济社会发展中亟待解决的突出问题。我们必须统筹城乡发展，站在经济社会发展全局的高度研究和解决“三农”问题，实行以城带乡、以工促农、城乡互动、协调发展，加快建设社会主义新农村的步伐。四要处理好效率与公平的关系。既要坚持效率优先，追求经济效益最大化，又要更加注重社会公平和共同富裕；既要锦上添花，更要雪中送炭；既要激励先富阶层，更要扶持困难群体，让人民群众充分感受社会主义大家庭的温暖，共享改革发展成果和公共财政阳光。

具体说来，可以概括为六大方面，共计38条：

一、解决教育方面问题的建议

1. 我们是“穷国办大教育”“大国办穷教育”，国家教育投入的严重不足与教育实际需求存在巨大的经费缺口。要建立完善的公共财政制度和刚性的教育拨款预决算制度，把增加财政性教育投入作为建设公共财政体制的重点，明确各级财政的教育支出责任，进而构建起满足公共教育需求的、稳定的、可持续增长的教育投入机制。

2. 重视加强农村义务教育，努力降低义务教育阶段农村学生特别是女性学生和贫困家庭学生的辍学率。保证进城务工人员的子女与当地学生平等接受义务教育。深化农村义务教育经费保障机制改革，履行政府办教育的责任，落实教育惠民的各项政策。建立健全农村义务教育阶段中小学校舍维修改造的长效机制。完善城市教师到农村学校支教制度，建立健全农村教师到城市学习进修制度，制定全国性的农村教师流失补偿制度。调整教育资源分布，构建义务教育均衡发展机制。

3.结合各地经济社会发展水平、学生家庭经济承受能力和教育事业发展需要，规范教育收费的政策体系，制定合理的收费项目和标准，一次性公布，一次性收取，坚决制止中小学乱收费，进一步规范公办学校办学行为，严禁搞“校中校”“校中班”“一校两制”和以改制为名乱收费。加大思想教育力度，着力构建“不愿为”的自律机制；加大制度建设力度，努力形成“不能为”的防范机制；加大监督检查力度，强化“不敢为”的惩治机制。

4.建立健全高等教育成本核算体系，以制度保证高等教育成本的公开化、透明化。在严格规范高校收费行为的同时，加大对高等教育的财政投入，降低学生个人负担的教育成本比例。据测算，现阶段我国高等教育成本为每生每年7000—8000元，根据国家有关政策，大学生个人负担的费用只能占全部教育成本的1/4至1/3，因此，每生每年所交各种费用以1700—2700元为宜。

5.打破地域界限，保障教育公平。目前在北京能上清华、北大的考分，在一些地方连重点大学都进不了，在北京能上其他重点学校的考分，在一些省却无学可上，自然落榜。要尽快打破这种不公平，实行不分地域、不分学校、统一考试、统一招生的全国范围内的公平竞争。

6.进一步建立和完善教育救助制度。对义务教育阶段农村困难家庭学生和享受城市居民最低生活保障政策家庭学生全面实施“两免一补”政策。对高等学校经济困难学生要继续完善“奖贷助补减”资助体系，拓宽高校勤工助学领域，多渠道为贫困大学生提供勤工助学岗位，确保其不因贫失学，顺利完成学业。

二、解决就业方面问题的建议

7.今后几年，河南将进入劳动年龄人口增长高峰期、下岗失业人员再就业攻坚期和农村富余劳动力转移加速期，就业形势将趋严峻。要把扩大就业摆在更加突出的位置，在经济增长方式转变和加快工业化进程中，将就业增长作为重要的约束条件，列入各级政府考核目标，纳入经济社会发展规划。实施积极的就业政策，统筹城乡就业，保持就业增长的原动力，努力扩大就业，控制失业规模。

8.科学制定保持经济持续增长和促进就业稳步发展的产业政策。建立行业预警和就业监测机制，最大限度地减少经济结构调整和行业波动带来的就业风险，高度关注宏观调控的重点行业，重视由于加大对一些高耗能、高污染企业以及高危险行业的治理整顿力度所产生的职工分流安置问题，高度关注国际贸易关系、贸易摩擦对就业的影响。在确定投资方向、产业布局、企业规模、所有制形式时，充分考虑和扶持就业岗位多、就业容量大、就业弹性强、就业门槛低的劳动密集型中小企业和个体私营企业。不断完善鼓励企业增加就业岗位、加强就业培训的财税、信贷等优惠政策，让企业自行创造更多的就业岗位。

9.正确处理深化改革与扩大就业的关系，在扩大就业的基础上深化改革，通过深化改革实现扩大就业。今后，国家和省出台重大改革方案或进行各项改革试点时，应进行就业评估和就业考核。进一步提高政府公共服务能力，建立健全就业再就业服务体系，逐步消除就业政策差别，统筹城乡就业，将国有企业、集体企业、非国有企业职工、待业状态的初高中毕业生、农村富余劳动力、高校毕业生的就业问题纳入统一的政策体系。完善对困难地区、困难行业和困难群体的就业援助制度，免费为择业人员提供快捷、高效的劳动力市场信息平台。加强对职业中介机构的规范管理，促进劳动力资源的合理配置。实现政府促进、制造“饭碗”，创业培训、自造“饭碗”，灵活就业、自找“饭碗”。

10.加强劳动力市场监管、劳动保护和劳动执法监察，规范用工行为，保障劳动者的合法权益。加强重点行业的生产安全管理和企业安全文化建设，落实企业劳动保护的各项措施。明确政府相关部门的监督责任，建立相关责任人的问责机制。完善劳动合同制度，加强工会等劳动组织的职能，完善集体谈判制度，实施劳方、资方、政府协调劳动关系的三方协调。加强对劳动权益保护的宣传和维护援助，使企业和每个员工都明确自己的权益和维权途径，鼓励社会团体和机构为弱势群体提供维权援助。

11.切实做好高校毕业生的就业指导和服务工作。适当控制高校招生规模，合理调整专业设置。大学生供过于求的实质是结构性过剩，社会对高技能、高层次的人才需求量还相当大。要认真解决高校毕业生结构性过剩问题，加快教育结构调整，推行以就业为导向的教育改革，大力发展职业教育，发展多种形式的职业技能培训，以期达到学校教育与社会需求同步。建立和完善大学生就业服务网络，采取校企联合、特色办学、加强择业指导等措施，积极引导大中专毕业生转变就业观念，开阔就业视野，扩大择业范围，到基层去，到艰苦的地方去，到社会最需要的地方建功立业。

12. 加快农村富余劳动力转移就业。要从修订制度、加强培训、改善管理、优化服务入手，取消歧视性、障碍性的二元化政策规定和不合理收费，整顿和规范劳动力市场，强化信息指导服务，为农民创造更多的就业机会。还农民工自由迁徙、平等择业的权利；定期开展对农民工工资支付情况的专项检查和安全生产监督检查，把农民工纳入社会保险范围，逐步扩大社会保障对农民工的覆盖面；要给予农民工更多的人文关怀，在居住、子女入学、医疗、文化生活、法律援助等方面，为农民工排忧解难。切实改变农民工“廉价劳动力、超时劳动力、高危劳动力”的生存状况。深化户籍制度改革，完善流动人口管理，引导农村富余劳动力平稳有序转移，逐步实现从体能型向技能型输出转变、从低层次向高层次输出转变、从短期临时务工向长期稳定就业输出转变、从单一国内输出向国外境外并重输出转变、从单纯输出劳动力向劳务输出与引导返乡创业并重转变。推进乡镇企业改革和调整，大力发展县域经济，积极拓展农村就业空间。

三、解决医疗方面问题的建议

13. 医疗卫生体制改革关系到每一位公民的生存权与健康权。“十一五”期间，应着重强化“公平”基调，把全民纳入基本医疗保障体系之中，致力于提高全民族的身体素质和健康水平。政府对卫生事业的投入与监管，应更多地关注弱势群体，医疗保障对象要“扶弱”，对医疗服务机构的投入要“济困”，在全社会建立起低水平、多层次、广覆盖、众受益的医疗保障体系。

14. 要下决心破解药价虚高和看病贵问题。一是加快实行营利与非营利机构分离、医药分离、医院管办分离。将医院总体上分为公益性和营利性，前者由政府主办，后者按市场化运作。二是提高药品市场的集中度和透明度，推进药品经销企业的规模化、信息化、标准化和现代化，实现药品流通高效率、高效益和低成本。三是从源头上把好药品质量和定价关，加大对生产疗效稳定、价格低廉药品生产企业的政策支持力度。四是扩大政府定价药品的覆盖面，把平均成本作为药品定价的基础，建立和规范药品价格听证制度。五是切实改变以药养医的状况。严格规范医院和医生的行为，最大限度地保证合理用药和药品价格的合理性，严格审查大型医疗设备购置，防止医疗机构借此乱收费。

15.加强农村卫生服务体系建设。进一步完善新型农村合作医疗制度。新型合作医疗基金是参合农民的“保命钱”，管好用好基金，防止挤占、挪用和浪费，是取信于民、建立新型合作医疗制度的关键。要将基金风险管理和基金运行质量监控相结合，将日常管理与目标考核管理相结合，有效减少合作医疗基金的不合理支出，改善“小病拖、大病扛”、因病致贫、因病返贫的状况。建立适应农民承受能力的农村医药价格管理体系和农村医疗管理体系。加强农村卫生人才的培养，继续组织城市医生对口支援农村工作。在有条件的地方优先推进乡村医疗信息化工程，搭建城乡联动的医疗信息平台，让中心城市的优质医疗资源向乡村延伸，使乡村医生搭上信息化快车，使广大农民在家门口敢治病、能治病、治好病，逐步实现“小病不出村，常见病不出镇，大病不出市，疑难重症才到省”的目标。也可积极探索在农村合作医疗中引入商业保险的管理模式或集团化连锁经营的模式。

16.大力发展社区卫生服务。加快符合市情、功能合理、方便群众的社区卫生服务网络建设。要健全服务网络，选好社区卫生服务载体；完善服务功能，夯实社区卫生服务作为公共卫生和基本医疗的双重“网底”；坚持政府主导，控制趋利行为，建立稳定的财政投入新机制；完善配套政策，将医疗保险向社区倾斜，探索社区和医院双向转诊制度。引导人们“大病到医院、小病进社区、康复回社区”，为城市居民提供经济、便捷、有效的基本医疗服务。积极探索将“医保”与“救助”两项功能结合起来，通过医保救助医院，使困难人群看病费用大幅降低。

17.尽快研究制定适合农村从业人员特别是进城务工农民特点的医疗保障办法，逐步实现城乡医保制度一体化。在现行框架没有大的变动之前，可以考虑先研究制定针对进城务工农民的医疗、工伤保险办法，并做好与新型农村合作医疗制度的衔接。

四、解决住房方面问题的建议

18.从我们的国情、省情看，当前最适宜发挥住宅保障作用的主体是廉租房和经济适用房。应大规模发展廉租房，即使在发达国家，拥有自有住房的户数也不占多数，廉租房作为政府的一项重要福利政策，基本上要涵盖一半以上的居民。我国是发展中国家，城镇居民的收入水平和消费能力相对较低，依靠个人积累购买自有住房压力较大，政府应大规模开发建设廉租房，着重解决中低收入家庭的基本居住问题。要开展城镇最低收入家庭住房困难情况的调查，澄清底数，建立档案，以财政安排预算为主，多渠道筹措廉租房建设资金。增加资金供应是扩大廉租房建设的根本性措施，这需要中央财政的支持，也需要各级地方政府的支持，包括土地溢价转移补偿收入、税收补偿收入等。要建立廉租房基金专用账户，由中央在各地区之间调配，专款专用。

19. 规范经济适用房规划、建设、分配、配套、管理等环节，加大经济适用房建设力度。严禁以经济适用房名义超标准建房，坚决制止违规购买经济适用房、谋取不正当利益的行为。针对目前经济适用房建设和分配中出现的问题，建议将经济适用房与商品房分开来封闭运行，实行部分产权政策，禁止经济适用房上市交易和出租，以杜绝用经济适用房投资，使经济适用房真正落实到需要住房的低收入家庭。尽快完善有关经济适用房的政策法规，增加经济适用房的有效供给。最重要的是，应由政府主导经济适用房的二次分配。

20. 把公共住房保障制度落实情况列为政绩考核内容，把政府用于住房保障方面的财政支出金额、投入比例以及增长幅度，解决中低收入群众住房问题户数及覆盖面等，列入政府考核内容。

21. 建立健全分层次的住房供应保障体系，对最低收入家庭、低收入和被拆迁困难家庭以及符合条件的被拆迁家庭，要根据情况，宜租则租，宜售则售，让更多的中低收入家庭享受到住房保障。提高大面积房屋特别是高档商品房和别墅的税收及土地出让金，以此补贴中低收入家庭住房消费和政府廉租房财政支出。

22. 努力抑制不合理的购房需求。国家应进一步加强金融宏观调控，从银根上抑制不合理需求。提高放贷利率、提高放贷首付比例是抑制房地产投机行为的有效方法。当然，考虑到东、中、西部之间的差异，大、中、小城市之间的差异，城乡之间的差异，在具体操作过程中，应根据各地区的经济发展水平，采取有区别的政策，防止“一刀切”。要坚决制止外资炒房。我国是目前全球为数不多的对境外机构与个人投资开发和销售房地产没有设限的国家。从2004年开始，海外资本流入我国房地产业的速度明显加快，房地产已连续三年成为我国第二大外商投资行业。海外资本轻易绕过我国的金融监管，大规模收购物业而不受限制，推高了外界对人民币升值的预期，扰乱了我国货币政策的执行力度，还会影响到我国的经济安全。建议对外资炒房征收特别税，尽快出台相关政策，遏制、打击境外资金炒作房地产，尤其是住宅市场。

23. 建立统一、规范的房地产市场信息披露制度，严格查处开发商与中介机构恶意哄抬房价现象，防止楼市暴利。完善各项法规制度，防止开发商囤积土地、囤积房源，人为造成市场紧张，诱发房价短期内非正常上涨。探索建立控制商品房价格的新机制，使商品房开发的利润率保持在合理的范围之内。

24. 适当放宽企事业单位集体建房的限制，允许有条件的企事业单位在不违背国家的财政、土地、住房政策的情况下，主动解决本单位困难群体的住房问题，减轻国家和社会的压力。

五、解决养老方面问题的建议

25. 充分发挥政府的主导作用，逐步增加对老年福利事业的投入，积极发展老龄产业，逐步完善老年福利设施，确保老年人在经济供养、医疗保健、生活照料、精神慰藉等方面的基本要求。多渠道筹集养老保障资金，建立多层次的养老保障体系。加强个人账户基金管理，研究制定其投资运营和实现保值增值的政策措施。同时，鼓励企业建立年金，引导个人参加商业性补充养老保险，建立健全适应老龄化社会需要的多元化、多层次的保障体系。适当改变现有养老金的计发比例，建立企业退休人员养老金动态调整机制，营造离退休人员与在职职工之间的和谐代际关系。

26. 由于人口预期寿命不断增加，我国法定退休年龄已明显偏低，加上未到年龄即提前退休人员，既领保障又返岗就业，未富先老、未老先退、退而不富的现象越来越突出，严重影响到我国社会基本养老保险基金安全和防范老龄化风险的能力。目前，我国退休职工领取养老金的时间已从原来的10年提高到25年，因而无论是当期支付还是长期支付，养老基金都面临巨大风险。建议适当延长法定退休年龄，这既是国际发展趋势，也是我国在老龄化问题不可避免而政府财力又无法全面承担的情况下的必然选择。考虑到我们的现实情况，可以采取渐进式延长法定退休年龄的办法，不搞“一刀切”，先在一些特殊行业或特殊人才身上试行，如社会短缺的高技术工人、律师和医生。要刹住提前退休风。近年来，国企改革使大批未到年龄的退休人员由国家养起来，虽有利于社会稳定，却透支了地方养老基金。更为严重的是，有的企业和单位甚至把提前退休当成一种“福利”，钻政策的“空子”，利用特殊工种可提前退休的规定，想方设法把“包袱”甩给社会和国家。建议严格控制提前退休人员的数量，提前退休期间企业连续缴纳养老保险费的单位部分、基本养老金，达到退休年龄后再转由社保部门支付。

27.当前，养老保险各地自成体系，社保关系无法跨区域转移和接续，迫切需要建立中央统筹基础养老金制度，实行全国一盘棋，由中央统一为全国所有养老人员确定和发放一份基础养老金，以实现养老金发放的全国调剂，实现基础的公平和保障。在社保试点上逐步把个人账户做实后，个人账户归个人所有，劳动者走到哪里这笔钱都是自己的，社会统筹部分要尽快实现全国统筹，资金在全国范围内调动，只要劳动者有账户，走到哪里都可以领取养老金。目前全国统筹的障碍主要是财政分灶吃饭，因此需要重新调整中央和地方之间的财政分配关系，中央建立调剂金制度，征收系统依靠国税部门，信息系统建设依托现有网络。

28.加快养老保险立法，增强其约束力，将外商投资企业和私营企业职工全部纳入覆盖范围，将城镇个体工商户和灵活就业人员尽可能多地纳入覆盖范围，使更多人享有养老保障。

29.大力推广“居家养老，政府买单”和“以房养老”“以老养老”等新型养老模式。“居家养老，政府买单”，是指以家庭为核心，以社区为依托，以专业化服务队伍为依靠，由政府出资，免费为既住不起养老院又请不起保姆的孤寡老人提供生活照料、卫生保健、法律援助、精神慰藉等服务。“以房养老”即倒按揭，是指晚年没有正常收入的老人将自己的房产抵押给银行或其他金融机构，从而获得流动资金进行周转，待老人过世后再由贷款者将房产收回。“以老养老”，是指由社区身体健康的低龄老人志愿者为高龄老人提供个人护理等力所能及的服务，志愿者把这些服务的时间累积起来，到年迈时可以享受其他低龄老人提供的同等时间的服务，从而形成良性循环。

30.原有农村社会养老保险制度设计模式已无法适应新农村建设的需要，不少地区存在着缺乏有效政策和财政补贴、保障水平太低、基金保值增值难、农保机构自我生存艰难等问题。计划生育政策的成功，使农村家庭逐渐小型化，家庭养老的功能趋于削弱，延续了数千年的“子女养老”模式遇到了越来越大的挑战。发展农保成为现实的需要和历史的必然。一是因地制宜，分类指导，逐步推进。可采取由经济发达地区向经济欠发达地区逐步推进，由富裕群体向广大农民群众逐步推进的策略。二是国家和省尽快出台政策，对参加农村社会养老保险的农民给予中央、省、市、县配套财政补贴，公共财政要对农村社会养老直接投入，建立起农民个人、集体、政府补贴三方构成养老金的新型模式，以调动农民的参保积极性。三是真正发挥农村社会养老保险是“社会保险”的作用，变目前的农民完全自愿参保为带有法律强制性的参保方式，先从经济条件较好的乡镇优先发展农村社会养老保险，采取政府组织引导和群众自愿相结合的办法，逐步由自愿向法律强制性过渡。四是理顺管理体制，完善管理服务体系，严格管理和监督，确保基金安全和保值增值。五是大力弘扬尊老、敬老、助老、养老的传统美德，倡导子女孝敬老人、悉心照料父母的社会风尚，充分发挥家庭的力量，使有家庭的老人在儿女的关心照顾下安享晚年。

31.完善失地农民养老保障体系。要保护这些种地无田、就业无岗、低保无份的“三无”农民的利益。在征地过程中，农民作为主体一方要享有知情权、参与权和同意权。建立必要的监督机制，保证土地补偿安置费直接发放到农民手中，任何组织和个人不得拖欠、截留与克扣。参照城市养老保险基金的筹集方式，由政府、农村集体组织、失地农民个人共同出资、合理负担，建立失地农民养老保障体系。

六、解决分配方面问题的建议

32.收入分配差距带来的民众心理失衡和社会稳定隐忧，也与GDP的数字一起增长。从早在2002年的十六大报告，到2003年党的十六届三中全会决定，到2005年2月胡锦涛总书记在省部级主要领导干部专题研讨班上的讲话，到中共中央关于制定“十一五”规划的建议，到国务院制定、全国人代会审议通过的“十一五”规划，再到今年5月26日中央政治局就改革收入分配制度、规范收入分配秩序问题召开会议，标志着“公平”的议题正从宏观认识层面，加快落实到具体操作层面。建议国务院在高度关注当前收入分配领域存在的问题、组织国家部委和有关方面制定具体政策时，紧紧围绕执政为民这一根本理念，更加注重社会公平这一重大问题，多多关注社会弱势群体和全社会的福利事业，以改革收入分配制度、规范收入分配秩序为主要措施，让全体人民共享改革成果，都从改革中受益，以减少社会矛盾，促进社会和谐。

33. 构建社会主义和谐社会的重要切入点在于社会财富的分配和利益关系的调整，利益始终是社会矛盾的可能爆发点和社会和谐的基本平衡点。要合理调整国民收入分配格局，加大收入分配调节力度。积极推进收入分配制度改革，进一步理顺分配关系，着力提高低收入者收入水平，扩大中等收入者比重，有效调节过高收入，取缔非法收入，特别是要遏制那些通过不合法、不正当的手段牟取暴利的行为，努力缓解地区之间和部分社会成员收入分配差距扩大的趋势。

34. 按照《公务员法》的规定，实行国家统一的职务与级别相结合的公务员工资制度。深化公务员工资制度改革，建立科学完善的公务员薪酬制度，努力解决当前公务员收入分配领域存在的突出问题，逐步缩小地区间收入差距，适当向基层倾斜。规范职务消费，推进福利待遇货币化。

35. 借鉴成熟的市场经济国家的经验，以法律和规则的形式，缩小国家垄断性行业的范围，减小垄断行业与非垄断行业之间的收入差距。对少数必须由国家垄断经营的行业，要加强对其收入分配的控制和管理，防止与其他行业收入差距过大。

36. 科学合理的制度不仅是推进生产力发展的首要因素，也是解决财富分配和协调利益关系的根本因素。要全力打造社会利益协调机制，包括利益表达机制、利益谈判机制、博弈和施加压力机制、利益冲突调节机制等。例如：从制度上解决腐败和廉政问题，从而在民众内心深处消除“仇腐”心理；从制度上解决各级官员的勤政问题，真正为民众解决一些实际困难，带来看得见、感受得到的利益；从制度上解决劳资收入过分悬殊问题，从而消除劳工的“仇富”心理；从制度上规范企业改制，实行阳光操作、有情操作，坚持国家、集体、个人三方受益的原则，对“甩包袱”式的企业改革一律叫停；从制度上实施“拆迁新政”，城市拆迁补偿标准一律走市场和行政相结合的路子，合理提高拆迁补偿标准，实行货币补偿与异地安置双轨制，同时启动“土地换社保”的社会保障制度。

37. 建立健全个人收入申报制，强化个人所得税征管。尽早开征遗产赠予税、大额财产税、特别销售税，从收入的最终形式上对过高收入者进行有效的调节。

38. 适当提高企业离退休人员基本养老金标准和各类优抚对象抚恤补助标准，并注意提高其他低收入人员待遇水平。严格执行最低工资制度，逐步提高最低工资标准。围绕城乡低保、农村五保、特困户、灾民、优抚对象、生活无着的流浪乞讨人员等弱势群体，建立以基本生活救助为基础，医疗、教育、就业、住房、法律援助等专项救助为辅助，其他社会救助、救济和社会帮扶为补充的新型城乡社会救助体系。大力倡导和发展慈善事业。

（原载于政协全国委员会办公厅《参政议政动态》2006年第1期）

把郑州建成中部会展之都和全国会展名城

——在视察郑州会展业发展情况时的讲话

近年来，郑州市会展业发展迅速，取得了骄人的业绩。郑州会展业的硬件设施和软件管理水平已进入国内先进行列，在国内外的影响迅速扩大，对全市、全省经济社会发展的促动作用明显提升。

河南要实现“由经济大省向经济强省跨越、由文化资源大省向文化强省跨越”，发展会展业就是一项重要的举措。第一，发展会展业有利于优化产业结构。我省是全国第一人口大省、第一农业大省、第一粮食大省、第一劳务输出大省、第一粮食加工大省，重要的经济大省、工业大省、文化大省。一、二产业的优势日益突出，但第三产业发展相对滞后，丰富的文化、旅游资源还未得到有效开发。会展业作为第三产业的龙头，本身就是一项信息、资本、技术、智力密集的系统工程，它所带来的人流、物流、资金流和信息流，不仅可以促进餐饮、住宿、购物等传统服务业的繁荣，还可以刺激金融、保险、物流、广告、旅游、航空等现代服务业的发展，强化郑州作为全国重要的物流枢纽、铁路枢纽、公路枢纽、航空枢纽、通信枢纽的地位，并最终提升第三产业在三次产业中的比重，推进产业结构的优化升级。第二，发展会展业有利于推进区域经济一体化。当前，以郑州为中心的中原城市群的发展方兴未艾，亟须在建立统一市场、密切产业协调、实现资源共享等方面强力推进。加快发展郑州会展业，可以帮助全省其他城市更加便捷地了解国内外最新的行业技术和信息，可以为其他城市提供更为广阔的展示形象的舞台，可以为其他城市发展旅游、休闲等服务业提供丰富的客源，并有效推进中原城市群各城市间在产业协调发展、优势资源共享基础上的经济一体化进程。第三，发展会展业有利于体制创新和技术创新。会展业具有强大的聚集和扩散功能，既可以为企业掌握国内乃至全球最新行业信息提供渠道，又可以为宣传企业、推广品牌搭建平台。一次成功的展会就是一次“信息冲浪”和“知识会餐”，可以帮助企业以较低的成本获取最新的信息，帮助企业开展技术和体制创新，提高企业的核心竞争力，推动新兴产业的发展。总之，会展业是我省转变经济增长方式的重要着力点，发展会展业对我省加快“两大跨越”、推进“两大建设”具有不可或缺的作用。

如何实现郑州会展业更快更好地发展，我认为，应当从以下几个方面做好工作。

（一）瞄准“一个目标”不动摇

要力争通过3至5年的努力，把郑州建成以区域性会展为基础、以国际性会展为主导的中部会展之都和中国会展名城。郑州拥有独一无二的区位优势，拥有成为全国一流会展城市的基础条件，目前又正处于国家实施促进中部崛起战略、东部产业梯度转移步伐加快的重要历史机遇期。可以说，郑州成为中部会展之都和中国会展名城的条件已经具备，只要全省上下共同努力，这一目标一定能够实现。

（二）坚持“三个结合”不放松

一是坚持政府引导与市场主导相结合。加大工作力度，继续悉心办好河南国际投洽会、世界传统武术节、黄帝故里拜祖大典、豫商大会、中华姓氏文化节、世界华商文化节等政府主导型、重大节会型等展会活动。加大宣传力度，密切与行业协会等专业中介组织的联系，运用市场化运作的方式，吸引全国性、国际性的大型专业展会在郑州举行。走出一条政府引导、市场主导的会展良性发展之路。二是坚持完善硬件设施与提升软件服务水平相结合。继续完善会展硬件设施，建设能够适应不同层次、不同规模展会需要，集展览、会议、餐饮、住宿等服务于一体的会展设施；树立“服务至上”理念，引进国内外先进的会展经营管理机构在郑州投资发展，培养会展专业人才，创新郑州国际会展中心的经营管理方式，强化与会展密切相关的交通、餐饮、通信、住宿、金融等关键环节的服务，为参展商、客商提供全面周到、无微不至的配套服务，不断降低企业参展、参会的成本，提高参展商、客商的满意度。形成各类会展场馆、展览机构“同台竞争、错位经营”，产品展示与形象展示相得益彰的良性发展格局。三是坚持区域性会展与全国性国际性会展、综合性会展与专业性会展相结合。从郑州的实际出发，继续办好各类区域性展会。突出抓好全国性、国际性大型展会的申办工作，稳步扩大郑州会展在国内外的影响力、辐射力和吸纳力。提高专业性展会的比重，提高国际厂商和专业买家的比重。实现专业性展会和综合性展会相映生辉，构建区域性展会为基础，全国性、国际性展会为主导的多层次展会体系。

（三）扭住“四项工作”不懈怠

一是认真筹办好第二届中部贸易投资博览会。第二届中部贸易投资博览会将于明年4月在郑州举行。中博会是国家商务部为促进中部崛起而新设的一项会事，在长沙举办的首届中博会取得了圆满成功。我省一定要及早着手，精心筹备，在客商邀请、展馆布置、住宿餐饮、休闲旅游、交通安全等方面做好准备，通过成功举办第二届中博会，推进我省与中部各省以及中部地区与东部地区、西部地区、国外重点地区的合作，扩大河南的国际影响。二是加强政府对会展业的监督管理与服务。制订会展行业发展规范，明确政府、中介组织、企业三方在会展业中应承担的责任和义务。发挥政府在会展工作中的规划、协调、沟通作用，消除多头办展、重复办展、资源分散、价格多轨等现象，逐步建立与国际通行规则接轨的公平、公正、公开的竞争秩序。要对与会展业发展相关的市场经营秩序进行整顿，既要鼓励合法、正当的市场竞争，又要严厉打击欺客宰客、随意涨价等扰乱市场秩序的行为。三是培育自主型、固定型品牌展会。我省现有的自主型展会与知名品牌展会仍有相当的差距。要把提升自主品牌展会的知名度、专业性、含金量作为努力的方向，下大力气提高自主品牌展会的水平，为会展业的可持续发展提供坚实的基础。要积极争取由国家行业协会、专业会展公司主办的大型流动型展会在郑州举行，通过周到细致的服务吸引流动展在郑州举办。四是建立中原城市群会展资源共享机制。郑州作为河南会展业的龙头，要注重发挥支柱作用，推动河南会展的国际化、市场化。自觉从中原城市群、从全省的整体利益出发，为其他各兄弟城市举办展会提供优质的服务。其他城市要着眼大局，立足长远，依托郑州的会展优势展示自身形象，利用郑州举办各类大型展会之机，举办特色性展会，吸引客商开展投资贸易。

省政协和政协委员们一直关注着郑州会展业的发展。今后我们将更加关注郑州会展业的发展。我们将对加快发展会展业的有关问题，组织调查研究、考察视察，多献良策，多出良谋。对郑州在发展会展业中遇到的困难和问题，我们将及时向省委、省政府反映，提出意见和建议。我们相信，在中共郑州市委、郑州市人民政府的坚强领导下，郑州会展业系统的广大干部职工，一定会解放思想、锐意进取、团结合作、埋头苦干，发挥郑州自身优势，借鉴国内外成功经验，继续推进会展业的稳步协调快速发展，为在三五年内，把郑州建成中部会展之都和全国会展名城，为促进中原崛起和中部崛起做出更大的贡献。

（2006年11月28日）

郑州新区要新风扑面

——在视察郑州新区座谈会上的讲话

规划建设郑州新区，是省委、省政府贯彻落实党的十七大精神和科学发展观、实施中心城市带动的战略部署，是遵循世界城市发展规律、加快中原城市群发展的必然选择，是建设现代化、国际化、信息化和生态型、创新型城市的难得机遇，是积极应对国际金融危机、保持经济平稳较快增长的重大举措。加快郑州新区建设，对于有效整合区域资源、聚集生产要素、发挥规模效应、加速推进郑汴一体化进程，对于提高郑州的首位度、充分发挥郑州在中原城市群和全省经济社会发展中的核心地位，对于为全省改革开放、跨越发展创造新鲜经验、提供有力支撑，具有重要的现实意义和深远的历史意义。

一、注重打造规划优势

要始终贯彻“复合城市”的先进理念，按照城乡统筹、产业协同、节约集约的发展思路，汇聚众人之智，广纳各方之言，以超常思维谋划发展，以超前思维编制规划。要学习借鉴上海浦东新区、天津滨海新区的成功经验，不仅需要国家级、省级的政策支持，而且要有宏观的战略性的决策支持。建议省委、省政府及早研究决策，赋予新区省辖市级和部分省直部门的管理权限，包括规划管理、人事管理、财政管理等方面的职能。省政协愿意将郑州新区的建设，上报全国政协，争取能够请全国政协领导组织全国政协常委、委员、专家学者，来豫专题考察论证，向党中央、国务院提出类似上海浦东新区、天津滨海新区的决策建议。在科学制订总体规划、详细规划及各个专项规划的过程中，既要加快工作进度，又要加强相互衔接，努力使郑州新区的发展规划契合区域特点，体现时代特色，引领发展潮流，打造千万人口的中原大都市。要自觉维护规划的权威性和严肃性，切实做到“江山代有才人出”，一张蓝图绘到底。

二、注重打造体制优势

既然要把郑州新区建设成为科学发展改革示范区、试验区，就应该允许和提倡新区在一些方面先行先试，在电信同城、金融同城、管线一体化等领域有所突破，新事新办、特事特办。要抓住工作关键，从制度上重点突破，着重创新产业协同发展机制、基础设施和公共服务设施共建共管共享机制、要素流动机制、工作沟通协调机制，加快推进城乡一体、土地管理、投融资体制、公共资源共享等综合配套改革，重点破解起步阶段的土地、资金瓶颈，妥善处理好产业协同发展、公共服务均等化等问题。要按照小机构大服务和精简统一效能的原则，优化完善党政职能部门配置，建立健全区域协作共管机制，形成精干高效、富有生机与活力的新型管理体系。

三、注重打造产业优势

要在科学编制郑州新区产业发展规划的基础上，优先培育先进制造业、高新技术产业、现代服务业和都市农业等主导产业，着力打造食品加工、汽车、装备制造、电子信息、生物医药、物流、金融、创意文化等产业集群。要尽快完善产业集聚区的设施配套和服务配套，提高产业集聚区的承载能力，推进项目、资金、技术、人才等生产要素向园区集聚，建设主业突出、特色鲜明、国内领先、国际一流的现代化产业园区。

四、注重打造人才优势

要培养造就一支政治坚定、思想解放、勇于创新、善于领导、科学发展的高素质干部队伍。要根据郑州新区开发建设规划和产业发展定位，广泛招揽海内外各类优秀人才，积极引进各类专业技术人员、复合型人才和高端人才，使郑州新区成为国内外各类创新人才聚集的高地。要根据产业规划和事业发展的需要，积极发展职业技术教育，培养数量众多的技能型人才，满足郑州新区多层次人才需求，并源源不断地向全省各地输送人才。要聘请熟悉城市规划、资本运作、国际贸易、文化产业、旅游策划等方面的专家，组成高水平的智囊团、思想库，为郑州新区建设运筹帷幄、出谋划策。

五、注重打造环境优势

高标准规划建设交通、电力、通信等城市基础设施和公共服务设施，不断完善服务功能。健全高效、快捷、现代化的大交通体系，把郑州新区建成重要的交通通信枢纽，使铁路港、航空港、公路港与外部大交通有机连接，人流、物流、资金流、信息流融会贯通。要把省委、省政府制定的一系列优惠政策不折不扣地落到实处，配套出台信贷融资、信息服务、财政税收等方面的支持措施，不断增强招商引资的吸引力。新机构要有新机制，新区要有新气象。要以学习实践科学发展观、“讲树促”活动为动力，以“两扭两创”为载体，强化服务意识，简化审批程序，提高行政效能，倡树新区新风，使郑州新区成为运行成本最低、投资回报最高的地区之一。

充分发挥人才荟萃、智力密集、视野开阔、位置超脱、沟通各界、联系广泛的优势，贯彻落实省委、省政府的重大决策部署，关心、关注、支持、支援郑州新区开发建设，是省政协义不容辞的分内责任，是政协委员履行职能的重要平台。要围绕郑州新区的区域规划、产业布局、项目筛选、社会发展、生态建设等事关长远的重大问题，组织委员深入开展视察调研，适时提出对策建议。要鼓励和支持政协委员中的企业家到郑州新区投资兴业，踊跃为郑州新区的大建设、大发展聚拢人气、添加新丁。要向广大豫商大力推介郑州新区，挖掘豫商特别是省外境外豫商潜能，搭建招商选商、引资引智新平台。

规划建设郑州新区，功在当代、泽被子孙。我们要进一步解放思想、开拓创新、求真务实、锐意进取，努力把郑州新区建设成为河南经济社会发展的核心增长极和科学发展改革试验示范区，使其在中原崛起中扮演更加重要、更加耀眼的角色。

（2009年11月26日）

为全民创业播撒更多阳光雨露

——在视察许昌市推进全民创业工作时的讲话

胡锦涛总书记在党的十七大报告中明确提出了“以创业带动就业”的重要思想。在前不久召开的省委八届八次全会上，徐光春书记再次强调，要为全民创业这一发展工程、富民工程、崛起工程播撒更多的阳光雨露，让想创业的人创新业、正创业的人创大业、善创业的人创伟业，为中原崛起插上腾飞的翅膀。

省委、省政府倡导全民创业，意在把群众追求富裕、勇于创造的潜能释放出来，把民间资本和各种资源有效地利用起来，使之成为加快发展的内在动力。我们一定要从全面贯彻落实党的十七大精神、奋力开创中原崛起新局面的高度，从发展之基、富民之本、活力之源、崛起之路的高度，充分认识创业意义，大力弘扬创业精神，多策并举，多轮驱动，站在新的起点上，把全民创业的战鼓擂得更响，把全民创业的举措抓得更实。

第一，以解放思想、更新观念促进全民创业。要以正在全省深入开展的“新解放、新跨越、新崛起”大讨论活动为契机、为载体、为动力，破除影响全民创业的各种思想障碍，树立自主创业、敢为人先的开拓精神和与时俱进、勇于创新的进取精神。要遵照“三个有利于”的原则，鼓励闯，允许试，不争论，不张扬，对一切有利于全民创业的新生事物都积极鼓励，对一切有助于全民创业的行动都大力支持，对一切合法的劳动收入和非劳动收入都依法保护，对一切为全民创业做出贡献的人士都大力褒奖，让所有劳动、知识、技术、管理和资本的活力竞相迸发，所有创造社会财富的源泉充分涌流。进一步弘扬“劳动为本、创业立身”的先进文化，大张旗鼓地宣传自主创业、艰苦创业的典型，引导广大农民从田间地头走出来，鼓励广大干部从机关大院走出来，帮助广大下岗职工从失业困境中走出来，推动广大小业主从小富即安中走出来，使每一个有创业能力的人都成为经济发展的活跃细胞，每一个领域的民间资本都成为创造财富的不竭源泉。

第二，以科学发展、和谐发展引领全民创业。与改革开放以来出现的两次“下海经商”的全民创业热潮不同，今天我们所倡导的新一轮全民创业，是经过30年改革开放，站在新的历史起点上的全民创业；是着眼于继续解放思想、坚持改革开放、推动科学发展、促进社会和谐的全民创业；是加快转变经济发展方式，积极推进工业化、城镇化、农业现代化进程的全民创业。在新一轮的全民创业中，要始终坚持以人为本，尊重人民群众的主体地位，发挥人民群众的首创精神，保障人民群众的各项权益，促进人的全面发展，做到发展为了人民、发展依靠人民、发展成果由人民共享。要始终坚持科学发展，按照徐光春书记高度概括的，在破除“十重十轻”上做文章，大力破除重速度轻效益、重生产轻生活、重建设轻管理、重开发轻环境、重自强轻开放、重物质轻精神、重发展轻稳定、重人治轻法治、重行政轻服务、重眼前轻长远等不符合科学发展观的思想观念，确立好字优先、好中求快、又好又快的发展理念，更加重视结构调整和效益提升，更加重视科技创新和管理创新，更加重视环境治理和生态保护，努力实现城市与农村、经济与社会、人口与资源环境、国内建设与对外开放的协调发展。要始终坚持关注民生，把推进全民创业与切实解决好人民群众最关心、最直接、最现实的利益问题紧密结合起来，完善社会保障体系，努力维护社会公平，确保人人过得去，争取人人过得好，在推进全民创业中持续改善民生，在持续改善民生中推动全民创业。

第三，以改革体制、创新机制保障全民创业。改革开放30年的辉煌成就雄辩地证明，改革是社会主义制度的自我完善和发展，是经济社会发展的强大动力和保障。开展全民创业，必须以改革创新精神，认真解决全民创业过程中面临的体制机制问题。进一步搞好行政管理体制改革，切实推进以“两转两提”即转变政府职能、转变工作作风、提高行政效能、提高公务员素质为重点的服务型政府建设，大力倡导“马上办、盯住干”的工作作风，全面推行“阳光”政务、“一站式”服务，严格落实首问责任制、服务承诺制、限时办结制、责任追究制等工作制度，对创业者提出的要求，职能部门要限时办结，尽最大努力提供服务。进一步强化社会监督机制，改革行风评议制度，由创业者和社会各界对政府职能部门定期进行评议，下决心解决政府权力部门化、部门权力利益化、部门利益个人化的痼疾。进一步推进以产权为核心的国有、集体企业改革，鼓励和支持各类创业主体采用收购、兼并、控股、参股等多种形式参与国有、集体企业改制，并享受企业改制的相关政策。进一步放开投资领域，降低准入门槛，推动非公有资本进入法律法规未禁止的一些领域。进一步拓展金融体制改革，积极发展地方金融，建立创业基金，健全融资担保机构，不断拓展全民创业的金融平台。进一步深化干部人事制度改革，建立健全符合科学发展观要求的干部选拔任用机制，充分调动广大干部推动全民创业、服务全民创业、投身全民创业的积极性和主动性。

第四，以建言献策、履职尽责助推全民创业。人民政协人才荟萃、智力密集，视野开阔、位置超脱，沟通各界、联系广泛，理应成为推动全民创业的重要力量。一要建言献策。围绕全民创业的主题，抓住影响和制约全民创业的关键问题，组织政协委员深入开展视察调研，提出合理化、建设性的意见和建议；通过召开政协常委会、专题协商会，反映社情民意、报送信息等途径，多为党委、政府出主意、当参谋，进诤言、献良策，为推动全民创业提供智力支持；对政府部门推进“两转两提”、服务全民创业的工作进行民主监督，开展民主评议和咨询听政，促进政府部门改进工作作风，优化服务质量，提高服务水平，为推动全民创业提供环境保障。二要培育队伍。注重引导、扶持和帮助政协委员中的个体工商业者把产业做大、做优、做强；打造政协委员中的创业领军人物，激励他们追求更好更快发展，使更多的政协委员企业家成为全民创业的排头兵；充分调动政协委员中的科技人才自主创业和服务全民创业的积极性，鼓励他们以资金、技术、管理等要素参与经营和收益分配，扶持他们创办科技型、中介服务型企业。三要铺路搭桥。以政协联谊促经济联姻，加强与发达地区政协的交流，挖掘广大豫商的潜能，搭建招商引资的平台，实现纵向的、横向的、全方位、宽领域、多层面的合作交流。

（2008年8月19日）

辑二

献策发展

金融在中部崛起中肩负重任

——在“中部崛起·企业创新与金融支持高层论坛”上的致辞

“中部崛起·企业创新与金融支持高层论坛”，旨在进一步贯彻落实中共中央、国务院关于促进中部崛起的战略决策，加强中部六省的沟通与交流，扩大合作与支持，实现中部地区经济社会又快又好地发展，构建良性互动的发展新格局，携手联动，共同促进中部崛起。

实施中部地区崛起战略，是党中央继实施鼓励东部地区率先发展、西部大开发、振兴东北地区老工业基地战略后，作出的事关现代化建设全局的又一项重大战略决策，是落实促进区域协调发展总体战略的重大任务。河南作为中部崛起的6个省份之一，深切体会到党中央、国务院对中部地区崛起的高度关心和支持。

为贯彻落实中央关于促进中部地区崛起的重大战略决策和中央10号文件，围绕国家关于把中部地区建成“三个基地一个枢纽”的要求，根据河南自身基础与条件，我们初步考虑：一是建设全国重要的优质粮食、畜产品生产和加工基地。全省粮食产量稳定在900亿斤左右。二是加强能源基地建设。进一步整合煤炭资源，加快推进现代化大中型矿井和大型矿区建设，把我省建成“南北互济、水火调剂”的火电中心和全国重要的电网枢纽。三是加快原材料基地建设。把河南建成具有国际竞争力的大型铝工业基地，全国重要的煤化工和石油化工基地。四是加快纺织工业基地建设。以承接东部产业转移为契机，促进棉纺企业向棉花主产区聚集。五是加强具有自主创新能力的现代装备制造业基地建设。依托现有基础，做强做大优势行业，高起点发展成长性产品。六是加快高新技术产业基地建设。加大对高新技术产业发展的政策支持力度，引导企业增加研发投入，培育高新技术产业集群。七是加快建设全国重要的综合交通运输枢纽。积极配合国家加快铁路客运专线建设，完成国铁电气化改造和复线建设工程，加快推进高速公路建设，加大国、省干线升级改造力度，完成郑州新郑国际机场改扩建工程。

邓小平指出："金融是现代经济的核心。"地方经济的发展离不开金融业的支持，金融业做大做强也必须依托地方经济的繁荣，二者相辅相成，缺一不可。长期以来，金融机构对中部地区给予了大力支持。要实现中部崛起的目标，实现更大规模、更高水平的发展，资金作为经济的"血液"，能否满足经济发展的需要，对实现中部崛起这一奋斗目标至关重要。要努力做到四个"构建"：

1. 构建多元化、多功能和稳健有力的金融支持体系。中部地区正处于工业化上升阶段和市场化过渡时期，促进中部崛起的金融支持，必须结合中部实际和未来中部崛起的战略目标，建立健全多元化、多层次、多功能和稳健有力的金融体系，特别是要大力发展地方金融业，建立多种所有制、多层次的区域性金融机构和多种形式的金融中介组织，为中小企业和高科技创新投资企业提供全方位、多功能、高效率的金融服务。在充分发挥各类金融机构独特功能的基础上，形成"积极促进中部崛起"的金融支持体系，以充分发挥金融促进中部经济全面、协调、可持续发展的整体功能。

2. 构建以发展多层次金融市场为切入点的中部融资平台。完善产权交易市场，改善融资结构和公司治理结构，建立区域性金融中心，充分发挥金融中心的聚集、辐射功能。加快对外开放步伐，积极引进外资、外埠资金，大力吸引战略投资者，不断探索建立适合中部农村金融支持模式和资金回流的长效机制，创新包括民间信用在内的多种农村信贷组织和信用模式，逐步形成与中部经济需求相结合的多层次的金融市场体系。

3. 构建充分发挥金融机构优势、多样性的金融支持模式。中央银行可通过适度的差异化的货币金融政策，大力支持中部经济快速发展；监管机构可在市场准入、金融创新等方面积极支持中部地区，为各类金融机构创建公平、和谐的经营环境；政策性金融机构可在中部农业产业化、城市化建设、重大项目开发、外向型经济发展等方面给予积极支持；商业性金融机构在转型过程中应有战略思维和长远眼光，突出支持中部优势产业，积极开拓中小企业和农村等新市场，在支持中部崛起中获取最大的效益。

4. 构建诚信、和谐、良好的金融生态环境。区域经济竞争更多的是金融资源的竞争，发展金融产业和打造信用环境，蕴含着地方的经济博弈。针对目前中部金融生态环境的状况，中部各级政府应大力开展“信用工程”建设，增强对现代金融，特别是对当前金融转型及未来金融发展趋势的认知度，既要讲支持地方经济发展，又要讲防范化解金融风险；既要讲改善金融服务，又要讲维护金融债权，从而不断改善地方金融生态环境，为金融业发展创造和谐的发展环境，增强金融部门进一步支持地方经济发展的潜能，实现经济与金融良性发展的目标。

（2006年8月17日）

创新：结构调整与转型升级的主引擎

——在2013河南企业100强发布暨河南大企业高峰会上的讲话

2013河南企业100强发布暨河南大企业高峰会，是在深入贯彻落实党的十八大精神和“稳增长、调结构、促改革”的总体工作要求，迎接党的十八届三中全会召开的形势下举行的。会上，陈勇副秘书长代表省政府对全省企业和省企联提出了希望和要求；按照中国企业联合会的统一部署，权威发布了2013河南企业100强；耿明斋院长的点评和企业家们的演讲掷地有声、精彩纷呈，具有鲜明的针对性和很强的说服力；会议还向全省企业和企业家发出了“深化改革促发展、转型升级谱新篇、努力打造河南经济升级版”的《倡议书》，传递了与会代表们的共同心声。短短半天的会议，开得务实、紧凑，体现了中央和省委转变作风的要求。

习近平总书记强调：“实施创新驱动发展战略是加快转变经济发展方式、破解经济发展深层次矛盾和问题、增强经济发展内生动力和活力的根本措施。”近年来，我省大力推进自主创新体系建设，在创新主体培育、创新平台和载体建设、重大科技攻关、创新机制完善等方面都取得了长足的进步。但与一些发达省份和邻近省份相比，还有不小的差距。去年，我省高新技术企业为838家，而同属中部地区的湖北省有1550家，湖南省有1700家，安徽省有1742家。现阶段我省企业存在的结构性矛盾和问题中，最根本、最关键的就在于创新能力不足。以我省百强企业为例，100家企业平均研发费用占比仅有区区的2.03%，远低于5%可持续发展的“生死线”；100家企业只拥有专利9260项，尚不及华为公司一家企业3万多项专利的1/3！因此，我想结合本次会议的主题，就当前和今后一个时期我省企业强化创新意识、增强创新能力的问题，就“看不见”“看不起”“看不懂”“看不透”这四个方面，谈几点看法。

第一点看法，观念创新是前提——重在解决“看不见”的问题。企业领导者的观念、眼界在很大程度上决定着企业的发展和未来。面对着复杂多变的经营环境，面对着风生水起的新技术革命，面对着世界范围经济结构的深度调整，面对着网络信息时代商业模式的快速变革，面对着不断更新的生产、生活、消费理念和方式，我们决不能视而不见、熟视无睹，这就必须首先解决“看不见”的问题。看不见不等于不存在，有所思才可以寻找路径。企业的领导者要充分认识研发创新对于企业活力和长远发展的极端重要性，拿出赶超行业一流、引领世界潮流的胆略和勇气，加强对科技创新发展前沿和行业、国际趋势的认知和预见，发挥创新的引领和拉动作用，在企业内部营造“鼓励创新、宽容失败”的创新文化。要强化企业技术创新的主体地位，引导创新要素围着企业转，在产学研利益联结和技术创新联盟中勇当“龙头”，吸引高校和科研院所为企业生产符合市场和社会需求的创新产品提供智力支撑，培育和壮大创新型企业，真正使企业成为技术创新决策、研发投入、科研组织、成果转化的主体。要善于发挥产业集聚区、高新区的载体作用，积极支持协同创新。前些时，河南农大牵头的河南粮食作物协同创新中心，成为首批国家协同创新中心之一，为全省推进协同创新开了个好头，值得大家借鉴。

第二点看法，科技创新是主动力——重在解决“看不起”的问题。历史一再证明，全球性的经济危机往往是产业与技术孕育变革的关键时期；每一次危机之后的经济复苏，也都离不开新技术革命的驱动。任何一项科技创新，起初都曾是不起眼的，都可能被人“看不起”。但当技术革命发生时，其影响则远远超出了科技力量本身，新技术的思维模式、商业规则都会对其他行业产生颠覆式的影响。近来，美国有一家叫特斯拉的生产纯电动汽车的企业，在过去12个月里，其股票市值猛增到200多亿美元，暴涨了800%。它的这种科技创新，已经给汽车业带来了强震，在不久的将来甚至可能会给能源业带来冲击。这种起于青萍之末的“小事件”所引发的“蝴蝶效应”不可小觑，很可能让每个企业都难以置身事外。当前，一些关键技术领域正处在变革前夜，极有可能大大改变世界经济版图和经济生态，对生产、生活、消费方式和价值观念带来重大影响。对此，我省企业不可不察，不可掉以轻心，而应该高度关注、顺应、利用新一轮技术革命特别是数字化技术的发展趋势，切实加大对科技研发的有效投入，突破并掌握一批关键核心技术，形成一批有分量的知识产权，大力提升获取社会创新资源的能力，建立全方位、开放式的创新体系和创新机制，将企业发展建立在坚实的技术进步与创新基础之上。

第三点看法，商业模式创新是拓展市场空间的有效手段——重在解决“看不懂”的问题。科技和市场是一对孪生兄弟，没有市场的技术毫无意义。科技创新初期，市场空间狭小，“看不懂”的人很多；而通过商业模式创新，就可以有效拓展市场。美国的那家特斯拉公司，创业初期还曾受到通用汽车高管的嘲笑，不少人看走了眼；不曾想，特斯拉到2015年底要把充电站铺遍全美，而且充电是免费的，超级充电网络的电力则是来自一家太阳能公司。真到那时，加油站怎么办？发电站怎么办？这就是创新型的商业模式，它突破了传统思维方式和思维习惯。可见，商业模式创新能够将科技与市场有机结合，拓展当前我们无法预料的市场空间。网络经济时代，基于信息化、网络化的新技术层出不穷，传统产业受到互联网的全产业链、全天候的影响，面临着巨大的转型压力；移动互联、生物识别、安全支付等新技术的快速发展，给企业、特别是对制造企业带来了前所未有的压力。面对日益严峻的资源环境约束和网络信息技术的迅猛发展，“智慧企业”将成为今后相当长时期的发展目标。企业如何“智慧”？只能靠信息、靠网络、靠商业模式创新来打开市场空间。

第四点看法，管理创新是推动企业创新和结构调整的强力保障——重在解决“看不透”的问题。网络经济时代，企业的生存模式、商业模式、产品模式、服务模式都发生着前所未有的变化，对企业的管理提出了新的挑战。如果观念创新、科技创新、商业模式创新都有了，而管理创新迟迟跟不上去，那么，企业的创新发展仍可能是镜中花、水中月，始终处于“看不透”“跟不上”的状态。因此，要通过管理创新加快内部改革步伐，形成有效的治理结构，进一步增强企业创新发展的能力与动力；通过管理创新加快建设智慧企业，依靠数字化、信息化、网络化加强企业内部管理；通过管理创新提升质量管理层次，增强企业的质量竞争力；通过管理创新提升成本管理水平，以良好的成本控制扩大企业的利润空间。这就需要企业不断提高综合管理能力，加强对供应链、价值链甚至生态链的有效管控，求得企业的持续发展。

同志们、朋友们，今年以来，全省上下认真贯彻落实中央和省委关于经济工作的决策部署，我省经济发展呈现出总体平稳、稳中有进、稳中趋升、稳中向好的态势。我们也要看到，在自身结构性矛盾与外部严峻复杂环境交织叠加作用下，我省企稳回升的基础尚不牢固，我们又正处于结构调整、提质增效的关键阶段。结构调整、转型升级需要也必须付出一定的代价。对百强企业正在经历的结构调整、转型升级的“阵痛”，我们要有清醒的认识，进一步增强调结构、促转型的紧迫感，以创新统领结构调整与转型升级，加快从速度效益型向质量效益型转变，从要素驱动向创新驱动转变；要从现实出发，不断审视企业的增长模式、盈利模式以及在产业链、价值链、生态链中的方位，对发展战略进行再思考、再定位，增强驾驭复杂局面的能力。大企业作为我省经济社会发展的中流砥柱，一定要时刻关注各个层面政策、措施的动向、趋势，时刻关注新技术的发展方向，紧紧抓住全球产业结构深度调整的契机，强化对经济发展形势的分析预测，不断增强企业的创新能力和综合竞争力，振奋精神，强化责任，攻坚克难，为打造河南经济升级版再做新贡献、再创新辉煌。

（2013年10月30日）

企业改革发展的成就、经验和出路

——在河南省企业界纪念改革开放30周年大会暨2008河南企业100强高峰会上的讲话

河南省企业联合会、河南省企业家协会以“牢固树立科学发展新观念，不断开辟思想解放新境界，积极创造跨越发展新业绩，奋力开创中原崛起新局面”为主题，隆重纪念改革开放30周年，权威发布2008河南企业100强，总结表彰改革开放30年河南省功勋企业和功勋企业家，实乃全省企业界的一件大事、一件喜事、一件盛事。这次活动得到了国家有关方面和省委、省政府的高度重视和大力支持，中国企业联合会、中国企业家协会，省委书记、省人大常委会主任徐光春同志发来了热情洋溢的贺信，济春副省长出席会议并为大家颁奖，这是对全省企业、企业家的巨大鞭策和鼓舞，必将有力地促进全省企业的改革和发展。

一、充分肯定我省企业改革发展的巨大成就

1978年12月18日，中国共产党召开具有伟大历史意义的十一届三中全会，做出了把全党全国的工作重心转移到社会主义现代化建设上来的战略部署，开启了改革开放的伟大航程。在改革开放的强劲推动下，河南同全国其他省份一样，经济社会发展的各个方面、各个领域都发生了翻天覆地的变化。尤其是作为国民经济重要组成部分的企业，更是经历了波澜壮阔的创新实践，创造了令人瞩目的辉煌业绩。

（一）企业改革渐次推进

30年来，按照立足社会主义初级阶段基本国情，不断调整优化所有制结

构，正确处理企业、市场、政府以及所有者、经营者、劳动者之间的关系，确立企业市场主体地位，增强企业活力的总体要求，我省企业改革步步深入、渐次推进，大体可分为三个阶段：第一阶段是从党的十一届三中全会到十四大以前（1978—1992年）。在对企业放权让利的基础上，开始探索所有权和经营权分离，先后推行了利润留成、利改税、承包和租赁经营等多种经济责任制形式。民营企业在国民经济中的地位和作用开始受到重视，外商投资开始进入。第二阶段是从党的十四大到十六大以前（1992—2002年）。建立社会主义市场经济体制的改革目标更加明确，国有企业进入建立现代企业制度和进行战略性结构调整的崭新阶段，民营企业成为社会主义市场经济的重要组成部分并获得迅猛发展。第三阶段是党的十六大以后（2002年至今）。企业对外开放在更大范围、更广领域、更高层次进行，国有资本、集体资本和非公有资本等参股的混合所有制经济得到大力发展，民营经济成为国民经济的重要支撑。当前，全省企业坚持以科学发展观为指导，在转变经济发展方式上又掀开了新的一页。

（二）企业体制日臻完善

经过30年来的持续改革，全省初步建立起与市场经济相适应的企业体制和机制。一是公司制逐步成为企业的主要组织形式。通过增资扩股、并购重组等以产权改革为重点的公司制改造，我省大多数国有企业改变了单一投资主体的体制模式，成功改制为多元股东持股的公司制企业。到2007年底，全省已有98%以上的国有工业企业实现了股权多元化。二是民营企业在制度结构和管理方式上发生了重大变化。随着经济体制改革的不断深入和市场竞争格局的深刻变化，我省大多数民营企业逐步从家族式开始转向股份制，建立了有限责任制度。三是法人治理结构逐步得到建立健全。改制企业普遍建立了股东大会、董事会、监事会以及经营层相互制衡的现代公司制企业治理结构，与现代企业制度相适应的劳动、人事和分配制度改革也取得实质性进展。

（三）企业结构更加合理

一是国有大中小企业成龙配套。国有中小型企业通过改组、兼并、租赁、出售、股份合作等多种形式，催生了一批充满生机与活力的新型企业；国有重点骨干企业经过主辅分离和战略重组，主业越做越强，绩效越做越好，实现了跨越式发展。今年我省有16户企业入围2008中国企业500强，数量居中部地区之首。二是国有经济布局结构出现了较大变化。随着国有中小型企业改制的逐步完成，国有经济和国有资本逐步向关系国民经济命脉的重要行业和关键领域集中，向大公司、大企业集团集中。特别是在能源、原材料、交通、重大装备制造和冶金等行业，国有资本集中的态势更为明显。三是民营企业和外资企业快速发展。2007年，全省非公经济单位数达到246万多个，增加值达8880亿元，已占据国民经济的半壁河山；全省规模以上外商及港澳台投资企业实现工业增加值254亿元，已成为新的经济增长点。四是产业集群得到长足发展。截至2007年底，全省共有年工业产值1亿元以上的产业集群388个，集聚企业占全省中小企业总数的一半以上，实现产值占全省工业总产值的36.4%，吸纳从业人员占全省中小企业从业人员的38.1%。

（四）企业实力显著增强

一是企业管理水平明显提高。改革开放以来，我省企业先后获得国家级管理创新成果50多项，省级管理创新成果160多项。这些管理创新成果集中代表了我省企业管理的最高水平，有力地促进了企业的改革发展，提高了企业的管理水平和竞争能力。二是企业自主创新能力明显增强。全省245家企业集团中，174家建立了技术研发机构，其中国家级认定的占17.8%，省级认定的占68.4%。近三年来，我省企业集团获得国内专利申请授权3050件，获国家科技进步奖102项，省部级科技进步奖1050项，超薄电子玻璃、千吨级多晶硅、纯低温余热发电成套装备、特高压电力保护装备等一批拥有自主知识产权的技术实现了产业化。三是企业经济效益和运行质量明显提高。2007年，全省规模以上工业企业实现利润总额1941.5亿元，利税总额3023亿元。245家企业集团实现利润总额474.8亿元，户均创利1.1亿元。

（五）企业贡献日益显现

全省企业在自身快速发展的同时，为促进我省经济社会发展和改善民生等同样做出了重要贡献。特别是在今年南方冰冻雨雪灾害和汶川特大地震后，我省广大企业心系灾区，为战胜特大自然灾害和灾后重建义无反顾，无私奉献，受到了灾区党委、政府和广大群众的交口称赞，塑造了新时期河南企业的良好形象。在广大农村，民营企业成为推动县域经济发展、促进富余劳动力转移的主力军和主渠道。2007年，全省民营企业共容纳劳动力1790.4万人，已占全省从业人员的1/3。

二、认真总结我省企业改革发展的成功经验

改革开放30年来，我省企业改革发展的经验非常丰富，概括起来，主要有以下几点：

（一）推进企业改革发展，必须始终坚持解放思想

企业改革发展充满阻力、存在风险，如果我们墨守成规、畏缩不前，不敢“大胆地试，大胆地闯”，就很难走出一条新路，干出一番事业。只有解放思想、更新观念、大胆创新、勇于实践，积极探索适合生产力发展要求的企业制度和经营管理方式，才能不断推进改革发展进程。同时，由于企业改革发展是一项庞大的系统工程，牵一发而动全身，因此每项重大改革发展政策的出台，都必须一切从实际出发，一切从国情省情出发，严格按照“三个有利于”的标准，积极稳妥，有序推进。

（二）推进企业改革发展，必须始终坚持机制创新

创新是经济社会发展的强大动力，也是企业永葆生机的重要保证。在改革体制、创新机制的过程中，要特别注重抓好三个环节：一是真正确立企业的市场经济主体地位，从根本上改变传统的政企不分、政资不分、政事不分的局面。二是切实解决国有资产所有权缺失的问题，完善“归属清晰、权责明确、保护严格、流转顺畅”的现代产权制度和“两权分离、互相制衡、管理科学”的现代法人治理结构。三是协调推进企业的体制、管理和技术创新，形成有利于企业生产经营、技术进步的组织管理模式和方法。

（三）推进企业改革发展，必须始终坚持对外开放

我省企业的改革和发展，是在对外开放不断扩大的背景下逐步推进的。任何企业要广泛参与国际经济的分工合作和竞争，就必须接受国际通行规则，

借鉴国外成功经验、先进体制、先进管理和先进技术，这是改革开放30年来我们对企业改革发展的一个基本要求，也是我省不少企业发挥后发优势、实现经济和技术赶超的关键所在。应当指出，盲目模仿不可能从根本上扭转落后局面，照抄照搬很难实现后来居上，企业只有坚持以我为主，根据自身的实际情况消化、吸收别人的成果，才能走出适合自己的发展道路。

（四）推进企业改革发展，必须始终坚持以人为本

企业家作为我国企业改革发展的直接推动者和市场经济体制建设的前沿探索者，对传统体制的弊端有着深切的感受，对改变企业落后面貌有着强烈的期盼，对不断创业创新有着高度的热情，是推动企业改革发展的中坚力量；广大企业员工作为各项改革措施的执行者，蕴藏着巨大的积极性和创造性，是推动企业改革发展的不竭动力。只有始终坚持以人为本，尊重其主体地位，发挥其首创精神，保障其合法权益，促进其全面发展，才能充分调动他们的积极性，真正把改革发展的各项措施落到实处。

（五）推进企业改革发展，必须始终坚持统筹兼顾

改革开放30年来，我们始终坚持统筹城乡发展、区域发展、经济社会发展、人与自然和谐发展、国内发展和对外开放，统筹中央、省和地方关系，统筹个人利益和集体利益、局部利益和整体利益、当前利益和长远利益，协调处理经济社会发展过程中的各种重大关系，通盘考虑所有者、经营者、劳动者乃至社会各方面的不同利益诉求，从而极大地减少来自方方面面的阻力，为企业改革发展营造良好的社会环境。实践证明，使利益相关的各方共享改革发展成果，是推进企业又好又快发展的必然选择。

三、扎实做好我省企业改革发展的各项工作

今年以来，受国际金融危机迅速蔓延、世界经济增长明显减速、国内经济生活中一些深层次矛盾和问题尚未解决等因素的影响，我省部分企业经营困难，步履维艰。如何充分发挥自身优势，加快解决突出问题，变压力为动力，

化挑战为机遇，不断增强企业的应变能力和竞争能力，已经成为事关中原崛起的重大战略问题。

（一）进一步强化观念创新，牢固树立科学发展意识

当前和今后一个时期，我们要以深入开展学习实践科学发展观活动为动力，全面把握科学发展观的基本内涵，准确理解科学发展观的精神实质，在审视当今世界众多发展模式中认识科学发展的正确性，在清醒把握经济社会发展存在的突出问题中认识科学发展的紧迫性，在放眼未来发展的进程中认识科学发展的必然性，切实把科学发展观的要求体现到创新发展理念、转变发展方式、破解发展难题、提高发展质量上。要正确处理数量与质量、速度与效益、当前与长远的关系，促进企业由粗放型增长方式向集约型发展方式转变，由主要依靠增加物质资源消耗向主要依靠科技进步、劳动者素质提高、管理创新转变。要不断增强资源环境忧患意识和建设两型社会的紧迫感，坚决改变过去以牺牲生态环境和有限资源为代价，忽视发展科学性和持续性的传统思维定式，大力发展循环经济，有效促进节能减排，努力实现生态效益、环境效益、社会效益、经济效益的同步提高。

（二）进一步强化制度创新，建立健全法人治理结构

目前，我省绝大多数企业虽然已初步建立起了现代企业制度框架，但离“产权清晰、权责明确、政企分开、管理科学”的改革目标尚有一定距离，企业赖以安身立命的法人治理结构和治理机制远未达到“形神兼备”“实至名归”的水平。我们要从产权多元化、建立和完善董事会制度、引进职业经理人、规范内部管理和控制制度、完善相应的法律约束、组织约束、社会约束等方面着手，建立健全科学的决策制衡机制、有效的利益激励机制、严密的监督约束机制，保证企业在现代企业制度的轨道上健康可持续发展。

（三）进一步强化技术创新，拥有更多自主知识产权

国内外著名企业的发展经验表明，技术进步已广泛渗透到企业发展的各个环节和整个链条，拥有自主知识产权的多少已成为衡量企业竞争力高低的关键因素。我们要从事关企业生死存亡的战略高度，牢固树立以创新求生存、以创新求发展的理念，积极探索建立企业技术研发、成果转化和知识产权保护的

有效机制，尽快改变当前我省企业在产业链和价值链的低端状况，实现我省产业结构的优化升级。要进一步确立企业在技术创新中的主体地位，积极支持大型企业建立自己的技术研发中心和产业化试验基地，促进形成研究开发人员、研究开发经费、研究开发任务主要来自企业的良好局面。要注重加强与国内外知名企业、大专院校、科研院所之间的联系合作，鼓励他们经常就一些重大共性技术开展联合研发。

（四）进一步强化管理创新

全面提升企业经营水平。管理是生产力，是企业软实力的重要内容，是提升企业竞争能力的重要途径。我们要进一步加强管理的制度化、规范化、现代化建设，不断加大经营管理创新力度，努力在现代信息技术的基础上，借鉴其他企业成功的管理经验，结合自己的情况和特点，建立起科学高效的管理体系和管理模式。要注意从中华民族五千年文化和中国共产党“红色管理”经验中汲取营养，在新形势下发扬光大，形成独特的管理优势，为探索中国式企业经营管理模式提供更加鲜活的经验。当前，特别是要把危机管理和风险管理提到管理的重要日程，将世界金融危机造成的影响和损失降到最低程度。

（五）进一步强化能力创新，有效参与全球经济合作

继续强力实施开放带动和“东引西进”战略，主动参与国际交流与合作，善于利用国际市场、国际资源来发展自己，提高国际竞争能力。密切关注国际金融资本与产业资本的变动情况，密切关注新垄断寡头的形成壮大和发展动向，密切关注国际经贸形势和规则变化，尽快建立从发现风险、报告风险到识别风险、分析风险、控制风险的一整套风险预警系统，尽量避免或减少国际市场变化所带来的不利影响。加快培养应对经济全球化的复合型人才，特别是高素质的企业经营管理者，让更多的企业经营者学会用全球眼光观察现实，用全球意识思考问题，用全球思维谋划未来。

（2008年12月16日）

积极应对危机 促进企稳向好

——在济源市深入学习实践科学发展观活动党员领导干部会议上的辅导报告

3月31日至4月3日，中共中央政治局常委、书记处书记、国家副主席习近平同志来河南视察，就如何应对国际金融危机保增长和如何扎实开展第二批深入学习实践科学发展观活动发表了重要讲话。4月7日上午，省委召开“讲党性修养、树良好作风、促科学发展”教育活动动员大会，徐光春书记在会上发表了重要讲话。省委还于4月6日下发了《关于新形势下深入学习大力弘扬焦裕禄精神、加强党性修养、切实改进作风、推动科学发展的决定》。结合学习贯彻习近平同志视察河南时的重要讲话精神和省委最近作出的一系列重要决策部署，就如何在复杂多变的经济形势下提振信心、积极应对，确保经济平稳较快发展；如何组织好、开展好学习实践科学发展观活动，努力为经济社会又好又快发展提供强大动力等，谈几点认识和体会。

一、正确看待复杂多变的国内外经济形势，进一步增强应对危机战胜困难的坚定信心

2008年以来，受美国次贷危机影响，世界经济形势发生深刻变化，不确定、不稳定因素明显增多。美国五大投资银行贝尔斯登、美林证券、雷曼兄弟控股公司、高盛和摩根士丹利先后被收购、破产或转为商业银行，房贷两大巨头房利美、房地美分别被财政部和美联储接管，最大储蓄银行华盛顿互惠银行宣布破产，英国北岩银行和宾利银行、比荷合资富通银行、比法合资德克夏银

行等多家欧洲金融机构相继陷入困境，冰岛整个国家的财富更是几乎蒸发殆尽。伴随金融危机从局部蔓延到全球，从虚拟经济扩散到实体经济，美国、欧元区和日本等发达经济体接连受到重创，新兴市场和发展中国家经济增长也明显放慢。尽管各国政府为阻止金融危机的进一步恶化，联手采取了一系列行之有效的措施，但全球金融市场动荡不安、经济增长大幅回落、市场价格剧烈波动、贸易增长持续放慢的局面未见起色，投资者的信心和信任远远没有恢复，恐慌情绪仍在蔓延。

世界经济形势的快速变化和强度振荡，对我国经济发展产生了巨大冲击，各种负面效应正在不断地显现出来。反映在对外贸易方面，受美国、欧元区和日本经济增长率回落、贸易保护主义抬头等因素的影响，我国出口商品需求萎缩，对外贸易增速放慢。据海关统计，今年2月份，我国外贸出口总值为648.95亿美元，同比下降25.7%，降幅较上一个月扩大了8.2个百分点。由于影响对外贸易的国内外众多不利因素短期内难以消失，市场流动性严重短缺，预计今后一个时期对外贸易的外部环境将继续趋紧。反映在金融市场方面，为应对危机、保持增长，我国货币政策去年下半年以来开始由适度从紧转向适度宽松，直接表现为货币供应量的大量增加。加大金融对经济的支持是必须的，但也增加了未来通货膨胀的压力。此外，美国通过大幅减息、美元贬值等手段，吸引国际投机资本大量涌入，不仅冲击着我国金融体系安全，而且也造成了我国外汇储备中美元资产的缩水。反映在企业经营方面，2008年以来，由于国际市场需求减少、人民币升值、要素供给趋紧和成本增加等压力，不少企业面临前所未有的经营困境，实现利润增速大幅回落。从动态看，随着经济增速放慢和金融危机的发展与蔓延，中小企业生产经营困难有进一步加剧的趋势。企业尤其是中小企业出现停产、半停产，甚至倒闭现象，将会加剧经济增长的下滑，影响经济与社会的稳定。反映在经济增长方面，面对愈演愈烈的全球金融危机，以出口导向为支柱的中国经济遭遇罕见严冬。随着金融危机对我国的冲击从沿海向内地、从出口行业向其他行业、从中小企业向大企业蔓延，我国宏观经济面临的国内外环境将更加趋紧，世界经济增长周期性变化和国内周期性因素的相互叠加，将进一步增大经济向下调整的压力。反映在劳动就业方面，随着金融危机向实体经济的蔓延，部分企业特别是劳动密集型中小企业生产经营困难，出现了关闭、停产或者半停产的情况，从而大幅度地减少了劳动者的就业空间。据权威部门估算，2009年大约有650万返乡农民工面临再就业问题，还有610万名大学毕业生作为城镇新增就业的主要力量进入劳动力市场。促进就业已经成为当前各级党委、政府面临的最大民生考题。

不少人认为，河南经济外向度低，世界金融危机对我们的冲击不会太大。其实不然。这场危机虽然首先反映在产业终端，但迟早都要沿着产业链条由终端向前端传导，其他行业出现的问题最终都会反映到资源性原材料产业，而且只有等到其他行业普遍好转后，资源性原材料产业才会走出困境。河南是以资源性原材料产业为主导的经济结构，这就决定了金融危机对河南的影响必然会来得迟、走得慢、影响重。尽管我们对金融危机可能带来的负面影响早有预判，但实际运行情况远比估计的复杂。今年前两个月，全省规模以上工业增加值增长2.1%，同比回落19.3个百分点，低于全国平均水平1.7个百分点；实现利润下降18.7%，亏损企业亏损额增长133.2%；城镇投资增长27.5%，同比回落4.8个百分点；出口下降33.1%，降幅大于全国平均水平12个百分点；财政一般预算收入增长1%，同比回落30.2个百分点；金融机构贷款增速低于全国平均水平4.6个百分点。尤其需要引起重视的是，我省主要指标增速在全国和中部地区的位次明显下滑，有些指标处于后进位置。前两个月，我省工业增速居全国第19位，同比后移14位，居中部六省第5位，同比后移4位；投资增速居全国第21位，同比后移11位，居中部六省第5位，同比后移2位；贷款增加额居全国第13位，在中部地区低于湖北、湖南。如果我们不迅速采取有力措施，尽快改变这一状况，就难以实现省委、省政府提出的保持经济平稳较快发展、保持跨越式发展基本态势的目标。

从我看到的统计资料和市里的情况介绍看，济源的情况也大同小异。今年前两个月，济源市规模以上工业增加值虽然止跌转升，但增速与去年同期相比，回落14.3个百分点；全市规模以上工业企业实现利润1.8亿元，比去年同期下降61.5%；钢铁、化工、机械制造、煤炭等4个行业对全市工业增长的贡献率为-33.1%，反向拉动全市工业下滑3.5个百分点。作为一座典型的以能源原材料加工业为主导的工业城市，“来得迟、走得慢、影响重”的态势也是相当明显的。

面对复杂多变的国内外经济形势，我们既不能麻痹大意、掉以轻心，对危机视而不见、充耳不闻，也不能被危机所吓倒，缩手缩脚、不敢作为，而应该始终坚持用积极的心态、坚定的信心去应对危机、笑迎挑战。温总理在今年“两会”上说：在危机面前，信心比黄金和货币更重要。这句话既朴实真切，又振奋人心。有信心就有勇气，有信心就有力量，有信心就有办法，有信心就有出路。

我们强调的信心，不是虚张声势夸出来的，也不是自欺欺人编出来的，更不是丧失理性想出来的，而是建立在对形势的辩证分析基础之上的。我们的信心和力量，来自中央对形势的科学判断和准确把握；来自已经制定并实施的应对挑战、着眼长远的一系列政策举措；来自工业化、城镇化快速推进中的基础设施建设，产业结构和消费结构升级，环境保护、生态建设和社会事业发展等方面的巨大需求；来自充裕的资金、丰富的劳动力资源等要素支撑；来自运行稳健的金融体系、活力增强的各类企业和富于弹性的宏观调控政策；来自改革开放30年建立的物质、科技基础和体制条件；来自集中力量办大事的政治和制度优势、和谐安定的社会环境以及全国上下促进科学发展的积极性、创造性；来自中华民族坚韧不拔、发愤图强的伟大精神力量。我们具备克服困难、战胜挑战的条件和能力，充满迎难而上、化危为机、共克时艰、同铸辉煌的信心和勇气。

具体对河南而言，我们的信心还来自以下几个方面的机遇：第一，全国发展大环境依然看好。我国经济发展的基本态势没有发生根本变化，国民经济在世界各国经济增长中仍然处在前列；我国经济发展的优势条件没有发生根本变化，社会主义市场经济体制已基本建立，改革开放30年的持续快速发展为我们打下了应对各种风险和挑战的坚实物质技术基础；我国工业化、城镇化加快发展的趋势没有发生根本变化，经济发展的内在动力依然强劲；我国发展的外部环境没有发生根本变化，和平、发展、合作仍然是当今世界的潮流，全球经济面临的调整和重组也为我国经济发展带来了新的机遇。全国形势依然看好，这是我们坚定信心的最大依据。第二，我省在区域经济格局中优势独特。与东南沿海相比，我们的体制、政策劣势在减少，而资源、成本优势特别是市场优势正在愈益发挥出来。这是因为，虽然依靠出口增长对内陆省份来说存在劣势，但在大力扩展内需的形势下我们的优势就凸显出来了。与西部地区相比，尽管我们的资源、成本优势略逊一筹，但在市场、区位等方面却优于西部。与中部省份相比，我省的区位和基础条件居于领先地位。国家在制订物流产业振兴规划时，把郑州作为物流的节点、中枢，就是最有说服力的证明。第三，国家应对危机的政策有利于我们解决一些以往不能解决的问题。国家拉动内需，推进公共服务均等化，受益多的是我们这样的人口大省，特别是农业大省。有两组数据可以说明这一点：第一组数据是去年第四季度国家投放的1000亿元资金，我们拿到了63亿元，仅次于地震灾区四川，居全国第二位；最近中央政府代地方政府发行债券，我们拿到了88亿元，也是仅次于四川，居全国第二位。第二组数据是去年我省财政支出2270亿元，一年增加了400多亿元，主要是国家增加了对我省的转移支付。中央拉动增长的四大重点投资领域，除灾区重建外，其余三项都是我省的优势所在。第四，危机带来的重新洗牌和转弯调整，给我省加快发展带来了机遇。我省拥有劳动力、土地、能源、原材料等方面的比较优势，是承接跨国跨区域劳动力、资金、技术等大转移的理想选择地。危机形成的“倒逼”机制，对我们深化改革、扩大开放，加快产业升级和结构调整，提高市场主体的经营能力和管理水平，都有明显的因势利导作用。

回过头来，我们再来聚焦有着自身独特优势的济源：一是济源拥有坚实的发展基础。经过多年的发展和积累，济源的综合经济实力明显攀升，经济社会发展成绩斐然，人民生活不断改善，广大干部群众干事创业热情高涨，对外影响力和知名度显著提高，这是有效应对金融危机的首要条件。二是济源拥有可观的竞争能力。济源的铅锌总量位居全国第二，占河南总量的一半，以矿用电器产品为主的机械加工企业产品占全国市场份额的40%以上。近年来济源的重点工业企业实现了跨越发展，超亿元企业达到70家，涌现出了豫光金铅和济源钢铁两家超百亿元的企业，豫光金铅已经跻身中国企业500强，7家企业进入河南百强企业方阵。三是济源拥有特殊的体制优势。济源是省辖市中唯一的直管市，是中原城市群的节点市，是我省城乡一体化试点市。这种体制上的优势，有利于充分调动全市广大干部群众干事创业的积极性，有利于以市场为基础合理配置各种优势资源，有利于及时有效地贯彻落实保增长、保民生、保稳定的各项政策措施。四是济源拥有伟大的愚公移山精神。济源是愚公移山精神的发祥地。愚公移山精神作为中华民族精神的重要组成部分，不仅同红旗渠精神、焦裕禄精神一起成为河南人民实现中原崛起的强大精神支柱，而且更是济源加快发展的动力源泉。过去，济源人民依靠“敢想敢干、开拓进取、坚忍不拔、团结奋斗”的愚公移山精神，创造了无数个开先河、创一流的发展奇迹；今天，济源人民也同样可以依靠愚公移山精神，奋力实现区域经济在优化结构、转型升级之后的率先复苏，加快推动经济社会发展的超常跨越。

二、认真落实省委省政府的各项政策措施，进一步明确保持经济平稳较快发展的着力重点

省委八届九次全体（扩大）会议确定，全省2009年的工作基调是实现“两个确保”，即保持经济的平稳较快增长，保持跨越式发展的基本态势。围绕实现“两个确保”，会议提出要处理好“八大关系”，即扩大内需与拓展外需的关系、保持速度与提升质量的关系、促进增长与加快转型的关系、立足当前与谋划长远的关系、应对危机与改善民生的关系、政府调控与市场机制的关系、改革发展稳定的关系、物质投入与精神力量的关系；打赢“六场硬仗”，即又好又快发展的硬仗、农村改革发展的硬仗、转变经济发展方式的硬仗、深化改革扩大开放的硬仗、经济社会协调发展的硬仗、改善民生维护稳定的硬仗。今年3月举行的全国“两会”，明确提出了“保增长、保民生、保稳定”的“三保”目标。省委提出的“两个确保”与全国“两会”提出的“三保”是完全一致的，“两个确保”是“三保”的第一要务。为了实现“三保”目标，3月24日，省委、省政府召开全省经济运行电视电话会议，徐光春书记、郭庚茂省长发表重要讲话，进一步提出要实施“十大举措”，即扎实抓好企业服务年活动、全力推进项目建设、加快实施民生工程、加快产业集聚区建设、切实抓好抗灾保丰收和农民增收工作、着力解决中小企业融资难问题、加大对目前经营困难的重点行业支持力度、进一步加大市场开拓力度、努力扩大消费需求、总体动员狠抓落实。3月27日，徐光春书记在听取全省经济运行情况及应对措施建议的汇报后，又提出了抓重大变化、抓重点行业、抓重点地区、抓重

大项目、抓重要环节、抓重大措施、抓重大战役、抓重要保障等八项要求。4月7日，省委办公厅、省政府办公厅又用“内部明电”的形式，发出了《关于做好“决战二季度、齐心破危局、全力谋发展”重点工作的通知》。我们一定要按照省委、省政府的决策部署，围绕解决当前经济运行中最突出、最紧迫的矛盾，以工业、投资、资金为着力点和突破口，通过扎实开展企业服务年活动、千方百计提高企业开工率、突出解决好市场开拓问题、切实减轻企业负担，奋力打好工业增长攻坚战；通过抓建设条件、抓新开工项目、抓资金到位、抓工程进度、抓建设条件，奋力打好项目建设攻坚战；通过推动信贷行动计划、做好银企衔接、解决中小企业融资难问题，奋力打好资金保障攻坚战；通过建立领导干部定点联系制度、工作督察制度、定期报告制度、情况通报制度、考核评价制度，严格监督考核，并将各地工作落实情况纳入第二批学习实践活动指导检查内容。我们一定要进一步统一思想、坚定信心，以求真务实的态度，创造性地落实好中央和省委的各项政策措施，努力把“三保”的目标任务落到实处。在这个过程中，要注意把握好以下几点：

一是坚持把扩大国内需求作为保持经济平稳较快发展的重要途径。长期以来，我国国内消费对经济增长的贡献率不足40%，而美国一直保持在70%以上。去年以来，受国际金融危机冲击，我国的外部需求急剧减少，这在客观上为我们充分释放国内需求巨大潜力，真正把经济增长的基本立足点放在扩大国内需求上，加快形成主要依靠内需特别是消费需求拉动经济增长的良好格局，提供了强大的“倒逼”动力。一方面，我们要以提高居民收入水平为重点，合理调整国民收入分配格局，逐步提高居民收入在国民收入中的比重，加大财政在就业、社保、教育、医疗等方面的支持力度，解除群众后顾之忧，积极改善居民消费预期，切实让人们“有钱可花，有钱敢花”。另一方面，要大力促进农民消费，稳定发展住房消费和汽车消费，着力发展服务消费和旅游消费，通过扩大最终消费需求，带动中间需求，有效吸收和消化国内产能，形成新优势，提高竞争力，增强发展的协调性和可持续性。

二是坚持把经济结构调整作为保持经济平稳较快发展的主攻方向。经济发展方式粗放，特别是经济结构不合理，是制约我们经济发展诸多矛盾和问题的主要症结所在。应对世界经济形势变化对我们的影响，减轻国际金融危机对我们的冲击，必须按照科学发展观的要求，切实把保持经济平稳较快发展的目标建立在提高质量、优化结构、增加效益、降低消耗、保护环境的基础上。要以提高自主创新能力和增强三次产业协调性为重点优化产业结构，着力突破制约产业转型升级的重要关键技术，精心培育一批战略性产业，加快企业兼并重组，支持重点企业技术改造，加快发展生产性服务业和生活性服务业，加强交通、水利等基础设施建设。要以推进城镇化和城乡经济社会发展一体化为重点改善城乡结构，有重点地培育一批综合承载能力强、辐射作用大的城镇，使其成为拉动内需的重要增长极。要以缩小区域发展差距和优化生产力布局为重点，调整地区结构，缩小城乡发展差距，优化生产力布局，促进区域间生产要素合理流动和梯度转移。

三是坚持把深化配套改革作为保持经济平稳较快发展的机制保障。按照积极财政政策要求，加大财政对保增长、扩内需、调结构的支持力度，较大幅度增加社会保障、公共医疗卫生、基础教育、住房保障等公共服务支出，增加与改善民生相关的公共产品供给。保持适度的投资增长，加大对农业生产、农村建设、自主创新、生态建设、节能减排、循环经济以及教育、医疗和文化等领域的投资力度，切实解决中小企业的融资困难。加快资源要素价格改革，建立真正体现供求状况、稀缺程度和有利于协调可持续发展的价格形成机制，打破地区封锁和贸易壁垒，促进资源要素自由流动。深化国有企业改革，继续推进国有经济布局调整，加快健全现代企业制度，推进垄断行业分类改革，毫不动摇地鼓励、支持、引导非公有制经济发展。进一步扩大对外开放，更加积极稳妥地实施“走出去”战略，把充分发挥自身优势与有效利用外部条件结合起来，在国际分工调整中拓展开放的广度和深度，在保持出口稳定增长中增强区域经济的国际竞争力和抗风险能力。实施更加积极的就业政策，全方位促进就业增长，帮助农民工返乡创业，为大学毕业生提供就业指导，确保就业形势基本稳定。

四是坚持把促进民生改善作为保持经济平稳较快发展的根本目的。促进民生改善，是我们经济工作的永恒使命，也是我们党全心全意为人民服务根本宗旨的集中体现。在应对危机影响的特殊时期，促进民生改善的重要性更加凸显。我们要进一步树立以人为本的执政理念，始终把人民群众呼声作为第一信号，把人民群众利益作为第一原则，把人民群众满意作为第一标准，实现改革的力度、发展的速度和社会的可承受程度的有机统一。近年来，省委、省政府始终把保障和改善民生放在非常重要的位置，每年都要向全省人民承诺办好“十件实事”。今年在财政比较困难的情况下，仍然拿出了507亿元民生工程资金，确定了一大批惠民工程，出台了一系列惠民政策。在当前形势下，能否把党委政府的承诺办实办好，能否让老百姓得到更多实惠，是对各级领导班子和领导干部宗旨意识、执政能力、工作水平的一次生动检验。大家一定要高度重视，确保促进民生改善的各项任务落到实处。

五是坚持把弘扬焦裕禄精神作为保持经济平稳较快发展的强大动力。习近平同志在河南视察工作时，对新时期学习弘扬焦裕禄精神、加强党性修养、倡导良好作风、推进党的建设、推动经济社会发展提出了殷切希望。4月4日，省委召开专门会议，就在全省贯彻习近平同志重要讲话精神、深入开展学习弘扬焦裕禄精神的工作进行了深入研究。4月6日，省委又专门就此下发文件。我们要充分认识大力弘扬焦裕禄精神对于应对危机、共克时艰的重要意义，切实把开展学习弘扬焦裕禄精神作为一项重大任务，提到重要位置，摆上重要日程，精心组织，扎实推进。要将学习弘扬焦裕禄精神与正在开展的深入学习实践科学发展观活动紧密结合起来，与省委部署开展的“讲党性修养、树良好作风、促科学发展”教育活动紧密结合起来，与实现“保增长、保民生、保稳定”的首要任务紧密结合起来，与大力发扬愚公移山精神、红旗渠精神紧密结合起来，努力使亲民爱民、科学求实、迎难而上、无私奉献的焦裕禄精神内化为坚强党性，外践于良好作风，运用于科学发展，落脚于改善民生，成为鼓舞我们艰苦奋斗、执政为民的强大思想动力，成为激励我们求真务实、开拓进取的宝贵精神财富。

三、充分认识学习实践活动的重要意义，扎实推动全市学习实践活动的顺利开展

扎实开展第二批学习实践活动，是贯彻落实党的十七大、十七届三中全会精神，用马克思主义中国化最新成果武装党员干部的迫切需要；是促进我省经济社会又好又快发展、加快中原崛起的迫切需要；是积极应对国际金融危

机、共克经济发展时艰的迫切需要。中央和省委高度重视第二批学习实践活动，多次召开专门会议、制定专门文件，对活动的指导思想、基本原则、活动主题、目标任务、方法步骤提出明确要求。希望济源市委以及全市参加第二批学习实践活动的各级领导班子和各级党员领导干部，进一步提高认识，明确要求，在统筹兼顾中突出重点，在总揽全局中抓住关键，确保学习实践活动不走过场、不出偏差，努力实现思想认识、能力素质上有新提高，解决问题、完善机制上有新突破，增强党性、改进作风上有新进展，应对危机、科学发展上有新成效，改善民生、和谐稳定上有新气象，强化基础、创新党建上有新推进。具体地讲，要努力做到“五个统一”：

第一，既要深入学习，又要深化实践，把学习与实践统一起来。要坚持把深入学习、提高认识贯彻活动始终，采取中心组学习、集中培训、个人自学、专题辅导、集体研讨等形式，深入学习党的十七大和十七届三中全会精神，学习《毛泽东邓小平江泽民论科学发展》和《科学发展观重要论述摘编》，学习胡锦涛总书记在动员大会和中纪委三次全会上的重要讲话。要坚持把突出实践特色、增强活动效果贯穿活动始终，紧密联系全市经济社会发展和党员干部实际，努力做到查找差距立足实践来进行，制定措施以实践为依据，解决问题用实践来推动，检验成效以实践为标准。要围绕贯彻落实科学发展观的总要求，把调查研究贯穿于学习理论、查找问题、整改落实的全过程，深入基层、深入群众，及时了解民意、掌握实情，使拿出的方案更有针对性，提出的意见更有指导性，整改的措施更有实效性。

第二，既要领导带头，又要群众参与，把领导和群众统一起来。学习实践活动能否顺利开展，关键看领导是否起到带头作用。在学习实践活动中，市委常委、市级党员领导干部要带好头，坚决按照省委提出的“十带头”要求，带头解放思想、带头学习、带头辅导、带头调研、带头分析检查、带头破解难题、带头整改、带头到联系点指导、带头撰写报告、带头落实。部门的主要负责同志也要认真履行好第一责任人的职责，既要认真抓好本单位本部门的学习实践活动，又要以普通党员身份全程参与，以身作则、亲力亲为，为全市广大党员干部作出表率。同时，要坚持“开门”搞活动，把群众参与贯穿到学习实践活动的全过程，注重吸收部分党代表、人大代表、政协委员全程参与，确定活动目标、制订活动方案要向群众问计，查找突出问题要集中群众智慧，整改落实方案要向群众公布，开展活动的成效要进行群众满意度测评。要以诚恳的态度、博大的胸怀，鼓励群众为经济社会发展和我们的工作“挑刺”；要用有则改之、无则加勉的心态，正确对待群众的批评和评议；要以鞭策自我的观念积极接受群众的监督，真正做到从谏如流，切实做到言路要广、问计要诚、纳谏要真。使学习实践活动成为尊重群众、依靠群众、贴近群众、引导群众、凝聚群众的生动实践，成为运用科学发展观宣传群众、组织群众、教育群众、推动群众不断前进的生动实践，成为改进作风、密切党群关系的生动实践，成为凝聚民心、汇集科学发展强大合力的生动实践。

第三，既要遵守规定，又要锐意创新，把质量与特色统一起来。要把完成“规定动作”和组织“自选动作”有机结合，以高质量的“规定动作”确保活动成效，以有特色的“自选动作”提升活动内涵。要切实按照中央和省委的要求部署，坚持时间服从质量、进度服从任务、形式服从内容，以严格的标准、过硬的举措、扎实的作风，确保学习提高、调查研究不流于形式；分析检查、查找问题不走过场；解决问题、完善机制不降低标准，高质量地完成每个步骤、每个环节的工作。同时，要坚持因地制宜、加强分类指导，鼓励各部门、各单位根据各自的实际情况，创新活动内容、活动方式和活动载体，以丰富多样的形式确保整个活动开展得富有声势、富有特色、富有成效。

第四，既要立足当前，又要着眼长远，把治标与治本统一起来。注重实效、解决问题是突出实践特色的重要表现。在学习实践活动中，要找准影响和制约科学发展的突出问题，找准干部党性党风方面群众反映强烈的突出问题，努力做到边学边改，边查边改，边整边改。要不失时机地办好几件群众希望办的实事好事，以实际行动和效果取信于民。对自查出的问题和群众反映的问题，眼下能够解决的，要立即解决；一时难以解决的，要创造条件争取尽快解决；对一些不太现实的要求，也要实事求是地作出说明。要深入查找影响和制约科学发展的体制机制根源，努力从制度上寻找解决问题的途径和办法，及时将解决问题的成功做法和成熟经验上升为制度层面的最新成果，进一步建立健全规章制度。

第五，既要聚精会神，又要统筹兼顾，把活动与发展统一起来。根据省委的统一要求，在聚精会神组织开展好第二批学习实践活动的同时，也要认真开展好“讲党性修养、树良好作风、促科学发展”活动。要注意把这两项活动结合起来，统筹兼顾、协调安排，努力使这两项活动有机衔接、有序进行。同时，要注重每项活动、每一阶段、每个环节之间的衔接，不能让基层疲于应付、无所适从。当前，济源正处于实现经济社会发展新跨越的关键时期，工作头绪多、工作任务重、工作压力大，各级领导班子和党员领导干部都要正确处理搞好学习实践活动与促进各项工作的关系，把学习实践活动与正在推进的重点工作、重点项目紧密结合起来，与完成全年各项目标任务紧密结合起来，既要保证开展学习实践活动的时间和质量，又要把学习实践活动的成效体现到解决突出问题、促进各项工作上，切实做到“两不误、两促进”。

（2009年4月13日）

企业创新发展迫在眉睫

——在河南省企业创新大会上的讲话

加快经济发展方式转变是我国经济领域的一场深刻变革，关系改革开放和社会主义现代化建设全局。4月7日至10日，省委举办了全省主要领导干部深入贯彻落实科学发展观、加快经济发展方式转变专题研讨班，省委书记卢展工同志、省长郭庚茂同志在研讨班上作了重要讲话。如何更好地贯彻研讨班精神，学习实践科学发展观、加快经济发展方式转变，促进我省经济社会全面发展，要从以下三个方面做起。

一、时不我待，发展方式转变要有紧迫感

爆发于2008年下半年的国际金融危机，与其说是对我国经济增长的冲击，不如说是对我国经济发展方式的冲击。重国际市场、轻国内需求，重低成本优势、轻自主创新能力提升，重物质投入、轻效益和质量提高，重经济增长速度、轻资源环境可持续发展，重财富增长、轻社会福利与民生改善等，我国长期形成的这一传统增长方式，其弊端在国际金融危机的冲击下暴露无遗。其要害就在于这种传统的增长方式，难以实现质与量的统一、快与好的统一、人与物的统一、人与自然的统一。我国正以历史上最脆弱的生态环境，承载着历史上最大规模的经济活动。我国GDP总量是美国的1/3，单位GDP能耗却是美国的3倍。从我省情况看，2005年以来，我省单位GDP能耗高出全国平均水平10%以上，单位GDP二氧化硫排放量是全国平均水平的1.1倍。就是说，在资源环境已构成制约我省经济发展突出矛盾的情况下，不加快经济发展方式转

变，资源就难以为继、环境就难以为继、民生就难以为继、发展就难以为继，河南经济社会发展好的态势、好的趋势、好的气势也将难以为继。

这场国际金融危机对我国、我省经济带来的直接冲击是暂时的、表面的，而对经济发展方式的影响却是长期的、深刻的。尽管我国经济在世界主要经济体中率先实现了企稳回升向好，我省经济也从2009年二季度起开始探底回升，2009年全省生产总值达到19367.28亿元，比上年增长10.7%；今年一季度又实现了“开门红”，但根基并不稳固，还存在许多复杂的不确定因素。现在各国和地区都在重新审视自身的发展方式问题，以克服和弥补经济发展的失衡，求得长远可持续发展。如果不对传统的经济增长方式作根本性的转变，类似的危机还会再度出现。我们必须对经济发展方式转变的过程有一个清醒认识，深刻理解经济发展方式转变的紧迫性、艰巨性、长期性和复杂性，争取早转变早主动、早转变早受益。

这场国际金融危机使传统经济增长方式“软肋”尽显，也使新的经济发展方式端倪初现。伴随着国际金融危机而来的是一场争夺未来发展制高点的新技术革命的风暴。美国将研发投入提高到GDP的3%，创历史最高水平；英国着力发展低碳经济、数字经济；欧盟宣布投资1050亿欧元发展绿色经济。早已完成工业化进程的欧美发达国家，针对其实体经济空心化的问题，提出并实施“再工业化”的方略，势必对我国经济发展面临的国际市场环境，对我国的实体经济、特别是制造业产生重大影响。当前，我国正处于工业化中期阶段，我省尚处于工业化中期偏前阶段，开始进入社会矛盾凸显和黄金发展并存时期。加快经济发展方式转变对我省具有更为紧迫的特殊意义。“一个欠发达、四个尚未根本改变”的基本省情和阶段性特征，决定了我们一方面要加速完成工业化、城镇化和农业现代化进程；另一方面，又要通过加快经济发展方式转变，更好更快地完成“三化”进程。

二、调整结构，经济转型升级要有新突破

我省经济发展方式存在的诸多问题，其症结就在于经济结构不合理，突出表现为：一是内需与外需失衡。对外贸易规模小，2009年全省出口总额为

73.46亿美元，只占我国出口总额的6.1‰，对经济的拉动作用微乎其微。二是投资与消费失衡。2000—2009年，投资对经济增长的贡献率从33.7％上升到85.9％，消费对经济增长的贡献率从81.9％下降到22.7％。三是城镇与乡村失衡。2009年我省城镇化率只有37.7％，比全国平均水平低8.9个百分点，城乡二元结构问题突出。四是三次产业结构失衡。2009年我省三次产业结构为14.3 ∶ 56.6 ∶ 29.1，第二产业比重过高，对资源的依赖程度过高；第三产业比重过低，就业压力十分沉重。第三产业发展的缓慢，反过来又制约了第二产业的发展和提升。五是产业内部结构失衡。第二产业内部资源型和初级产品加工业所占比重过高，先进制造业和高新技术产业所占比重过低，战略性新兴产业还十分幼小；在第三产业内部，传统服务业占主体地位，现代服务业、特别是生产性服务业发展滞后，文化产业的发展与河南文化大省的地位很不相称。六是产业空间结构失衡。现有主导产业大都是各自为战、关联度弱、互补性差的点状结构，缺乏竞争力强、关联度高、优势互补的块状结构和链式结构。经济结构的这一连串失衡，直接导致了我省经济整体竞争力不强，总量大而人均低，经济发展的质量效益不高，大而不强、大而不优。

企业结构的合理化是整体经济结构合理化的重要基础。当前制约我省企业发展的结构性问题还未得到有效改观。企业的自主创新能力弱。全省企业研发投入占销售收入的比重仅为0.83％，比全国平均水平低0.39个百分点，距离国际公认的4%—5％的生死线则距离更大。产业结构低端化问题突出。我省企业多数处于产业链的前端和价值链的低端，导致产业竞争力和产品竞争力处于很不利的地位；企业规模偏小，缺乏具有国内外竞争力的大企业、大集团。我省入围2009中国企业500强的企业只有16户，2009中国企业500强前100强中，我省仅有河南煤业化工集团和中平能化集团两家榜上有名。

从当前国内外形势看，我国企业面临着“外挤内压”的严峻局面。所谓“外挤”：一是当前世界经济向好回升的大趋势虽然没变，但尚不稳固，类似迪拜世界集团和希腊债务危机等事件仍然有可能出现。二是随着欧美等消费型国家寻求经济再平衡和“再工业化”进程，中国经济未来长期面临的国际市场环境、全球需求结构将发生重大改变；在“去杠杆化”作用下，发达国家开始增加储蓄、减少消费，缩减廉价产品进口、扩大高科技产品出口，加之一些后期发展中国家大有替代中国在美欧既有市场份额的架势。如果这种趋势持续下去，中国高投资、高产能、高出口循环链条将被打断。三是贸易保护主义甚嚣尘上，以碳关税、绿色标准为代表的绿色壁垒，以“丰田门”为代表的产业保护主义，比传统的贸易保护主义有过之而无不及。四是国际大宗产品特别是原油价格走势，加大了世界范围内经济回升和通胀预期的不确定性。五是美国等对人民币升值频频施压。六是现有经济刺激计划和措施正在逐步退出；等等。所谓“内压”：一是随着资源类价格改革，国内资源要素成本将趋上升；二是加大劳动收入分配在要素分配中的比重、加大劳动收入分配在国民经济初次分配中的比重，也将带来内部成本上升。支撑中国改革开放30年发展重要因素之一的人口红利正在缩减。据中国社会科学院预测，2010年到2017年仍是人口红利的获利期，2018年后人口红利获利期将逐渐转为人口负债期。靠廉价资源和廉价劳动力支撑的增长方式将寿终正寝。

由此可见，加快经济发展方式转变，必须从调整经济结构入手，着力解决对经济发展有重大影响的结构性矛盾。企业要努力实现由低成本竞争向差异化竞争转变，由规模扩张型向质量提升型转变，由产品制造商向系统集成商转变，由卖产品向卖服务转变，由中国制造向中国创造转变，由本土性企业向世界性企业转变。换言之，在新一轮产业革命中，必须重组产业链和价值链，提高产业链的附加值，力争在“微笑曲线”上占据有利地位。

三、内生增长，自主创新能力要有大提升

自主创新能力弱一直是制约我省经济发展方式转变、经济结构转型升级的主要因素。一定要把提高自主创新能力，走创新驱动、内生增长的道路，作为加快经济发展方式转变和经济转型升级的中心环节。

增强自主创新能力，要坚持各项创新并重。做到体制机制创新、技术创新和管理创新联动，由主要依靠增加物质资源消耗向主要依靠科技进步、劳动者素质提高、管理创新转变。改革开放30年来，体制改革和创新取得了巨大的成就，但其历史使命远未完成；与体制机制创新相比，技术创新和管理创新还没有迈开大步，还存在不少体制机制创新单兵突进、技术创新和管理创新落

伍掉队的情况。当前，我们既要把技术创新和管理创新摆在更加突出的地位，又要通过体制机制创新，破除阻碍技术创新和管理创新的各种障碍和羁绊。

增强自主创新能力，要突出企业主体地位。企业要牢固树立、不断强化自主创新意识，通过体制机制创新，建立起自主创新、内生增长的制度保障和长效机制，大力构建自主创新体系，持续加大研发投入，促进原始创新、集成创新与引进消化吸收再创新的有机结合。有条件的大企业要努力把握新一轮科技革命的趋势，着力提升原始创新能力，开展前沿技术、基础性技术、核心技术的研发，抢占科技制高点。中小企业则要走“专、精、特、新”的差异化创新道路。要以开放的思维构建各类创新平台，整合社会各类创新资源，由单纯技术创新向整合研发方向发展，单独研发向产业联盟创新、产学研合作创新发展。加大企业技术改造步伐，特别是要把采用先进生产技术、节能环保技术、低碳技术、信息智能技术与改造传统产业、推动产业升级有机结合起来。紧紧抓住提高劳动者素质这个关键，创新人才理念，加快创新型科技人才队伍、高素质管理人才队伍、高技能员工队伍建设，促进企业向知识密集型、创新驱动型、内生增长型转变。

（2010年5月11日）

把企联建设得更具生机活力

——在河南省企业联合会、河南省企业家协会第六届二次理事会上的讲话

这几年，全省企联系统在组织定位、组织规模、服务内容、服务方式等方面都发生了一些可喜的变化。例如：郑州市企联、安阳市企联等工作就颇富创造性，频现了不少新亮点、闪光点、兴奋点。六届一次理事会以来，省企联秉持为企业和企业家服务的宗旨，认真履行企业（雇主）组织代表的职能，在推进企业改革发展、维护企业和企业家合法权益、培养和造就企业家队伍、发挥政府参谋助手作用等方面，做了一系列工作，取得了良好成效，得到了省委、省政府的肯定和赞许，受到了广大会员企业的认同和欢迎。

下面，我想就省企联的工作提三点要求：

1. 在服务“调结构、促转型”上要有新作为。随着省委省政府一系列政策措施的效应逐步显现，全省经济呈现出稳中趋升、稳中有进、稳中向好的态势。同时，我们也要清醒地看到，在国内外多种因素的作用下，我省经济下行的压力依然很大，部分行业产能过剩的压力有增无减，调结构、促转型的任务愈益紧迫，“稳增长调结构百日攻坚”行动在全省正开展得如火如荼。全省企联系统一定要把服务企业“调整结构、转型升级”放在重中之重的位置，深入企业调查研究，真实掌握第一手材料，如实反映企业的问题和困难，针对企业发展中带有普遍性、倾向性的问题，提出预见性、操作性强的意见和建议，为促进河南经济社会和企业的可持续发展，为粮食生产核心区、中原经济区和郑州航空港经济综合实验区的建设做出新贡献。

2. 在履行企业（雇主）组织代表职责上要有新担当。在我国，企业（雇主）的利益与大众利益、国家利益总体上是一致的。在我国跃居世界第二大经

济体的进程中，企业特别是大型国有企业可谓居功至伟。担当企业（雇主）组织代表，是新时期党和政府赋予企业联合会系统的重要职责。全省企业联合会系统要高度自觉、积极主动地承担起此项职责，借鉴省外、国外的有益经验，进一步加大参与三方机制工作的力度，创造性地开展工作。要健全组织体系和工作体系，促进企联系统向基层延伸；认真听取企业、企业家的意见和诉求，提升参与制定相关法律法规的能力。

3. 在把企联办成“企业和企业家之家”上要有新招数。企业联合会是联系、沟通企业和企业家的社团组织，企业和企业家是企联系统的工作基础、服务对象和力量源泉，是企联工作的出发点和落脚点。要使企业在遇到问题时能够想到企联、找到企联；要打造具有企联特色的服务项目、服务品牌；要当好政府和企业之间的桥梁和纽带，倾听企业、企业家的呼声，维护企业、企业家的合法权益；要形成一支专兼结合、素质高、能力强的工作人员队伍，提高其服务于企业和企业家、服务于政府中心工作的能力；要加强对外联络与交流，密切与新闻媒体的沟通与合作，把企联的工作做得有声有色。

各位理事、同志们，河南省企联成立30多年来，在省委、省政府的坚强领导和主管部门的关怀指导下，为推动河南企业的发展和壮大，为建设一支具有创业创新精神的企业家队伍进行了不懈的努力，在促进河南经济社会发展中发挥了重要的作用。随着党的十八届三中全会的召开，全面深化改革包括企业改革的热潮将在全国掀起。让我们与全省广大企业、企业家一道，按照党中央、国务院的部署和省委、省政府的要求，在广大企业和企业家的踊跃参与和大力支持下，抢抓机遇，锐意创新，克难攻坚，持续求进，把自身建设成为更具生机与活力的社团组织，为促进企业和企业家队伍的发展壮大，为实现中原崛起、河南振兴，作出新的更大的贡献。

（2013年10月30日）

企联要在服务全省大局中展现新作为

——在河南省企业联合会、河南省企业家协会第六次代表大会上的讲话

河南省企联已经走过了27个年头。27年来，在中国企联和省委、省人大、省政府、省政协的关心支持下，在阎济民会长、胡笑云会长、刘源会长、杨显明会长等历任会长和理事会成员以及全体会员的共同努力下，河南省企联在组织定位、组织规模、服务内容、服务方式等方面都发生了巨大变化。特别是五届理事会期间，省企联始终坚持为企业和企业家服务的宗旨，认真履行我省企业组织（雇主组织）代表职能，在推进企业改革发展、维护企业和企业家合法权益、培养和造就企业家队伍、努力发挥政府的参谋助手作用等方面，都取得了显著成绩，得到了省委、省政府的充分肯定，受到了企业和社会各界的广泛赞誉。

去年以来，受全球金融危机影响，我省不少企业面临资金匮乏、需求减少、销售不畅、开工不足、供给趋紧、成本增加等前所未有的经营困境。河南省企联作为全省性企业、企业家和企业团体的联合组织，已在并将继续在帮助企业、企业家和企业团体扩内需、拓市场，调结构、促转型，惠民生、保稳定，讲科学、求实效等方面大有作为。如何更好地服务于全省"三保两抓一推动"的工作格局，我想应从以下三个方面着手。

一是完善体系，构建网络，"联合"要有新拓展。联合起来才能形成共识，联合起来才能凝聚力量，联合起来才能优势互补，联合起来才能共谋发展。面对新形势、新任务、新挑战，河南省企联要想真正成为在省内具有重大影响力和较高知名度、在国内具有一定影响力的企业和企业家联合和代表组织，成为覆盖面更宽、带动力更强、影响力更大的综合性社团组织，在我省经济社会发展中发挥更大的作用，就必须进一步加快覆盖全省的企联组织体系建

设，加强与各省辖市企联、省行业协会、全省性企业和企业家团体的沟通、联系、交流与合作，努力构建横向到边、纵向到底的组织体系和服务网络。新一届理事会领导层中，又扩大、吸收了一些重要企业、全省性经济类团体、重要行业协会的领导人为执行副会长、副会长，请他们参与企联系统重大事情的讨论与决策；同时，新的章程和工作报告载明，要健全完善包括会长办公会议制度、会长联席会议制度、相关理事联席会议制度、秘书处办公会议制度在内的各项制度，建立健全有关专业委员会，我们要充分运用这些平台，做到相互沟通、信息共享、扩大共识、联合行动。

二是承担责任，反映诉求，“代表”要有新作为。党的十七大从国家战略高度强调规范和协调劳动关系的重要性。中国企联作为中国雇主组织的唯一代表，是国家协调劳动关系三方机制的重要一方。我省也明确了河南省企联作为企业方唯一代表参与我省劳动关系协调工作的地位，负责参与劳动立法、企业劳动争议的协调处理工作。这是新形势下省委、省政府赋予河南省企联系统的一项非常重要的任务，也是河南省企联履行职能、发挥作用的新领域、新平台、新载体。河南是全国第一人口大省，也是劳动力大省，构建和谐的劳动关系是建设和谐中原的重要基石。省企联要主动承担起雇主组织的责任和义务，认真借鉴省外、国外的有益经验，创造性地开展工作，加大企联参与三方机制工作的力度和覆盖面；努力提高劳动关系调研和政策建议的水平和能力，在三方机制中发挥更加积极主动的作用；在相关劳动法规的形成和执行过程中，认真听取和反映各类企业、广大企业家、其他企业和企业家组织的意见和诉求，在维护国家整体利益的前提下，维护企业和企业家的合法权益；引导帮助企业自觉履行社会责任，建立规范有序、公正合理、和谐稳定的社会主义新型劳动关系，为建设和谐企业、和谐中原尽职尽责、尽心尽力。

三是扩宽领域，提升质量，“服务”要有新境界。企业是市场经济的主体，也是促进经济社会可持续发展的重要力量；企业家是保障企业健康稳定发展的核心，也是推动企业改革发展的中坚力量。新一届理事会及领导成员构成中提高了企业界代表、特别是非公有制企业和企业家的比重，加重了决策机制中企业家的参与分量，进一步体现了企业家办会的特点。“为企业和企业家服务”是省企联的一贯宗旨，企联各项工作的出发点和落脚点是企业和企业家，企业和企业家是企联系统的工作基础和支撑力量。新一届省企联要进一步加强与企业家的交流与沟通，在企联自身发展的重大决策和重要活动方面多听取企业家们的意见和建议，及时了解和反映企业和企业家遇到的困难与挑战，当好企业、企业家与政府之间的桥梁和纽带，千方百计为企业和企业家排忧解难；要依法维护企业和企业家的权益，为企业和企业家营造良好的干事创业环境，促进全社会形成尊重企业和企业家的氛围；要适应企业发展的需要，推动企业家队伍建设，有效提高企业家的综合素质；要关注和爱护企业家的身心健康，创造提供更多更好的有利于企业家施展聪明才智的舞台和渠道；要努力提升企联的综合服务能力和发展实力，打造具有企联特色的服务企业和企业家的重点项目、服务品牌和核心能力，为企联事业的持续快速发展奠定更加坚实的基础，使之成为企业、企业家的温馨之家。

（2009年5月25日）

豫商合作开局起步 交流发展共建平台

——在首届豫商大会上的讲话

从2004年7月国内第一家河南商会在上海成立到现在，全国已经有十几个省市区成立了河南商会。蓬勃发展、群星灿烂的豫商创造了许多骄人的业绩和辉煌的成就，让世人对河南刮目相看。同时，我们也应清醒地看到，与浙商、粤商等同行相比，豫商还不够强大，还处于“小荷才露尖尖角”的起步阶段。热切地企盼通过豫商大会这一载体，广大豫商能进一步团结起来，加强合作，共谋发展，继续保持豫商踏实能干、吃苦耐劳、低调内敛、诚实厚道等优良作风，发扬光大“草根成长、信用为本、行商无疆、传承有脉”的优秀传统，为国家和家乡的改革开放和现代化建设事业作出新的更大的贡献。

作为区域性、综合性的经济团体，商会在现代社会中的作用越来越大。为此提出六点希望：

第一，希望各地商会牢牢把握为地区经济发展服务、为企业开拓市场服务、为会员服务的宗旨，找准位置，认清方向，甘于奉献，勇于创新，使商会成为区域经济合作与发展的桥梁和平台。

第二，希望各地商会依据普遍性、中立性的特点，踊跃参与调整地区内的各种利益关系，加强沟通，增进互信，化解矛盾，为构建社会主义和谐社会尽心尽力。

第三，希望各地商会发挥媒介和纽带作用，促进河南商家与地区社会的融合，积极参与地区的公共服务、产业发展，在服务当地经济社会发展中，实现互利双赢、互惠多赢，实现自己的人生价值。

第四，希望各地商会加强与当地政府、工商联及其他商会的协作，充分发挥商会中人大代表、政协委员的作用，深入调查研究，如实反映工商界的情况、意见、建议和诉求，满腔热忱地做好参政议政工作。

第五，希望各地商会在今后的发展进程中，进一步注重自身建设，健全组织机构，完善规章制度，规范内部管理，吸引更多民营企业加入商会，增强商会吸引力，扩大商会影响力。

第六，希望各地商会进一步扩大与河南方方面面的联系，多回河南探亲访友，多回河南投资兴业，多为河南宣传造势。河南是我们大家的故乡，为家乡的经济社会发展增光添彩，是每一个中原儿女义不容辞的责任。

真诚地盼望广大豫商对故乡给予更多的关注和支持，衷心地祝愿豫商大会团结更多的豫商，凝聚更大的力量，为全面建设小康社会、奋力实现中原崛起发挥更大的作用。

（2006年8月30日）

贺豫商联合会应运而生

——在河南省豫商联合会成立大会上的讲话

近年来，省政协广泛团结联络各地豫商，成功举办了两届豫商大会，策划实施了“5+2”经济合作计划，组织开展了首届十大豫商风云人物评选活动，编写出版了豫商历史文化研究系列丛书，既促进了新豫商群体的发展壮大，又为异地豫商反哺家乡铺设了桥梁。在第二届豫商大会开幕式上，省委书记徐光春同志提出，豫商大会在团结豫商、发展豫商方面发挥了重要作用，但这还不够，应该成立一个河南省豫商联合会，通过这个组织更好地联系豫商、服务豫商、发展豫商，更好地为大家服务。豫商联合会的成立，顺应了河南经济社会发展的大趋势，满足了广大豫商的共同心愿，理所当然地得到了各地河南商会的热烈响应、广泛赞誉和踊跃参与。

如何更好地发挥豫商联合会的作用，要注意以下几点：

对联合会而言，要积极发挥联络作用，不断提高服务水平。豫商联合会要以团结豫商、服务豫商为己任，团结更多的海内外豫商社团、豫商企业和知名豫商人士，为河南又快又好发展献计出力。要坚持正确的办会方向，牢牢把握服务会员这个关键环节，通过开展丰富多彩的联谊活动，为会员解读政策、沟通信息、交流合作、协调关系、化解矛盾、牵线搭桥等方面提供方便快捷的服务。要不断创新工作思路、工作方法和工作形式，当好豫商与家乡之间的中介、桥梁和纽带，把广大豫商的力量凝聚到我省加快“两大跨越”、促进“两大建设”的宏伟大业上来。要加强联合会的自身建设和管理，在业务主管部门的指导下，按照《章程》建立健全各项规章制度，做到自我管理、自我发展、自我约束、自我完善，不断增强服务能力，提高服务质量，把豫商联合会办成广大豫商的温馨之家。

对会员们而言，要大力弘扬豫商精神，认真履行各项义务。成立豫商联合会，旨在团结广大豫商和异地河南商会，凝聚豫商力量，树立豫商形象，弘扬豫商精神，传播豫商文化，沟通信息，交流经验，促进豫商之间的团结与合作，引导豫商参与河南的现代化建设，为全面建设小康社会、奋力实现中原崛起做出贡献。作为豫商联合会的会员单位，广大豫商要充分认识成立豫商联合会的重要意义，自觉执行联合会的决议决定，坚决维护联合会的合法权益，珍惜爱护联合会的形象声誉，积极参与联合会组织的外出考察、业务交流、项目对接等活动，大力支持联合会的工作。

对省政协而言，要充分运用这个平台，促进豫商发展壮大。团结和民主是人民政协的两大主题。支持豫商联合会开展工作，动员方方面面的力量参与我省经济社会建设，是团结和民主的题中应有之义。2006年省政协发起组织第一届豫商大会以来，已经推动成立了20余家异地商会，促进了豫商群体的发展壮大，大力引导广大豫商富而思源，富而思进，回馈桑梓。据不完全统计，两年来，全国各地豫商与家乡合作发展的投资合同额已经超过500亿元，而且这种强劲势头还在进一步发展。豫商联合会的成立，为省政协推动豫商发展壮大搭建了一个新的平台，提供了一个新的载体。省政协要充分运用豫商联合会这个平台，发挥好豫商联合会的智库作用，更好地团结豫商、宣传豫商、推介豫商、服务豫商，促进和推动豫商的大联合、大团结、大协作、大发展。要认真总结两年来开展的成功经验，切实把豫商大会和“5+2”经济合作计划办出成效，办出特色，提升豫商品牌的知名度和美誉度，扩大豫商群体的吸引力和影响力。

（2008年1月27日）

一年一度商风劲

——在第五届豫商大会闭幕会上的讲话

一年一度的豫商大会，以其巨大的感召力和向心力，促进了豫商团结，凝聚了豫商力量，强化了豫商的群体意识，浓化了豫商的归属情结。回顾这五届豫商大会，可以清醒地看到豫商的发展脉络。2006年在郑州召开的第一届豫商大会举起了豫商的大旗，2006年宣告了新豫商的正式建构，使豫商跻身于中国商帮之林。第二、第三届豫商大会将豫商的大旗越举越高，唤起了豫商意识的觉醒，彰显了豫商力量的壮大，宣示了当代豫商的崛起。第四届豫商大会和第五届豫商大会主旨更加明确，组织更加精细，整体上出现了质的飞跃。5年来，随着豫商队伍的不断壮大和各地豫商商会的渐次成立，豫商大会的规模一届比一届扩大，内容一届比一届充实，影响一届比一届广泛，成果一届比一届丰硕。特别是豫商联合会的应运而生，打造了海内外豫商组织之间联络交往的重要纽带和载体，使得各地豫商与省内企业之间往来更加频繁，关系更加密切，合作更加深入。高度的组织性、强大的吸引力，已经成为新豫商区别于兄弟商帮的一个显著特征。

一年一度的豫商大会，宣传了广大豫商在社会主义市场经济大潮中摸爬滚打、艰苦创业、顽强拼搏、奋勇争先的感人事迹，展示了广大豫商坚韧不拔、吃苦耐劳、诚实守信、灵活机敏的优秀品格，树立了广大豫商热爱家乡、增辉中原、回馈桑梓、反哺社会的良好形象，诠释了广大豫商“草根成长、信用为本、传承有脉、行商无疆”的文化内涵。与此同时，豫商大会也向世界打开了一扇亮丽的窗口，让世人对普普通通的河南人、踏踏实实的河南人、不畏艰难的河南人、侠肝义胆的河南人有了更为全面的认识，对中原儿女平凡之中的伟大追求、平静之中的满腔热血、平常之中极强烈的责任感有了更加深切的感受。

一年一度的豫商大会，以市场为导向，以亲情为纽带，以活动为载体，以项目为支撑，通过在商言商、商机互动，为中原大地带来了更大的名气、更足的人气、更浓的商气、更旺的财气，在省内外、海内外豫商与家乡之间构筑了资金、技术、人才、信息对接的平台。论参会人员的数量，第一届参会豫商600多人，第二届参会豫商800多人，第三届参会豫商突破1000人，第四届参会豫商1200人，本届达1500人。论参会代表的分布，第一届大多是河南本地人，第二届基本上是国内各地豫商，第三届以来不仅有国内豫商，还有海外豫商，不仅有企业家，还有科技界、教育界、文化界等方面的人士，参会代表分布的范围越来越广、领域越来越宽。论参会团队的规模，第一届豫商大会只有14个商会参加，规模最大的也不过二三十人，参加本届豫商大会的境内河南商会57个，境外河南商会8个，省内各市均派代表团参会，商会和团队的数量越来越多、规模越来越大。论签约的项目和金额，第一届豫商大会签约项目46个，累计金额48亿元，本届大会仅开封一市就签约项目71个，合同金额205亿元。

一年一度的豫商大会，与时俱进，务实创新，注重解决现实问题，着力追求发展实效，已经成为备受全省人民关注的一大盛事，成为国内外商帮竞相效仿的一大亮点。第四届豫商大会除了常规的论坛和考察，针对现实发展需要，适时推出旨在解决大学生就业难的“彩虹行动”和帮助解决中小企业贷款难的“彩桥行动”，受到了社会各界的好评。本届大会确定的“豫商聚开封，合作求共赢”的主题，举办的一系列高层论坛，安排的项目洽谈、签约仪式、豫商会长座谈会等活动，内容益发丰富，形式益发灵活。2006年发端于杭州的中国商帮峰会，前几年仅在杭州和苏州举行过，2010年能够花落郑州，与豫商群体的影响日隆和豫商大会的声名鹊起密不可分。以往参与豫商大会宣传报道的新闻媒体主要限于省内，近两届吸引了国内外的众多媒体，也显示了豫商大会的魅力所在。

豫商已经成长为一支令人刮目相看的重要商帮，豫商正行进在加速上升的快车通道。卢展工书记对豫商概括得非常出神入化：“相逢喜洋洋，年年步步高”，“华商多豫商，豫商多诚商”，“风雨路兼程，磨砺始成锋”，“乘势正当时，中原建奇功”，豫商“根在河南、志在华夏、为在中原、路在脚下”。如何把豫商大会越办越好，必须做到“四要”。

一要持续。要继续把豫商大会作为全省大开放、大招商、大发展的重要载体，纳入年度工作计划，摆上重要议事日程，坚持连续举办，力争届届办好。要继续秉承“联络乡情，增进交流，关怀全球豫商，助推豫商发展”的宗旨，切实把每届豫商大会都办成为豫商和家乡沟通感情、加强合作架桥铺路的大会，为豫商企业良性运行、科学发展献计出力的大会。要继续坚持承办城市申报制度，充分调动各省辖市的积极性、主动性和创造性，拓展豫商大会活动空间，扩大豫商大会影响范围。要继续坚持“党政主导、政协主办、省辖市承办、多部门配合”的总体要求，在省委、省政府的领导下，由省政协牵头把总，承办城市和有关部门分工负责，豫商联合会联络协调，确保豫商大会快节奏、高效率运行。

二要提升。要注重加强与海内外其他商帮、知名企业的联系合作，每届豫商大会都要邀请一批综合实力强、发展前景好的企业代表和知名度高、影响力大的商界名流。要延展豫商概念，拓宽豫商内涵，提升豫商层次，创新活动形式，丰富活动内容，科学合理地安排会议期间的论坛、考察、洽谈、签约等系列活动，为豫商大会注入新的元素，增添新的活力，使之在原有的基础上更趋高端、更加务实、更显厚重、更具权威。要千方百计把会议成果落实到具体项目上，转化为现实生产力。已签约项目要抓紧履行、及时跟进、尽早开工、按期投产。正在商谈的项目要本着以诚相待、互利共赢的原则，着眼长远，求同存异，争取及早达成协议。要巩固和发展已经建立的联络渠道、人脉关系，加强联系，扩大交流，在频繁互动中寻求新的合作机会。既要招商引资，又要招商引智，要吸收广大豫商参与全省重大决策的酝酿，为科学发展出谋划策。

三要统筹。要建立政府与豫商的联系渠道，政府及其职能部门要切实推进“两提两转”，转变职能和作风，提高效率和实效，认真协调方方面面的关系，及时解决工作中出现的问题。要扩充承办单位，除承办城市、省商务厅、省工商联、省豫商联合会，还拟协商增加省委统战部、省国资委、省贸促会等部门和单位，共同组成执委会，对各项工作统一指挥、统一调度。承担具体任务的各有关部门和工作人员，要尽职尽责地把好每个关口，尽心尽力地做好每项工作。豫商大会要邀请国有企业、省内有代表性的民营企业出席。要加强豫商大会与中国河南国际投资贸易洽谈会、全国农产品加工业博览会暨东西合作投资贸易洽谈会、中国（漯河）食品博览会、中国·商丘华商始祖文化节、“5+2”经济合作计划等重大经贸活动之间的衔接协调，形成整体合力，产生联动效应。要进一步组织力量对豫商发展历史、成长环境、乡土烙印、移徙变迁、独特品格、经营理念、时代特征等进行研究探讨，深入挖掘豫商文化底蕴，使之与豫商企业的成长壮大相互为用、相得益彰。

四要为民。要注重引导广大豫商把更多的资金投向事关民生、惠及百姓的“三农”、教育、卫生、住房、交通等领域，多上一些能够容纳更多人就业的项目，努力使会议成果服务于民、造福于民。要大力支持广大豫商投身家乡社会公益事业，开展捐资助学、帮危济困、扶弱助残等活动，为改变故土面貌、改善群众生活多做好事、多办实事、多行善事。要厉行节约、勤俭办会、精打细算，反对大手大脚，力戒铺张浪费，确保不扰民、不劳民。

（2010年8月30日）

建设新农村要大力发展农业生产力

党中央在深刻分析当前国际国内形势、全面把握我国经济社会发展阶段性特征的基础上，从党和国家事业发展全局出发，作出了建设社会主义新农村的重大决策。这对于人口大省、产粮大省河南而言，无疑是一个合乎民意、顺应民心、激发民力的重大举措，也是一个有效解决“三农”问题、统筹城乡发展、全面建设小康社会的难得发展机遇。按照科学发展观的要求，抓住机遇，开拓进取，努力把建设社会主义新农村的各项任务落到实处，是摆在9700万河南人民面前的一项重大任务。

建设社会主义新农村，必须始终把生产力建设放在第一位。历史唯物主义认为，社会存在决定社会意识，经济基础决定上层建筑，生产力作为最活跃的因素，始终是推动人类社会发展的最终决定力量。我们还处于社会主义初级阶段，生产力尚不发达是基本国情。发展农业生产力，提高物质文化生活水平，是广大农民的迫切需要和最大愿望，是现阶段我国社会主义新农村建设的首要任务。所以，在新农村建设过程中，我们必须把农业生产力建设摆到特别重要的位置，下大力气抓紧抓好。要保护好、引导好、发挥好广大农民加快发展的积极性，紧紧抓住发展不放松，一切围绕发展做文章，坚持以发展来解决新农村建设中遇到的问题，坚持以发展来促进社会全面进步。只有农业生产力建设搞好了，农村的物质文明、精神文明、政治文明、社会文明建设才能有坚实的基础，生产发展、生活宽裕、乡风文明、村容整洁、管理民主的要求才能早日实现。

农业生产力不仅包括同一产业内部劳动者、劳动资料、劳动对象、科学技术、经济信息及经济管理等，而且还包括不同产业之间的组合方式和协调机制。只有当产业内部各种要素达到最佳水平、产业之间实现最优组合时，农业生产力系统才能发挥最大效益。因此，加强农业生产力建设，必须统筹兼顾，注重整体推进，注重协调发展。

一、积极推进农业结构调整。工业作为国民经济中创造价值多、财政贡献大、容纳就业能力强的产业，在一定程度上引领着经济发展的基本走向。跳出“三农”抓“三农”，大力发展农村工业，建立以工促农、以城带乡的长效机制，能有效地促进农业增效、农民增收和农村富裕。在新农村建设中，我们要牢固确立工业反哺农业、城市支持农村的方针，用走新型工业化道路的思维去谋划新农村建设，积极推进农业结构调整。同时，积极引导民营企业投身新农村建设，推动民营企业内强素质，外树形象，不断发展壮大。

二、着力培育农村第三产业。随着农村经济的快速发展和社会的全面进步，第三产业将成为农村经济一个新的富有生机和活力的增长点。发展农村第三产业，有利于形成农村一、二、三产业协调发展、良性互动的局面。要积极引导广大农民立足当地优势和自身实际，大力发展投资少、收效快、效益好、就业容量大的第三产业项目。比如，有旅游资源优势的地方，可以发展集观光、娱乐、休闲、度假于一体的现代旅游业；有厚重文化积淀的地方，可以发展体现地方特色、群众喜闻乐见的文化产业；人流会聚、客源较多的地方，可以发展商业、饮食、运输、住宿等传统服务业；工业发达、经济繁荣的地方，可以发展金融、保险、物流、中介等现代服务业；等等。

三、加快发展现代农业。现代农业是我国农业发展的方向，也是我国社会主义新农村建设的产业支撑。现代农业使农业生产的可控程度大幅度提高，能够在有限的时间内和有限的空间上生产出更多的农产品。发展现代农业，就是要用工业的理念发展农业。要加强农村现代流通体系建设，推进农业市场化；提高农民的组织化程度，推进农业生产规模化；培育和发展龙头企业，推进农业经营产业化；面向国内国外两个市场，推进农产品生产标准化；提高农业科技创新和转化能力，实现农业科学技术现代化；走生态农业的路子，实现农业发展可持续化。在发展现代农业的过程中，要特别注意抓好粮食生产。这是保持国民经济平稳较快增长和社会稳定的重要基础。我们要坚持立足国内实现粮食基本自给的方针，稳定发展粮食生产，持续增加种粮收益，不断提高生产能力。

四、切实搞好农村基础设施建设。搞好农村基础设施建设，不仅能改善农村生产条件，提高农业综合生产能力，而且能增加农民就业机会和收入，提高农民生活质量。我们要下决心调整国民收入分配格局，特别是调整国家建设资金的投向和结构，向更多地支持农村建设转变。重视发挥城市对农村的带动作用，加大市级财政性建设资金对郊区和所属县乡的投入，加大公共基础设施向农村的延伸。充分发挥农民和社会各方面的积极性，引导农民对直接受益的公共设施建设投工投劳，鼓励各种社会力量参与基础设施建设。着力加强农民最急需的生产生活设施建设，优先解决水利工程老化失修、用电紧张、道路不通、信息不畅、人居环境差等突出问题。要力争通过“十一五”时期的努力，使农村生产生活条件和整体面貌有比较明显的变化。

五、进一步深化农村改革。深化农村改革，能够极大地解放农业生产力，发展农业生产力，为建设社会主义新农村提供体制保障。我们要稳定并完善以家庭承包经营为基础、统分结合的双层经营体制，有条件的地方，可根据自愿、有偿的原则依法流转土地承包经营权，发展多种形式的适度规模经营。巩固农村税费改革成果，积极稳妥地推进乡镇机构改革，加快农村义务教育体制改革，推进农村金融体制改革，深化粮食流通体制改革。鼓励和引导农民发展各类专业合作经济组织，实现与市场的有效对接。

六、尽快转变农村经济增长方式。我国农村人多地少，人均资源占有率低，发展农村经济，加强农业生产力建设，必须尽快实现由粗放型经济增长方式向集约型经济增长方式转变。要紧紧依靠科学技术，鼓励科技创新，加快技术推广，充分发挥科学技术作为第一生产力的重要作用。大力开展农村劳动力技能培训，发展农村职业教育和义务教育，培养造就大批有文化、懂技术、会经营的新型农民。坚持以科学发展观为指导，走出一条科技含量高、经济效益好、资源消耗低、环境污染少、人力资源优势得到充分发挥的新型工业化路子。大力发展循环经济和节约型农业，增强可持续发展的能力，推动整个农村社会走上生产发展、生活富裕、生态良好的文明发展道路。

（原载于《经济日报》2006年7月17日）

推进旅游产业又好又快发展

——在河南省政协视察旅游产业发展情况座谈会上的讲话

大力发展旅游产业，是贯彻落实科学发展观，满足人民群众日益增长的物质文化需要，构建社会主义和谐社会的内在要求；是转变经济增长方式，促进可持续发展，建设资源节约型、环境友好型社会的客观需要；是发挥河南旅游资源比较优势，提升产业素质和科学文化内涵，带动全省经济社会特别是第三产业、服务业发展的重要举措；是当前全球经济危机大背景下发挥旅游产业对经济的“反周期调节”作用，刺激消费、拉动内需的现实选择。省委、省政府高瞻远瞩、审时度势，适时作出大力发展旅游产业的重大决策，体现了超前的发展自觉，表明了高度的发展自信，反映了坚强的发展决心，把握了科学的发展脉搏。我们一定要进一步统一思想，提高认识，增进全省社会各界对大力发展旅游产业的共识，增强危机感和紧迫感，以更新的思路、更大的力度、更硬的措施，切实把旅游产业放在优先发展的位置，作为经济社会发展的支柱产业进行培育。

一、完善旅游产业发展规划

要紧紧围绕省委省政府确定的“把我省打造成为全国一流、世界知名的旅游目的地，实现由旅游资源大省向旅游经济强省的跨越”这一战略目标，以大旅游、大产业、大服务、大市场、大环境的理念，高起点、高标准修订完善旅游产业发展规划，努力使旅游产业发展的核心目标和具体指标，与我省工业化、城镇化进程相一致，与社会主义新农村建设相协调，与经济社会发展总体规划相衔接。要坚决克服散、乱、弱、小的缺陷，下大力气规划和建设一批旅游产业聚集区和旅游产业园区，将景区做大做强做亮，叫响在国际上的知名度，提高在海内外的影响力，使之尽快发展成为旅游产业的动力谷、隆起带，发挥规模经济效益和示范辐射效应，形成带动一方经济社会发展的强大引擎。要更多地将规划的话语权扩大至社会各个相关层面，探索民众参与规划的新模式和新办法，不断增强旅游产业发展规划的前瞻性、科学性、指导性和厚重的群众基础，使旅游产业化蛹成蝶，实现质的飞跃。

二、推进旅游产业市场建设

要放宽市场准入，降低进入门槛，鼓励各种社会资本采取独资或股份合作的形式投资旅游产业，着力培育充满活力的现代旅游市场主体。要在全省开展的大招商活动中，大力引进战略投资者和国内外知名旅游企业，解决当地旅游产业发展资金不足的困难，形成多元化的旅游投资体系。要引导现有的国有旅游企业通过产权重组，组建大型旅游集团，首先要把关系全省的旅游集团做大，实现规模扩张，提高整体市场开拓能力和竞争能力。前天晚上，即8月18日，省委书记、省人大常委会主任徐光春同志，省长郭庚茂同志，专程赴京会见参加信阳鸡公山开发建设的中国香港新恒基国际集团董事长、北京华严投资有限公司董事长一行，共商鸡公山文化旅游综合开发建设事宜；平顶山仅在“鹰城文化宝岛行”期间，就招商选资、引进51.4亿元的旅游项目。要建立有效的旅游促销网络，扩大河南旅游市场的范围、规模，把国内旅游和国际旅游推向新的阶段。要根据各地的旅游资源特点和市场需求，精心塑造区域旅游形象，提出个性鲜明的旅游主题口号，形成良好的市场推广效果。河南旅游宣传营销的口号定为“文化河南·壮美中原”，就非常鲜明生动，魅力无穷。平顶山确定的“中原独秀，近悦远来”的形象宣传主题，也很有韵味、很有学问。我省各地历史文化底蕴丰厚，自然和人文珠联璧合，红色旅游与绿色旅游交相辉映，都拥有精品旅游资源，应当组织专家学者认真挖掘、提炼、升华，叫响知名旅游品牌，占据更大市场空间，搞好创意营销、网络营销和境外营销。

三、创新旅游产业经营业态

近年来，随着生活水平的提高，人们对旅游产品的原生态、高品质、专业细分、深度体验有了更新更高的要求。旅游新业态不断涌现，受到市场的追捧。各地要加强市场调研，把握需求变化，依据各自的资源禀赋和发展基础，不失时机地推出休闲度假游、康体保健游、商务会展游、演艺游、生态游、乡村游、温泉游、自驾游、房车游等新的经营业态，最大限度地满足广大人民群众不断攀升的消费需求。方城县风力发电一期工程完工后，旋转在德云山上的31台大风车成为一道亮丽的工业旅游风景线。全部工程完工之后，将有100多台大风车同时启动。他们已决定依托这一绿色能源基地，发展这一蔚为壮观的旅游新业态，搞新型工业旅游项目，可谓别开生面。要以现代服务技术和经营方式改造传统旅游产业，积极发展多样化、个性化、时尚化旅游品牌，实现由粗放型向集约型、由规模扩张向注重扩大规模和提升效益并重、由注重经济功能向发挥综合功能的转变。

四、延伸旅游产业发展链条

要学会算“大账”，不要只看重门票收入，而要着眼于旅游产业对第三产业的整体带动，通过完善吃、住、行、游、购、娱、信息七大服务环节，取得更佳综合效益。接通产业链，是指将一定地域空间范围内的断续的产业部门，借助某种产业合作形式串联起来。我省在旅游产业和各个要素产业、旅游业与相关产业之间，存在着严重的“断环”“孤环”现象。旅游产业链条中的购和娱，是衡量旅游产业化程度的重要试金石，在旅游产业发达的国家和地区，这二环占到旅游总收入的40%甚至更多。我们还处在购门票、逛景点的旅游发展的初级阶段，在娱和购字上做文章仅刚刚破题。我省历史积淀很深，民间文化传承性强，特色资源优势明显，在传统工艺品、文物复制品、地方特产等方面开始形成旅游商品系列，如钧瓷、汝瓷、汴绣、信阳毛尖等特色商品。但就旅游商品的总体情况来看，开发力度小、层次低、意识弱，精品稀、名品少、基地缺，旅游商品总体上还处于一种原始状态。一定要构筑具有鲜明地方特色的旅游商品精品系列。一是打基础，构造旅游商品信息库。要充分利用我省2003年旅游资源普查成果，进一步澄清我省旅游商品的家底，形成我省旅游商品信息库。二是抓开发，确定旅游商品生产基地。要重点扶持那些有规模、有特色的生产厂家和形成特色旅游商品的名厂、名店、名坊，将那些知名生产厂家，尤其是具有较高观赏度的厂家，组合成线路，使观光与购物有机结合。三是推精品，形成省优名牌商品。要组织专家对我省各个门类的旅游商品进行系列评选，推出各个系列的名优商品，打造我省旅游商品的知名品牌。四是育龙头，建设高标准旅游购物中心。在郑州、洛阳、开封、平顶山、焦作等旅游重点城市，建设高标准的旅游购物中心，在重点景区建设旅游商品购物超市。

五、优化旅游产业发展环境

要大胆创新景区管理体制，坚决打破部门分割、条块分割、区域分割，按照“统一管理、行业指导、企业运作”的原则，积极探索符合政策法规、适应现代旅游产业发展规律的管理体制。对规模较大的旅游景区，要按照精简、效能的原则，设立一体化、规范化、高效化、优质化的综合管理机构，统一行使管理职能。信阳南湾湖的做法，就不失为破解体制性障碍的路子。对跨行政区域、跨部门管理的旅游景区，要抓紧研究制定集中管理的具体办法和利益分配的合理机制，尽快实现由微观管理向宏观管理、由分散管理向统筹管理转型。要以政府系统开展的“两转两提”活动为契机，切实加强机关效能建设和干部作风建设，大力倡导主动服务、高效服务、热情服务，认真落实绿色通道制、限时办结制、服务承诺制，急事急办，特事特办，坚决杜绝不作为、慢作为、乱作为现象。要严厉打击索拿卡要、霸王消费等行为，指导景区加强保安队伍建设，提升景区防护能力。

六、加快旅游产业立法进程

如今，中国旅游市场规模已经位居世界前列。世界旅游组织预测，到2015年，中国将成为全球第一大入境旅游接待国和第四大出境客源国。保持如此良好的发展态势，迫切需要加快旅游立法进程。旅游立法是改善旅游产业经营环境、建立旅游产业市场秩序、保护旅游资源、促进旅游产业可持续发展的重要一环。我国至今还没有一部统一的综合性旅游法，我省的地方性旅游法律法规建设也相对滞后。要根据实施旅游立省战略的需要，加快修订完善《河南省旅游条例》等地方旅游法律法规，依法加强对旅游行业的管理，保护和合理利用旅游资源，规范旅游市场秩序，维护旅游者和旅游经营者合法权益，促进旅游事业持续健康发展。要加大旅游执法力度，着力解决游客反映强烈的突出问题，形成各部门相互协调配合的旅游联合执法机制。

七、提升旅游产业人员素质

要制定实施旅游人才发展计划，使旅游人才总量与旅游产业发展相适应，旅游人才结构与旅游产业结构相协调。要有计划地分级分类对旅游行政领导人员进行培训，有目的地选拔有培养前途的年轻专业人才从事旅游建设管理工作或到旅游发达的城市挂职学习，培养和造就一批既懂专业知识，又有一定行政管理能力的旅游管理人才。要通过多种途径，吸收大中专毕业生到旅游企业工作，选拔有真才实学的年轻专业技术人员到重要技术岗位锻炼，同时制定和完善各项制度，使专业人才进得来、留得住、用得上。要加强对导游人员政治思想、职业道德、政策法规、服务意识、导游技能的培训教育，优化导游队伍结构，努力造就一支政治素质高、业务能力强、职业道德好、结构合理、数量充裕的导游人员队伍。

推动旅游产业的发展，是政协义不容辞的责任。全省各级政协组织和广大政协委员一定要充分发挥人才荟萃、智力密集，视野开阔、位置超脱，沟通各界、联系广泛的独特优势，紧紧围绕发展旅游产业的一些重大问题，深入开展调查研究，广泛听取意见建议，通过政协全体会议、常委会议、专题协商会议、反映社情民意、报送相关信息等途径，多为党委、政府建有据之言，献务实之策。要以资金、技术、人才、管理等要素，积极参与、大力支持旅游产业发展。

（2009年8月13日）

辑三

履职政协

贯彻中央《意见》 推进政协工作

——在河南省委政协工作会议上的讲话

今年2月，中共中央颁发了《中共中央关于加强人民政协工作的意见》。这是人民政协成立56年来，中央第一次专门就政协工作制定的重要文件。《意见》高屋建瓴、深入浅出，精辟地阐述了加强人民政协工作的重要性和必要性，提出了加强人民政协工作的一系列新思想、新观点、新要求、新举措，是指导新世纪新阶段人民政协事业发展的纲领性文件，必将对进一步推进人民政协工作产生重大而深远的影响。《意见》的颁发是我国政治生活和人民政协事业发展史上的一件大事、一大盛事。我们一定要从关系党和国家事业兴旺发达、关系人民政协事业长远发展的高度，充分认识《意见》的重大意义，切实把《意见》精神学习好、领会好、宣传好、贯彻好、落实好。

一、深刻理解和全面把握《意见》的基本精神

《意见》是中共中央支持人民政协充分履行职能，切实推进政治协商、民主监督、参政议政的重要部署。贯彻落实《意见》，对人民政协认真搞好政治协商、积极推进民主监督、深入开展参政议政，必将产生重大的推动作用。

第一，《意见》为认真搞好人民政协的政治协商提供了根本保证。搞好政治协商，有利于促进参加人民政协的各党派和无党派人士的团结合作，巩固和完善中国共产党领导的多党合作和政治协商制度；有利于广开言路，集思广益，实现党委、政府决策的科学化、民主化；有利于增进理解，扩大共识，形成融洽和谐、生动活泼的政治局面；有利于加强和改善中国共产党的领导，提

高党的执政能力，巩固党的执政地位。这就从多角度、多侧面提升了对人民政协政治协商重要性的认识，必将极大地增强人民政协各参加单位和广大政协委员履行好政治协商职能的责任感和使命感。

第二，《意见》为积极推进人民政协的民主监督奠定了坚实基础。人民政协的民主监督，是在坚持四项基本原则的基础上进行的政治监督，是我国社会主义监督体系中的重要组成部分，是参加政协的各党派团体和各族各界人士通过政协组织对国家机关及其工作人员进行的监督，也是中国共产党在政协中与各民主党派、无党派人士之间进行的互相监督。它有别于国家权力机关、行政机关和司法机关的监督，不具有国家权力性质和法律约束力。但这种区别并不否定人民政协的民主监督可以对权力运行发挥制约和监督的作用。人民政协的社会威望和有组织性，使其民主监督具有自己独特的优势和作用，在我国社会主义监督体系中处于无可替代的重要地位。准确把握好人民政协的性质和地位，有助于我们正确地履行民主监督职能，发挥好民主监督的作用，完善民主监督的机制，畅通民主监督的渠道。

第三，《意见》为深入开展人民政协的参政议政创造了充足条件。参政议政是人民政协履行职能的重要形式，是党政领导机关听取参加人民政协的各民主党派、人民团体和各族各界人士意见和建议、改进工作的有效方式。要注重调动政协各专门委员会和参加政协的各党派团体参政议政的积极性，强调内部的分工合作，以利于政协人才智力资源的整合。政协及各专门委员会、各党派团体要运用各级党委政府为人民政协创造的良好条件、提供的支持和帮助，密切同党政有关部门的配合与协作，通过深入细致的专题调研和准确快捷的反映社情民意，提出有见地、有分量的意见和建议，为党委政府决策提供参考。全省各级政协组织、政协各参加单位和广大政协委员要把学习贯彻《意见》作为当前和今后一个时期的一项重大政治任务。要将其作为一项统领全局、带动全局、推动全局的重要工作，摆在突出位置抓紧抓好。眼界要高，视野要宽，要深刻理解和全面把握《意见》中带有根本性的理论观点、政策思想和措施规定，真正吃透精神实质。要结合政协工作实际，制定学习贯彻《意见》的工作方案，采取有力措施认真加以落实，并积极主动地协助党委和政府制定贯彻实施《意见》的具体措施，推动当地学习贯彻活动的开展。贯彻《意见》必须静下心来，克服浮躁情绪，认真学习，反复思考，切不可浅尝辄止。要以理性思考为重、勇于创新为荣，谨防用官僚主义、形式主义的做法敷衍和干扰《意见》的落实，贻误了在新形势下开创政协工作新局面的难得机遇。要把学习贯彻《意见》精神与充分履行政治协商、民主监督、参政议政职能结合起来，认真对照《意见》精神，总结经验，找出不足，积极探索履行职能的新思路、新领域、新形式、新方法。要把学习贯彻《意见》精神与全面加强政协自身建设结合起来，努力在搞好政协中各党派的团结合作和充分发挥委员、界别、机关作用方面取得新进展。要把学习贯彻《意见》精神与广泛宣传人民政协结合起来，运用广播、电视、报纸杂志和互联网等多种形式，广泛、深入地宣传中国共产党领导的多党合作和政治协商制度，宣传人民政协的性质、地位和作用，以及各级政协组织履行职能的情况，形成有利于人民政协事业发展的浓厚氛围。

二、切实做好维护核心、服务中心、反映民心、凝聚人心、尊重众心的工作

人民政协具有立论不立法、献策不决策、议政不行政、宽松不放松等特点，拥有包容各界、联系广泛、位置超脱、上通下达、人才荟萃、智力密集等优势。全省各级政协在履行职能过程中，要找准位置，选好角度，努力做到尽职而不越位，帮忙而不添乱，切实而不表面。要突出特点，发挥优势，切实做好维护核心、服务中心、反映民心、凝聚人心和尊重众心等五个方面的工作。

1. 坚持党的领导，自觉维护核心。胡锦涛总书记强调指出："中国共产党是中国特色社会主义事业的领导核心。坚持中国共产党的领导，是人民政协开展工作必须始终遵循的一项根本原则。"这是我们党深刻总结历史和现实、革命和建设、国际和国内等各方面的经验与教训得出的必然结论。党的领导核心地位源于党在理论、纲领和组织上的先进性，源于中国人民在长期革命、建设和改革实践过程中的历史选择，源于我国人多地广、经济文化发展不平衡的特殊国情。人民政协是中国共产党发起成立的，其性质、地位和作用也是在中国共产党领导下通过宪法、政协章程予以确认的。因此，坚持党对人民政协工作的领导，体现了参加政协的各党派、各团体和各族各界人士的共同意志，是

人民政协产生、存在和发展的根本保证，也是我国社会主义民主区别于西方议会民主的主要标志。要使人民政协工作保持坚定正确的政治方向，必须进一步强化核心意识，在政协工作中始终坚持和服从党的领导。这是在任何时候、任何情况下都不容置疑、不容更易的根本原则。从我省政协工作的实践看，要维护好核心，一要始终高举邓小平理论和“三个代表”重要思想的伟大旗帜，坚持用“三个代表”重要思想武装头脑、指导实践、推动工作，使人民政协事业真正体现时代性、把握规律性、富于创造性。二要认真贯彻落实好中国共产党领导的多党合作和政治协商制度。中国共产党领导的多党合作和政治协商制度是我国的一项基本政治制度，人民政协是实行这一基本政治制度的重要政治形式和组织形式。坚持、完善和落实好这一基本政治制度，是人民政协的重要政治任务。要通过各种会议、活动等方式，切实搞好各民主党派和无党派人士在政协中的政治协商、民主监督和参政议政活动，切实搞好各民主党派、无党派人士之间的团结合作，使参加人民政协的各民主党派、人民团体和各族各界人士自觉接受中国共产党的领导，使党的主张成为各民主党派、人民团体和各族各界人士的广泛共识、统一意志和自觉行动。三要充分发挥政协党组在政协组织中的领导核心作用。政协党组是党在人民政协中的派出机构，肩负着实现党对人民政协领导的重大责任。政协党组在政协的各项工作中必须充分体现党委的意图，坚持从有利于维护党的领导出发，立足全局考虑问题，遇事要多向党委请示汇报，善于依靠党委的领导和支持来开展工作，要坚定不移地贯彻党的基本理论、基本路线、基本纲领、基本经验，坚定不移地贯彻执行党关于人民政协的方针政策，把党委的有关重大决策和工作部署贯彻到人民政协的全部工作中去。

2. 把握工作重点，主动服务中心。从人民政协56年来的发展历程看，其工作目标和重心始终是由我们党和国家的总路线、总任务所决定的。胡锦涛总书记在庆祝人民政协成立55周年大会上的讲话中明确指出，新世纪新阶段的人民政协工作，“要坚持以经济建设为中心，牢固树立和全面落实科学发展观，按照聚精会神搞建设、一心一意谋发展的要求，更好地为推进经济持续快速健康发展和社会全面进步服务，为维护改革发展稳定的大局贡献力量。”人民政协为深化改革、促进发展服务，就是要围绕大局，适应大势，研究大事。

面对改革发展的新形势、新任务，人民政协必须进一步强化中心意识和大局观念，切实做到顺时而谋、因势而动、适势而为。一要坚持从自身的优势和特色出发，把主要精力放在对经济社会的发展趋势和全局工作的把握上，放在对改革发展稳定深层次矛盾的分析上，放在对全面建设小康社会、奋力实现中原崛起的综合性、全局性、前瞻性问题的思考上，放在党委政府关注的大事要事和人民群众关心的热点难点问题对策研究上。二要进一步做好“结合”的文章，紧紧围绕改革建设的具体实践，紧紧围绕党委政府的中心工作，选准履行职能的结合点、共振点和切入点，卓有成效地开展工作。三要坚持“少而精、有所为、有所不为”的原则，紧紧抓住那些牵一发而动全身、对全局发展有重大影响的问题，作为履行职能、开展工作的重点和关键，集中全力实施突破，不一般性地提建议，不提一般性的建议，力争为党委政府科学民主决策提供重要参考。四要进一步加深对服务中心工作规律性的认识和把握，在实践中不断探索履行职能的新思路、新方式和新机制，使政协履行职能的各项工作与党的中心工作和经济社会发展的整体要求相适应、相统一、相协调。

3. 关注民生民情，积极反映民心。要进一步强化“人民政协为人民”的理念，充分利用人民政协这一民主形式和民主渠道，积极做好察民情、解民忧、顺民心的工作。一要不断疏通反映社情民意的渠道。要深入实际、深入基层，进一步密切与政协各参加单位、广大政协委员和基层群众的联系，倾听群众呼声，体察群众情绪，反映群众意愿，切实发挥好党和政府联系群众的桥梁和纽带作用。要不断扩大政协工作的社会开放度，提高政协工作的社会参与度，使社会各阶层和不同利益群体的利益诉求在政协这个舞台上都能够得到充分表达，各种利益关系都能够通过政协得到一定程度的疏通和调解。二要不断加大为民建言的力度。要时刻把群众的安危冷暖挂在心上，切实做到心为民所系、言为民所建、策为民所谋。必须十分珍惜从多个渠道反映上来的各种信息，十分注意在尊重多数人意愿的同时听取少数人的意见与合理要求，坚持从大处着眼、从细微处入手，积极通过提案、信息和大会发言等各种形式，及时把了解到的社情民意及意见建议准确反映给党委政府，使党委政府了解到从其他渠道不易了解的社情和民意，获得难以得到的建议和批评。三要满腔热忱地为群众办实事、办好事。要深刻理解群众利益无小事的内涵，坚持把群众的情绪作为第一信号，把群众的需要作为第一需要，从人民群众最关心、最直接、最现实的问题入手，为群众诚心诚意办实事，尽心竭力解难事，坚持不懈做好事。

4. 广泛团结各界，努力凝聚人心。团结是构建社会主义和谐社会的前提，是集中各方智慧、形成伟大力量的源泉。在人民政协内部，各界人士虽然在政治信念、宗教信仰、思想观念、经济利益和生活方式等诸多方面存在差异，但大家都有共同的政治基础、一致的根本利益、统一的奋斗目标。人民政协必须坚持在共同的政治基础之上，尽一切努力，把全体社会主义的劳动者、社会主义事业的建设者、拥护社会主义的爱国者和拥护祖国统一的爱国者都团结起来，不断巩固和扩大党的执政基础和群众基础。要充分发挥政协协调关系的职能。协调关系是毛泽东同志提出的人民政协的五大功能之一。政协要充分发挥这一功能，逐步建立以利益协调为核心的协商和对话机制，积极引导各党派、各团体、各民族、各阶层正确认识各种利益关系，求同存异，使各方面的意见通过平等协商达到基本统一，努力推动全社会的团结与进步。

5. 充分发扬民主，切实尊重众心。发展社会主义民主、建设社会主义政治文明，是中国共产党始终不渝的奋斗目标。在我国，社会主义民主政治建设的一个鲜明特色，就是为了最广泛最充分地发扬人民民主，必须始终不渝地坚持和完善人民代表大会制度，坚持和完善中国共产党领导的多党合作和政治协商制度。人民政协作为中国共产党领导的多党合作和政治协商的重要机构，从诞生之日起就是我国政治生活中发扬社会主义民主的重要形式。人民政协要切实做好发扬民主的工作，一要围绕改革和建设的重大问题认真倾听各方面的意见，积极参政议政，对宪法法律的实施和国家机关的工作进行民主监督。二要重视发挥各民主党派、人民团体和无党派人士在政治协商、民主监督中的作用，认真听取他们的意见和建议，把这方面的优势充分发挥出来。三要尊重和保障各民主党派在政协的各种会议上以本党派名义发表意见的权利，尊重和保障各民主党派和无党派人士开展视察、提出提案、举报、反映社情民意以及参与调查和检查活动的权利。在政协的各种会议和活动中，要坚持不抓辫子，不扣帽子，不打棍子，努力为大家创造讲话的条件和机会，让大家愿讲话、敢讲话、讲真话、讲实话，欢迎逆耳忠言，鼓励畅所欲言。

三、进一步加强人民政协的自身建设

《意见》着眼于人民政协事业的长远发展，从发挥民主党派和无党派人士、政协界别、政协委员的作用，加强政协机关建设等四个方面，对加强人民政协自身建设提出了具体要求。这些要求的针对性和指导性都很强，必须不折不扣地落到实处。

1. 充分发挥各民主党派和无党派人士在政协工作中的重要作用。要认真贯彻“长期共存、互相监督、肝胆相照、荣辱与共”的方针，促进参加人民政协的各党派和无党派人士的团结合作。积极创造条件，通过组织推动党派提出集体提案、大会发言和吸收民主党派和无党派人士参加政协专题调研等途径，为民主党派和无党派人士参政议政提供方便、搭建舞台。要按照中央《意见》的要求，保证民主党派成员和无党派人士在政协委员、常务委员和政协领导成员中占有较大比例。政协的各专门委员会要有民主党派和无党派人士参加。在政协机关中也要有一定数量的民主党派和无党派人士担任专职领导职务，并做到有职、有位、有权、有责。

2. 充分发挥社会各界在政协中的界别作用。由界别组成是人民政协组织的显著特色，发挥界别作用是人民政协的一个突出优势。政协界别是保障、扩大社会各界有序政治参与的重要民主渠道。政协的一个界别就是一条民主渠道。要从实际出发，认真研究和合理设置政协的界别，扩大团结面，增强包容性。要坚持与时俱进，以创新的思路研究和探讨新形势下发挥界别作用的新途径、新方法。要充分运用界别讨论、界别发言、界别提案、反映社情民意等形式，及时准确地向党委、政府反映各界别群众的意见建议、愿望要求，努力使人民政协的各种界别活动更加经常、更加活跃、更加规范、更加有效。

3. 充分发挥政协委员的主体作用。政协委员是各党派团体和各族各界的代表人士，是人民政协履行职能的主体，是建设社会主义物质文明、政治文明、精神文明和构建社会主义和谐社会的重要力量。充分调动政协委员履行职能的积极性，对提高政协履行职能的水平和成效有着至关重要的作用。要进一步加强委员的学习和培训工作，帮助委员知情明政，增强委员的责任感和使命感，不断提高委员参政议政的能力和水平。以专委会和委员活动小组为依托，组织和吸收更多的委员参加视察、调研、考察等活动，不断丰富活动内容，努力实现委员履行职责的经常化、制度化。要建立健全政协委员意见建议的跟踪反馈机制，政协机关要加强与党政有关部门的联系沟通，有关部门要为政协委员发挥作用提供方便，对于政协委员提出的意见要认真负责地研究处理并及时给予答复反馈。政协委员所在单位要支持委员参加政协活动，保障其各项待遇不因参加政协活动而受影响。

4. 充分发挥政协机关的服务作用。政协机关是人民政协的办事机构，其主要职责是为政协履行职能服务，为委员履行职责服务，为参加人民政协的各党派、团体和各族各界人士参政议政、发挥作用服务。政协机关工作是人民政协工作的重要组成部分。从某种意义上说，政协机关的工作作风直接展示着人民政协的形象，政协机关的工作质量和水平直接影响着人民政协履行职能的能力和成效，政协机关的整体效能直接关系到人民政协工作的全局。新世纪新阶段，政协机关面对的是结构日益优化的众多政协委员，是更加朝气蓬勃的政协组织，是前程远大、大有可为的人民政协事业，这对人民政协的机关工作提出了新的更高的要求。政协机关要重视加强政治理论学习，坚持用马列主义、毛泽东思想、邓小平理论和“三个代表”重要思想武装干部职工头脑，全面落实科学发展观，牢固树立社会主义荣辱观，弘扬与时俱进和改革创新精神，大兴求真务实之风。要自觉树立和强化服务意识，努力提高服务水平和质量。要加强政协机关的制度建设，适应壮大爱国统一战线和发展社会主义民主政治的要求，修订完善会议制度、调研制度、视察制度和各种活动制度，尽快形成与中央《意见》和政协章程相适应的制度体系，保证机关工作协调统一、规范有序、精干高效地运行。要加强政协机关的组织建设，加强政协干部的选拔、交流、任用工作，加大对政协干部的培训、挂职锻炼的工作力度。要通过改革和完善干部选拔任用方式，使一批政治坚定、作风优良、学识丰富、业务熟练、人品好、人缘好、具有人格魅力的高素质政协干部脱颖而出，为政协工作的发展提供有力的组织保证。

（2006年5月20日）

政协在中部崛起中原崛起中大有可为

——在河南省政协九届主席会第三十五次会议上的讲话

7月15日至16日，中共中央政治局常委、国务院总理温家宝同志到河南多地视察，并发表重要讲话。省政协一定要认真学习贯彻温总理的重要讲话精神，在中部崛起中原崛起中多做贡献。

一、温家宝总理的重要讲话对河南全局性发展、中长期发展和做好当前 工作都具有重要的指导意义

温家宝总理在“十一五”顺利开局，中央促进中部地区崛起政策付诸实施，河南上半年各项工作进展顺利、成绩喜人，全省人民奋力实施中原崛起的时候来到河南视察，是对河南人民的巨大鼓舞和鞭策，是对河南工作的有力支持和指导。温家宝总理带着党中央、国务院对河南发展的高度关注，带着对河南人民的深厚感情，冒着酷暑，深入田间地头、工厂车间和城市社区，考察我省经济社会发展情况，听取省委、省政府的工作汇报，并发表了重要讲话。温总理对我省经济社会发展取得的成就给予充分肯定，对河南在全国的地位给予高度评价，对正确认识当前经济形势、保持经济平稳较快发展作出了明确指示，对在中部崛起中实现河南经济社会又快又好发展提出了具体要求。温总理的讲话高屋建瓴，内容丰富，内涵深刻，充分体现了科学发展观的要求，对河南全局性发展、中长期发展和做好当前工作都具有重要的指导意义，为河南的发展指明了方向。当前和今后一个时期，我省各级政协组织和广大政协委员，都要按照省委的要求和部署，结合各自实际，认真学习领会、贯彻落实温家宝

总理重要讲话精神，努力做好围绕中心、服务大局的各项工作。

二、要深刻理解和全面把握温家宝总理重要讲话的基本精神

温家宝总理的重要讲话，对于我们统一思想，提高认识，推动工作，具有很强的针对性和指导性。我们一定要深入学习，认真领会，深刻理解，全面把握。

一要深刻理解和全面把握温家宝总理对当前经济形势的科学判断。从全国来看，今年以来经济总体形势是好的，但喜中有忧。经济运行中出现一些问题的原因，在于科学发展观在部分地区和行业还没有得到全面落实，粗放型的增长方式还没有根本转变，一些深层次的体制机制障碍还没有消除。做好下半年经济工作，最根本的是要以科学发展观统领各项工作，真正把各方面加快发展的积极性引导到调整经济结构、转变增长方式、大力节能降耗、减少排放、关注民生和深化改革开放上来。

二要深刻理解和全面把握温家宝总理关于处理好两个方面关系的重要论述。要正确认识和处理局部与全局的关系、当前发展与长远发展的关系，既要发挥地方优势搞好经济发展，又要从全局出发服从、顺应宏观调控。要认真落实中央已经和即将出台的一系列政策措施，着力优化投资结构，严格控制新开工项目尤其是高能耗、高污染和产能过剩行业项目，加强节能和环保工作。

三要深刻理解和全面把握温家宝总理对河南的新认识、新感受。温总理指出："河南在全国有举足轻重的地位，既是全国第一人口大省、第一农业大省、第一粮食大省、第一农村劳动力输出大省、第一粮食转化加工大省，也是全国重要的工业大省、经济大省。"这"五个第一""两个重要"，不仅是对河南的高度评价，更表明了党中央、国务院对河南的新认识。特别是"两个重要"，凸显了河南的新努力所带来的新变化，新发展所带来的新地位。我们要以此鼓舞斗志，进一步增强历史使命感和干事创业的积极性。

四要深刻理解和全面把握温家宝总理对河南的新希望、新要求。温总理要求我们充分认识和发挥比较优势，抓住和用好难得机遇，在促进中部崛起中实现河南经济社会又快又好的发展。这一要求与胡锦涛总书记去年视察河南时

提出的河南要在中部崛起中发挥更大作用、实现跨越式发展、走在中部地区前列的要求是完全一致的，是河南在中部崛起中的努力方向和奋斗目标。我们要百倍努力，不负厚望。

五要深刻理解和全面把握温家宝总理对河南提出的站在新起点、开创新局面的重托。即大力加强“三农”工作、大力推进经济结构调整、大力推进资源节约型和环境友好型社会建设、大力推进科技发展和自主创新、大力推进改革开放、大力推进和谐社会建设。这“六个大力”全面具体，重点突出，进一步明确了全省的工作思路、工作部署和工作着力点，我们一定要在抓好落实上狠下功夫，努力实现温总理对我们提出的“两个更”（更大规模、更高水平）的发展。

三、人民政协要努力为促进中部崛起、中原崛起多做贡献

促进中部崛起和中原崛起，是以胡锦涛同志为总书记的党中央向我们发出的动员令，是全省人民的共同心愿，也是各级政协组织和广大政协委员义不容辞的责任。人民政协素有为国事谋划、为民生操劳的光荣传统，具有人才荟萃、智力密集、联系面广、影响力大的优势，在促进中部崛起和中原崛起中理应大有作为。今年下半年，我们要围绕贯彻落实中发[2006]5号文件精神和温家宝总理视察河南重要讲话精神，重点做好以下工作：一要开好九届十九次常委会议。九届十九次常委会将围绕建设社会主义新农村和建设创新型河南问题进行专题调研和协商。确立这两大议题，与温家宝总理在讲话中提出的大力加强“三农”工作、扎实推进社会主义新农村建设，大力推进科教发展和自主创新的指示精神是完全一致的。各专门委员会、各民主党派、工商联和各位常委，要围绕这两大议题，集中力量搞好调研，把题目做深、做透，形成一批有价值、有分量的意见和建议。二要继续为推进和谐社会建设献计出力。今年以来，我们在促进社会和谐方面做了大量工作，九届十八次常委会议后，省政协向省委、省政府报送了《关于关注人民群众切身利益，构建社会主义和谐社会的建议案》，提出了六大方面的38条建议，省委书记徐光春、省长李成玉等领导同志都作了重要批示，认为建议体察民情、关注民生，为民解困、为党分

忧，切合实际，很有现实意义，要求有关部门在工作中予以落实。建设和谐社会，是一项长期艰巨的任务，我们要持之以恒，继续关注这一工作，就有关政策、建议的落实反馈情况，提出进一步改进完善的意见。三要努力做好团结鼓劲、凝聚人心的工作。要发挥桥梁和纽带作用，多做宣传群众、联系群众的工作，引导群众把智慧和力量凝聚到实现中部崛起和中原崛起的宏伟事业中来。四要认真抓好中发[2006]5号文件和省委政协工作会议精神的贯彻落实。

（2006年7月27日）

履行政协职能与构建和谐社会

《中共中央关于加强人民政协工作的意见》指出："人民政协的基本属性、主要职能、组织构成、工作原则和活动方式，与构建社会主义和谐社会的要求是完全一致的，同构建社会主义和谐社会的各项工作是紧密相连的。"这一论述，集中而又凝练地概括了人民政协与构建社会主义和谐社会的关系。

一、人民政协在构建和谐社会中具有独特优势

人民政协是中国共产党领导的各党派、各团体、各民族、各阶层大团结大联合的组织，其各项工作都与构建社会主义和谐社会密不可分，在构建社会主义和谐社会中具有独特的优势。

从基本属性看，人民政协是我国最广泛的爱国统一战线组织，其基本属性是在中国共产党领导之下，在一个共同目标之下，实现各党派、各团体、各民族、各阶层以及一切爱国者最广泛的团结。始终坚持人民政协这一基本属性，有利于巩固建设中国特色社会主义的政治基础，保持国家政局的稳定和社会的长治久安。

从主要职能看，政治协商、民主监督、参政议政是人民政协的主要职能，也是我们发展社会主义民主政治、建设社会主义政治文明的重要内容。切实搞好人民政协的政治协商、民主监督、参政议政，有利于下情上达，保证党和政府的决策既能代表最广大人民的根本利益，又能兼顾少数人的合理要求；有利于上情下达，促进各方面人士在共同的大目标下形成共识，推动党和政府各项

方针政策的贯彻落实。

从组织构成看，随着我国经济社会的发展，爱国统一战线已经发展成为由全体社会主义劳动者、社会主义事业的建设者、拥护社会主义的爱国者和拥护祖国统一的爱国者组成的最广泛的联盟。人民政协实行“大团结、大统一、囊括一切代表人士”的方针，其参加单位和成员包括了中国各个党派、各人民团体、各个民族和各界代表人士、香港和澳门特别行政区同胞、台湾同胞、海外侨胞和归国侨胞以及其他界别的代表。人民政协的这种组织构成，是中华民族具有强大凝聚力的重要体现。

从工作原则看，人民政协实行民主监督、求同存异的工作原则。在人民政协的各种会议和活动中，鼓励委员如实地、充分地反映各界群众的意愿和呼声，倡导知无不言、言无不尽。人民政协的这种工作原则，有利于广开言路、集思广益，促进决策的科学化、民主化。

从活动方式看，人民政协开展工作的主要方式包括：通过各种会议进行民主协商，组织委员进行视察和专题调研，提出提案和反映社情民意等。这些活动方式，为各党派团体和各界委员参与国是提供了畅通的民主渠道。把这些有效的活动方式运用好，有利于推动构建社会主义和谐社会的历史进程。

人民政协在构建社会主义和谐社会中还有许多其他的独特优势。一是人才荟萃，智力密集。各界委员都是各行各业的佼佼者、各个领域的专家学者和学科带头人，他们有自己的特长、专长，并且在社会上享有较高声誉。二是代表性广，包容性强。人民政协党派界别性突出，是协调各方面利益关系的重要机构。三是团结面大，联系面广。人民政协广泛联系社会各界，在反映社情民意上渠道众多，具有协助党和政府做好群众工作的天然优势。四是位置相对特殊，工作形式灵活。人民政协既与党政机关有着特殊关系，又通过各界委员与广大群众保持密切联系，可以利用特殊的优势、采取丰富的形式参与和促进和谐社会建设。

二、在认真履行职能中促进和谐社会建设

在我国政治体制的基本架构中，党委是领导核心，总揽全局、协调各方；

人大依法履行国家权力机关的职能；政府依法实施对整个经济社会事务的行政管理；而人民政协作为中国共产党领导的多党合作和政治协商的重要机构，承担着政治协商、民主监督、参政议政的职能。相对于党委来说，政协献策而不决策，为推进决策的科学化、民主化服务；相对于人大来说，政协立论而不立法，可以开展广泛深入的调查研究，提出真知灼见；相对于政府来说，政协议政而不行政，通过协商监督，促进各项工作的落实。同时，相对于党政工作的运作方式来说，政协宽松而不放松，是特殊岗位上的一线工作。因此，人民政协为构建社会主义和谐社会服务，必须坚持以邓小平理论和“三个代表”重要思想为指导，全面贯彻落实科学发展观，着眼于中国特色社会主义事业的总体布局，自觉地把为构建社会主义和谐社会服务同为社会主义经济建设、政治建设、文化建设服务有机结合起来，摆正位置，找准方位，选好角度，精心谋划，充分发挥自身的优势和作用。

坚持把促进发展作为履行职能的首要任务，努力为经济社会发展建言献策。发展是硬道理，是构建社会主义和谐社会的基础。人民政协应始终坚持围绕中心、服务大局，把动员和组织参加政协的各党派团体、各族各界人士围绕经济社会发展中的重大问题建言献策，作为各项工作的重中之重。应立足全局想大事、议大事，精心选择经济社会发展中一些具有综合性、战略性、前瞻性的课题，深入调查研究，开展咨询论证。分布于各行各业的广大政协委员要在自己的本职岗位上勤奋工作、艰苦创业，努力为构建社会主义和谐社会尽心出力、作出贡献。同时，全面贯彻尊重劳动、尊重知识、尊重人才、尊重创造的方针，激发各行各业人们的创新精神和创造活力，致力干事创业，推进科学发展。

坚持把加强团结作为各项工作的中心环节，努力促进统一战线各方面的团结合作。团结是集中各方智慧、形成强大力量的保证。人民政协为构建社会主义和谐社会服务，必须发挥作为最广泛的爱国统一战线组织的作用，努力促进各方面的团结。一是大力促进各党派之间的团结合作。坚持“长期共存、互相监督、肝胆相照、荣辱与共”的方针，搞好与参加政协各党派团体和无党派人士的团结联谊。二是切实做好统一战线内部各方面力量的团结工作。不断巩固社会主义劳动者之间的团结，认真做好团结包括新的社会阶层在内的全体社会主义事业建设者的工作，广泛团结港澳同胞、台湾同胞、海外侨胞以及海内外各方面的爱国力量。三是加强各民族的大团结。牢牢把握各民族共同团结奋斗、共同繁荣发展的主题，努力促进少数民族和民族地区经济社会的发展，不断巩固和发展平等、团结、互助、和谐的社会主义民族关系。四是维护宗教和谐。认真宣传贯彻国家的宗教信仰自由政策，支持政府依法管理宗教事务，引导广大信教群众警惕和抵御境外敌对势力利用宗教进行渗透活动，努力促进信教与不信教群众之间、信仰不同宗教群众之间的和谐相处。

坚持把发扬民主作为工作的着力点，努力推进社会主义制度的自我完善。社会和谐离不开社会民主。民主有利于统筹各方、广纳群言、兼顾利益，是和谐社会的内在要求和重要促进因素。人民政协是发扬社会主义民主的重要形式，是反映各参政党、各界别群众意见的重要阵地。应切实围绕民主的主题，继续健全民主制度，丰富民主形式，畅通民主渠道，进一步发挥各党派、各界别、各阶层代表人士的作用，全面准确地反映他们的愿望和要求。进一步探索履行协商监督职能的有效形式，对各种不合理现象加大评议和监督力度，促进社会公平正义。把发挥政协作用与坚持党的领导、人民当家作主和依法治国有机结合起来，多渠道、多形式地广泛集中民智，扩大公民有序的政治参与。

坚持弘扬先进文化，努力推进社会主义精神文明建设。发展先进文化是构建社会主义和谐社会必不可少的智力支持、精神动力和思想保证。各级政协组织和广大政协委员应自觉坚持用邓小平理论和“三个代表”重要思想武装头脑，树立和落实科学发展观，牢牢把握先进文化的前进方向。人民政协在履行职能的各项工作中，应更加关注推进理论创新、加强思想道德建设和促进社会事业发展。政协委员应起表率作用，带头弘扬以爱国主义为核心的民族精神和以改革创新为核心的时代精神，努力增强全社会的法律意识和诚信意识，大力倡导和实践爱国守法、明礼诚信、团结友善、勤俭自强、敬业奉献的公民基本道德规范，大力倡导和实践以“八荣八耻”为主要内容的社会主义荣辱观，促进平等友爱、融洽和谐人际关系和社会环境的进一步形成。

坚持把为民服务作为工作的出发点和落脚点，努力维护人民群众的根本利益。各级政协要时刻把人民群众的安危冷暖放在心上，及时了解经济社会生活中的重要情况和群众关注的热点难点问题，如实反映人民群众的意见和要求，积极协助党委和政府做好协调关系、化解矛盾、理顺情绪的工作。社会就业是民生之本，政协应在转变就业观念、开辟就业渠道、增加就业机会等方面积极出主意、想办法；社会保障是民安所在，政协应在推动以劳动、医疗和贫困救助为重点的社会保障体系建设上广泛征询意见，提出合理化建议；社会公平是民和之基，政协应在缩小收入差距、建立新型人际关系、推动依法行政和公正执法等各方面开展民主监督；社会民主是民意所求，政协应在进一步扩大基层民主、畅通民主渠道方面进行探索；社会稳定是民心所盼，政协应在加强社会治安综合治理和安全生产等方面提出切实可行、便于监督的改进措施。群众利益无小事。只要把符合群众利益的事情一件件认真办好，构建社会主义和谐社会就有了广泛的群众基础和牢固的社会基础。

（原载于《人民日报》2006年8月21日）

探索创新政协履职的形式

——在中原城市群政协主席联席会议上的讲话

中原城市群政协主席联席会议机制建立以来，已经召开了两次会议，可以说已经有了良好的开端。要使这一机制形成制度，长期坚持下去，还有许多工作要做。其中最关键的，是力求使我们每次会议所达成的共识、取得的成果付诸实施、见到实效。如果只是在开会时议论风生，形成纪要后却束之高阁，而忽视会议成果是否落地有声，联席会议机制就难以持久。因此，要使中原城市群政协主席联席会议真正成为履行政协职能的有效形式、发挥政协优势的宽阔平台、凝聚各方力量的重要渠道，就必须使会议成果变成看得见、摸得着，老百姓能享受得到的累累硕果。省市两级政协对于推动联席会议成果的落实负有重要责任。

一、发挥位置超脱的优势，搞好协调沟通

人民政协是爱国统一战线组织，是多党合作和政治协商的重要机构，是发扬社会主义民主的重要形式。它反映绝大多数人的意见建议，但没有自己的特殊利益。因而在国家的经济、政治、文化和社会生活中位置超脱，党政部门不便说的话，政协可以说；党政部门不便出面的事，政协可以出面。中原城市群政协主席联席会所议定的事项，在落实过程中，大多需要政府多个部门共同办理，有些还可能需要几个市联手办理，甚至可能因为相关部门之间职责不清或部门利益冲突难以办理。在这种情况下，沟通协调工作就显得十分重要。政协要发挥位置超脱的独特优势，积极主动地做好协调沟通工作，当好有关部门

之间、各市之间的桥梁纽带。尤其是遇到因部门之间职责不清或因各市之间、部门之间利益发生冲突而工作难以推动的情况时，政协要主动出面，把相关部门、相关市聚拢在一起，坐下来协商讨论，理顺关系、化解矛盾、达成共识，使大家互谅互让、团结协作，携起手来推动会议成果的落实。

二、发挥人才荟萃的优势，搞好后续服务

人民政协人才荟萃，智力密集，素有“智囊团”之称。这是人民政协发挥作用的重要条件之一，也是人民政协的优势之所在。在中原城市群政协主席联席会议期间议定的事项、形成的纪要，往往是一个大的框架，离操作层面可能还有相当的距离。在会议成果的落实过程中，省市两级政协都要利用政协组织人才荟萃、智力密集的优势，积极为联席会议之后的后续工作搞好服务。一是在需要的时候，组织政协委员中的专家、学者，对有关问题进行咨询和论证，为政府有关部门当好参谋，为推动会议成果的落实献计出力。二是把会议成果的落实纳入政协委员调研、视察选题范围，通过调研、视察，发现会议成果落实过程中的问题，提出合理化建议，从而保证会议成果的落实体现科学发展观的要求。三是开展好民主监督，对那些因部门利益而敷衍塞责、因效率不高而久拖不决、使会议成果落实受到影响的，要及时提出批评意见，运用人民政协的协商监督权推动会议成果的落实。

三、发挥机制灵活的优势，搞好组织联络

中原城市群政协主席联席会议是一个区域合作性的会议机制，它不同于一级政协组织。会议所提出的意见建议，需要省、市两级政府的众多部门来办理，有大量的组织联络工作要做。针对这种情况，应充分发挥政协机制灵活的优势，明确会议成果的整理、报送、督办、反馈等各个环节上的责任单位及相关要求。就省政协而言，这一联席会议是由义初副主席主抓、经济委员会具体负责的。因此，会前、会中、会后的组织联络工作，应由经济委员会全盘

负责。一是负责会议成果的整理、报送、督办；二是负责同省直有关部门的沟通联系；三是负责联席会议结束之后政协需要做的后续工作的组织和协调；四是负责同九个省辖市政协的沟通联系。九市政协也要确定专人负责组织联络工作。通过这种灵活的工作机制，使联席会议结束之后的后续工作有人管、有人问、有人做。会议成果的落实主要靠政府及其有关部门。但政协不能认为把建议提出来、交上去就万事大吉了。政协也要认真负责地协助政府抓好落实。

新的东西总是充满生机与活力，同时新的东西也总是有一个发展完善的过程。中原城市群政协主席联席会议机制要长期坚持下去，需要在实践中不断探索总结，使这一机制日趋成熟、完善。创新是一个民族进步的灵魂，是一个国家兴旺发达的不竭动力。就政协工作来说，也需要不断创新，要把这种创新作为一条重要经验认真总结，以便为下一届政协提供借鉴，更好地把握规律性，体现时代性，富于创造性；使工作尽职而不越位，帮忙而不添乱，切实而不表面，切实做到参政不行政，议政不干政；使中原城市群政协主席联席会议发挥越来越大的作用，作出越来越大的贡献！

（2007年4月23日）

巨大的鼓舞　履职的动力

——在省政协机关全体干部会议上的讲话

4月30日至5月1日，中共中央总书记、国家主席、中央军委主席胡锦涛同志亲临河南，就贯彻落实科学发展观、构建社会主义和谐社会和加强党的建设进行调研，在听取徐光春书记代表省委、省政府汇报后，作了重要讲话。讲话充分肯定了河南工作取得的成绩，进一步强调了全面贯彻落实科学发展、构建社会主义和谐社会、推进社会主义新农村建设、全面加强党的建设新的伟大工程等一系列重大战略思想的极端重要性，对河南下一步的发展提出了“五个切实”的明确要求，指明了河南经济社会发展的方向、原则、思路和着力点。讲话高瞻远瞩、精辟深刻，对河南的科学发展、和谐发展、又好又快发展具有极为重要的指导性、针对性和可操作性，是河南当前和今后 个时期经济社会发展的重要指针。我们一定要从全局的高度、战略的高度，紧密结合政协工作实际，认真学习，深刻领会，全面贯彻，坚决落实。就政协而言，要切实做到四个“大有作为”：

一是要在推进我省经济又好又快发展方面大有作为。胡总书记指出，当前，河南同其他中西部地方一样，经济呈现加快发展的势头。越是在这种情况下，越是要按照科学发展观的要求，坚决落实国家宏观调控政策措施，注重处理好发展速度与发展质量、当前发展与长远发展的关系，继续抓紧解决经济运行中的突出矛盾和问题，真正把经济发展的立足点放到转变增长方式、提高质量和效益上来，努力实现经济又好又快发展。去年以来，我们先后就加快社会主义新农村建设和创新型河南建设开展了一系列视察、调研活动，组织实施了上海、广东豫商商会与豫南四市的“4+2”经济合作计划，举办了首届豫商大会和两次中原城市群九市政协主席联席会议，对促进全省经济又好又快发展、加快对外开放步伐起到了积极的推动作用。下一步，我们要认真贯彻落实总书记指示精神，按照科学发展观的要求，选择对加快由经济大省向经济强省跨越、促进中原崛起有重大意义的课题，如：加快转变经济增长方式、走新型工业化道路，推进农业产业化、扎实搞好新农村建设，着力发展现代服务业、推进第三产业快速发展，加强能源资源节约和环境保护、提高集约化发展水平，加快城镇化进程、促进城乡区域协调发展，深化改革开放、创新体制机制等，深入调查研究，积极建言献策。今年第三季度将要召开的省政协常委会议，拟就建设资源节约型和环境友好型社会、促进可持续发展进行专题议政。各专门委员会、各民主党派、工商联，要选好题目，搞好调研，提出真知灼见。要在总结经验的基础上，办好第二届豫商大会和第三次中原城市群九市政协主席联席会。

二是要在推进社会主义先进文化建设方面大有作为。胡总书记指出，建设社会主义先进文化，对提高人民思想道德素质和科学文化素质，对顺利实现全面建设小康社会的目标，具有重大意义。河南有着深厚的历史文化底蕴，要弘扬优秀文化传统，深化文化体制改革，大力发展文化事业和文化产业，在社会主义先进文化建设方面迈出更大步伐。去年以来，我们围绕省委、省政府关于加快文化资源大省向文化强省跨越的战略部署，发挥政协联系面广、智力密集的优势，不断丰富工作内容，先后主办了丙戌年、丁亥年黄帝故里拜祖大典，中华炎黄二帝巨型塑像落成庆典，第二届中华姓氏文化节，2006年国际华商文化节和第五届河洛文化国际研讨会暨2006年汉民族研究国际学术讨论会，促成了民办公助性质的河南文化产业研究院的成立，倡导促成了河南卫视名牌栏目《梨园春》《武林风》赴南美巡演的对外文化交流活动，提高了河南的知名度和美誉度，对扩大对外开放、加强文化交流、增强中华民族的凝聚力、推进祖国统一大业，产生了重要影响。今年，我们要继续整合资源、突出重点，精心筹办好各种节会活动，并就推进文化体制改革、发展文化产业、加大公益性文化事业投入、加强文化设施建设、实施文化精品工程、建立健全公共文化服务体系、保护非物质文化遗产等问题积极建言献策。

三是要在关注民生、构建和谐中原方面大有作为。胡总书记指出，我们坚持立党为公、执政为民，坚持以人为本，履行为人民服务的根本宗旨，最终要体现在解决人民群众最关心、最直接、最现实的利益问题上，落实在改善人民群众生产生活条件上。去年，我们在省政协九届十八次常委会议上，以体察民情、关注民生为切入点，就如何构建社会主义和谐社会问题进行了专题议政。省政协各专门委员会，省各民主党派、工商联，重点选择人民群众最关心、反映最强烈的上学难、就业难、看病难、购房难、养老难、收入差距过大等6个突出社会问题，深入开展调查研究，形成了23份质量较高的调研报告，从不同角度、不同侧面，对如何自觉坚持“五个统筹”、更加注重社会公平、不断完善社会管理机制、切实强化政府监管、用发展和改革的办法解决好广大人民群众的切身利益问题等，提出了38条建议。建议案受到了党中央、国务院、全国政协和省委、省政府领导的高度重视，一些建议已纳入决策程序。今后，我们要继续发挥人民政协联系各界、凝聚人心的作用，忠实反映社情民意，帮助党委和政府察民情、知民盼、排民忧、解民难，全面准确地反映各党派、各界别、各阶层代表人士的愿望和要求，多做加强沟通、增进理解、化解矛盾、维护稳定的工作，打牢和巩固和谐中原建设的深厚群众基础。要团结一切可以团结的力量，把包括新的社会阶层在内的不同党派、团体、阶层、民族和信仰的全体社会主义事业建设者团结起来，形成合力，添加动力，激发活力，为和谐中原建设尽心尽力。

四是要在加强基层党组织和党员领导干部作风建设方面大有作为。胡总书记指出，党的十六大以来，中央就加强全党作风建设提出了一系列明确要求，最近又强调要大力倡导八个方面的良好风气，增强忧患意识、公仆意识、节俭意识。这些要求是针对我国经济社会发展的新形势和党员干部队伍的新变化提出来的，具有很强的现实指导意义，要切实贯彻好、落实好。我们要建立健全各项规章制度，大力弘扬新风正气，坚决抵制歪风邪气，坚定理想信念，增强宗旨意识，引导广大党员和党员领导干部保持高尚情操，加强党性修养，常修为政之德，常思贪欲之害，常怀律己之心，戒除浮躁之气，埋头艰苦奋斗，脚踏实地地为促进科学发展、民生改善、社会和谐献计出力，多做贡献。

（2007年5月10日）

明确职能　找准定位　再谱新篇

——在省辖市、县（市区）政协主席培训班上的讲话

去年下半年至今年上半年市县党委、人大、政府、政协换届工作结束后，省委立即作出决定，由省委组织部牵头，分系统对换届或届中调整后的领导班子成员集中进行专题培训。省政协办公厅具体承办的是18个省辖市和158个县（市、区）共955名政协主席、副主席的培训。这是省委根据全省各级领导班子建设实际作出的一项重大决策，是我省实施大规模培训干部计划的一个重要组成部分，是贯彻落实《中共中央关于加强人民政协工作的意见》和省委政协工作会议精神的一项重大举措，充分体现了省委对全省各级政协领导班子建设的高度重视，对人民政协干部队伍的关心与厚爱。

根据培训内容安排，现就政协章程、《中共中央关于加强人民政协工作的意见》主要精神以及在新形势下如何干好政协主席、副主席的工作这些问题，从认清人民政协的性质、职能、使命三个方面入手，谈几点看法。

一、认清人民政协的基本属性，明确职能，发挥作用

做好政协工作，首先必须了解政协。“感觉到了的东西，我们不能立刻理解它，只有理解了的东西，才能更深刻地感觉它。”对于在座的各位来说，全面深入地理解人民政协的性质、职能和作用，是做好政协主席的基础和前提。

（一）关于人民政协的性质

性质是一事物区别于其他事物的根本属性。人民政协的性质是什么呢？政协章程规定：“中国人民政治协商会议是中国人民爱国统一战线的组织，是

中国共产党领导的多党合作和政治协商的重要机构，是我国政治生活中发扬社会主义民主的重要形式。”从这一规定我们可以看到，人民政协的性质包含三层含义。

第一层含义——“中国人民爱国统一战线的组织”。中国人民爱国统一战线是中国共产党为完成自己的历史使命，实现各个时期特定的目标和任务，团结各个阶层和政治派别及一切可以团结的力量所结成的政治联盟。统一战线是中国共产党在中国革命中战胜敌人的三大法宝之一。可以说，没有统一战线就没有中国革命的胜利。中华人民共和国成立后，中国共产党成为执政党，统一战线有了组织形式，这就是人民政协。统一战线是人民政协产生和发展的基本依据。进入新世纪，要建设中国特色社会主义，实现中华民族的伟大复兴，必须进一步巩固和发展最广泛的爱国统一战线。在新的世纪，统一战线作为党的一个重要法宝，绝不能丢掉；作为中国共产党的一个政治优势，绝不能削弱；作为党的一项长期方针，绝不能动摇；作为最广泛的爱国统一战线组织的人民政协，绝不能忽视。

第二层含义——“中国共产党领导的多党合作和政治协商的重要机构”。中国共产党领导的多党合作和政治协商制度，是我国的一项基本政治制度。它的形成和发展，是中国历史发展的必然选择。我们现在的民主党派，大多数形成和发展于抗日战争时期和解放战争时期，当时是作为积极抗日和反对蒋介石独裁统治的爱国民主力量登上政治舞台的。各民主党派从长期的斗争中，逐步认识到只有共产党才能代表中国的希望与前途，从而接受了共产党的主张，选择了共产党的领导，与共产党结成了风雨同舟、通力合作的关系。人民政协的成立，使这种合作关系有了统一的组织形式，并成为我国政治制度的重要特征和组成部分。我国进入社会主义阶段后，各民主党派成为与共产党亲密合作、共同致力于社会主义事业的参政党。在社会主义革命和建设的实践中，中国共产党与各民主党派“长期共存、互相监督、肝胆相照、荣辱与共”，中国共产党领导的多党合作和政治协商制度得到进一步巩固和发展。胡锦涛总书记在中共十六大召开不久走访各民主党派中央和全国工商联时指出，中共十六大把这项基本政治制度作为建设中国特色社会主义坚持的基本经验，表明了我们党坚持和完善我国这项基本政治制度不可动摇的决心。需要指出的是，我国的政党制度，不同于西方国家的政党轮替、议会党团或联合政府那一套做法。我们这种政党制度有三个基本要素：一是共产党领导，二是多党合作，三是政治协商。人民政协就是体现这三者有机统一的政治组织，一定要促进参加政协的各党派、无党派人士的团结合作，充分发挥我国社会主义政党制度的特点和优势。

第三层含义——“我国政治生活中发扬社会主义民主的重要形式”。这是由我们国家的体制所决定的，同时也是与政协性质的前两层含义密不可分的。我们的国家是人民民主专政的国家，社会主义民主的本质是人民当家作主，发展民主是社会主义的本质要求，没有民主就没有社会主义现代化。要巩固发展最广泛的爱国统一战线，搞好多党合作和政治协商，同样离不开民主。人民政协是我国政治生活中具有鲜明中国特色的社会主义民主形式，是中国民主政治的标志性组织之一。我国社会主义民主有两种重要形式：一种是人民通过选举、投票行使权利；一种是人民内部各方面在重大决策之前进行充分协商，尽可能就共同性问题取得一致意见。发展社会主义民主政治，建设社会主义政治文明，就要善于运用人民政协这一政治组织和民主形式。两种民主形式是老一辈革命家高瞻远瞩的政治设计和制度安排。充分发挥两种民主形式的作用，就是坚持和发扬我国政治制度的特点和优势，就是向世界展示中国自己的政治发展道路。

人民政协性质的以上三层含义是一个互相联系的整体，缺一不可。统一战线是我们的法宝；多党合作和政治协商制度是我国的基本政治制度；建设社会主义民主政治，既是社会主义现代化建设的条件，也是社会主义现代化建设的目标。作为这三者共同载体的人民政协，在我国政治生活中不可替代的重要性不言而喻，它将长期存在并发挥愈益重要的作用。

（二）关于人民政协的职能

政治协商、民主监督、参政议政，是人民政协的三项职能。那么，对人民政协的三项职能应如何理解呢？

第一，就党和国家事业的发展而言，人民政协履行职能同党和国家的政治生活、同党委和政府的工作密切相关。政治协商的主要内容是国家和地方的大政方针以及政治、经济、文化和社会生活中的重要问题；民主监督的主要内容是国家宪法、法律和法规的实施，重大方针政策的贯彻执行，国家机关及其工作人员的工作；参政议政的主要内容是对政治、经济、文化和社会生活中的重要问题以及人民群众普遍关心的问题，开展调查研究，反映社情民意，进行协商讨论，通过调研报告、提案、建议案或其他形式，向党和国家机关提出意见和建议。由此可以看出，人民政协履行职能与党委、政府的工作有着密切的关系。中共中央《意见》明确指出，人民政协的政治协商是中国共产党领导的多党合作的重要体现，是党和国家实行科学民主决策的重要环节，是党提高执政能力的重要途径；人民政协的民主监督是我国社会主义监督体系的重要组成部分；人民政协的参政议政是党政领导机关经常听取参加人民政协的各民主党派、人民团体和各族各界人士的意见和建议，切实做好工作的有效方式。所以，中共中央要求各级党委，“善于运用人民政协这一政治组织和民主形式，为实现党的总任务、总目标服务”。

第二，就党委而言，在政协履行职能中应发挥主导作用。中共中央《意见》强调，按照党总揽全局、协调各方的原则，进一步加强和改善党对人民政协工作的领导，支持人民政协依照章程独立负责、协调一致地开展工作。要求各级党委把政治协商纳入决策程序，高度重视人民政协的政治协商，统一部署和协调并认真组织实施。中共中央《意见》还要求各级党委和政府认真倾听来自人民政协的批评和建议，自觉接受民主监督。要完善民主监督机制，在知情环节、沟通环节、反馈环节上建立制度，畅通民主监督的渠道。要加强与人民政协的联系和沟通，为人民政协参政议政创造良好条件。《意见》还要求，各级党委要把是否重视人民政协工作，能否发挥好人民政协的作用作为检验领导水平和执政能力的一项重要内容。这些规定为人民政协履行职能提供了重要保证，对改变人民政协履行职能中存在的“找米下锅”“自拉自唱”的被动局面具有重要作用。

第三，就人民政协而言，在履行职能中应尽好主体职责。人民政协是履行政协职能的主体，履行好职能是政协应尽的责任，也是党和人民对政协的期望。有为才能有位。只有履行好职能，政协工作才能受到党委、政府的重视和各界群众的支持。这就要求各级政协：一是制度建设要加强。要努力推进人民政协履行职能的制度化、规范化、程序化建设。“三化”建设是人民政协履行职能的制度保障，是改变履行职能靠“书记开明、主席余威”状况的根本措施。这几年各级政协在“三化”建设上做了大量卓有成效的工作，今后要继续努力，不断探索创新。二是第一要务思想要明确。促进科学发展是政协履行职能的第一要务。要把工作重点放在为党政决策科学化民主化服务上，放在促进事关改革发展和人民群众切身利益问题的解决上，放在促进和谐社会建设上，自觉把“围绕中心、服务大局”的要求落实到履行职能的各项工作中去。三是履行职能质量要提高。人民政协履行职能，靠的是意见建议的科学性、合理性、可行性、前瞻性。去年10月，全国政协王忠禹常务副主席来我省检查中共中央《意见》贯彻落实情况时，讲了一段很发人深思的话。他说：“我刚到政协时，一些委员跟我说政协意见不受重视。不重视是不对的。但反过来说，你的意见应不应该受到重视？政协人才荟萃，政府也是人才济济，你提的意见要比人家研究的高一些，才能受到重视。你说的东西他早就知道了，而且情况比你熟，了解比你多，你的意见怎么会受到重视？所以，我们一定要在提高履行职能的质量上下功夫。”这就要求我们用高质量的工作去促进发展，用高质量的工作去赢得支持，用高质量的工作去树立形象，用高质量的工作去开创局面。

（三）关于人民政协的作用

中共中央《意见》指出：“人民政协是我国政治体制的重要组成部分，在我国政治生活中具有不可替代的作用。”我认为有以下几个重要作用尤其不可替代：

第一，促进发展的作用。发展是中国共产党执政兴国的第一要务，是实现中华民族伟大复兴的必由之路，是全国各族人民的共同愿望。人民政协事业作为党和国家全局事业的重要组成部分，为发展服务是义不容辞的责任。人民政协智力密集，联系广泛，能够为发展出良谋、献良策，能够为发展聚拢人气、凝聚力量。只有自觉把促进发展作为政协的第一要务，积极投身中国特色社会主义的宏伟大业，加快我省“两大跨越”、推进河南“两大建设”的历史进程，才能当好发展的“智囊团”，体现政协工作的内在价值。

第二，构建和谐社会的作用。人民政协的基本属性、主要职能、组织构成、工作原则和活动方式，与构建社会主义和谐社会的要求是完全一致的，同构建社会主义和谐社会的各项工作是紧密相连的。人民政协可以通过协商沟通，调整利益，达成共识，化解或减少社会矛盾；可以向所联系的各界群众宣传党和政府的方针政策，解疑释惑，统一认识，维护社会稳定；可以把各方面的群体性利益诉求纳入体制内的轨道，使之通过合法的、畅通的渠道表达出来，尽量减少体制外的运行。特别是在当前社会利益多样化、社会关系多样化、价值观念多样化的情况下，整合社会资源，协调社会关系，处理人民内部矛盾，人民政协的作用更是不可或缺。

第三，建设民主政治的作用。人民政协是发扬民主的重要形式。通过政协可以扩大公民的政治参与，保证公民民主权利的实现；可以使党和政府及时全面地掌握人民群众拥护什么、反对什么、企盼什么这个第一信号，使各项政策和决策既符合最广大人民的根本利益，同时也兼顾少数人的合法利益；可以把各个界别的意见建议收集起来、反映上去，形成比较集中的带有界别特点的群体声音，为党委、政府决策提供参考，促进党政决策的科学化、民主化。

第四，巩固扩大爱国统一战线的作用。在人民政协组织中，各个方面的代表人物，无论属于哪个党派、哪个团体、哪个阶层、哪个民族，无论从事何种职业，有否宗教信仰，都享有平等的政治权利，这种包容性无疑会产生强大的聚合效应，从而团结一切可以团结的力量，巩固发展最广泛的爱国统一战线。通过政协组织及政协的工作，可以巩固和扩大各党派团结合作的政治基础，增强凝聚力；可以反映各界人士的愿望和要求，帮助他们解决工作、生活、发展中的困难和问题，增强向心力。

二、认清人民政协独特的政治定位，选准坐标，把好尺度

从人民政协的性质、职能和作用可以看出，与党委、人大、政府相比，政协具有独特的政治定位。这种独特性可以用四句话来概括：

一是献策不决策。即相对于党政而言，政协没有决策权，不制定方针政策，不确定经济社会的发展目标和发展战略，但可以通过多种渠道献计献策。政协的调研成果和意见建议一旦被党委、政府采纳，就能成为党政科学决策、民主决策的重要依据。

二是立论不立法。即相对于人大而言，政协没有立法权，不能制定和修改法律，但可以发挥人才荟萃、群贤云集的优势，对改革开放和社会主义现代化建设中的重大问题进行深层次的调查研究，提出真知灼见。

三是议政不行政。即相对于政府来说，政协没有行政权，不管人，不管钱，不管理具体的行政事务和社会事务，但可以通过协商监督，促进各项工作的落实。

四是宽松不放松。即就政协自身而言，尽管环境相对宽松，位置相对超脱，时间相对宽裕，但宽松而不放松，不自我放纵，不尸位素餐，不降格以求。

人民政协独特的政治定位，要求我们在政协主席、副主席的位置上，必须做到以下几点：

第一，必须始终坚持党的领导。坚持和服从党的领导，是人民政协必须始终遵循的一项根本原则，是政协履行职能、发挥作用的根本保证。无论在任何时候、任何情况下，我们都要在思想上、政治上与以胡锦涛同志为总书记的党中央保持一致，确保党委的意图真正得到贯彻，党委的决策真正得到执行，党委的部署真正得到落实，党委的目标真正得到实现。要坚持党委的中心工作就是政协的工作中心的思路，努力与党委“同唱一台戏”“同念一本经”，使政协工作与党政工作同频共振，做到目标上同向、思想上同心、工作上同步。要自觉维护党委权威，在召开政协常委会议、开展专题议政、组织调研视察、进行监督评议之前，主动向党委请示，按照党委意图安排工作。活动结束后，要及时把活动开展情况和政协的意见建议报告党委。要邀请党委、政府主要领导同志参加有关的政协常委会议和专题座谈会等，通报有关情况，接受指示指导，使政协工作始终保持坚定正确的政治方向。

第二，必须善于想大事谋大事。胡锦涛总书记指出：“人民政协只有围绕国家发展的大目标，立足整个国家建设的大格局，才能有所作为，多做贡献。”政协主席、副主席作为人民政协履行职能的谋划者、组织者，必须把围绕中心、服务大局作为各项工作的重中之重，用战略的思维思考大事，用民主的作风讨论大事，用科学的方法谋划大事，用务实的行动办好大事。目前，各项工作千头万绪，绝不能不分主次，四面出击，眉毛胡子一把抓。只有紧紧围绕党委、政府的重大决策和各个时期的中心工作，想大事，议大事，干大事，善于抓主要矛盾，抓重点领域，不一般性地提建议，不提一般性的建议，才能参政参到点子上，议政议到关键处，才能使参政议政活动服从和服务于党政决策的需要，得到党政部门的重视和支持。胡锦涛总书记在今年“五一”期间视察河南时，对河南下一步的发展提出了“五个切实”的明确要求，指明了河南经济社会发展的方向、原则、思路和着力点。我们要从全局的高度、战略的高度，紧密结合政协工作实际，全面贯彻落实。要按照徐光春书记提出的“四个转化”的要求，重点选择事关全省和当地经济建设、政治建设、文化建设、社会建设的综合性、全局性、前瞻性的重大问题和人民群众最关心、最直接、最现实的切身利益问题，确定协商、监督和参政议政的主题。

第三，必须正确把握工作尺度。人民政协参与中心工作、服务中心工作，不能像党委、政府那样直接负责经济社会发展的具体事务，而是通过向党委、政府提供符合国情、省情、市情、县情，事关当地经济社会发展大局的意见建议，间接地促进经济社会发展。因此，要树立“三种意识”，把握好工作尺度：一是谋划意识。要从烦琐的事务中解脱出来，把主要精力放在对经济社会的发展趋势和全局工作的把握上，放在对改革、发展、稳定深层次矛盾的分析上，放在对全面建设小康社会、实现中原崛起的综合性、全局性问题的思考上，放在党委政府关注的大事要事和人民群众关心的热点难点问题的对策研究上，按照科学发展观的要求，精心选择课题，深入进行调研，多提一些富有科学性、可行性和可操作性的意见建议。二是配合意识。始终与党委政府合心、合力、合拍，当好党委政府的参谋和助手，主动配合，在参与中支持，在支持中服务，在服务中监督。三是补位意识。跳出趋同思维的圈子，找准发挥优势的角度，尽可能避免与职能部门和具体业务部门撞车或简单地重复他们的工作，努力增强拾遗补阙的主动性、发现问题的敏锐性、研究问题的积极性、发挥作用的能动性，多做帮忙、协调、解释工作，真正做到尽职不失职、到位不越位、帮忙不添乱、切实不表面。

第四，必须切实转变工作方式。一要善于发扬民主。民主是人民政协产生和发展的历史依据，是人民政协开展工作的途径和手段。人民政协的协商是民主协商，人民政协的监督是民主监督，大家到政协工作以后，要尽快变以往行政的、命令的工作方式为民主的、协商的工作方式，把民主贯穿于政协工作的始终。二要善于进行协商。协商是发扬社会主义民主的重要形式，也是人民政协开展工作的重要原则。要尊重并保障各民主党派和无党派人士在政协各种会议上发表意见的权利，包容统一战线成员在信念、利益和观念等方面的差异，求同存异，以理服人。在向党委、政府提出意见建议时，既要反映多数人的普遍愿望，又要吸纳少数人的合理主张，既要接受支持的、一致的意见，又要听取批评的、不同的声音，积极营造一个大家敢进诤言、畅所欲言、知无不言、言无不尽的民主氛围。三要善于凝聚力量。调动一切积极因素，团结一切可以团结的力量，是实现中原崛起、构建和谐中原的基本前提，是凝聚各方智慧、形成强大合力的不竭源泉。要充分发挥人民政协联系各界、凝聚各方的作用，把包括新的社会阶层在内的不同党派、团体、阶层、民族和信仰的全体社会主义劳动者、社会主义事业建设者团结起来，形成合力，添加动力，激发活力，共同致力于和谐中原建设。要善于同党外人士合作共事，经常向他们通报情况，邀请他们协商讨论政协工作中的共同性事务，参加调研视察等重要活动，对他们提出的重点提案要重点办理，对他们反映的社情民意要重点报送，对他们提出的意见建议要重点研究。要主动与政协委员交朋友，加强同政协委员的联系，虚心听取和如实反映委员们的意见和要求，自觉当好党团结和联系各界人士的桥梁和纽带。

三、认清自身肩负的历史使命，振奋精神，再谱新篇

第一，勤奋学习强素质。学习是一项长期的任务。老一代无产阶级革命家谆谆告诫我们，要“活到老，学到老”。我们要把学习当作一种终生追求，一种精神境界，坚持不懈，勤奋刻苦，孜孜以求。尤其是我们到了人民政协这一新的工作岗位，需要补充的新知识很多，需要掌握的新概念很宽。因此，需要通过加强学习来提高素质，适应工作。

一要深入学习理论。要深入学习马列主义、毛泽东思想、邓小平理论和“三个代表”重要思想，深入学习以胡锦涛同志为总书记的党中央提出的树立和落实科学发展观、构建社会主义和谐社会、加强党的执政能力建设和先进性

建设、建设社会主义法制国家和创新型国家、树立以“八荣八耻”为主要内容的社会主义荣辱观等一系列治国理政的新的重大战略思想。学习理论，最重要的是准确把握其精神实质和科学内涵，以理论联系实际的学风，把学习理论与改造客观世界和改造主观世界有机结合起来，切实用科学理论武装头脑，指导实践，推动工作。

二要深入学习推动经济社会发展的各方面的政策和知识。政协履行职能的范围，涉及经济建设、政治建设、社会建设和文化建设的各个领域、各个方面。需要我们对党和政府的方针政策、对各方面的知识都要了解，都要熟悉。比如，党中央、国务院作出的一系列部署、决策，发布的一系列政策、政令；社会主义市场经济知识、法律知识、科技知识、历史文化知识，等等，我们都要坚持不懈地学习。知识贫乏，头脑荒芜，我们参政、建言、献策就无从谈起。“以其昏昏，使人昭昭”是行不通的。

三要深入学习中央《意见》和政协《章程》。要把政协工作做好，要把政协主席当好，就要全面把握、深刻领会中央《意见》和政协《章程》的精神。只有把《意见》和《章程》真正学懂了、吃透了，才能用《意见》和《章程》来指导和推动我们的实践。在学习《意见》和《章程》的过程中，要注意同学习党中央三代领导集体关于人民政协的重要论述和以胡锦涛同志为总书记的党中央对人民政协工作的新思想、新要求结合起来，同学习掌握党的统一战线和人民政协基本理论、基础知识结合起来。

四要深入学习省八次党代会和省委政协工作会议精神。省八次党代会确定了我省今后五年经济、政治、文化、社会和党的建设的总体要求、奋斗目标、主要任务，吹响了全面贯彻落实科学发展观、为加快中原崛起而努力奋斗的进军号。在去年5月召开的省委政协工作会议上，徐光春书记、李成玉省长对加强和改进政协工作发表了重要讲话，出台了省委贯彻中央5号文件的《实施意见》。要通过进一步深入学习省八次党代会和省委政协工作会议精神，使认识上有新提高，思想上有新收获，自觉地把思想和行动统一到省委加快“两大跨越”、推进“两大建设”的战略部署上来。

第二，注重创新求发展。创新是一个民族进步的灵魂，是一个国家兴旺发达的不竭动力。要开创人民政协事业的新局面，同样离不开创新。在工作实践创新方面。要切实推进工作内容、工作机制和工作方法的创新。比如，随着人民政协事业的发展，对“三化”建设提出了新的更高的要求。当前的情况是，程序化建设滞后于制度化、规范化建设，迫切需要建立科学有效的程序体系。要通过探索和创新，建立健全沟通协调程序、知情参与程序、办理落实程序、跟踪反馈程序等，使大家在履行职能时避免和克服盲目性、随意性，提高和增强计划性、实效性。在人民政协理论创新方面。贾庆林主席在纪念邓小平同志诞辰100周年暨邓小平关于人民政协理论研讨会的讲话中，明确提出了“人民政协理论”这一概念，并对邓小平人民政协理论和江泽民、胡锦涛同志对邓小平政协理论的丰富发展作了系统概括。去年年底，中国人民政协理论研究会宣告成立，贾主席在成立大会暨首次理论研讨会上发表了重要讲话。之所以提出人民政协理论并进行创新，一方面，经过半个多世纪的发展和几代人的努力，人民政协已积累了丰富的实践经验和理性思考，经过实践—认识—再实践—再认识的循环往复过程而不断得到深化，形成了一个基本理论体系，回答了人民政协事业的一系列重大问题，是人民政协事业发展的必然结果；另一方面，人民政协事业的不断发展迫切需要理论创新提供支撑。要进一步开创人民政协工作新局面，就必须重视和加强对人民政协理论的研究。为推动我省人民政协理论研究工作，按照全国政协的要求，省政协正在抓紧筹备成立河南省人民政协理论研究会，拟于今年7月份召开成立大会暨首次理论研讨会。各位主席、副主席工作在政协第一线，有责任也有能力参与人民政协理论研究。希望大家解放思想、实事求是、与时俱进，开动脑筋，共同为推进人民政协理论创新做贡献。

第三，敬业实干树形象。在政协内，在社会上，都有这样一种说法：从党政领导岗位上转到政协岗位上，是退居“二线”了。这种认识显然是一种错误的片面的认识。我认为，政协工作虽不是“火线”，但也不是“二线”，而是名副其实的“一线”工作。政协虽和党政岗位的工作有所不同，但绝非“二线”，而是发扬社会主义民主的第一线，是为推动经济社会发展建言献策的第一线。因此，我们不能自我矮化，不能松劲懈怠，不能歇脚停步，还要继续奋斗，在政协这个新的“一线”岗位上作出新的成绩，树立政协工作者敬业实干的良好形象。要保持良好的精神状态。要有强烈的事业心和责任感，以对党和人民事业、对人民政协事业高度负责的态度，真正把心思和精力用到干事业上，把智慧和力量凝聚到围绕大局、促进发展上，爱岗敬业，忠于职守，坚持高标准、严要求，认认真真对待工作，扎扎实实干好工作。要始终保持奋发有为的精神状态，始终保持开拓进取的工作姿态，始终保持迎难而上的昂扬锐气，满腔热忱，尽心竭力，只争朝夕，忘我工作。要坚持实事求是的工作作风。坚持一切从实际出发，实事求是地履行职能、推进工作，是我们党的思想路线的内在要求，也是做好政协工作的一条重要经验。在履行职能的各项工作中，在选择题目、组织活动、提出建议等各个环节上，都要充分考虑各地的实际情况、实际需要和可能产生的实际效果。要深入实际，深入群众，全面了解群众的思想、情绪、意见和呼声，准确掌握社情民意。要说真话，报实情。作为政协领导干部要有说实话的勇气，无论何时何地都要有喜报喜，有忧报忧，讲成绩不夸大，讲问题不遮掩，提建议有针对性、实用性和可操作性。要真抓实干，务求实效。要虚功实做，实实在在地干，不做表面文章，不搞形式主义。对于履行职能的每项工作，都要扑下身子，绞尽脑汁，抓出成效，使政协工作经得起历史和实践的检验。

第四，加强团结增合力。各位主席、副主席能在一起合作共事是党和人民事业的需要，也是大家的缘分。政协组织的特点决定了这里的团结民主氛围浓厚，可以建立良好的工作关系和深厚友谊。我们要发扬政协的好作风、好传统，贯彻民主协商、平等议事的原则，建立肝胆相照、荣辱与共的关系，形成团结和谐、民主活跃的环境。有道是：“互相补台，好戏连台；互相拆台，一起塌台。”班长要带头坚持原则，团结同志，容人容言容事，充分调动班子其他成员的积极性。副主席要当好助手，多为班长出谋划策、分忧解难。班子成员都要自觉维护班子团结。党内同志要真心实意地搞好与党外人士的团结合作。在工作中，对党外副主席要平等相待，遇事要多与党外副主席沟通思想、交换意见、增进理解。要尊重和支持党外副主席充分行使职权，发挥作用。党外副主席要大胆工作，正确行使自己的民主权利，不仅要与党内同志搞好合作，还要与党外其他副主席搞好配合。

第五，廉洁奉公讲正气。牢记“两个务必”，保持清正廉洁，是对每个领导干部的基本要求。各位主席、副主席要时刻牢记所担负的庄严职责，做到勤政为民，廉洁奉公。要认真贯彻落实领导干部廉洁自律的各项规定，管好自己，管好配偶、子女，管好身边工作人员，不要利用“余威”干预或影响党政部门干部提拔任用、建设工程招投标等重大事项。要自重、自省、自警、自励，常修为政之德，常思贪欲之害，常怀律己之心，警钟长鸣，防微杜渐，增强拒腐防变能力，做到一身正气，两袖清风，以自己的表率作用，在干部群众和政协委员中树立起风清气正的良好形象，以自己清正廉洁的形象在各级政协组织和政协机关营造讲正气、树新风的浓厚氛围，巩固、发展“讲正气、树新风”主题教育活动的成果。

最后，以一副对联作结：上联是：非火线、非二线，仍是一线，一如既往是公仆；下联是：无权力、无财力，但有活力，活动依旧有平台。横批：找准方位。

（2007年6月21日）

政协工作该如何总结

——在省政协九届常委会第二十三次会议上的讲话

九届河南省政协成立以来，在中共河南省委的坚强领导下，在省政府的大力支持和社会各界的共同参与下，经过政协各参加单位、各专门委员会、各市县政协和政协机关全体同志的团结奋斗，全省政协的工作新亮点、闪光点、兴奋点多多，可圈可点的方面多多，人民政协事业呈现出十分喜人的局面。一是中心意识进一步强化，为构建和谐社会、促进中原崛起做了大量卓有成效的工作；二是履职水平进一步提高，许多意见建议进入党政决策，促进了党政决策的科学化、民主化；三是独特优势进一步发挥，为发展凝聚了更大的力量，集中了更多的智慧；四是社会影响进一步扩大，人民政协受社会关注的程度越来越高，政协工作的社会环境越来越好；五是自身建设进一步加强，广大委员履职尽责的积极性空前高涨。

四年多来，我们在工作实践中深深体会到，坚持中国共产党的领导，是做好政协工作的根本保证；坚持把促进发展作为履行职能的第一要务，是政协工作的广阔平台；坚持团结和民主，是巩固扩大爱国统一战线的永恒主题；坚持开拓创新，是政协工作的不竭动力；坚持充分发挥专门委员会的作用，是政协工作的坚实基础；坚持加强政协机关建设，是提高政协工作水平的关键环节。

全面总结本届政协的工作，是今年的一项重要任务。我们要在初步总结的基础上，结合学习外地经验，再作进一步的充实、完善，使总结更深入、更系统、更全面，使理出来的经验体会更具借鉴意义、提出来的意见建议更具参考价值。要做到这些，有以下几个方面需牢牢把握：

一、牢牢把握以中共中央《意见》为指导。《中共中央关于加强人民政协工作的意见》，是以胡锦涛同志为总书记的中共中央从党和国家事业发展的全局出发，加强人民政协工作的一项重大举措。《意见》充分肯定了人民政协在我国政治、经济和社会生活中所做出的重大贡献，深刻阐明了新形势下加强人民政协工作的必要性和人民政协的性质、地位、作用，明确了新世纪新阶段人民政协所应承担的历史任务和人民政协工作必须遵循的基本原则，提出了加强人民政协自身建设的基本要求，科学规范了人民政协政治协商、民主监督、参政议政的内容、形式和程序，强调了加强和改善中国共产党对人民政协领导的重要性，是指导新世纪新阶段人民政协事业发展的纲领性文件。在安排、部署和推进人民政协工作时，要坚持以《意见》精神为指导；在总结人民政协工作时，同样要坚持以《意见》精神为指导。《意见》就加强人民政协工作提出的理论观点、政策措施，高瞻远瞩，锐意创新，内容丰富，思想深刻，颁布实施一年多来对全方位推动人民政协工作发挥了极为重要的作用。同时，我们也要清醒地看到，我们在贯彻落实上并没有完全到位，还有大量的工作要做。我们要对照《意见》，看看哪些方面落实得好，哪些方面尚未落实；哪些要求是原则性的，还需要我们在实践中进一步探索。对落实好的，要总结经验，巩固发展取得的成果；对落实不够的，要查找原因，有的放矢地采取强化措施；对只有原则要求，没有具体规定的，则要积极探索、勇于实践，认真研究思路对策，提出细化意见建议。要把总结工作的过程，变为深入学习贯彻《意见》精神的过程，用《意见》精神指导我们的总结，在总结中推动《意见》精神的贯彻落实。

二、牢牢把握以推动工作为目的。经验是人类社会实践的结晶，是人们正确思想产生的源泉。只有善于总结经验，才能不断把事业推向前进。我们党之所以能够从小到大，由弱到强，领导全国人民战胜一个又一个艰难险阻，取得一个又一个成功胜利，与善于总结经验是分不开的。正如毛泽东同志所说："我是靠总结经验吃饭的。"讲得是何等一语破的、直白坦诚！历史是割不断的，事物是作为过程而展开的，后人总是站在前人的肩膀上前进的。人民政协作为有鲜明中国特色的政治组织，其工作能有今天这样的大好局面，是几代人承前启后、不懈推进的结果。我们总结九届政协的工作，不是为了评功摆好，不是为了炫耀政绩，而是为了推动工作，提供借鉴。一定要以高度的责任心和使命感搞好总结。要通过总结，对既往的实践给以升华；要通过总结，对今后的工作给以启示；要通过总结，帮助广大政协委员和政协工作者从更高的角度、更深的层次，进一步认识人民政协在国家政治体制中的重要地位，认识人民政协在党和国家事业发展中不可替代的独特作用，认识人民政协天地广阔、大有可为，从而增强信心，振奋精神，开拓创新，为人民政协事业多做贡献。

三、牢牢把握实事求是的原则。实事求是是贯穿我们党的思想路线的主轴，是我们总结工作必须坚持的原则。只有坚持这一原则，我们的总结才可能是客观的、实在的、准确的。这就要求我们在总结工作中，一要切合实际。不溢美，不遮丑，不为尊者讳，对成绩不夸大，对问题不掩饰，讲收获不忘前人奠定的基础，讲不足多想自己的责任。二要抓住本质。我们所做的工作涉及到经济社会的各个领域，工作成果的体现也形式各异。对头绪繁多的工作，要透过现象看本质。本质是什么呢？本质就是人民政协在国家政治体制中的地位，就是人民政协的性质、职能和作用。抓住了本质，才能提纲挈领、纲举目张。三要洞悉全局。只有洞悉全局，才能找准方位，定准坐标，才能避免“盲人摸象”和“一叶障目，不见泰山”的片面性。要在了解全局情况的基础上总结方方面面的工作，从而得出科学的、全面的结论。

四、牢牢把握发扬民主的作风。发扬民主是政协工作的优良传统，也是政协性质的内在要求；是政协工作的方法，也是政协工作的主题。总结政协工作同样离不开或者说更需要充分发扬民主。人民政协人才荟萃，智力密集，政协委员或是各方面的专家学者，或是长期担任党政军职务的领导干部，既有相当的理论水平，又有丰富的实践经验，且多年从事政协工作，对政协工作有切身的体会和深切的感受。人民政协由各界别组成，联系面广，代表性强，他们从事着不同的工作，代表着不同的群体，对事物见仁见智，各有千秋，正所谓“横看成岭侧成峰，远近高低各不同”。所以，我们一定要充分发扬民主，注意倾听政协各参加单位、各党派团体、各界人士和各级政协的意见与建议，广集众智，广纳嘉言，使我们的总结站位更高，价值更大。

五、牢牢把握对政协工作规律的探索。任何事物的发展都有其内在的规律，正确认识和把握客观规律，按规律办事，可以使我们的工作不走或少走弯路，使我们的事业顺利或比较顺利地向前发展。规律在哪里？规律就隐含在日常的工作中，需要我们去研究、去探索、去发现。总结工作的过程就是认识真理的过程，就是探求规律的过程，它需要我们付出心血和智慧，需要我们殚精竭虑、上下求索，在“有所发现、有所发明、有所创造、有所前进”上下功夫。要对本届政协工作的各个方面，进行一番去粗取精、去伪存真、由此及彼、由表及里的分析思考，既要研究政协工作的特殊性，又要研究政协工作的一般性；既要研究事物的偶然性，又要研究事物的必然性。从特殊中找到一般，从偶然中找到必然，总结出做好人民政协工作的规律性的东西。要通过总结，把感性上升到理性，把实践上升到理论，推动政协工作更上一层楼。

（2007年6月27日）

把中央精神落实到政协的全部工作之中

——在省政协九届常委会第二十五次会议上的讲话

中国共产党第十七次全国代表大会，是在我国改革发展关键阶段召开的一次十分重要的大会。胡锦涛总书记在大会上所作的报告，以马克思列宁主义、毛泽东思想、邓小平理论和“三个代表”重要思想为指导，深入贯彻落实科学发展观，分析了国际国内形势的新变化，鲜明回答了党在改革发展关键阶段举什么旗、走什么路、以什么样的精神状态、朝着什么样的发展目标继续前进的重大问题。报告回顾了党的十六大以来党和国家事业的新进展，总结了改革开放的伟大历史进程和宝贵经验，阐述了科学发展观的科学内涵和根本要求，进一步明确了实现全面建设小康社会的奋斗目标，对我国经济建设、政治建设、文化建设、社会建设和党的建设作出了全面部署。报告描绘了在新的时代条件下全面建设小康社会、加快推进社会主义现代化的宏伟蓝图，是我们党团结带领全国各族人民坚定不移走中国特色社会主义道路、在新的历史起点上继续发展中国特色社会主义的政治宣言和行动纲领。认真学习贯彻十七大精神，对于动员全党全国各族人民在以胡锦涛同志为总书记的党中央领导下，高举中国特色社会主义伟大旗帜，努力开创中国特色社会主义事业新局面，具有重大的现实意义和深远的历史意义；对于加快我省“两大跨越”、推进“两大建设”，实现中原崛起，具有重大的现实意义和深远的历史意义；对于全省各级政协委员、广大政协工作者在十七大精神指引下开创人民政协事业新局面，同样具有重大的现实意义和深远的历史意义。

学习贯彻十七大精神，对于我们政协系统来说，至关重要的是把十七大精神落实到人民政协的全部工作之中。

第一，要高举中国特色社会主义伟大旗帜。这一旗帜，是当代中国发展进步的旗帜，是全党全国各族人民团结奋斗的旗帜，也是人民政协全部工作的旗帜。人民政协事业是中国特色社会主义事业的重要组成部分，人民政协事业和中国特色社会主义一同发展和进步。为中国特色社会主义事业服务是党和人民对政协的要求，也是人民政协的使命。我们要进一步坚定中国特色社会主义信念，用中国特色社会主义伟大旗帜统一思想，凝聚力量，切实巩固参加人民政协的各党派团体、各族各界人士团结奋斗的共同思想政治基础，同心同德为建设中国特色社会主义贡献力量。

第二，要深入贯彻落实科学发展观。科学发展观是发展中国特色社会主义必须坚持和贯彻的重大战略思想，也是人民政协事业发展必须始终遵循的行动指南。我们要充分认识贯彻落实科学发展观的重要性和紧迫性，自觉把促进科学发展作为政协履行职能的第一要务，积极就落实科学发展观中的重要问题出主意想办法，着力改变不适应科学发展观的思想观念，坚定不移地走科学发展之路。

第三，要积极投身全面建设小康社会的伟大实践。十七大对全面建设小康社会的目标提出了新的更高的要求，极大地激发了全国各族人民为共同目标而奋斗的满腔热忱，也极大地激发了全体政协委员、政协工作者的满腔热忱。我们要顺应历史趋势，积极发挥政协组织人才荟萃、智力密集的特点和优势，紧紧围绕对我省经济社会发展具有重大作用的问题，开展调查研究、专题议政等活动，提出真知灼见，为党委、政府的科学决策、民主决策服务。要充分发挥人民政协联系面广、包容性强的优势，团结一切可以团结的力量，调动一切积极因素，共同为夺取全面建设小康社会的新胜利而奋斗。

第四，要坚持以人为本。切实把实现好、维护好、发展好最广大人民的根本利益作为人民政协工作的出发点和落脚点。十七大报告指出：“发展为了人民，发展依靠人民，发展成果由人民共享。”人民政协会集了社会各界的代表人物，与各方面群众有着广泛而深入的联系，关注民生、为民服务是人民政协责无旁贷的任务。要坚持力为民所出、言为民所建、策为民所划，把人民群众的安危冷暖挂在心上，高度关注民生的保障和改善，千方百计促进人民群众最关心、最直接、最现实利益问题的解决。

第五，要努力推进社会主义民主政治建设。人民政协在推进社会主义民主政治中肩负着重要的历史使命。要坚持“长期共存、互相监督、肝胆相照、荣辱与共”的方针，为各民主党派、无党派人士在政协发挥作用创造条件。要积极推进政治协商、民主监督、参政议政的制度建设，用制度来保证政协民主作用的发挥。要坚持党的领导，争取政府支持，发挥委员作用，创新履职方式，把政治协商纳入决策程序，完善民主监督机制，提高参政议政实效。要采取多种方式广泛倾听民意，了解民情，集中民智，扩大各界群众有序的政治参与，保障人民民主权利的实现。

（2007年12月29日）

辑四

传承文化

扎实做好丙戌年黄帝故里拜祖大典筹备工作

——在丙戌年黄帝故里拜祖大典筹备工作协调会上的讲话

前一阶段，省直各有关部门和郑州市、新郑市的同志们同心协力，紧密配合，做了大量艰苦细致、卓有成效的工作，省里、郑州市、新郑市三级联动的协调工作机制已经形成；拜祖大典总案已经确定；高层知名嘉宾邀请工作分工明确，反馈情况良好；对外宣传推介和中国大陆与中国港澳台地区五台直播的联络工作已初见成效。整个筹备工作已进入关键时期，屈指算来，现在到农历三月初三，有效工作时间仅有一个多月了，而需要衔接、协调、落实的工作任务还相当繁重。现就当前的工作，提四点要求：

一要高度重视。工作的力度取决于认识的深度，行动的自觉来源于重视的程度。大家都清楚，轩辕黄帝是中华民族的人文初祖。黄帝文化被公认为中华文化的源头，是中华民族的主体文化、根脉文化、源头文化。新郑是黄帝的出生地、创业地和建都地，黄帝故里是中华文明的重要发祥地。在黄帝故里举办拜祖大典，弘扬黄帝文化，对于整合河南文化、旅游、文物等厚重资源，打响黄帝文化这一黄金招牌、强势品牌；对于挖掘内涵、提升品位，扩大河南在海内外的感召力、影响力；对于吸引全球华人华商关注河南、寻求商机、投资置业；对于增强中华民族的凝聚力、亲和力，团结海内外华夏子孙，实现中华民族的大团结、大融合和祖国完全统一；对于发展文化产业，建设文化强省，构建和谐社会，实现中原崛起，都具有重大意义。

综览全国，近几年，各地都在大打文化牌，变文化资源优势为现实经济优势，加快区域经济发展。与我们河南历史文化资源优势比较接近的陕西黄帝陵、湖南炎帝陵、甘肃天水伏羲故里，每年都举办祭陵拜祖活动，其规格、规模、知名度及所产生的经济社会效益，均未可限量。如陕西黄帝陵从1980年恢复省级公祭，2004年又升格为国家级公祭；湖南炎帝陵公祭活动也升级为省级主办；甘肃省在天水市连续举办15届伏羲公祭大典的基础上，2005年开始将公祭大典提升为省级规格。尤其是陕西黄帝陵，自1980年恢复公祭典礼后，规模一年比一年大，祭祖程式一年比一年规范，景区建设一年比一年好，以致发展到中央电视台等媒体全程直播，在海内外影响巨大。可以说，正是由于陕西倾力打造黄帝陵品牌，才使黄陵几乎成为中华民族传统主体文化的代名词。据了解，1992年，陕西省政府启动了历史上最大规模的黄帝陵整修与保护工程。统计资料显示，陕西省和海内外华人在保护黄帝陵方面已累计拨款、捐款达两亿多元人民币。从1997年开始，每年来黄帝陵的华人华侨增加到3万多人次；十几年来，前往拜祭黄帝陵的港澳台同胞和海外华人华侨已逾百万人次；去年5月，连战、宋楚瑜相继到陕西访问，既为陕西带来新一轮寻根祭祖的热潮，更为他们带来滚滚财源。目前，"寻根祭祖"已成为陕西旅游的金字招牌。

陕西黄陵等地打文化牌的成功经验启示我们，发展文化产业就是发展生产力。作为中华文明重要发祥地的河南，尽管有着极为丰富的历史文化资源，黄帝故里故都尽管文化内涵丰富，品位价值极高，被列为第六批全国重点文物保护单位候选名单，国内外众多著名学者呼吁"要祭祖去黄陵、要拜祖到新郑"，但最终因为开发建设缺位、宣传推介滞后，纪念活动规格、档次不高，规模偏小等原因，而无法与黄帝陵相伯仲，至今尚未叫响全国、走向世界。由此可见，在提高综合实力尤其是文化竞争力的激烈角逐中，作为历史文化资源大省的河南，理应加快步伐，整合河南历史文化资源，高起点规划，高品位设计，高规格建设，精心培育文化经济优势，把黄帝故里和黄帝文化打造成为叫响全国、走向世界的河南强势品牌，使我们的黄帝拜祖与陕西的黄帝祭祖活动遥相呼应、相辅相成、优势互补、相互为用、交相辉映。

正是基于上述背景和考虑，省委徐光春书记审时度势，适时提出将黄帝故里拜祖大典升格为省级主办，时间定在农历三月初三即黄帝诞辰日和统一中华纪念日，成为国内年度首场公祭拜祖活动，在宣传造势上可先声夺人。把拜祖大典定名为"丙戌年黄帝故里拜祖大典"，目标是主打黄帝文化，主推黄帝故里。规模上要达到万人同拜，其中港澳台和海外华人3000人，为全国同类祭拜活动所少见。

希望大家从整体的、全局的、战略的高度，进一步提高对拜祖大典重要性、必要性的认识，切实从思想上更加重视，行动上更加自觉，精力上更加专注，全力以赴、全神贯注、全心全意地做好拜祖大典的各项筹备工作，确保万无一失，旗开得胜。

二要明确责任。这次会前，我向徐书记汇报请示，省里不再成立组委会。整个活动请徐光春书记、李成玉省长做总顾问，我、玉芳、李克、维新、义初、文超、建才同志共同负责，分设六个专门工作小组，主要职责是指导、督促做好拜祖大典各项筹备工作，协调省直各有关部门做好配合服务工作，完成共同承担的高层知名嘉宾邀请、接待和宣传推介直播工作。这次会议，各工作小组要迅速拿出各自的详细工作方案，2月底前报执委会审批后迅速组织实施。郑州市委、市政府作为承办单位，要一如既往地负全责，切实担负起承办单位的责任。郑州市春节前已成立了以文超同志为主任的执委会，下设六个工作机构，主要职责是协调各方完成主体活动（拜祖大典）和文化交流、学术研讨、旅游推介、经贸洽谈、文艺表演、安全保卫等相关活动的筹划、组织、分解、落实工作。执委会与各工作小组之间要建立健全衔接协调机制，省直和市直各有关部门都要明确一名责任人和一名具体协调人。一定要将承担的各项工作任务细化、分解到各工作小组、各责任单位、各责任人，明确提出工作要求，完成时限，并做好台账，做到有账可查，及时督促检查。关于经贸、旅游工作，省委徐书记作出重要批示："在扩大黄帝文化影响力的同时，大力推进经贸和旅游文化工作。"请郑州市积极与省商务厅、省旅游局衔接、协调，在本月底前确定经贸和旅游推介项目，认真组织落实，切实做到项目能够对接上，确保有较高的合同签订率、合同履约率、资金到位率、项目成功率。

三要突出重点。一是主体活动。主体活动（拜祖大典）是龙头，关乎到拜祖大典活动的整体水平。从某种意义上讲，主体活动搞好了，整个活动就成功了一半。目前，总体策划方案和具体实施方案已经反复研讨，几易其稿，摆在了大家面前。要按照上次所讲的"出新、出奇、出彩，大气势、大手笔、大场景"的要求，抓紧时间集思广益，比较优选，争取3月初就能够确定下来。徐书记在拜祖大典上诵读的拜祖文，郑州市已拟出初稿，请高手如王怀让、王继兴等同志和历史学家斧正，有关领导审议后及早送徐书记审示，及早修改定稿。大典乐舞、服装、礼器、礼仪、仪程等要尽快排练和制作，对大典工作人员、演职人员、仪仗人员等要进行集中培训。3月15日前，各项硬件工程建设基本完工，各项工作准备就绪。同意搞一个设计独特、寓意深刻、美观大方的拜祖大典标志，请郑州市一并定夺。3月25日前，各项设施全部到位，并组织综合演练，查漏补缺。二是来宾邀请接待工作。这次拜祖大典拟邀请海内外来宾3000人，其中高层知名嘉宾300—500人，目前已经确认的国家级领导人有3位，省部级领导20来位，港澳台侨界知名人士40多位。做好来宾邀请接待工作，是扩大这次活动的影响力和震撼力的重要一环。刚才，嘉宾邀请组已将拟邀请高层知名嘉宾的情况作了通报，并将任务分解落实到了各有关单位。各有关责任单位主要领导要亲自过问、亲自部署，靠前指挥，必要时要亲自出面进行邀请。2月底以前，省委统战部要与中联办驻港澳协调部衔接协调，落实届时莅豫参会的港澳知名人士。省直各有关单位要依照执委会分工，对口向上级主管部门领导同志发出邀请函并跟踪落实。全国“两会”期间，省委统战部、省政协港澳台侨和外事委员会、经济委员会、教科文卫体委员会等有关部门的负责同志要进京，会同全国政协相关专门委员会逐一落实参加拜祖大典的各界知名人士（多为全国政协委员）。3月10日前，所有承担邀请来宾任务的部门均需将受邀人员回执单反馈至执委会嘉宾邀请组。3月15日至20日，执委会嘉宾邀请组要与后勤接待组和省接待办搞好衔接，制定出详尽的责任到单位、到人头的接待方案并付诸实施。这次拜祖大典接待工作要坚持统筹安排、对口接待、分别结账的原则。省部级以上领导及随员，由省级领导和省直对口部门领导同志负责邀请和陪同，省接待办负责接待；港澳台侨知名人士由省级分管领导和省直对口部门领导同志负责邀请和陪同，郑州市执委会负责接待；其他来宾均由郑州市执委会负责。三是宣传工作。过去是“酒香不怕巷子深”，现在是“酒香还要善吆喝”，拜祖大典宣传造势至关重要。目前，拜祖大典宣传报道意见已经拟就，任务分工和时间进度也已明确，一定要认真负责地抓好落实，这里需要明确，省属、市属各新闻媒体自3月1日起，都要刊登“丙戌年黄帝故里拜祖大典”倒计时；宣传形象片要抓紧制作好，争取3月初在中央和省、市电视台播出；新闻发布会要筹备好，争取3月上旬举行；中国大陆及中国港澳台地区五台即中央电视台、河南卫视、香港凤凰卫视、香港本港台（国际台）、台湾东森电视台的直播工作要联系协调好，要按照“不鸣则已，一鸣惊人；不飞则已，一飞冲天”的要求，展示新亮点，推出闪光点，激发兴奋点。

四要加强协调。拜祖大典组织工作的总体要求是：党政主导，政协主办，郑州承办，部门配合。无论是郑州市执委会，还是省直部门，抑或是郑州市、新郑市市直部门，都要心往一处想，劲往一处使，切实搞好沟通、协调、衔接。支持、配合比什么都重要。有道是：“互相补台，好戏连台；互相拆台，一起塌台。”执委会对口工作组之间也要经常通气，搞好衔接，有什么困难和问题，要及时向相关工作机构和分管领导反映和协调解决。

（2006年2月3日）

河洛文化——连结海峡两岸的纽带

——在长篇研究报告《河洛文化——连结海峡两岸的纽带（上、下）》发表座谈会上的讲话

今年，河洛文化研究工作不断向深处开拓，取得了重大进展。中国河洛文化研究会经民政部、文化部批准，正式挂牌成立，这是目前我国地域文化研究中第一个也是唯一的全国性学术团体。它的成立，标志着河洛文化研究进入了一个崭新的阶段和更高的层次。4月份在洛阳成功举办的第五届河洛文化国际研讨会，有来自11个国家和地区以及国内26个省市自治区的400多名专家学者出席会议，是历届河洛文化研讨会人数最多的一次，其规格之高、规模之大、提交论文之多、在海内外反响之强烈，远远超过了以往任何一届。

在今年举办的丙戌年黄帝故里拜祖大典期间和河洛文化国际研讨会上，我多次提议，河洛文化研究除了多出一些论文集和专著，还应集中搞一篇洋洋万言的、类似白皮书式的综合研究报告，从文化脉络上高屋建瓴、条分缕析、令人信服地阐明闽台人根在河洛、源于中原。这一动议得到了全国政协罗豪才副主席的赞同和支持，并确定由河南省政协陈义初副主席牵头，组织我省有关专家学者对这一重大课题联合攻关，在集思广益和吸收前人研究成果的基础上，由杨海中同志主笔撰写了《河洛文化——连结海峡两岸的纽带》长篇研究报告，该报告的前半部分已于12月21日在《光明日报》上发表。该文从河洛文化的形成发展、辐射流播、与客家文化的关系、与闽台文化的关系、在国际反独促统和两岸和平统一中的作用等方面，作了鞭辟入里的深刻阐述。这篇研究报告的发表，将在海峡两岸产生广泛反响，在广大华人中引起共鸣，有利于

促进两岸的文化认同，有利于在和平统一问题上增进共识。现就进一步深化河洛文化研究，提几点建议。

一、抓住本质特点，拓展研究空间

十几年来，我们不仅召开了五届国际性的大型学术研讨会，而且还举办了世界客属第18届恳亲大会和几次客家文化研究会、中原文化与现代化、中原文化与台湾地区等研讨会，出版了数量可观的论文集和专著。河洛文化研究工作可以说是硕果累累，卓有成效，对成绩应该给予充分肯定。同时，也要看到，我们对河洛文化本质特点的研究还远远不够。综观现今的研究，对河洛文化特点的概括多达十几种。这些概括尽管都言之有理，但都失之于太过笼统，太过一般，太多雷同，我们的阐释和表述还未能深刻地揭示河洛文化的地域特点。河南作为一个文化大省，有必要也有能力将研究向深度和广度拓展。在社科人文理论战线上，河南已经培养和锻炼出了一支高素质的队伍。河洛文化的研究人员则主要集中在省社会科学院、郑州大学、河南大学、洛阳师院、洛阳大学、河南科技大学等高校和科研院所。只要充分调动大家的积极性和创造性，河南的社会科学和河洛文化研究，一定会不断地取得新的骄人的成绩。今后要加强对河洛地域的文化形态、生产形态、生活方式、社会习俗、语言、心理等领域的研究与分析；加强对河洛文化特征的把握与逻辑判断，揭示其与众不同的个性特点；加强对河洛文化与周边文化差异的研究，找出河洛文化与汉文化、唐文化、宋文化的异同。要潜心在一些基础性的调查与研究上下功夫，从社会学、民俗学、语言学、心理学、建筑学等角度切入，开展一些深入细致的原始资料的收集与梳理，从而寻绎、探究和发现河洛文化的“河洛”烙印，显现河洛文化在不同领域独有的风格、品位、神韵与质地，将河洛文化从简单的、抽象的地域概念和历史概念，演绎成一幅幅生动形象、波澜壮阔的社会生活画卷。

二、讲究科学态度，力戒浮躁浮浅

由于河洛地区是我国最早跨入人类文明社会的地域之一，长期处于全国政治、经济、文化的中心地位，从而使河洛文化成为经典文化并取得了正统地位，对周边地域文化的形成产生了巨大而深刻的作用。在研究河洛文化的形成、发展与传播过程中，必然要涉及到其对周边文化的影响。在研究中，要防止偏颇的倾向，摒弃狭隘的地方主义，不要盲目夸大自己所在地域文化的历史价值。研究地域文化，一定要坚持实事求是的态度，力戒浮躁、浮浅、浮夸之风，深入钻研，慎下结论。只有客观、公正、恰如其分地评价河洛文化与周边文化的关系，才会更加有利于全面认识河洛文化在中华民族传统文化中的独特地位，更加有利于全国各地区、各民族的大团结，更加有利于提高河南人的文化品位，更加有利于和谐社会的建设。对于不同的学术观点，要以博大、宽广、包容的胸怀正确对待，提倡百家争鸣。

三、坚持古为今用，守护精神家园

河洛文化博大精深，研究河洛文化不仅具有很高的学术价值和理论价值，而且具有重大的现实意义。河洛文化蕴含着大量的东方文明与智慧，其中关于人与人、人与社会、人与自然的关系等方面的论述，对于今天我们正在进行的经济建设、政治建设、文化建设、社会建设，都有着积极的借鉴意义。要坚持古为今用的方针，发扬理论联系实际的学风，有所前进，有所建树，使传统文化更好地为建设中国特色社会主义的现实服务。要坚持弘扬民族优秀传统，守护好我们的精神家园，抵制各种腐朽思想的侵蚀。要注意汲取外来文化中的精华，不断充实自己。

四、锐意开拓创新，推进“两大跨越”

加强文化建设和文化研究是新时期人民政协的一项重要工作。要在全国政协和罗豪才副主席等领导同志的关心指导下，在省外事侨务办公室、省侨联、省台办等部门和社会各界的支持参与下，更加重视对河洛文化的研究，省政协要把河洛文化研究工作列入年度计划，作为工作亮点来抓。明年，除了办好第六届河洛文化国际研讨会、完成国家社科基金项目和河洛文化专著的出版，还要主办好丁亥年黄帝故里拜祖大典、炎黄二帝巨型雕像及炎黄广场落成开放仪式、海峡两岸名家书画展等一系列活动。在文化建设方面，政协开展活动的空间十分广阔。河洛文化作为中原地区非常重要的文化资源，在中华传统文化中占有举足轻重的地位，研究工作一直受到海内外华人的高度关注。深入研究河洛文化，对于弘扬中华民族优秀传统文化、凝聚世界华人有着不可或缺的作用。我们一定要通过悉心办好第六届河洛文化国际研讨会等活动，提升河南的知名度和美誉度，扩大河南的吸引力和感召力，为加快文化大省向文化强省跨越、经济大省向经济强省跨越作出应有的贡献。

（2006年12月22日）

河洛文化是中华民族文化的核心文化

——在2008海峡两岸河洛文化论坛上的主题演讲

河洛文化历史悠久，博大精深，对中华民族文化产生了深远的影响，涉及到政治、经济、军事、哲学、医学、天文等诸多领域和学科，是中华民族文化的核心文化。

一、河洛文化的丰厚内涵

顾名思义，河洛文化就是产生于河洛地区的文化。这里的“河”即黄河，“洛”即洛水，今称洛河。“河洛地区”是指以洛阳、嵩山为中心的地域，位于今天河南省的中部、西部和北部。这片广袤的肥田沃土是中华先民最早的生息繁衍之地，是中华文明诞生的根脉源头之地。

我认为，河洛文化既包括考古学文化的内容，也包括历史学文化的内容。就时限而言，上起三代，历经秦汉唐宋，下至明末。概括起来，大致有四个方面：

1. 河洛文化的源头是原始社会的裴李岗文化、仰韶文化、龙山文化。大量的考古发现表明，河洛人在原始社会就创造了石器文化、陶器文化、青铜器文化等农耕文化。河洛文化最使世人惊叹不已的，不仅是它的历史久远，更在于它的连续不断。从裴李岗文化到仰韶文化、从河南龙山文化到二里头文化等大量的历史遗存中，从考古发现与典籍记载的相互印证中，上下五千年的中华文明在河洛地区的发展脉络与走向清晰可见。起始于公元前2500年的世界四大古代文明中，除了中华文明，其他三大文明都无一例外地或中断了传承，或消弭于无形。就中华民族的远古文化而言，与河洛原始文化同时以及或先或后出现的，还有江南精美的良渚文化和北方雄奇的红山文化。然而，历史的发展在这时出现了一个非常特殊和令人费解的现象，即虽然当时的中原文化并不比南方的河姆渡文化、良渚文化更进步，也不比北方的红山文化更先进，奇怪的是，在其后的发展中，河姆渡文化、良渚文化和红山文化却都突然中断了、消失了；只有发源于黄河中下游的河洛文化连绵有致、相衔如环地传承着。其后，作为人类文明标志的青铜冶炼、文字和城市，皆率先出现在河洛地区；第一个国家形态——夏朝也在这里横空出世，首创了国家机器并显示出明显的优越性，从而使中原地区的政治、经济、文化都有了突飞猛进的发展。

2. 河洛文化的标志是代表河洛人智慧的“河图洛书”。河洛文化的思想源头肇始于“河图洛书”。《周易·系辞上》载：“河出图，洛出书，圣人则之。”“河图洛书”凝结了古代先哲神秘的想象和超凡的智慧。到汉代，一些经学家用河图洛书解说《周易》和《尚书》，认为八卦和《周易》是伏羲和文王所演作，“洪范九畴”则是夏禹和箕子所为，二者皆出自天授，取法乎天，并进而形成了“阴阳五行”学说。“河图洛书”作为儒家经典之源，蕴含着哲学最古老的原创思想和东方人的高度智慧，由此生发出许多古代哲学、医学、天文、历算以及兵、刑、道、法等重要内容。历史是永恒的，始建于晋穆帝永和四年（348年）的龙马负图寺，今天仍傲然矗立在河南孟津县黄河南岸的雷河村；“洛书出处”的石碑也依然挺立在河南洛宁县的长水乡。“河图洛书”与《周易》一样，为历代哲人所尊崇，作为中华民族思想与智慧的记载，将是人们永续研究的一个不竭课题。

3. 河洛文化涵盖了夏、商、周三代的史官文化。商承夏制，周承商制。周代确立了以“敬天”“明德”为基本内容的政治教化思想，以宗法为根本的国家政治制度，以“礼”“乐”为核心的社会规范，形成了一套相当完整的国家运行机制，其影响达数千年之久，至今还在许多领域中有所体现。孔子盛赞周代典章文化“巍巍乎大哉”“郁郁乎文哉”，实非虚言。

4. 河洛文化应包括综合儒、道、法、农、阴阳五行各家学说而形成的汉代经学、魏晋玄学、宋明理学，以及与儒、道思想互相融合的佛教文化，亦应包括各种科学发明创造。原籍河南商丘、后移居山东曲阜的孔子，是在商文化的培育熏陶下成长的，他不仅继承了周公制礼作乐的礼乐文化传统，而且集商周文化之大成创立了儒家文化。但儒学在春秋、战国时期仍属于区域文化，主要是齐鲁文化，并未受到统治者的特别青睐，孔子周游列国时到处碰壁，“惶惶如丧家之犬”，就是明证。直到汉武帝“罢黜百家，独尊儒术”后，儒学才“立为一尊”，成为全国的统治思想。东汉时，儒学吸收了佛、道某些思想因素，其发展又达到新的高度。至宋代，洛学创始人、河南程颢、程颐兄弟建立了以“理”“气”为基本范畴的哲学本体论，因而此时的儒学又称为“理学”。二程讲“格物致知”“物极必反”，具有辩证法因素，使儒家哲学认识论攀上了又一个新的高峰。南宋以后，杨时、朱熹、王阳明等进一步发展了理学，使儒学的道统得到了更好的继承与阐扬。

儒学还吸收了道学、佛学的一些思想。道学和道教是中华民族土生土长的学派和宗教，道家的两位先祖老子和庄子都是河南人，其故里一个在鹿邑县，一个在民权县；佛教和佛学是外来文化，也是首先在河南洛阳落户，因而洛阳的白马寺被冠以“佛教祖庭”。儒、道、佛三教在历史上有过长期的斗争与融合，三教的斗争与融合又进一步推动了儒学的发展。

二、民族文化的核心文化

为什么说河洛文化是中华民族文化的核心文化，代表了中华民族优秀的传统文化呢？

其一，从河洛地区孕育了华夏文化看。举世公认的衡量人类文明的标准有三，即文字、城市、青铜铸造。在中华民族的历史长河中，各地都有许多远古传说和考古发现；而众多的考古发现都雄辩地证明，河洛地区是中华民族先民们最早踏进人类文明门槛之地。

1977年至1979年，考古工作者在河南新郑市的裴李岗村，发现了距今8000年至7000年的新石器时代的裴李岗文化，出土了石斧、石铲、锯齿形石镰和加工粮食的石磨盘、石磨棒等。1983年至1986年，考古工作者又在河南舞阳县的贾湖，发现了距今8600年至7600年的契刻符号17个，专家们认为，这可能是最早的原始文字；还出土了六孔、八孔骨笛25支，其中有几支尚能吹奏出完备的七声音阶。这一时期，大约相当于传说中的三皇时代。

早在1921年，瑞典学者安特生与大陆学者在河南的渑池县，发现了距今6000年至5000年的仰韶文化，出土了震惊世界的各种骨器和陶器，包括非常精美的黑陶和彩陶。这一时期，相当于传说中的五帝时代。

1975年至1977年，考古工作者在河南登封市的王城岗，发现了距今4070年至3700年的夏代城址。研究认定，这一遗址属于龙山文化晚期，故被称为河南龙山文化。

1959年至1960年，考古工作者在河南偃师市的二里头，发现了一座距今3800年至3500年的夏代城址，内有宫殿、宗庙、冶铜作坊，出土了一批铜器、玉器、陶器、石器和漆器。专家们考证，这一遗址为夏代的都城，将其称为二里头文化。

1983年，考古工作者又在距二里头文化遗址6公里处的尸乡沟，发现了距今3600年至3400年的大小两座商代城址。专家们认定，这就是商汤灭夏桀之后最早建立的商代都城——亳。

以上这些考古发现形成了一个完整的文化系列，其各种遗存表明，在中华民族的文明史上，从有文字记载的商代向上追溯，只有河洛地区各个时期的文化环环相扣，衔接得非常完备；而在大陆的其他地区，无论是东北的红山文化、东南的良渚文化、山东的龙山文化，还是稍后的巴蜀文化，在这些文化遗存之前，均无任何文化发现，其后又无任何文化相承。事实无可争辩地告诉人们，是河洛地区孕育了中华民族的华夏文明。

其二，从河洛地区长期处于中华民族政治、经济、文化的中心区域看。在数千年的华夏文明史上，先后有20多个王朝定都河洛。中国历史上第一个奴隶制国家夏朝在这里诞生，取而代之的殷商在这里建都，甲骨文留下了有文字可考的历史。建都镐京的周朝在受挫之后，不得不迁都洛邑，紧紧地依偎河洛。西汉衰败之后，有光武中兴，东汉定都洛阳。曹魏、西晋及其后的北魏王朝，也是以洛阳为都城。隋唐虽建都关中，却仍然魂系洛阳，以其为陪都，始称东都，又称神都。五代十国，群雄并立，北方政权的都城均在河南。宋太祖赵匡胤陈桥兵变、黄袍加身，又是在紧临黄河的汴梁（开封）建立了北宋。直到南宋，中华民族的政治、经济、文化中心才向南转移。历史上，河洛文化是中华民族文化的核心文化，是不争的事实。

其三，从河洛地区涌现的众多千古风流人物看。正是由于河洛地区长期处于中华民族政治、经济、文化的中心，具有得天独厚的禀赋，因而培育产生出了一批又一批灿若群星、彪炳史册的政治家、思想家、军事家、经济家、科学家、文学家、艺术家。据不完全统计，仅正史有传者，就有3000多人，稗史及民间笔记所载的尚未统计在内。有一部名为《中华圣人》的书，共收录各种圣人41名，其中生于斯、长于斯的就有19名：帝圣黄帝、酒圣杜康、厨圣伊尹、谋圣鬼谷子、道圣老子和庄子、字圣仓颉和许慎、商圣范蠡、墨圣墨子、法圣韩非子、科圣张衡、医圣张仲景、僧圣玄奘、画圣吴道子、诗圣杜甫、文圣韩愈、武圣岳飞、乐圣朱载堉。姑且不论称这些人为“圣人”是否贴切，但他们或以文治武功，或以著述等身，或以高风亮节，或以某一学派的创始人，或以某一专业领域的特殊贡献而列入中华名人之林，则是当之无愧的。他们是中华文明的杰出代表人物，是他们和其他精英、大众百姓一起，共同创造了河洛区域高度发展的政治文明、精神文明和物质文明，形成和丰富了中华民族的优秀文化和优良传统。

三、从“河图洛书”、周公礼乐文化到客家文化

为了说明河洛文化是中华民族文化的核心文化，我再以“河图洛书”与周公的礼乐文化为例，作一概略的解读。

今天我们见到的“河图洛书”，虽然只是用点、圈两种符号来表示，但不论其内涵与外延，都代表着中华民族先民的聪明与智慧，尤其是其中的符号学意义，更给后人留下研究思考的广阔空间。《易经》所说的“河出图，洛出书，圣人则之”，意思是说，“河图洛书”既是圣人的思想之源，也是圣人的行动指南。周文王、周公、孔子的思想和学说都是由此生发而来，由“河图”而演绎出了伏羲八卦，由八卦而演绎出了《周易》，《周易》中的对立辩证思想、天人合一思想、以德治国思想、自强不息思想等，无一不影响着中华民族早期的哲学；由“洛书”而演绎出了《洪范》，由洪范而推衍出了五行、九畴，又直接影响着天人文化的形成与早期思想家的宇宙观。时至今日，还有一些人对“算命运”和“看风水”乐此不疲，这种文化现象，盖源于“河图洛书”与《周易》。北宋哲学大家邵雍，在研究《周易》时画出了六十四卦方位图，并用数字0—7分别表示八卦，用0—63表示六十四卦，以二进位制的方法，把0—7自然数的关系表现了出来。邵夫子发现的二进位制，比德国科学家莱布尼茨早了600多年。当代电子计算机的运算模式就是二进位制，中华文化的先

进性，河洛文化影响之深、之久、之远，由此可见一斑。

周公是中华民族历史上一位家喻户晓的卓越政治家，他对中华民族文化最大的贡献就是制礼作乐。这里所说的“礼”和“乐”，就是国家的典章制度与人们生活的社会规范。而国家机器的架构与社会生活制度，夏商时期虽有草创，但既不规范，也未定型。周公则将国家政治、经济、社会生活等，以制度的方式确定下来，其中包括天子、公卿、诸侯制度，国家所有制的井田制度、城郭乡里制度、宗庙祭祀制度、服饰饮食制度、庠序教育制度、乐舞礼俗制度等，形成了一整套洋洋大观的“周公之典”。周公之典虽经历代各有因革，但其宗法思想却世代相传，影响至今。

随着历史上河洛人、中原人多次大规模的南迁，在赣闽粤地区形成了一个庞大的客家民系，先进的河洛文化也由此传播到了赣闽粤广大地区。在吸收当地文化的基础上，这一地域又形成了一个以河洛文化为母体的亚文化——客家文化。客家人及闽粤地区南迁者的后裔，在明清及近代又渡海至台湾和东南亚各地，这就是闽台地区及东南亚的很多人至今仍自称“河洛郎”、认同“根在河洛”的个中原因。

文化是有时空特点的。千百年来，河洛文化的内涵和特征，随着物质环境的变化和时代背景的转换而不断地得以丰富和发展。河洛文化除其所独具的根性特质外，在汲取各地和外来优秀文化的过程中，也在不断地发展着、创造着、前进着。因而直到今天，我们仍然能感受到它强大的生命力、辐射力和鲜明的厚重性、融合性。

研究任何文化，都在于发现其当代价值。研究河洛文化，就是为了更好地继承和弘扬中华民族的优秀文化，丰富和发展适应当今经济社会发展的新文化。作为带有浓郁大陆色彩的河洛文化，固然有诸多优点；而与海洋文化相比，又有相对的局限性和保守性。因此，我们在弘扬其优点的同时，又要注意克服其不足，以海纳百川的气度吸收海洋文化的开放性，促进二者在新的历史条件下相互融合、相互为用，使我们的新文化更加精宏和伟大，以推动中华民族文化昂首阔步地走向五洲四海的世界大舞台。

（2008年11月25日于台湾）

黄帝故里拜祖大典的实效、启示与展望

——在黄帝故里拜祖大典活动总结暨表彰大会上的讲话

2006年，省委、省政府决定，黄帝故里拜祖大典升格为河南省政协主办、郑州市政府承办，迄今已成功举办了四年。在省委、省政府的坚强领导下，在社会各界的大力支持下，在各有关部门的积极参与下，黄帝故里拜祖大典已经成为我省文化建设的重要标志和强势品牌，黄帝故里正在成为海内外炎黄子孙心中的祖根圣地和共有的精神家园。

一、做法与成效

按照省委、省政府的决定，省政协、郑州市委市政府、新郑市委市政府与中华炎黄文化研究会、中国侨联、全国台联等有关方面精诚合作、共同发力，从2006年开始，连续四年在农历三月初三轩辕黄帝的诞辰日、黄帝故里新郑隆重举办拜祖大典，上演了一幕幕被国内外舆论和媒体广泛赞誉的盛世“国典”。我们遵循保持民族性、体现时代性的原则，精心选择活动主题，赋予拜祖大典以深刻的历史意义和特殊的现实意义；遵循重在高规格、重在影响力、重在代表性的原则，力邀重要高层嘉宾出席大典，共拜人文始祖，共话故土乡情；遵循结合年份特点、选择社会热点、关注舆论焦点、打造新亮点、展现闪光点、激发兴奋点的原则，科学谋划系列活动，着力打造拜祖大典的特色品牌和强势招牌；遵循高规格、适规模、大宣传的原则，积极组织众多国内外媒体，多层次、多角度、多形式、全方位宣传报道大典系列活动盛况。经过四年的探索和实践，黄帝故里拜祖大典这一文化盛事喜获丰收、喜结硕果，得到了方方面面的赞誉和首肯，取得了实实在在的经济、政治、文化和社会效益。

（一）弘扬了中华中原文化

黄帝是中华民族一脉相承的祖根，是华夏文化生生不息的象征，是海内外华人魂牵梦萦的寄托。几千年来，黄帝文化早已融入我们的民族血脉，成为连接所有中华儿女的精神纽带。中华民族万姓同根，万宗同源，“根”与“源”就在黄帝故里。场面宏大、庄严肃穆的恭拜仪式，彰显了人文始祖对营造中华民族向心力、凝聚力的巨大意义，体现了黄帝故里作为中华民族精神家园、祖根圣地的特殊地位，展示了黄帝文化、中原文化撼人心魄的神圣力量；名流云集、名家荟萃的文化论坛等多种形式的系列活动，诠释了黄帝文化的博大精深和中原文明的厚重辉煌，传递了民族文化的向心力、亲和力、创新力、复兴力，加深了港澳台胞和海外华人华侨对中华民族的认同感和归属感。诚如徐光春书记2008年8月29日在全省文化产业发展和文化体制改革工作会议上的讲话中所说：“黄帝故里拜祖大典等一系列大型文化活动，大大提升了中原文化的影响力、传播力和带动力。”在这次会议上，郭庚茂省长也强调：“尤其是新郑黄帝故里拜祖大典，举办的时间不长，但已经成为在全国和世界华人中有影响的文化盛事，对于提升河南形象、扩大河南的对外开放、增强中华民族的凝聚力起到了积极作用。”

（二）助推了文化强省建设

黄帝故里拜祖大典的成功举办，整合了淮阳太昊陵、内黄颛顼帝喾陵、泌阳神农坛、桐柏盘古洞、西平嫘祖故里等省内历史文化资源，展示了黄帝文化、中原文化、河洛文化、客家文化的独特魅力。与拜祖大典主体活动相得益彰、珠联璧合的其他系列活动，宛如一道道异彩纷呈的文化大餐，丰富了我省文化强省建设的内容，拉长了文化产业发展的链条，促进了文化事业繁荣的步伐。去年6月，黄帝故里拜祖大典被国务院公布为国家级非物质文化遗产，成功实现了由文化符号、文化资源向文化吸引力、文化生产力的华丽转身。

（三）提升了河南厚重形象

伴随着宣传报道黄帝故里拜祖大典活动的图片、文字、语音、视频的大量传播，河南人民的热情好客、河南山川的锦绣壮美、河南历史的悠久长远、河南发展的巨大变化、河南面貌的日新月异，迅速传遍世界各地、远播五洲四海，参加拜祖大典的众多嘉宾对河南经济社会的迅猛发展赞叹不已。台湾海基会董事长江丙坤参加过黄帝故里拜祖大典返台后致信给我，表示“虽然去过世界很多地方，但河南给我留下的印象最为深刻”。香港凤凰卫视控股有限公司董事局主席刘长乐说：“公拜黄帝大典在全世界华人中引起了震动，真是大手笔。河南有本钱来论文化。”世界华人华侨社团联合总会在致河南省委、省政府、省政协的信中，盛赞“黄帝故里拜祖大典是海内外敬宗拜祖的时代典范，是历年以来国内所有拜祖活动中最精彩、最震撼、最成功的世纪经典”。作为一张能够叫得响、应者众、呈送给世界的黄金名片，拜祖大典有力地提高了河南在海内外的知名度、美誉度，帮助世人更多地知晓了河南、认识了河南、欣赏了河南、感悟了河南，为中原大地带来了更大的名气、更足的人气、更浓的商气、更旺的财气。

（四）倡树了时代良好风尚

作为人文始祖的黄帝，在其肇造中华文明的漫长岁月里表现出的“容、创、持、实、和”黄帝精神，是中华民族精神的重要组成部分，是炎黄子孙弥足珍贵的精神财富。我们通过一年一度的拜祖大典，弘扬黄帝“容”的精神，在以文“塑”形中倡树开放之风；弘扬黄帝“创”的精神，在以文“育”事中倡树创新之风；弘扬黄帝“持”的精神，在以文“励”志中倡树进取之风；弘扬黄帝“实”的精神，在以文“化”人中倡树诚信之风；弘扬黄帝“和”的精神，在以文“润”物中倡树和谐之风。开放、创新、进取、宽容、和谐的时代新风已经在辽阔的中原大地蔚然成风，为经济社会科学发展、跨越发展提供了强大动力。

（五）促进了经贸合作交流

黄帝故里拜祖大典既是中华文明的弘扬，又是现代信息的融合，更是财富资本的聚汇。每年大典期间，来自海内外的企业界人士在黄帝文化巨大凝聚力的感召下，踊跃考察项目，主动寻求合作，为河南对外开放和经济发展注入了新的活力。丙戌年拜祖大典期间签约52个项目，合同金额达102亿元；丁亥年大典期间签约46个项目，合同金额达106.6亿元；戊子年仅拜祖大典当天就签约52个项目，合同金额达111.2亿元。今年，在全球性金融危机的大背景下，大典期间仍然取得了签约近200亿元的辉煌业绩。拜祖大典在海内外引发了一波又一波“河南热”“寻根热”，强力拉动了郑州特别是新郑市交通、商贸、餐饮、旅游、通信、娱乐等产业的发展。以2007年为例，新郑市各景点共接待游客300多万人次，旅游总收入5.6亿元，分别比2005年增长了6倍和3.3倍。今年拜祖大典期间，仅新郑黄帝故里景区就接待游客32万人次。这几年，新郑市先后引进项目465个，招商引资到位资金266亿元；全国县域经济基本竞争力排名由2005年的第120多位前移到2008年的第65位，一举跨入全国县域经济综合实力百强县（市）。

（六）打造了对台工作平台

高规格、高品位、高层次的拜祖大典活动，受到了众多台湾政界要人的青睐，在联结海外同胞、加强对台工作、促进统一、推动发展、增进和谐等方面发挥了重要作用。海基会董事长江丙坤、国民党荣誉主席连战、新党主席郁慕明、亲民党主席宋楚瑜等，先后应邀率团参加黄帝故里拜祖大典。连战先生在参加拜祖大典期间多次讲，“我们都是河洛郎”，“中原是所有中华儿女心灵的故乡”。在今年的拜祖大典上，宋楚瑜先生挥毫题写了“河洛原乡追远，黄帝故里归宗”。他表示：“自己是祖籍河南，生在湖南，在台湾打上。今后要做河南与台湾交流合作的志愿者，为两岸开放双赢贡献力量。”2008年，中国和平统一促进会海外会长会议破例在首都以外的郑州召开，为的就是参加当年的黄帝故里拜祖大典，会上发表了题为“把握主题、抓住机遇，共同推动两岸关系和平发展”的《郑州宣言》。今年4月21日，中共中央政治局常委、全国政协主席贾庆林同志在视察省政协机关时，对黄帝故里拜祖大典在促进台湾人民增强文化认同感、推动两岸关系和平发展中的重要作用赞誉有加。

二、体会与启示

黄帝故里拜祖大典之所以能够连年取得圆满成功，得益于省委、省政府的坚强领导和统一部署，得益于各有关部门的积极参与和主动配合，得益于社会各界的大力支持和关心帮助。回顾四年来走过的历程，我们深深体会到：

（一）党政主导是拜祖大典取得圆满成功的根本保证

近年来豫考察的几位中央政治局常委，都对河南的黄帝故里拜祖大典给予了充分肯定。全国人大、全国政协每年都协调一至两位副委员长、副主席出席拜祖大典。中央台办、海协会注重发挥拜祖大典在对台工作方面的独特作用，每年都与台湾政党负责人联系协商出席事宜。2007年，连战先生一行来河南参加拜祖大典，就是由中央台办运作、经胡锦涛总书记批准成行的。四年来，拜祖大典遵循的是“党政主导、政协主办、郑州承办、部门配合”的总体要求，即在省委、省政府的坚强领导和直接主导下，省政协倾力协调，郑州市具体运作。省委发文成立了由徐光春书记、郭庚茂省长任总顾问，我任主任，李克、玉芳、维新、文超、怀廉、训智等同志为副主任，各有关部门主要负责同志为成员的黄帝故里拜祖大典组委会，郑州市成立了相应的执委会。省委常委会议每年都专门听取拜祖大典筹备工作的汇报，对拜祖大典的主题、内容、形式、规模等进行安排部署，省委、省政府、省政协三大班子办公厅每年都联合印发《黄帝故里拜祖大典筹备工作协调会会议纪要》。省委全会报告和政府工作报告，都对进一步办好黄帝故里拜祖大典提出明确要求，书记、省长多次及时对拜祖大典作出重要批示。例如：2007年4月18日，徐光春书记批示：“这次活动搞得很成功，取得了广泛的社会和经济效益。希望认真总结经验，把今后的黄帝故里拜祖活动进一步搞好，打出文化品牌。以后每年的拜祖活动仍按今年的做法来办，由省政协主办，由郑州市承办。明年的拜祖活动要及早筹备，应越办越好。”2008年6月21日，徐书记在戊子年黄帝故里拜祖大典工作总结上批示：“‘黄帝故里拜祖大典’这一文化品牌，经过多年的努力，特别是三年的实践，已成功地打造出来了，取得了丰硕的成果，为世人所瞩目，为社会所公认，为中原所泽被。要进一步固化、亮化、强化这一文化品牌，更好地造福中华，造福中原。”郭庚茂省长批示：“赞同报告建议，赞同光春书记批示意见。”今年2月17日，郭省长要求：“拜祖大典系列活动要文贸衔接、政经协同、以文促经、互动双赢，进一步推动这一重要的文化活动，与反独促统、与对外开放、与经贸招商、与旅游推介的有机结合。”他说：“我非常欣赏、非常赞成由省政协主办黄帝故里拜祖大典，这样更能充分发挥省政协位置超脱、包容性强、智力密集、联系面广的优势，最大限度地将全球华人华侨凝聚起来、团结起来，共同为中原崛起、中华振兴贡献力量。”省委、省政府主要领导每年都直接过问、具体指导拜祖大典的筹备工作，包括亲自出面邀请高层嘉宾、确定拜祖主题、反复修改拜祖文、出席拜祖仪式及系列活动、会见重要客人等。正是由于省委、省政府的正确领导和坚强主导，黄帝故里拜祖大典才越来越成为我省经济社会生活中的一大盛事，才越来越受到国人乃至世人的瞩目。

（二）主题鲜明是拜祖大典取得圆满成功的重要前提

每次拜祖大典活动，都精选和确定一个准确、鲜明、生动、具有时代意义的主题。丙戌年拜祖大典的主题是“盛世中国、和谐社会”；丁亥年拜祖大典的主题是“和谐中原、和谐中国”；戊子年拜祖大典的主题是“共建中华精神家园，祈福北京奥运盛会”；今年（己丑年）拜祖大典的主题是“同根同祖同源，和平和睦和谐”。这些主题符合科学发展观要求，符合拜祖活动特征，符合时代发展趋势，符合海内外同胞愿望。比如今年的主题，前半句“同根同祖同源”是保持民族特性、维系民族情感的精神纽带，是国家统一、人民团结的思想基础，是中华民族面对严峻挑战和各种复杂环境巍然屹立、历经磨难而百折不挠的力量源泉；后半句“和平和睦和谐”取自胡锦涛总书记2009年新年贺词，是国脉所在、世人所愿、盛世吉言。正是由于我们弘扬了主旋律，唱响了主题歌，每年的黄帝故里拜祖大典才具有时空穿透力、心灵震撼力和精神感召力，才能够激发全国人民的爱国情怀，引起华夏子孙的强烈共鸣。

（三）锐意创新是拜祖大典取得圆满成功的不竭动力

在历年拜祖大典的筹备过程中，大家都勇于探索、锐意创新，做了许多开风气之先河的有益尝试，力争用丰富多彩的活动内容、新颖独特的活动形式、科学高效的运作模式，把拜祖大典办得出新、出彩、出奇。比如：在活动内容创新方面，今年的拜祖大典，我们加入了刘石平先生画展和具茨山岩画研讨会，为系列活动增加了新看点，注入了新元素。在活动形式创新方面，我们既注重保持业已形成的迎亲、拜祖两大时段和盛世礼炮、敬献花篮、净手上香、行施拜礼、恭读拜文、高唱颂歌、乐舞敬拜、天地人和、圣火祈福等九项仪程，又坚持与时俱进，去年在“天地人和”环节增加了赠送具茨山故乡土和祈福北京奥运会的鲜活内容，今年在“乐舞敬拜”环节中重新编排了舞蹈表演。在运作模式创新方面，今年通过全程合作伙伴，大典活动协办，单项活动冠名，花篮、上香拍卖，灯杆幕旗广告，基金会接受捐赠等形式，融资500万元，改变了以往单靠政府投资办典的格局。正是由于组委会、执委会肯于创新、敢于创新、善于创新，才使拜祖大典常办常新、推陈出新、历久弥新。

（四）通力合作是拜祖大典取得圆满成功的必备条件

拜祖大典是一项庞大的系统工程，工作责任大、涉及部门多、协调任务重，必须加强主办单位与承办单位之间、省组委会与市执委会之间、各职能部门之间的分工合作、协调配合。为了提升黄帝故里拜祖大典的规格和影响，增强海内外华人对河南新郑作为轩辕黄帝出生地、立业地、建都地和“三月三，拜轩辕”的认同感，我们先后商请中华炎黄文化研究会、中国侨联、全国台联共同联袂主办黄帝故里拜祖大典，并增加十届全国人大常委会副委员长、中华炎黄文化研究会会长许嘉璐，中国侨联主席林军，全国台联会长梁国扬任组委会总顾问。省委、省人大、省政府、省政协领导在全国“两会”期间，多次拜会有关单位和领导，就联合主办黄帝故里拜祖大典的有关事宜进行磋商。在省组委会和市执委会之间，建立了“直通车”制度，经常就具体工作进行沟通协商。省组委会、市执委会将各项工作进行详细分解，做到了定人员、定岗位、定时间、定任务、定标准。组委会、执委会各工作组之间，省直、市直各有关部门之间，都指定专人、设立专线，定时定点通报各自的工作进度。承担任务的各有关部门和全体工作人员，同心同德、认真负责地把好每一个关口，齐心协力、兢兢业业地做好每一项工作。正是由于各个环节、各个岗位的密切配合、通力合作、相互补台、尽职尽责，历年拜祖大典的各项工作都做得扎实、到位、高效、有序。

（五）立体宣传是拜祖大典取得圆满成功的关键环节

四年来，我们吸引国内外400多家媒体的1500多名记者，多层次、多角度、多形式对拜祖大典进行了全方位的宣传报道。一是在北京、香港等地举行新闻发布会；二是在《人民日报》《光明日报》《中国日报》《人民政协报》《香港文汇报》《大公报》《香港商报》等重要媒体刊发拜祖大典专版；三是在中央电视台、香港凤凰卫视、台湾东森电视台、河南卫视、郑州电视台进行现场直播、录播，在《河南日报》《大河报》《东方今报》《河南商报》《郑州日报》《郑州晚报》等省市媒体做好专题访谈，使拜祖大典这朵文化奇葩飞入寻常百姓家；四是采取网络直播、录播、手机报刊播、广播电台联播等方式，对拜祖大典进行立体式报道；五是组织邀请中华炎黄文化研究会、中国古都学会、中国社科院、黄帝故里文化研究会、省社科院、高等院校等全国、全省知名专家学者，重点就黄帝故里确证等问题，广征博引、探幽发微，撰写有理、有据、有分量的权威文章，择机在全国的主要报刊上刊登，在国内知名网站上发表。这种省内媒体与省外媒体密切配合、平面媒体与电视媒体交流互动、传统媒体与新兴媒体联合协作的宣传报道方式，使黄帝故里拜祖大典在海内外影响日隆，成为广大人民群众家喻户晓、男女老少津津乐道的文化盛宴。

三、构想与展望

在今后的工作中，我们要按照省委、省政府主要领导同志提出的拜祖大典工作指导方针、努力方向、目标要求和工作重点，努力在“固化、亮化、强化”上下功夫、做文章、上水平、求突破。

（一）在固化上下功夫，使拜祖大典成规合范

拜祭轩辕黄帝不是心血来潮，也不是权宜之计，而是中华民族“史有明载、地有确迹、代有传说、世所认同”的传统大典。春秋时代的历史典籍中，就有三月三登新郑具茨山（俗称“始祖山”）朝拜黄帝的记载。唐代以后，拜祖活动渐成规制，盛世由官方主拜，乱世由民间自办，年复一年，绵延至今，在亲睦九族、和合万邦、消弭战祸、强我中华方面，发挥了不可替代的认知作用、凝聚作用、引领作用、推动作用和支撑作用。既然是在黄帝的诞生地、创业地、建都地纪念黄帝的诞辰和中华各大部落的会盟日，拜祖大典自然就应该像陕西黄陵县每年清明节都要扫墓祭祖那样，每逢农历三月初三都要朝拜，而且每年都确立一个鲜明的主题，传承“三月三，拜轩辕”“拜祖到新郑，祭祖

到黄陵”的规制，产生拜祭互补、遥相呼应、相得益彰、相映生辉的倍增效应。要进一步秉持明确“党政主导、政协主办、郑州承办、部门配合”的总体要求：党政主导——拜祖大典要坚持在省委、省政府的领导和主导下进行；政协主办——由省政协牵头协调，提升规格，聚拢人气，是主办而非承办，协调而不包揽；郑州承办——具体工作由郑州市委、市政府、市政协全权负责，工作的大头在郑州市、新郑市，活动的主体是郑州市、新郑市；部门配合——省、市各有关部门上下联动，密切配合，分工而不分家，负责而不推责。要进一步规范迎亲和拜祖两大时段九项仪程，保持组织机构和工作人员的相对稳定，从而使拜祖大典及其筹备工作常态化、制度化、规范化。

（二）在亮化上下功夫，使拜祖大典绽放异彩

要把拜祖大典放在经济社会发展的全局中去把握，放在河南开放带动的主战略中去思考，继续挖掘和利用好河南历史悠久、文化积淀深厚的优势，坚持高起点筹划、高水平运作，突出文化品位，展示精神内涵，把拜祖大典打造成围绕中心、服务大局的大谋划，打造成叫响全国、影响全球的大活动，打造成展示文化、树立形象的大手笔，打造成激励斗志、推动崛起的大举措。要采取舆论造势、学术考证、新闻发布等一系列形式多样、行之有效的措施，对拜祖大典进行多层次、多角度、全方位的宣传推介。要继续坚持“三重”原则，重在高规格、重在影响力、重在代表性，把嘉宾邀请的目标重点放到那些在国内外有较高知名度和影响力的代表人士身上，筑好大舞台，引来大人物，产生大反响，取得大效益。要继续扩充联合主办单位，进一步提升大典规格，增强海内外华人华侨对新郑黄帝故里的高度认同，巩固拜祖大典作为反独促统新平台的重要作用，促进台湾同胞寻根溯源、认祖归宗，促进海峡两岸的交流合作。要继续整合我省已有较大影响的其他拜祭活动，使其与黄帝故里拜祖大典呼应互动，相辅相成。要继续组织有关部门单位和知名专家学者，就黄帝故里确证包括具茨山发现的3000多幅古岩画符号、古村落遗存等，进行深度研究探寻，为新郑黄帝故里提供更确凿、更翔实、更令人信服、更毋庸置疑的理论和史实依据。

（三）在强化上下功夫，使拜祖大典更具强势

省组委会、郑州市执委会及各相关部门，都要站在全局的、战略的高度，认真学习领会、全面贯彻落实徐光春书记、郭庚茂省长的一系列重要批示指示精神，切实加强对拜祖大典活动的组织领导和协调服务，及时通报情况，协调解决问题。尤其是作为领衔主办的省政协，要进一步凸显大团结、大联合、大融会、大和谐的特色，发挥位置超脱、联系广泛、智力密集、人才荟萃的优势，积极联络、广泛团结海内外一切有志于黄帝文化研究、开发、建设的专家学者、企业界人士、华人华侨，共同为宣传黄帝文化、建设黄帝故里献计出力。要继续打好对台工作这张牌，强化对台工作，赋予拜祖大典更强的生命力和感召力，进一步提升拜祖大典的政治意义和社会影响，为海峡两岸的交流合作搭建更加广阔的平台。要顺应社会潮流，遵循发展规律，运用市场机制，利用方方面面的资源，调动社会各界的积极性，形成科学合理的运作模式。要将我省拜祭淮阳太昊陵、内黄颛顼帝喾陵、沁阳神农坛、桐柏盘古洞、西平嫘祖故里等活动有效整合，逐步实现同一时间在不同地点同时举办，集中宣传，扩大影响。要强化文贸衔接、政经协同、以文促经、互动双赢的大格局，努力筑好拜祖文化大舞台，唱好经济发展重头戏，让拜祖大典为我省招商引资开辟新渠道，为经济社会发展添加新动力。

（2009年10月12日）

重视道学文化，传承华夏文明

《国务院关于支持河南省加快建设中原经济区的指导意见》将“华夏历史文明传承创新区”作为中原经济区的战略定位之一。继2008年4月首届、2011年7月第二届王屋山道学文化研讨会举办之后，2012海峡两岸（济源·王屋山）道学文化合作论坛又在济源市拉开帷幕。来自海峡两岸的众多专家学者踊跃出席，以“尊道重生·和谐共荣”为主题，以弘扬中华道学优秀传统文化、打造华夏历史文明传承创新区为宗旨，是该次论坛的一大亮点，是道学文化研究的一大盛事，也是打造华夏历史文明传承创新区的重要内容。

中原是华夏历史文明的源头，王屋山所在的济源市则处于中原的中心区域，是华夏历史文明传承创新区的重要组成部分，其道学文化遗产丰富，道教遗迹遍布全境，各个历史时期都有道教代表人物在这里活动，被专家学者誉为“中国道学文化历史博物馆”。山水人文长期浸润的王屋山，赋予了济源市异乎寻常的历史厚重与文化灵魂。

要建设华夏历史文明传承创新区，首先要对华夏历史文明有高度的自觉与自信。毋庸讳言，20世纪以来的100多年里，中国经历了“数千年未有之大变局”，传统文化受到了前所未有的撞击。随着我国近代以来的积贫积弱和西风东渐，一些人对华夏历史文明产生了动摇，甚至丧失了信心。华夏历史文明的传承面临着断裂的危险。有些人特别是一些年轻人，对西方文明津津乐道，却鄙薄轻慢华夏历史文明。2011年11月21日，西班牙拉美新闻网站发表了罗伯托·萨维奥题为《中国经济在增长，文化认同感却在消失》的文章，说“中国年青一代缺乏文化认同感。在中国的五周时间，我没有听到过一次中国音乐，听到的都是西方音乐，并且以美国音乐为主”。这位西方人士说得何等尖刻！如果连自己的华夏历史文明都不了解、不热爱、不学习、不传承，谈何爱祖国、爱家乡！一个对本民族文明都不敬畏的民族何谈自尊！

与我们某些人形成鲜明对照的，是西方各界精英对华夏历史文明的态度。我想引述几段他们对在华夏历史文明中占有重要地位的道学文化的评价来加以佐证：西方伟大的唯心主义哲学家尼采说，中国的道学“就像一个永不枯竭的井泉，满载宝藏”；德国的尤利斯噶尔说，“老子是推动未来的能动力量，他比任何现代的都更具现代意义，他比任何生命都更具生命的活力”；美国前总统里根标榜自己的治国方略，所本的就是中国道学中“治大国若烹小鲜”的理念；俄罗斯前总统、现总理梅德韦杰夫主张，“遵循中国古代伟大哲学家和思想家老子的教诲，来应对世界金融危机”；联合国秘书长潘基文对中国道学文化中的“天之道，利而不害；圣人之道，为而不争”推崇备至；英国哲学家克拉克认为，在世界范围内已经悄然出现了一个经济文化群体“道商”，即以道学的辩证思维和哲学智慧从事企业经营管理的商人群体；全球首富比尔·盖茨说，他从事社会公益慈善事业，依据的就是道学中“天之道，损有余而补不足”的思想；躺在轮椅上的著名科学家霍金承认，他提出的“宇宙创生于无”的理论，是受到了中国老子“天下万物生于有，有生于无”思想的启示；美国学者蒲克明甚至预言，“未来《道德经》将是一本家喻户晓、家传户诵的书”；如此等等，还可以列举很多。《道德经》各种文字的译本在全球的发行量仅次于西方的《圣经》，其影响之深远，可见一斑。

道学文化为华夏文明传承创新提供了重要的思想依托，并在华夏文明的传承创新中丰富发展；而华夏文明也在道学文化的滋养中得以持续不断地传承创新。这不禁使我想起了中共十七届六中全会《决定》关于“建设中华民族共有精神家园”“建设优秀传统文化传承体系”的要求。我认为，精神家园是人们的精神支柱、感情寄托、心灵归宿、信仰动力的总和。一个民族共有的精神家园，是这个民族安身立命的所在、身份归属的标志、生存发展的支撑。中华民族共有精神家园则是整个中华民族共同依托、传承和弘扬的文化精神、情感态度和价值观念，是中华儿女在长期共同生活、奋斗、发展中形成的道德规范、精神气质、价值取向的集成。这一共有精神家园，是我们华夏民族生命力的精神之母、创造力的精神之源、向心力的精神动力、凝聚力的精神纽带。而优秀传统文化，则是建设中华民族共有精神家园的重要支撑，是发展社会主义先进文化的深厚基础。在华夏民族源远流长的发展演进中，我们的祖先创造了博大精深、光辉灿烂的华夏历史文明，为我们留下了弥足珍贵的精神文化遗产。这种文明是一种覆盖面广、影响力强、美誉度高、独树一帜的东方文明；是一种能够与世界其他文明相交流、相对话、互通互补、与时俱进的文明。须知，在经济全球化深入发展的今天，“只有民族的才是世界的”这一经典论断并未过时。比如包括王屋山道学文化在内的中华道学文化，就是虽古老而不拒人之外、虽亲切而不任人所为、既有民族性又有世界性的华夏历史文明的一个典型代表。任何一个民族的延续发展，都是在既有的文明传统基础上展开的；割断历史、否定传统，就将丢失根本、迷失方向，民族的精神家园将无从安置，中华民族的精神血脉将无法薪火相传。

作为在国家战略中首次被定位为“华夏历史文明传承创新区”的中原经济区（其中，河南是主体），有必要、也有条件在道学文化的传承创新中有所作为。不妨先从以下几个方面入手：

一、建道学文化教学研究基地。道学文化的奠基之作《道德经》，探讨了宇宙的形成、自然的规律、治国的方略、身心的修养等一系列重大问题，涵盖了人与自然、人与社会、人与人、人与自身的和谐关系，其哲理之深刻、智慧之深邃、文字之优美，堪称华夏历史文化之经典。可在全省建设若干道学文化教学研究基地。选择几所基础好、有特色的学校、社科研究机构，组织专门力量，按照古为今用、推陈出新、取其精华、去其糟粕的原则，坚持保护利用、普及弘扬并重，加强对道学文化思想价值的挖掘和阐发；加大对相关文献资料整理研究的力度，包括战国时期道家方士列御寇云游王屋山、搜集整理众多民间故事、寓言而著的《列子》，曾在王屋山修身的东汉高道学者魏伯阳所著的《周易参同契》，魏晋时期长期在王屋山修道的道教医学家葛洪的著作《抱朴子内篇》，在王屋山读书修道的著名女道士魏华存所著《黄庭经》，受诏到王屋山“自选形胜”修建“三宫”、唐代最有名望的高道司马承祯撰写的《通体论》《修生养气诀》等；推出一批对华夏历史文明传承创新具有重大影响的标志性成果。要怀着敬畏之心解读道学文化基本元素，使之成为传承民族血脉、构筑共有精神家园的精神力量。

二、在部分中小学文史课中加入《道德经》章节。文化不能遗传和移植，也不能复制和再生，必须从小培养，点滴积累，润物无声。应像推进书法进入中小学课堂那样，结合中小学的教学特点，将《道德经》的一些章、节纳入文史课，也可先将其作为选修课、兴趣课阅读。广泛开展包括《道德经》在内的“中华经典诵读”活动，培养中小学生健康的审美情趣、良好的道德修养，使孩子们从小就培养和树立民族自尊心、自信心和自豪感。

三、对高校学生开设道学文化讲座。面向部分高校学生开设道学文化讲座，使华夏学子们了解和认识道学文化。在这方面，中国人民大学已经走在了前面，纪宝成校长于2005年5月就主持成立了新中国诞生以来的第一个国学院，开启了内地高校国学研究的先河。我们应见贤思齐，郑大、河大、河师大等高校可率先开放道学文化视频公开课，推进道学文化等传统文化教育课程尽快上线，开展“高校名师大讲堂”“文化名家讲文化”等活动。也可组织各类学校的学生到博物馆、文化馆参观，考察有代表性的道学文化遗产，熟悉这些华夏元素的独特演绎，使华夏历史文明符号得以潜移默化地传递。

四、搞道学文化旅游资源的深度开发。作为我国重要的道学文化资源富集地，中原既有保存完好的道家文化遗址，也有以道教为依托的名山大川和自然景观，全省道教宫观众多。不论是老子诞生地鹿邑，老子出关前担任史官、孔子问政于老子的洛阳，还是《道德经》成书地灵宝市函谷关，更遑论有道教“天下第一洞天”之称的济源市王屋山，在道学文化发祥地的河南，可资开发的道学文化资源得天独厚。在全省各地的共同努力下，完整的道学文化旅游线路在中原大地上已经赫然成形。可将21世纪初就开始打造的“郑、汴、洛”沿黄河黄金旅游线路进一步向东西延伸、向南北拓展，使各个景区的基本设施更加完善，内容更加充实，为中外游客提供更加直观地感受道学文化的环境。有条件的道学文化景区，也可以对那些仍处于尘封状态的道学文化传说和场景，以艺术的形式进行活化、再现和演绎。中原经济区在这方面大有可为。

以上诸项，政府都不应缺位。在建设“优秀传统文化传承体系”“中华民族共有精神家园”“华夏历史文明传承创新区”的伟大历史进程中，中原经济区的各级政府和社会各界理应肩负起应该承担的历史使命与文化责任。

（原载于《人民政协报》2012年12月3日、《光明日报》2012年12月18日）

发掘中华豫剧宝库　传承华夏历史文明

——在中华豫剧文化促进会第一次会员代表大会上的讲话

中国戏曲肇始于宋金，初盛于元，繁荣明清，绵延至今，为我国广大人民群众所喜闻乐见，争相传习。在千年的历史长河中，各个剧种取长补短、相互交融，形成了百花齐放、百家争鸣、流派纷呈、灿若群星的洋洋大观。中华豫剧就是其中的集大成者之一，清代乾隆年间诞生以来，历经峥嵘岁月而长盛不衰。到了近现代，豫剧表演艺术更是与时俱进，推陈出新，仅坤角就孕育催生了闻名遐迩、誉满神州的常、陈、崔、马、阎、桑等豫剧名家，受到海内外无数戏曲爱好者和戏迷朋友们的热烈追捧。从西北边陲到宝岛台湾，从繁华都市到穷乡僻壤，从辽阔中原到首都北京，到处都流淌着豫剧圆润悦耳的旋律，激荡着人们耳熟能详的唱段。目前，豫剧团体的数量、从业人员和拥有的观众人数，在中国戏剧大家族中都名列前茅。据文化部统计，全国文化部门直接管理在编的豫剧表演团体220多个，是除了国粹京剧，全国最大的地方剧种。

加强包括中华豫剧在内的传统戏曲文化的研究创新和宣传推介，提升豫剧、曲剧、越调等戏曲文化的艺术生命力和市场竞争力，探索尝试企业与戏剧表演团体的结亲联姻，发展繁荣中华传统戏曲事业，是几代人的不懈追求。纵观豫剧发展，主要得益于三个方面：

一是得益于中央领导和全国政协的亲切关怀，为合作发展指明了前进方向。2010年6月20日，在全国政协礼堂隆重举行的“国务院授予常香玉同志‘人民艺术家’荣誉称号6周年暨河南中华豫剧文化促进会成立《梨园春》专场演出”，受到中央领导和全国政协的高度重视，中共中央政治局常委李长春同志，中共中央政治局委员、全国政协副主席王刚同志，中共中央政治局委员、书记处书记、中宣部部长刘云山同志，原中共中央政治局委员、中央军委副主席曹刚川同志，全国政协副主席钱运录、陈宗兴同志，十届全国政协副主席张思卿同志，中央军委委员、总政治部主任李继耐同志，中央军委委员、总装备部部长常万全同志及党中央、国务院、全国人大、全国政协、中央军委及其部门的领导同志，在卢展工书记、孔玉芳部长、曹维新秘书长等省领导同志的陪同下观看了演出，亲切接见了演职人员。在河南中华豫剧文化促进会的筹备筹建、发起成立、赴京汇报演出、与中粮集团等精诚合作的过程中，王刚副主席运筹帷幄，亲自过问，多次作出重要指示，给予细致入微的具体指导。我们工作中前进的每一步无不凝结着王刚副主席等党和国家领导同志的心血与睿智。

二是得益于河南省委、省政府的大力支持，为合作发展提供了坚强保障。河南中华豫剧文化促进会与中粮集团等的合作，始终得到了省委、省人大、省政府、省政协的高度重视和大力支持。在促进会的筹建过程中，省委书记、省人大常委会主任卢展工同志科学谋划、精心协调，并主持召开省委常委会专题研究。郭庚茂省长、叶冬松书记等省四大班子领导同志都对促进会鼎力玉成。卢书记等省党政领导同志两次赴京出席促进会成立专场演出和促进会揭牌签字仪式，为促进会提供了坚强的后盾，使我们倍受鼓舞。

三是得益于中粮集团、恒大集团和省内外众多企业的慧眼识珠，为合作发展搭建了重要平台。中粮集团是我国最大的粮油食品进出口公司和实力雄厚的食品生产央企，名列全球企业500强，居中国食品工业百强之首。长期以来，中粮集团、恒大集团、已经向促进会捐赠的企业和所有正在陆续向促进会捐赠的企业，踊跃参与社会公益事业，忠实践行企业社会责任，赢得了社会各界的广泛赞誉和高度认同。在河南中华豫剧文化促进会的筹建工作中，广大企业家们慷慨解囊，倾情相助，为企业支持弘扬优秀传统文化发展树立了楷模。

古人云："同声相应，同气相求。"正是怀着弘扬民族文化、心系戏曲事业、振兴中华豫剧的共同追求，我们期待并坚信，凭借豫剧文化的广泛群众基础、深远社会影响和中粮集团、恒大集团等众多企业的经济影响力、蓬勃发展力，戏企合作一定会迈上新的台阶，实现更高层次上的互利共赢。

河南中华豫剧文化促进会决不辜负中央领导、全国政协和河南省委、省人大、省政府、省政协、省内外企业以及社会各界的关心、支持、期盼与厚望，团结联系豫剧、曲剧、越调、京剧、四平调、二夹弦、大平调、大弦戏、宛梆、怀梆、太康道情等各个剧种的广大戏曲工作者和戏剧爱好者，在研究戏剧理论、传承表演技艺、培养戏曲人才、打造艺术精品、满足百姓需求等方面作出积极贡献，为助推文化强省建设、加快中原经济区建设尽心尽力。

当前和今后一个时期，促进会将本着帮忙而不添乱、辅助而不替代、协作而不包办的原则，重点在以下几个方面着力：

一、联合办好中国豫剧艺术节

经国家文化部批复（见文化部艺戏〔2011〕1号文），促进会与文化部艺术司、河南省文化厅、郑州市政府，将联合举办第二届中国豫剧节。1997年10月，由省部共同主办的第一届中国豫剧节已经过去了14个年头。十几年来，全国全省经济建设、政治建设、文化建设、社会建设、生态文明建设和党的建设取得了举世瞩目的辉煌成就，全国各地的豫剧艺术表演团体都有大量新剧目问世；省委、省政府精心谋划的中原经济区已经上升为国家战略，列入国家“十二五”规划和国家主体功能区规划。此时举办第二届中国豫剧节，将全国范围内包括宝岛台湾的优秀豫剧表演团体和高水平、高质量的豫剧剧目汇集到豫剧的娘家——河南进行展演会演，既是对十几年来中华豫剧艺术发展成就的一次大检阅，又是为加快建设中原经济区、全面建设小康社会擂鼓助威，也是为强化把华夏历史文明重要传承区作为中原经济区主体功能区的定位之一，凸显浓墨重彩的传统戏曲元素和符号。拟于2011年秋天（9月中旬至10月中旬），邀请全国范围内推选出的、第一届中国豫剧节以来的新创剧目、改编剧目或移植剧目25台来郑州表演暨评奖，邀请中国大陆和中国台湾地区戏曲界数十位知名专家、学者、艺术家开办中华豫剧艺术发展论坛，邀请国家领导人、文化部领导和各有关省、市、自治区文化厅（局）长、艺术处长莅临观摩指导。

二、组织拍摄中华豫剧文献片

与中央电视台、河南电视台、河南戏曲艺术研究院等联手，充分挖掘、运用库存的河南戏曲影视资料，收集散落在民间、沉睡于市井的戏曲瑰宝，力求拍摄一部集思想性、艺术性、史料性、观赏性、文献性于一体的电视文献片，在河南台、中央台播放，以起到宣传、推介、普及、弘扬、光大中华豫剧文化的作用。

三、继续制作豫剧名家音配像

学习借鉴国粹京剧“音配像”工程的成功经验，在已经初步制作出豫剧名旦崔兰田“音配像”的基础上，与各有关部门、市县和团体分工合作，分期分批地实施豫剧、曲剧、越调等名家名剧《大师原声、高徒表演》音配像系列工程。主要是将20世纪30、40、50、60年代名家仅有录音留声，而无影像录制的剧目原声，由其门徒传人录像表演，使大师原声与高徒表演珠联璧合、相得益彰。让大家能够欣赏到老一代艺术家的原声唱，把名家名段原汁原味地奉献给广大戏曲爱好者，使之植根于更深的土壤，拥有更广的受众。

四、筹划打造梨园春天天剧场

河南电视台创办的《梨园春》节目，开创了我国传统戏曲艺术与现代传媒电视荧屏巧妙结合、相映生辉的先河。经过锲而不舍的改革、创新，节目质量愈益提高，收视率不断攀升，已成为河南电视台的拳头栏目，在全国戏曲界、影视界形成了强大的名牌效应、示范效应、带动效应，呈现出“忽如一夜春风来，千树万树梨花开”的喜人局面。这些年，在戏剧艺术相对低迷，游戏类、戏说类电视娱乐节目风靡一时的情况下，河南电视台的《梨园春》为什么能自树一帜、独领风骚，成为广受海内外观众赞誉的“标新立异二月花”？我认为，《梨园春》的成功，在于它在很大程度上满足了广大人民群众的审美取向、欣赏兴趣、参与意识、表现欲望，为振兴河南地方戏曲、为发展中国戏剧事业探索出了一条新路。

如何使这一凝聚着河南广电人“十年辛苦不寻常”心血与汗水的栏目青春永驻？如何让饱含着省内外戏曲艺术家、电视文艺专家、众多编剧、导演、作曲、伴奏、新闻界的朋友、广大戏迷朋友呵护与关爱的名牌永葆青春？这里有大量的工作要做，也大有文章可做。其中的一篇文章，就是打造《梨园春》天天剧场。一直以来，经常有人向我要或帮助购买《梨园春》票，我都以每个星期仅一场的《梨园春》演出不卖票，而是由举广告牌的方块队坐满来婉拒。同时我也在想，既然有这么多的观众盼望到现场观看《梨园春》，何不将这一演出形式拓展、延伸、扩大为“《梨园春》天天剧场”呢？我们多次同省广电局、河南电视台、《梨园春》栏目的负责同志，中原文化艺术学院、河南省文化产业发展研究院的负责同志等探讨、商量此事。大家认为，在集中精力办好河南卫视《梨园春》的基础上，由《梨园春》栏目、中原文化艺术学院、豫剧文化促进会等携手，《梨园春》栏目策划，中原文化艺术学院提供剧场（即正在筹建的学院常香玉大剧院），促进会参与组织协调，共同打造一个老少皆宜、雅俗共赏的“《梨园春》天天剧场”，周一至周六每晚天天售票演出，周日晚上则聚焦河南卫视《梨园春》。借鉴湖南田汉大剧院、西安《大唐飞歌》、东北刘老根大舞台等的运作模式，面向社会，面向大众，面向市场，包括在郑州召开的全国部门性、行业性的会议，全省性的会议，旅游团组、子孙们为老人做寿、同学校友聚会、乡情联谊会、中原游子归来、企业请职工看戏，等等，广纳博引，兼收并蓄。实行天天剧场与周日《梨园春》主场互联互动，主场播放周一至周六的“花絮”，天天剧场演出周日主场的精粹。力求把《梨园春》办得更有新意、更有创意、更有深意，不断地优化、深化、精化，防止其老化、陈化、退化，频现新亮点、闪光点、兴奋点。

五、协助主管部门推精品新秀

有道是：“剧本剧本，一剧之本。”要协助宣传、文化广电部门，从剧本抓起，激励、引导剧作家们创作出更多高质量、高水准的剧本，包括戏曲小品、短小精悍的小戏、戏曲连续剧以及由戏曲串唱为主的相声等等。一个好的剧本往往可以带出一个剧团、一批演员，甚至一个剧种，这在戏曲史上屡见不鲜。当年杨兰春先生的一出现代豫剧《朝阳沟》，就带出了河南省豫剧三团，带出了魏云、王善朴、高洁、马琳、杨华瑞等一大批名角。且不说千姿百态、姹紫嫣红的古装戏，即以现代戏而言，也陆续推出了诸如《村官李天成》《香魂女》《红果红了》《倒霉大叔的婚事》《铡刀下的红梅》《李豁子离婚》《老子、儿子和弦子》等精品力作和上乘之作。

20世纪中后叶，中华豫剧的百花园中，产生了常香玉、陈素真、崔兰田、马金凤、阎立品“五大豫剧名旦”，也有将桑振君包括在内，称之为“豫剧名旦六大家”的。她们都出生在20世纪初叶，彼此间都有过深厚的交往，在艺术上有过交流也有过比拼，在声腔上都形成了各具特色的风格而自成一派，得到了广大观众的认可和推崇，为中华豫剧的繁荣发展起到了不可估量的作用。如常派的激越奔放、大气磅礴，陈派的刚柔相济、含蓄秀美，崔派的沉稳厚重、委婉抒情，马派的清脆明亮、秀丽华贵，阎派的醇甜细润、自然天成，桑派的字乖韵巧、闪滑抢离，都匠心独运、别具一格，从而将中华豫剧推向了璀璨夺目的巅峰。六大流派都有自己流传甚广、在广大观众中叫得很响的代表剧目，也正是靠着久演不衰的代表剧目和脍炙人口的声腔艺术而倾倒了无数观众。常派代表剧目《拷红》《白蛇传》《花木兰》，陈派的《宇宙锋》《洛阳桥》《春秋配》，崔派的《桃花庵》《秦香莲》《卖苗郎》，马派的《穆桂英挂帅》《花打朝》《花枪缘》，阎派的《秦雪梅》《藏舟》《碧玉簪》，桑派的《对绣鞋》《白莲花》《八件衣》等，都演遍了大江南北、长城内外，不少剧目至今仍作为许多剧团的保留剧目继续上演，有些则被搬上了银幕，很多唱段还在观众中广为传唱，成为中华豫剧培养后人的范本和艺术院校的教材。时代需要艺术大家，观众渴望艺术大家，中华豫剧更需要众多的各个行当的大家、名家。在几十年的艺术实践中，在当今的豫剧舞台上也确实涌现出了一大批中生代豫剧、曲剧、越调等戏剧名家。我们要尊重艺术规律，通过评选、宣传、推介，适时大力度地推出新时代的几大名旦、几大名生、几大名丑等名角名家，成就出新一代的豫剧等剧种、行当、流派的领军人物，使豫剧为代表的河南戏剧这朵艺苑奇葩益发绚烂多姿。与此同时，要加大对年轻演员的培养、教育、选拔、推介力度，为他们脱颖而出营造良好的环境和浓厚的氛围，防止出现二三十岁这一年龄段青年演员队伍的断层。要引导广大中青年演员向德艺双馨的人民艺术家常香玉等老一辈艺术家学习，以他们为镜子、尺子，照出、量出与之相比的差距，感悟大师们待百姓如父母、视艺术如生命、刻苦勤奋、精益求精的高风亮节和无私奉献、报效祖国的爱国主义情怀。

前程似锦，时不我待。以豫剧为代表的河南戏曲文化披挂着数百年的历史星云，承载着亿万人民的梦想追求，走过了波澜壮阔的风雨历程，取得了震古烁今的艺术成就。相信在以后的发展中，这棵参天古树必将迎来生机盎然、枝繁叶茂的美好明天！

（2011年5月29日）

坚持把社会效益放在首位

——在平顶山市文化产业促进会成立大会上的讲话

借着平顶山市文化产业促进会的成立，我即席讲几层意思。

第一层意思：应运而生

我们这个文促会的成立，可谓得天时、占地利、聚人和，是很自然而然的事情；换句话说，文促会的成立，上合天意，下合民意，中间又有咱平顶山人的创意。3年前，国务院发布了《文化产业振兴规划》；去年，党的十七届六中全会作出的《中共中央关于深化文化体制改革推动社会主义文化大发展大繁荣若干重大问题的决定》也提出，要推动文化事业和文化产业全面协调可持续发展；国家“十二五”规划纲要把促进文化产业发展作为一个很重要的组成部分，明确提出要推动文化产业成为国民经济支柱性产业。这是中央对文化产业发展的要求和部署。刚才，顷霖同志娓娓道来、如数家珍，用很简要、很诙谐的话语把平顶山的文化资源优势讲得很清楚了。应该说，平顶山不仅是一个经济大市，也是一个文化大市，而且正在实现由大到强的跨越。平顶山市文化界、企业界的众多精英共同发起成立了这个文促会，是一大盛事，也是一大喜事。因此说，文促会是应运而生。

第二层意思：大有可为

正因为平顶山有着丰富的文化资源，才开拓出来这么多的优秀文化成果。

同时也要看到，平顶山还有好多的“富矿”（这个矿不是指煤矿，而是指文化资源的“富矿”）有待进一步挖掘、开发。因而，文化事业、文化产业都是大有可为的。这就应了刚才顷霖同志引用毛主席的话“农村是一个广阔的天地，在那里是可以大有作为的”，我们的文化产业也是很有潜力的，也是可以大有作为的。根据一般的说法，成为“支柱产业”的最低标准是占GDP总量的5%，而目前我国文化产业仅占同期GDP的大约2.5%。这就意味着，文化产业要在“十二五”末期成为支柱产业，就必须把在GDP中的占比提升约一倍。未来5到10年，中国文化产业将会进入一个快速增长周期。所以，文化产业发展的潜力是巨大的。

第三层意思：找准定位

所谓找准定位就是说，文促会是个社团组织，不同于党政职能部门。在此，送给文促会两句话：第一句是“辅助而不替代、协作而不包办”；第二句是“帮忙而不添乱、促进而不干扰”。刚才，各位讲得很深刻，很有发散思维，颇具哲理意味。文化，严格来说，包罗万物，无时不有，无处不在。“现在时”的经济、政治、军事、科教一旦成为“过去时”，统统都是以文化的形式而存在的。文化，从大的方面看，包括文化事业和文化产业。请同志们记住：文化事业是公益性的、基础性的；而文化产业是要通过文化市场获取利润的产业，属于经营性的，是要营利赚钱的。要满足广大人民群众基本文化需求、保障其享受基本公共文化服务的权益，就必须坚持以各级政府为主导，去投资、发展文化事业。我们这个社团要把握方向，不能“跑偏”。我们要促进文化产业发展，使之成为国民经济的支柱性产业；但是，我们要切记，必须坚持社会主义先进文化前进方向，必须坚持把社会效益放在首位。总之，要大力发展文化产业，但万万不能使文化“产业化”。

最后，祝平顶山市文化产业促进会成立大会圆满成功！愿平顶山市的文化事业、文化产业繁荣昌盛！

（2012年8月29日）

豫剧的盛会　人民的节日

由文化部艺术司、河南省委宣传部、河南省文化厅、郑州市政府和河南中华豫剧文化促进会联合主办的第三届中国豫剧节，历时11天，于4月10日在河南郑州落下帷幕，将“豫剧的盛会，人民的节日”这一主题演绎得淋漓尽致。

一、推动了多元融合

豫剧既是除京剧之外全国最大的地方剧种，又是广覆盖于东西南北中的全国性剧种。文化部门管理在编的豫剧表演团体多达200余个。在宝岛台湾，豫剧团也是与京剧团并列的两大剧团之一。本届豫剧节在参演剧团的安排上，兼顾了海峡两岸、省内省外、国有与民营的融合；在剧目题材上，做到了传统戏、新编历史剧与现代戏的并重，其中现代戏较上届增势明显，占据了全部参演剧目的半壁江山。作为豫剧的发源地、豫剧人的“娘家人”和豫剧节的东道主，河南张开双臂，热诚欢迎省外境外的豫剧团体“回娘家”，让前来参加豫剧节的团体和同人深切地感受到“家”的温情、温馨和温暖。冀、晋、苏、皖、鲁、鄂、川、陕、新、豫及台湾地区等各地院团推出18台大戏，流派纷呈，多姿多彩，特色鲜明，风格各异。各剧团、各剧目间，既有竞技比拼、争奇斗艳，但更多的是切磋交流、学习借鉴。大家都把豫剧节当成提高整体业务水平的一次难得的机会，相当数量的院团专门组织骨干人员自费来豫观摩、取经。本届豫剧节成为全国豫剧人会师交流、多元融合的盛会。

二、突出了传承创新

参演队伍中，既有多位荣获中国戏剧梅花奖、文化部文华表演奖的著名豫剧表演艺术家，也有一批崭露头角、激情四射的豫剧新秀，老、中、青会聚一台，纷纷亮出自己的拿手绝活。老艺术家们一丝不苟地示范传授，年轻演员们如饥似渴地消化吸收，处处洋溢着教学相长、传承创新的浓厚氛围。本届豫剧节不仅从内容、形式、模式等多方面较前两届有诸多突破，而且通过多种新渠道、新路径的创新，对传统艺术表演形式在新时期的传承发展进行了胆大心细的积极尝试。作为本届豫剧节的重头戏之一，豫剧发展研讨会吸引了海峡两岸豫剧界的数十位专家学者，为豫剧的发展把脉会诊、出谋划策。大家认为，传承是创新的基础，只有传承的功夫下够了，才谈得上创新。师徒相授、薪火相传，是长期以来豫剧发展的基本形式。应尊崇豫剧的历史文化，把握豫剧的表现手法和表达语言，保持豫剧固有的本质特色，突出豫剧区别于其他艺术门类的独特优势。同时，大家也强调，豫剧的发展，既需要传承赓续、代代守护，更需要与时俱进、锐意创新。应大力开展豫剧传承创新的实践与研究，包括豫剧传承创新的重要性、紧迫性、可行性，传承创新的现状、内涵和重点，传承创新制度框架的构建，建立可持续的传承创新机制，搭建豫剧传承创新的平台，使豫剧艺术跟上时代的步伐，焕发出更加蓬勃的生命力。

三、展示了丰硕成果

本届豫剧节是对近年来中华豫剧发展成果的一次集中检阅和展示。经过组委会的认真评选，台湾豫剧团获颁中国豫剧发展贡献奖；河南豫剧院一团的《魏敬夫人》、山东济宁市梆子剧院的《圣水河的月亮》等5台剧目获优秀剧目奖；河北邯郸市东风剧团的《打金枝》等12台剧目获剧目奖；山西长治豫剧团的李继梅、湖北豫剧团的罗松敏等15人获优秀表演奖；江苏省梆子剧团的吴燕、四川省豫剧团的范彦格等11人获优秀青年演员表演奖；中华豫剧文化促进会还专门向93岁高龄、坚持在民间不懈传承豫剧艺术的“不老松”苏兰芳老人颁发了特别贡献奖。这一获奖阵容，使这些年豫剧发展的丰硕成果和骄人业绩尽收眼底。

四、实现了文化惠民

为让更多喜爱豫剧的民众近距离地接触来自全国各地的优秀剧目和大家名角，本届豫剧节实行低票价，组委会推出了10元、30元、50元的惠民票；同时，通过媒体和剧场推出部分公益票，主要面向残疾人、进城务工人员、现役军人、60岁以上老年人及在校学生发放。无论是网络订票还是电话订票，都免费送票上门，确保门票及时、顺利送达市民手中。这些惠民便民措施，使数万观众共享了一道丰美的豫剧文化大餐。

五、厉行了简朴节约

本届豫剧节劲吹节俭风。开幕式上没有豪华的大型文艺表演，第十届全国政协副主席、中华豫剧文化促进会名誉会长张思卿宣布开幕，文化部副部长丁伟致简短开幕词。不到20分钟的开幕仪式之后，紧接着就是一场由中国戏剧梅花奖得主、河南豫剧院一团团长王惠领衔的参演剧目《魏敬夫人》的示范演出。闭幕式暨颁奖晚会则在河南电视台的演播大厅举行，这既是一场本届豫剧节的闭幕晚会，又是一期于4月27日播出的河南卫视《梨园春》节目，使得这一节约且隆重的艺术盛事，借助电视荧屏的现代化传媒，进入五洲四海、千家万户。

（2014年4月）

梨园春色别样红

——河南卫视《梨园春》及其开启的中华优秀传统文化节目的调研与思考

河南卫视《梨园春》栏目从1994年开播至今，已经走过了20个春秋；从1999年改版算起，也已播出785期。它通过一系列开风气之先河、接地气的创新举措，从稚嫩走向成熟，从初始迈向辉煌，闯出了一条传统戏曲艺术与现代电视传媒巧妙嫁接、珠联璧合的路子，成为在全国深具影响力和美誉度的优秀名牌栏目，为民族传统艺术赢得了应有的尊严和一席之地，得到广大观众和专家们的普遍好评。

它是如何走过来的？其成功经验给了人们哪些有益启示？以传承弘扬中华戏曲文化为宗旨的《梨园春》，在河南卫视"文化中国、文化卫视"的整体定位中，引领了哪些诠释中华优秀传统文化的节目？在戏曲类电视栏目低迷的当下，《梨园春》如何再突破，实现逆增长？笔者对此作了全方位的调研与思考。

"飞入寻常百姓家"——原创性地推出戏迷擂台赛

《梨园春》栏目的最大亮点，是戏迷擂台赛这一原创性的形式设置。它大胆地打破了戏曲类节目"我演你看、我唱你听"的固有模式，开启了双向互动、多向交流的崭新格局，满足了众多戏迷、票友登台一展风采的表现欲望，焕发了观众参与节目的热情。这个板块一经推出，就受到了广大观众异乎寻常的欢迎，得到了社会各方面的广泛认同。《梨园春》以其群众性、娱乐性、参与性和互动性，快速走进了千家万户，引来全国各地、各年龄段、各行各业的数十万人报名参赛，两千余位草根戏迷成了家喻户晓的明星擂主。“到《梨园春》打擂去！”已成为一些人文化生活中的一种向往，大批戏曲爱好者变成了戏曲艺术的传播者。

戏迷、观众的踊跃参与，促成这一栏目的收视率不断攀升，在中原地区乃至全国观众中掀起一波又一波的收视狂潮。央视索福瑞调查数据显示，2000年以来，《梨园春》平均收视率为24.8%，最高收视率达到35.7%；2004年同时段收视率全国全年排名第一，每期综合收视超过2亿人次；栏目拥有稳定的收视群，社会生活消费的中坚力量——30至50岁的观众占总收视人数的32.8%。《梨园春》从全国各地电视台众多栏目中脱颖而出，50余次荣获国家级奖项，主持人庞晓戈也获得了国家广播电视节目主持人最高奖——“金话筒奖”。

《梨园春》的火爆，起到了极大的示范带动效应。19家省级电视台纷纷跟进，办起了类似的戏曲栏目，形成了盛极一时、蔚为壮观的“梨园春现象”。

“小荷才露尖尖角”——注重培养年轻观众和少儿擂主

青少年是中华戏曲的明天和希望。在青少年中普及戏曲文化，培养浩浩荡荡的年轻观众，一直是《梨园春》不懈追求的一大目标。栏目开办之初，就推出了与成人戏迷擂台赛并驾齐驱的少儿戏迷擂台赛。天真烂漫、童腔童趣的少儿演唱，吸引了雅俗长幼各个群体的眼球，给人们带来了无限的欢乐，陆续造就了秦梦瑶、张玟、孔莹、牛欣欣、邓鸣贺、张楚怡等在全国走红的数以百计的少儿戏曲群星。秦梦瑶——《梨园春》培养的第一位明星小擂主，曾连续参加2002年、2003年央视春晚，现在海外留学，仍不忘情中华戏曲；孔莹——2005年春节，年仅3岁多的她，摘取了少儿戏迷擂台赛金奖的桂冠，成为《梨园春》开办以来年龄最小、人气最旺的少儿金奖擂主，如今她在忙于学业的同时，仍然继续在戏曲上下苦功夫；邓鸣贺——这位可爱的河北邯郸小男孩，两岁多就开始学习戏曲，2010年6月参加《梨园春》“花儿朵朵开”比赛并赢得擂主，在2012年、2013年央视春晚上，中国娃的打扮、优美的唱腔和念白，使小鸣贺一鸣惊人、红遍全国。他们的可爱形象和戏曲天赋，受到了河南、全国乃至海外观众的喜爱和推崇，成为传播河南地方戏曲和中国戏曲艺术的小天使，在广大青少年中撒下了戏曲的种子，吸引、影响了无数少年儿童加入了接触戏曲、了解戏曲、热爱戏曲、学唱戏曲的大军。少儿戏迷擂台赛开发了潜在的戏曲观众，储备了后续人才资源，成为《梨园春》广受追捧、长盛不衰的闪光点和兴奋点。

为了激发年轻人的兴趣，《梨园春》独家打造了戏曲致青春赛事“青春之歌——大学生擂台赛”。与其正襟危坐眼看着传统戏曲与年轻人渐行渐远，不如开开心心地将它拽回年轻人的视线。本着这样的初衷，青春范儿的大赛闪亮登场，来自全国不同高校、不同专业的学子们飒爽亮相，他们竞相演出梨园经典，用火焰般的青春年华解读了戏曲艺术。致青春赛事激发了青年人对传统艺术的兴趣和向往，使古老的中国戏曲在他们心中荡起时代的涟漪。

“千树万树梨花开”——多板块展示老中青名家名段精粹

中原是中国戏曲的重要发源地。北宋杂剧形成于开封，“诸宫调”创始于开封，《目连救母》这一标志着中国戏曲作为一门综合艺术走向成熟的剧目也首演于开封。发端于河南的剧种，种类之多、密度之高，全国罕见；目前仍有35个剧种在活动，有16个剧种有专门剧团演出，豫剧、曲剧、越调等20多个剧种被列入国家级非物质文化遗产保护名录。其中最具代表性的当属豫剧，在全国的专业剧团数量不下200个，覆盖22个省区市，连台湾地区也有专业豫剧团。在涵盖了70个剧种的中国戏剧梅花奖30年来获奖演员人数中，豫剧仅次于京昆，远在其他兄弟剧种之上，不愧为名副其实的全国最大的地方剧种。

以传承弘扬中华戏曲文化为己任的《梨园春》，依托这些优秀的人才和剧目资源，从有着丰厚积淀的河南戏曲和民族文化中汲取营养，以电视视角和精品标准对这些资源进行挖掘和整合，悉心打造了广大观众喜闻乐见的系列节目，相继推出了“大师原声、高徒表演”“名家名段”“推新人”“折子戏”“大戏连播”“擂主风采”“豫剧在全国”“戏曲小品展播”“戏曲MTV”“名师高徒”“唱响春天”“海峡梨园情”等特色鲜明的板块。唱、念、做、打才艺毕现，生、旦、净、丑流派纷呈，连同那些被列入国家级非物质文化遗产名录的稀有剧种也得以推广、保护和传承，集中展示了河南乃至全国戏曲界老中青艺术家的神韵，架起了一座联结演员与观众的桥梁，将传统经典剧目、优秀新编历史剧和现代戏延伸到四面八方，让观众足不出户就能欣赏到名家名段。这些创意和板块，从局部到整体、从听觉到视觉、从服装到造型、从音乐到舞美、从章节到细节，处处体现着对艺术美的创作追求，全方位演绎了中华戏曲的艺术魅力。

这档以传统戏曲为主题搭建的电视节目受到了广泛欢迎，甚至连一些原本将戏曲视作博物馆陈列品的人们，也忍不住凝神收看。正如栏目制片人兼主持人庞晓戈所说，“就算你不是戏迷，也能在这儿找到乐趣”。

“百花齐放春满园”——为不同剧种、行当、流派搭建交流献艺平台

《梨园春》栏目具有明确的文化传播意识，它既着力渲染浓郁的地域特色，又不唯我独尊、孤芳自赏，而是立足河南、面向全国、海纳百川、博采众长，纵向上深耕细掘本地戏曲文化资源，横向上对兄弟省份的主要剧种兼收并蓄，以“大梨园”的眼界和胸怀热诚欢迎各地艺术家加盟，张开双臂拥抱各种姊妹艺术，用丰富栏目的舞台表现力，顺应当代大众审美需求，将通俗音乐、曲艺、电影、魔术等元素融合进来，将国内最优秀的戏曲艺术及其他舞台艺术吸纳过来，将电视戏曲行业的精华力量汇聚起来。2005年，与全国五省（市）电视台的戏曲栏目联袂推出了“唱响中华戏曲魂”系列活动；2010年，又与四省（市）电视台携手举办了“梨园一家亲”系列晚会；还创办了“擂响中国”全国戏迷擂台赛，把戏迷角逐范围由周边省份扩大到全国，将京剧、昆曲、秦腔、评剧、越剧、晋剧、河北梆子、黄梅戏、二人转等剧种纳入比赛范围，并邀请全国各剧种著名艺术家任评委。通过一系列联办、合办活动，有效地打破了戏曲传播的地域局限，促进了河南戏曲界与兄弟剧种、姊妹艺术之间的沟通交流，为各个地方剧种、各种风格流派提供了广阔的传播平台，推动了良性互动、资源共享；也使《梨园春》成为全国电视戏曲栏目的大本营和戏曲文化交流的大舞台；随着栏目在全国辐射面的进一步扩大，还带动形成了“全国电视

戏曲文化圈”。

《梨园春》不仅面向全国，而且放眼海外、走出国门。2006年它登上澳大利亚悉尼歌剧院，实现了中国电视戏曲栏目走进世界顶级音乐殿堂的历史性跨越，创造了电视戏曲栏目跨国、跨洋直播的纪录。2007年，《梨园春》又进行了为期13天的南美巡演，在当地掀起了一股“河南热”“中国热”。《梨园春》成功地将中国戏曲文化展现在具有不同历史文化背景的世人面前，进一步将中国传统文化推向世界。

“为有源头活水来”——以回报社会的系列公益活动彰显品牌价值

《梨园春》以最广大人民群众为服务对象和表现主体，始终不渝地为人民而演、为群众而唱，精心策划了许多以“深入基层、服务群众”为主题的大型公益活动。如2000年，举办抗洪救灾义演；2003年，现场直播“庆祝抗击非典战役取得阶段性胜利”专场晚会；2007年，现场直播“歌暖情长——大型赈灾戏曲演唱会”；2008年，为助学、敬老、扶残，组织了“百名擂主爱心在行动”系列活动；2008年5月，在汶川震后第一时间推出了“抗震救灾，众志成城——《梨园春》大型赈灾义演晚会”特别节目……《梨园春》栏目发扬“大公益”精神，关注现实民生，走出剧场，走出演播大厅，走到田间地头，走进工矿社区，把戏曲大餐送到老百姓的家门口。这既体现了栏目的开办宗旨和社会担当，也拓展了品牌、提升了内涵。

1999年改版以来，《梨园春》几乎年年都有大动作，可谓亮点频现、异彩纷呈：2000年，赴新疆慰问演出反响强烈；2001年，“《梨园春》北京戏曲周”轰动京城；2002年，赴台湾地区演出，开创了河南电视史上跨海峡直播的先例；2004年，成功直播首届中国电视戏曲“兰花奖”颁奖晚会；2008年，举办中原文化宝岛行《梨园飞歌》大型演出；2009年，播出横贯全年的《梨园春》十年擂主争霸赛；2010年，在全国政协礼堂举办《梨园春色别样红》特别晚会；2011年，西出阳关再赴新疆，举办“豫疆情”大型慰问演出；2012年，举办《致敬人民艺术家——纪念国务院追授常香玉同志“人民艺术家”荣誉称号八周年专场晚会》；2013年，组织《国色丹青相映红》专场晚会，向年逾九旬的老艺术家马金凤、刘石平颁奖；2014年4月，承办了《千树万树梨花开——第三届中国豫剧节闭幕式暨颁奖晚会》。这些年，它助力戏曲电影，将首映式融入节目，提升了栏目的时尚感；这些年，它以"家家有戏"主题季的形式，打造了与众不同的戏曲名家独家访谈；这些年，它联姻交响乐，令传唱了半个多世纪的豫剧现代戏《朝阳沟》焕发新颜，使熟悉的旋律别有风味地在国家大剧院回荡；这些年，它的戏迷擂台赛扩展到全国七大赛区，在全国范围内挖掘了更多的"戏曲好声音"。

每一次特别节目和大型活动，都是一次内强素质的巨大挑战，也是一次外树形象的难得机遇，更是对《梨园春》这一文化品牌的价值彰显。

"百般红紫斗芳菲"——从戏曲文化的开启到中华优秀传统文化的开拓

河南地处中原，有着上下五千年传统历史文化的丰厚积淀，文化内容包罗万象。戏曲、文物、书法、功夫、姓氏等文化，是河南作为文化大省的主要构件、比较优势和强项。以金牌栏目《梨园春》为肇始和标志，河南卫视不盲目跟风，不比资金投入而比节目品质，依托得天独厚的传统文化资源，走差异化的发展路径，始终追求与中原文化相称的高远境界和与时代脉搏契合的恢宏气势，以不同的形式研发不同的文化节目，"誓将文化进行到底"，以怀瑾握瑜的视野和胸襟，悉心打造独具特色的卫视风格。

"你唱歌，我唱戏；你跳水，我写字；你舞蹈，我武术。"有人这样评价由《梨园春》开启的河南卫视文化节目。

弘扬戏曲文化的《梨园春》率先在全国精彩亮相，历经20年峥嵘岁月，至今仍然是全国众多戏曲栏目中的佼佼者。去年，《梨园春》又以常态节目季播化的方式，对栏目多年来的节目资源加以整合，有意识地融入一些娱乐化的表现手法，为传统戏曲注入了一些时尚元素。去年2—5月的平均收视率较上年同期增长55.96%，15—54岁的观众增加了28%，保持了河南卫视连续13年的收视率之冠。

有道是："榜样的力量是无穷的。"紧随《梨园春》之后，反映武术文化的《武林风》于2004年开播，这档节目以独特的节目架构、新颖的节目形式、强大的市场份额、酣畅淋漓的武术套路，多角度地展现了中华功夫的博大精深，迅速成为全国自办卫视节目最耀眼的关注焦点和众多武术爱好者的热捧目标，成长为中华武术娱乐节目的第一品牌。该栏目每年举行的中美、中欧、中日、中泰、中伊、中越六大国际赛事，为中国武术走向国际另辟了蹊径。

反映收藏文化的益智类鉴宝节目《华豫之门》，在文化解析中发现河南，在谈古论今中塑造中原，在欢乐的氛围中带观众一起循着中华文明的发展脉络，在浩如烟海的历史文化沉淀中去猜想、去解密、去发现、去探寻华夏文化的源远流长。

反映姓氏文化的《知根知底》，以文化为核、娱乐为壳，分为寻根问底、自家说事、百姓追击、真假猜想四个环节，让观众在轻松愉悦的节目形态中解读中华姓氏的起源、传承、家族文化、名人故事，彰显源于河洛、根在中原的根脉文化。

反映汉字文化的《汉字英雄》，更是先于央视《中国汉字听写大会》最早出道。这档节目由河南卫视与爱奇艺于去年7月11日共同打造，马东担任制作人和主持人，于丹、高晓松等文化名人担任评委，以"寻找键盘里失落的汉字"为价值主张，以"用好汉字，才是汉字英雄"为节目口号，通过汉字书写，追求文化传承、文明传递，倡导"横平竖直写字，方方正正做人"，旨在弘扬汉字文化、推广汉字规范使用，借助知识传播正能量。节目从热闹喧嚣的荧屏中跳出来，唤起了社会的强烈共鸣，收视率一路飙升，开创了多屏时代终端全新联动模式，获评2013中国视频榜"年度最具网络传播力电视节目"，助力河南卫视获封2013"年度成长卫视"称号。《汉字英雄》第二季在法国戛纳电视节上获得重捧，国内原创综艺节目首度走向海外。

《成语英雄》也作为《汉字英雄》的姊妹篇跟进，它与观众交流的，正是中华民族几千年人文价值的精髓，是传统文化中最精粹的东西。在第二季《成语英雄》中，文化学者钱文忠的搭档由崔永元、蔡志忠变成了年届八旬的前文化部长、著名作家王蒙和香港凤凰卫视著名主持人窦文涛，别开生面地区别于近年来电视节目中的泛娱乐化倾向。这一系列节目，进一步彰显了河南卫视的文化质感，为打造上升为国家战略的中原经济区的一大战略定位——“华夏历史文明传承创新区”凝聚力量。

“弄潮儿向涛头立”——用固本与创新葆《梨园春》青春常在

《梨园春》以它20个寒暑的超长生命力昂然挺立，俨然打破了电视栏目因更新换代迅速而造成的“短命”魔咒。近年来，与大量选秀、游戏、娱乐节目扎堆屏幕形成鲜明对比的是，电视戏曲节目却显得日渐萎缩，呈现出被边缘化的颓势，大部分地方卫视的戏曲栏目或黯然离场，或避开黄金时段；时至今日，全国省级卫视中，只剩下《梨园春》还坚守在周日黄金档播出，“茕茕孑立，形影相吊”，堪称逆势生长，一枝独秀。在荧屏逐鹿的大潮中，在都市快餐文化的冲击下，我们切不可对《梨园春》的前景持盲目乐观态度，而应该多几分危机感和忧患意识，认真梳理盘点，集思广益，在固本的基础上锐意创新、寻求突破。

固本，即固守民族戏曲精髓，对那些已被实践证明确系《梨园春》栏目成功之道的理念、举措、机制、规则、风格、手段、策略等，都要回味反刍、咀嚼消化、系统总结、珍视传承。包括省委、省政府及宣传、广电、文化等部门，为把《梨园春》打造成为河南的文化精品工程和中原文化名片，持续关注、重视与支持，带头观看演出，年终为总擂主颁奖，召开专题研讨会、座谈会把脉问诊，等等。这些令业内同行羡慕不已的做法，尤其不可忽略，而应一以贯之地坚持下去。

创新，即在巩固、保持《梨园春》栏目固有的鲜明特色的前提下，力求从内容到形式不断地推新、出新、更新。正如长期担任栏目制片人、现为河南电视台文艺部负责人的蒋愈红所言，“要通过创新取得发展的主动权，提升栏目的竞争力和生命力”；做到《梨园春》评委、中原笑星范军所形容的那样，使节目“从里儿到面儿地新，就像老土豆换成了心里美萝卜，越吃越甜”。比如：如何进一步强化“思想精练、艺术精湛、制作精良”的精品意识，将节目品质作为栏目生存的第一要素，从节目创意、比赛环节设置，到灯光舞美、短片呈现，都一丝不苟、精益求精，令人耳目一新；如何高效利用艺术名家资源，通过他们与观众面对面的互动，吸引更多原本不是戏迷的观众群特别是年轻观众锁定《梨园春》，成为栏目的忠实粉丝，不断拓展受众层面；如何突出栏目的社会担当和人文情怀，为最广大的受众提供共享空间，将“《梨园春》中国行”举办得更加系列化、规模化，打造成更接地气、更广范围的擂台赛，继续推进“梨园飞歌”境外、国外巡演，更好地承担起中国文化使者的使命；如何以建立自己的品牌驻场演出基地（如“梨园春天天剧场”）为突破口，在培育和发展产业化市场上开疆拓土，增强栏目持续发展的动力和实力；如何与央视戏曲频道携手站在全国电视戏曲行业旗帜标杆的角度，充分调动各种资源优势，深入开展全国电视戏曲行业的学术、业务交流活动；如何改变似乎河南只有这几段戏、这几段戏只有这几个演员能唱、这几个演员只有这几个唱段能拿得出手的错觉，使更多的老中青艺术家、更多的优秀剧目、更多的经典唱段登台亮相，缓解人们包括《梨园春》铁杆观众的审美疲劳；如何在擂台赛评委的选择上做到外地与本土并重，扭转过分钟爱外来大腕儿的偏颇，在以河南戏曲为主角的《梨园春》舞台上，还本土评委为主导、占主体的本来面目；如何正确处理电视戏曲化与戏曲电视化的辩证统一关系，既将娱乐、情感、人物故事、音乐舞蹈等元素注入戏曲节目，又注意避免过度娱乐化、煽情化、综艺化的倾向；等等。

如日中天的《梨园春》，已不是一个一般意义上的电视戏曲节目，它已经成长为文化传承的一个载体，代表着戏曲发展的一个新时代的到来。任何文化的生命力都离不开特定的民族生活环境和民族文化积淀，越是在全球化的时代，文化的特色就越显得不可或缺。我们期待着《梨园春》永无止境地继续在求新上奋力领跑，在求变上再谋高招，紧跟时代做强做大，使我国电视戏曲领域的这株“标新立异二月花”绽放得更加青春亮丽、绚烂多姿，为圆中国梦作出独特的贡献。

（原载于《光明日报》2014年4月22日）

以大合作大交流促进豫剧大发展大繁荣

——在豫剧院团工作交流会上的讲话

在深入学习贯彻习近平总书记在全国文艺工作座谈会上重要讲话精神的浓厚氛围里，在丹桂飘香、秋风送爽的美好季节，豫剧院团工作交流会在豫剧的发祥地隆重开幕了。我代表中华豫剧文化促进会，向专程莅临指导的中国剧协新任主席濮存昕同志、驻会副主席兼党组书记季国平同志、文化部艺术司吕育忠司长，向出席会议的各位专家、艺术家，向来自全国各地豫剧院团的朋友们表示热烈的欢迎和诚挚的问候！

习总书记在全国文艺工作座谈会上的重要讲话，对新时期文艺工作者如何传承创新、干事创业提出了很高的要求，寄予了殷切的希望；前不久，国务院出台的《关于支持戏曲传承发展的若干政策》，制定了明确细密的措施，提出了振奋人心的目标；刚刚召开的全国戏曲工作会议和中国剧协第八次全国代表大会，对贯彻落实习总书记重要讲话精神和国务院有关政策作出了具体的部署。这一系列重要举措，犹如春风化雨，为我国民族戏曲的发展繁荣开辟了广阔的前景，我们将迎来戏曲事业姹紫嫣红的新的春天，广袤的神州大地上将会处处盛开戏曲之花！今天我们会聚中原，展望豫剧美好愿景，共商豫剧发展大计，既是对以习近平同志为总书记的党中央关于支持戏曲传承发展政策的贯彻落实，又体现了全国广大豫剧工作者对崇高历史使命的勇敢担当。借此机会，我讲几点感受，与大家共勉。

一、树立大豫剧理念，拓展豫剧发展传播空间

对当前豫剧的现状，我们是有喜有忧。喜的是：豫剧仍是目前全国最大

的地方戏剧种，其从业人数、剧团数量、流布区域皆为全国之最。30多年来，在涵盖了70个剧种的我国戏剧最高奖——中国戏剧梅花奖获奖者中，豫剧演员人数仅次于京昆，远在其他兄弟剧种之上。从东海之滨到天山脚下，从“天府之国”到宝岛台湾，到处都能听到豫剧圆润悦耳的旋律和人们耳熟能详的唱段。今天出席会议的，就有来自全国11个省份的专业豫剧团代表。忧的是：在我们感到欣慰的同时，又不得不面对一个严峻的事实，近30年来，随着豫剧观众的老化，豫剧覆盖的地域呈收缩之势，尽管当前豫剧仍然堪称全国最大的地方戏剧种，但与历史上豫剧曾广泛流传到全国20多个省市区相比，豫剧生存的空间不是拓展了，而是缩小了，豫剧的观众群体不是扩大了，而是减少了。

我们决不能满足于豫剧当前的现状，更不能对豫剧的不断萎缩熟视无睹，而应以紧迫的危机感和高度的使命感，不仅要肩负起传承豫剧的重任，而且要肩负起传播豫剧的重任，要不断培养新的豫剧观众，尤其是年轻观众，大力拓展豫剧的生存空间。豫剧的传播史表明，豫剧既是一个诞生于河南的地方剧种，又是一个早已冲破地域局限、流布覆盖全国众多区域的剧种；豫剧是全国人民的豫剧，绝不仅仅是河南人的豫剧。作为一个豫剧人，一定要牢固树立起“大豫剧”的理念，不管豫剧流传到哪里，都要想方设法让它留得住、唱得响、走得远、传得开，如旺盛的春草“渐行渐远还生”，再现豫剧盛世，再铸豫剧辉煌。

二、构建大合作机制，提升豫剧传承创新能力

2011年至今，文化部艺术司、河南省文化厅、郑州市政府、中华豫剧文化促进会精诚合作，连续成功举办了两届中国豫剧节，推出了一大批在全国叫响的豫剧精品剧目；去年还举办了全国豫剧人才培训班，对来自全国各地的豫剧青年才俊进行了系统的培训，让他们在艺术的道路上又跃升到一个新的高度，为他们的茁壮成长打下了良好的基础；今天又联合举办豫剧院团工作交流会，来自全国四面八方的豫剧同人欢聚一堂，各抒己见，为促进全国豫剧的发展献计献策，共谋豫剧传承发展的大计。这一切都充分说明，全国豫剧一家

亲，全国豫剧的发展有着广阔的合作空间。

历史上，豫剧不论传播到哪里，它都会以顽强的生命力，不断地吸收本土文化元素，丰富自己的艺术内涵，提高自己的表现能力，以其巨大的包容性、顽强的适应性融入当地发展。由于各地的文化传统、自然环境不同，因而豫剧在各地流传的过程中也会呈现出不同的风格、多样的神韵，如泰岱清风、燕赵明月、戈壁雪花，都具有鲜明的地域特征。而豫剧不论流传到哪里，其高亢明亮的艺术特色没有变，质朴率真的美学品格没有变，博大精深的文化内涵没有变。可以说，不论豫剧如何流传，它自始至终都姓“豫”。这一切都要求我们，全国豫剧只有建立大合作的机制，才能实现共同的繁荣发展，才能使豫剧这棵参天大树的根系不断地向深处远处延伸。

三、形成大交流格局，推动豫剧走向世界进程

当前，世界正在发生着迅速而深刻的变化，经济一体化、政治多极化、文化多元化的格局正在形成。在全球化的大背景下，任何一种民族文化都必须参与到全人类的交流之中，这也就意味着它必须接受全球性的挑战。这是一把双刃剑，积极的方面是让民族文化在与人类一切优秀文明的交流碰撞中，能够不断去认识自我，进而去认识世界；消极的方面是如果民族文化不能跟上全球化的步伐，其面临的危机必然会越来越重。

在这样的大背景下，豫剧必须以主动的姿态走向世界，在与人类一切优秀文明的交流碰撞中找准自己的位置，以高度的文化自觉和文化自信，努力传播中华优秀文化。在这方面，豫剧已进行了很好的尝试，取得了不俗的进展。近几年，豫剧《程婴救孤》先后赴意大利、法国、美国、泰国、巴基斯坦交流演出；《清风亭上》赴法国、土耳其交流演出；《画皮》赴比利时交流演出；《大祭桩》赴意大利、奥地利交流演出。同时，在“中原文化澳洲行”“中韩文化交流年”“中泰文化交流年”“中巴文化交流年”等系列活动中，都活跃着豫剧人的身影，豫剧已经成为中华文化走向世界的一张亮丽名片。今后，我们要创造更多的机会，不仅要下气力促进全国豫剧院团内部的交流，而且还要让更多的豫剧院团参与到与人类文明的交流之中，让更多的豫剧人、豫剧剧目走向

世界，在交流中彰显自己、提升自己。

同志们，我们肩负着光荣而艰巨的历史使命，中华豫剧能否在我们手里不断发扬光大，全靠在座同人的共同努力。我相信，有党和国家的高度重视，有广大人民群众的大力支持，有全国豫剧同人的合作共进，豫剧一定会在我们这一代人手里产生出更多的戏曲精品，培养出更多的艺术大师，传播到更远的区域，让豫剧这一艺苑奇葩开遍全国，红遍世界！

中华豫剧文化促进会将继续本着“帮忙而不添乱、辅助而不替代、协作而不包办”的精神，一如既往地当好豫剧事业发展繁荣的促进派！

祝豫剧院团工作交流会圆满成功！

（2015年9月14日）

关于传承、创新、振兴豫剧祥符调的若干思考

——在中华豫剧祥符调高峰论坛上的发言

党的十八大以来，以习近平同志为核心的党中央将振兴民族戏曲、繁荣发展戏曲文化提升到继承弘扬中华民族优秀传统文化、实现中华民族伟大复兴中国梦的战略高度，作出了一系列重大决策部署。以习总书记在全国文艺工作座谈会上具有划时代意义的重要讲话为引领，中共中央《关于繁荣发展社会主义文艺的意见》、国务院《关于支持戏曲传承发展的若干政策》、中办国办《关于实施中华优秀传统文化传承发展工程的意见》密集出台，省委、省政府和开封市委、市政府也先后制定了实施意见。由开封市政府、河南省戏剧家协会和中华豫剧文化促进会共同主办，开封市文化广电新闻出版局牵头承办的“中华豫剧祥符调高峰论坛”，就是为贯彻落实中央、省委决策部署而举办的理论研讨活动。各位专家学者和表演艺术家怀着对中华豫剧文化遗产保护、传承的崇高使命感和责任感，围绕振兴豫剧祥符调，开动脑筋，各抒己见，见仁见智，议论风生，发表了很多颇有见地的意见。中国台湾第二代豫剧皇后王海玲女士、中国台湾成功大学著名文化学者施德玉教授等应邀专程莅临交流，昨天下午，省委常委、统战部长陶明伦同志会见了王海玲一行。今天上午，大家还一起欣赏了祥符调的专场演出和河南广播电视台专题片《豫剧祥符调》。论坛气氛很活跃，办得很成功，必将为豫剧祥符调的传承、创新、振兴注入正能量，发挥独特的促进作用。借此机会，我也想简略地谈谈对传承、创新、振兴豫剧祥符调的学习体会和若干思考，就教于大家。

一、祥符调被称为豫剧的“母调”其来有自

中华豫剧流派纷呈，概括不一。祥符调、西府调、豫东调、沙河调、高

调“五朵金花”论者有之；祥符调、西府调两大流派论者有之；豫东调、豫西调、豫南调、豫北调“东南西北”论者有之；将大平调、反调、宛梆、怀梆也纳入豫剧流派分支者有之；把河南豫剧三团作为新诞生的流派者有之。尽管说法不一，但有一点却是趋于一致的，即祥符调是豫剧的“母调”，是豫剧最原始、最基本的唱腔曲调。这一结论大概是最大的公约数。

《东京梦华录》载明，“祥符”这个国都兼府治的宝地，恰是“宋杂剧”的起源地，在文化娱乐方面容聚着无与伦比的超强潜能。历经宋代“靖康之难”、元兵破城之后的残酷抢掠和多次黄河大决口、水灌开封城等一场又一场浩劫，这个中国戏曲根底最深、最厚，曾最早产生“杂剧”“诸宫调”和“梆子腔”的古都，终于艰难而顽强地演变、孕育出中华豫剧和豫剧祥符调。

祥符调，明清之交兴盛繁衍于开封（时称祥符）一带，是我国梆子腔家族中的基本成员，其远祖可追溯到宋金时期的汴京杂剧曲调。明初朱橚、朱有燉父子驻藩开封，组建戏班，编演杂剧，汴京杂剧再度活跃。清乾隆初，由金元北曲（弦索）衍生而来的“梆锣卷”，在开封一带演唱传播，时人谓之“汴梁腔”“土梆戏”。乾隆四十六年（1781年），吕公溥用十字调创作的剧本《弥勒笑》，堪称河南梆子板腔体音乐的先声。乾隆年间分别开始在开封南部的朱仙镇和北部的清河集办班传艺的蒋门和许门，培养出一批又一批生、旦、净、丑等祥符调第一批舞台名角。邹少和先生在《豫剧考略》中激赞道：“宣统年间，小旦李剑云，天赋佳喉，清脆圆润，高下疾徐，婉转曲折，如珠走盘，无不如意。又复善作新腔，自李氏出，剧风为之一变，优伶界中感叹为空前绝后之才。”

引导祥符调变革发展，步入现代化进程的樊粹庭先生，是名副其实的“现代豫剧之父”。他创立“豫声戏剧学社”，改建豫声剧院，设计建造新式剧场，邀约各行当舞台名角，建立规范的班社与运营管理制度，以板胡作为豫剧的主奏乐器，将早期祥符调四大板式扩充为54个支板式，并自编自导7部大戏，先于其他地方剧种跨入现代化进程，涌现出有“梆子大王”“豫剧皇后”之称的陈素真和马双枝、阎立品、桑振君、关灵凤、王素君、吴碧波、牛淑贤、姚淑芳、陈素花等一批女性名角。

正当许门、蒋门兴旺发达、源源不断地输送祥符调人才的时候，道光年间的两次黄河决口，使蒋门所在的朱仙镇变成了一片泽国（许门所在的清河集只是河道漫溢，受灾尚轻），蒋门的第三代“管主”蒋扎子率领劫后余生的艺徒、家人东向而去，在归德（今商丘）落脚，与当地的老戏班由搭班而办班，将蒋氏一干人带去的“上路”即祥符调潜移默化地揳入“下路”即当地人的唱法，于是便产生了一个新兴唱派——豫东调。这一流派在豫东以及与其相邻的鲁、皖、苏交界地带迅速传播开来。一个多世纪以来，称得上豫东调名家的多达数百人。例如，生于斯、长于斯、后居徐州、一唱就是半个世纪的著名豫剧表演艺术家徐艳琴（杨玉枝），在她的拿手好戏《洛阳桥》《花打朝》《老征东》《香囊记》等剧中，之所以能把豫东调发挥得淋漓尽致、韵味十足，很大程度上就得益于她早年在开封打下的祥符调根基。

以豫南沙河为中心并扩展到皖北的沙河调，是豫剧南路唱法的定称，其根子也出自祥符调。清道光末年，祥符的蒋门因遭黄河洪水，有相当一部分艺人或东向而南，或径直南下，投奔了商水县一带资金雄厚的大赵家班。大赵家班是由西、南两路梆子艺人混合而成，共存在149年，其“两合土”式唱法也沿袭了近半个世纪。南下的祥符调与当地的“两合土”唱法一拍即合、融会贯通，造就了沈万奎、刘双印、曹彦章、王仲华、沙河“三少”、燕守立、关仲翔、梁振启、黎青梅、刘玉海等沙河调名家。鹿邑人顾锡轩，在周口、皖北名声大噪，其拿手戏《反五关》《火烧纪信》《碰碑》等均为同行折服，1961年安徽电影制片厂将时已86岁高龄的顾老代表剧目《寇准背靴》拍成了戏曲艺术片，这个梨园世家现已延至第六代。

高调，系祥符调蒋门立足豫东后，辗转鲁西北，又传播到豫北、冀南，受这一带语言和怀调、平调等梆子腔分支影响而形成的一种唱法，因而又称北路调、高梆。抗日战争和解放战争时期，我根据地的官方文件中均以“高调”称之，少数偏远地区直到20世纪60年代还保留着“高调”的叫法。20世纪四五十年代之交，山东梆子、大平调、怀梆剧团纷纷易帜，“城头变幻大王旗”，改挂起豫剧团的牌子。如山东梆子世家、郸城名老艺人、绰号“一声雷”的章兆林，虽在鲁西南已声名鹊起，却不得已让爱女章兰改唱豫剧；南乐县名老艺人贾烤，也在1921年至1947年办起了“高调班”，并于1954年将时称“红星豫剧团”的戏班交归河北省魏县，其子贾廷聚则成为豫剧生角唐派（唐喜成）传人、著名的豫剧表演艺术家。赵根成、崔兰田、邓银枝、马双枝、宋桂玲、孙兰香、宋淑云等都堪称对高调给以正宗化影响的名家。

豫西调，原称“豫西梆子”，因以洛阳为中心，又称“西府调”，是由梆、罗、弋、黄、越汇集到崤山以东、熊儿山两侧、嵩山四围、外方山北麓、伏牛山腹地一带，历经百年融合而成的。民间广为流传的三句谚语印证了其形成和演化过程：“罗戏窝里出粗梆，越调底子掺皮黄”；“一清二黄三越调，梆子戏是胡乱套”；“不加唢呐称秧腔，加上唢呐即逻逻，明七暗八跟着走，十字上下云里磨”。逻逻即罗戏，明末清初兴于河南，清康、雍、乾时曾遭主政河南的田文镜等要员的迫害和禁演。1895年生于密县、人称“豫西旦角总师傅”“西府梅兰芳”的名伶燕庚，1925年在开封国民舞台演出一炮走红，20世纪40年代末到西安加入香玉剧社，1951年返回故里，改以传艺授徒为主。更早时期闻名豫西的还有被誉为“十八家老国公”的盛金生、李合群、张小元、老赵妞等18人和绰号“戏状元”的杨小德。豫西调东路闻名遐迩的还有：号称“活貂蝉”的偃师籍乾旦演员翟修身；生角公认的代表“三张一周”，其中周海水20世纪二三十年代曾率班三次东进开封，复西上长安献艺，培养了著名的“豫剧十八兰”，连“十八兰”之前的常香玉、汤兰香等也是他的入室弟子，不愧为大力推进豫西调和祥符调交流互鉴的戏剧教育家；还有在唱腔上对李树建有重要影响的王二顺；对常香玉“最有吸引力”的王金枝；典型的“河南讴”净角李宝善；等等。而影响最大的代表人物当属常香玉、崔兰田、汤兰香、毛兰花等。经过一代人具有革命意义的实践和努力，终于促成了豫西调与祥符调等流派的深度融合，使豫西调原本具有的苍凉、悲壮、深沉、浑厚与祥符调的高亢、激越、明快、挺拔相得益彰，从而呈现出全新的风貌，其艺术感染力和生命力大大增强。

省豫剧三团作为独特流派的应运而生，将豫剧音乐、唱腔的表现力提高到了一个崭新的阶段，造就了灿若群星的豫剧现代戏表演艺术家群体，在中华豫剧发展史上具有里程碑的意义。

以张岫云、王海玲、毛兰花等表演艺术家为代表的台湾豫剧，博采各流派之长，也为豫剧的传承传播和发展做出了十分可贵的贡献。

我之所以不厌其烦地罗列这么多豫剧流派发展演变的情况，意在说明：在数百年豫剧诞生、发展的峥嵘岁月里，祥符调长期居于核心、主导和支配地位，引领、示范效应非常明显；后起的各个流派，与祥符调都有着藕断丝连、剪不断理还乱的内在联系，要么是从祥符调脱胎蜕变而来，要么是吮吸祥符调的营养而成长，其源概出于祥符调，都带有祥符调的基因，都结有祥符调的血缘。它们是源与流的关系，源远方可流长；它们是根与叶的关系，根深才能叶茂。它们是同声相应、同气相求的，在总体上是一脉相承的。因此，将祥符调称为豫剧诸流派的母调，是顺理成章的，是情通理通的。

二、祥符调在全球化背景下的沉落与复兴

在当代全球化背景之下，豫剧编创演出硕果累累，但其母调祥符调，却因受各种因素的制约，再也没有重现当年的辉煌。祥符调的沉落，既有社会政治原因，也与文化转型引发的传承血脉梗阻有直接的关联。

20世纪50年代，省会由开封迁到了郑州，八朝古都开封长期以来拥有的政治、经济、文化中心地位迅速丧失，祥符调领军人物陈素真、桑振君等名家，在反右等政治运动中遭到不公正对待，先后到外省谋生，正当盛年的艺术生涯委顿长达20余年。当改革开放的春风吹进梨园的时候，她们大多已逾花甲，最富创造力的火焰般的年华已被流逝的岁月无情地带走，虽然对表演艺术的眷恋和执着激励着她们乘势而起，聚合队伍，重登舞台，抓紧收徒传艺，在很短时间内让经典剧目再现芳菲；然而，时代的风雨造成了祥符调与主流文化的隔膜，沸腾热烈、炫人耳目的媒体艺术对年青一代更具难以抗拒的吸引力。就祥符调的传承而言，陈、桑等亲传口授的弟子多不在河南献艺，也较少到我省各地演出和传播祥符调独有的唱腔艺术；省内直接或间接沾溉陈大师声腔表演艺术的关灵凤、吴碧波、王素君、华翰磊、赵吟秋等名角，虽曾在继承弘扬祥符调方面作出过不懈努力，但受体制机制的制约，祥符调很难独秀于戏剧舞台，即便一些崭露头角的优秀新生代演员，也只是在有限的范围内活动，其影响力自然大打折扣。更为遗憾的是，豫剧改革家樊粹庭先生统领的狮吼豫剧团自日寇攻陷开封后长期流寓陕西，新中国成立后也因种种原因未能回归故土。在三秦文化氛围中生存发展的豫剧祥符调，很难保持其原始形态而不受秦腔等异乡剧种的濡染。与之相应，祥符调在省内各地衍生分化，进而又在相互交流中融汇整合，与其本真的旋律和韵味渐行渐远，逐渐在戏剧改革的声浪中销声

匿迹，只是偶尔才被一些中老年观众忆起，以迷恋港台歌星为时尚的追星族是不大理会什么是豫剧的母调祥符调的。

20世纪中期酝酿发动的戏剧改革，打破了以名角为主导设计唱腔、以编剧为主角量体裁衣打造本子的传统体制，开始了编剧提供剧本、音乐设计闭门谱曲交付演员按谱练唱、按图索骥的编导体制，在一段时间内也确实打造了一些上乘之作，但毕竟限制了名角在唱腔设计、舞台表演等方面充分施展才华的挥洒空间，高亢激越、委婉明丽的祥符调就在这种编、演分离中逐渐削减个性和魅力。"文革"十年浩劫对传统剧目的封杀和禁演，就更以政治上的高压手段扼杀了祥符调声腔剧种的鲜活生命，欲求其在当下多元文化并峙交争的氛围中传承发展，就更难乎其难了。

改革开放以来，祥符调重新进入人们的视野，受到普遍的关注，获得良好的发展机遇并逐渐恢复了生机。1979年，祥符调演员吴碧波、牛得草进京演出《唐知县审诰命》荣获一等奖。1980年豫剧流派汇报演出，陈素真、阎立品等祥符调名家与常香玉、崔兰田、马金凤一起获得"五大名旦"的徽号（当时因种种原因，身在河北的桑振君未能应邀参加演出，后被补入，遂有豫剧名旦"六大家"之称）。进入21世纪以来，在省委宣传部、省文化厅、省文联、省剧协、省艺术研究院、河南大学和后来成立的中华豫剧文化促进会等单位的组织和协调配合下，相继举办了樊粹庭先生百年诞辰暨"樊戏"与祥符调精品演唱会（2005年4月，河南大学）、纪念陈素真诞辰88周年祥符调演唱会（2006年5月，郑州）、祥符调演唱会（2007年4月，河南戏曲广播电台）、纪念陈素真诞辰90周年暨豫剧祥符调精品演唱会（2008年4月，开封）、豫剧祥符调发展研讨会（2007年5月，新乡封丘）、桑振君先生逝世三周年暨桑派经典剧目展演（2007年7月，郑州）、首届豫剧各流派名家经典剧目展演（2007年11月，开封）、大型戏剧文献《樊粹庭文集》出版座谈会（2013年7月，省政协礼堂）等旨在弘扬传承豫剧祥符调的宣传纪念活动，引起了强烈的社会反响。2006年6月30日，以振兴祥符调为宗旨的开封市豫剧院举行了挂牌仪式，其后不久，河南大学河南地方戏研究所与开封豫剧院联合建立河南大学戏曲教育实习基地，共同致力于戏曲人才的培养和豫剧祥符调的传承发展。与此同时，河南大学经过长达八年的艰辛努力，整理出版了荟萃祥符调经典剧目的

《樊粹庭文集》，填补了豫剧发展史上自创剧目的空白。在艺术实践中，也出现了徐俊霞、吴素贞、田敏等祥符调优秀新生代演员。

尽管如此，面对全球化背景下多种传媒的挑战，豫剧祥符调从整体上还没有挽回濒危的颓势：就演出方面而言，包括开封豫剧院在内的各豫剧团体无一是以祥符调作为主打唱腔的；在行当方面，旦角独称擅场，生角、净角、丑角逐渐削弱，不少剧团和剧目已没有净角、丑角的生存表演空间，演员整体阵容不够完备，且呈现出青黄不接的窘境；在唱腔设计上，原有的豫剧各种声腔呈现出杂糅渗透的倾向，祥符调传统的板式和唱腔失却了独立存在的地位；在剧团建设方面，以振兴豫剧祥符调为宗旨的开封豫剧院，资金、场地、人才等方面都捉襟见肘；由于缺乏资金投入和编创研究人才的储备，祥符调的发掘、传承和研究难于正常开展；省内的戏校大多不以培养祥符调的接班人为职分，精通祥符调声腔板式和演唱技巧的专业师资十分稀缺，现有的少数年事较高的祥符调传承人，也往往受现有体制的制约而不以传授祥符调为己任。

对祥符调现状的担忧和焦虑，是广大观众对豫剧振兴的迫切愿望使然，也是文化工作者们的良知和责任感的表现，已经引起全社会的强烈共鸣和高度重视。打造中原文化品牌，推进文化产业化进程，变文化资源大省为文化强省应当成为各级党委、政府尤其是宣传、文化部门的共识，从认识上和决策上把振兴豫剧祥符调提高到让中原在共圆中国梦中更加出彩的战略高度。对此，著名作家、戏剧评论家田中禾先生有言："问题的根本还是我们对祥符调和豫剧的价值认识不够，……振兴豫剧，应从振兴祥符调开始。"可谓一语破的、一针见血。我很赞成他的高见。

三、开封理应走在振兴豫剧祥符调的前列

祥符调是豫剧的母调，开封是祥符调的发祥地。振兴祥符调，就是传承弘扬渊深博大的中原戏剧文化的立足点和重要抓手。开封市委、市政府应紧紧抓住大力弘扬中华民族优秀传统文化、支持戏曲传承发展的历史机遇，以高度的文化自信和文化自觉，进一步把振兴中华豫剧祥符调摆上风生水起的文化强市建设的重要议事日程，充分发挥主导作用，用足用好政策，抓紧抓好祥符调

的振兴，尽快打磨亮这张通向中华文化舞台乃至世界文化舞台的绚丽名片。

一应将振兴豫剧祥符调摆上全市的议事日程。把振兴发展中华豫剧祥符调，提高到挖掘开封历史文化名城潜力、增强国际文化影响力的高度，切实做到“五有”：在市委、市政府的工作大盘上有位置，在“文化+”中有内容，在年度计划上有安排，在资金预算上有项目，在年终总结考核时有奖惩。要制定传承振兴祥符调的具体政策措施。抓紧祥符调优秀传统剧目的发掘整理和流派研究，依靠集体的智慧和剧作家们的艺术独创性，着力打造系列化的祥符调精品剧目，推出系列化的祥符调戏曲理论研究成果。抓紧对中华豫剧祥符调文化资源的抢救性发掘普查和整理，迅速启动申报祥符调省级和国家级非物质文化遗产保护剧种项目程序，把豫剧祥符调作为中华文明的优秀成果载入史册。

二应加大对豫剧院团传承祥符调的扶持力度。落实中央和省市各项文化扶持政策，除在财政供养上实行老人老办法外，采取措施更加有效地调动现有艺术院团演职人员的积极性，重新确立豫剧祥符调在豫剧当下生存空间中的地位；践行行之有效的以演员为中心、编剧导演全力为名角打造本子的戏曲艺术法则；恢复演艺界“拜师收徒”这一切实有效的人才培养模式，以相应的激励机制催生祥符调各行当名角的脱颖而出，努力做到“五出”：出名团、出名剧、出名家、出名段、出名牌。

三应引导社会力量共襄豫剧祥符调振兴盛举。营造有利于社会力量关注、支持戏剧艺术表演团体的浓厚氛围，引导社会力量资助专业院团和民营剧社，支持企业、社会团体和个人以各种有效形式参与扶持祥符调的传承发展，鼓励戏曲表演类民间艺人、非物质文化遗产传承人参与戏曲职业教育教学，建立非物质文化遗产传承人“双向进入”机制，提倡有条件的戏曲职业院校设立技艺指导教师特设岗位，成立戏曲名家工作室。

四应大力培养选拔豫剧祥符调青年艺术人才。百年老校河南大学在开封的教学优势，创新戏剧团体与学校教育的合作模式，使河大承担起提高演员文化素养和音乐知识的使命，而开封豫剧院则有效地为河南大学戏曲专业提供舞台表演实习机会，搭建复合型人才培养的艺术平台，共同为编创富有鲜明时代气息和精湛艺术水准的戏曲精品协力攻坚。作为高校戏曲专业和艺术院团长期合作、共谋发展的理想模式，应瞄准戏剧专业的发展前景，拓宽专业领域，创建以培养高素质专门人才为宗旨的戏剧学院，把我省戏曲教育尽快提升到本科和研究生层次。逐步完善祥符调青年骨干表演人才培养机制。河南大学艺术学院戏剧学分院与豫剧院团青年骨干可建立“双向交流”机制。我在想，当年，河南大学能出樊粹庭这样的现代豫剧之父；那么，今天，河南大学能不能再出樊粹庭式的豫剧大师？

同志们、朋友们，“好风凭借力，送我上青云”。我们举办的豫剧祥符调高峰论坛，是落实践行党中央、国务院传承发展戏曲文化、加速戏曲高层人才培养的研讨会，也是推动和促进祥符调再现辉煌的动员会。衷心希望与会专家学者继续以敏锐的眼光、丰厚的学识、独到的见解和强烈的使命担当，为振兴祥符调、传承发展中华豫剧出谋献策，为开封市委、市政府实施祥符调振兴发展方略提供理论支撑和决策参考。

“接天莲叶无穷碧，映日荷花别样红。”我相信，在红绿相映、茎满叶肥的盛夏时节举办的这次高峰论坛，必将会让豫剧祥符调这棵参天大树馨香飘万里、硕果满枝头！

（2017年7月28日）

为新时代中华豫剧领军人物喝彩

习近平总书记在党的十九大报告中强调："加强文艺队伍建设，造就一大批德艺双馨名家大师，培育一大批高水平创作人才。"在学习宣传贯彻十九大精神的热潮中，河南戏剧界对十八大以来加强文艺队伍建设的情况作了回顾：全省广大戏剧工作者深入贯彻落实习总书记在文艺工作座谈会和中国文联十大、中国作协九大开幕式上的重要讲话精神，瞄准省委省政府提出的"加快构筑全国重要文化高地"的宏伟目标，凝心聚力，众志成城，率先构筑起全国戏曲高地，以豫剧为代表的河南戏曲成为唱响全国的一大亮点，成为中华文化走出去的一张亮丽名片，涌现出一批艺德艺品俱佳的名家名剧。中国剧协副主席、河南省剧协主席、河南豫剧院院长、中国戏剧梅花奖获得者李树建同志，就是众多名家中众望所归的代表人物、领军人物之一。

我想从以下五个方面重点对李树建给以点赞：一是精心打造中华民族传统美德豫剧三部曲；二是悉心示范、引领，众多名家名角纷纷跟进；三是倾心培育人才、提携新秀，力求传承有序；四是潜心"走出去"与"请进来"，彰显领军人物的责任与担当；五是全心践行"以人民为中心"的创作导向。

一、精心打造中华民族传统美德豫剧三部曲

李树建对照习总书记尖锐指出的文艺领域浮躁的问题：有数量缺质量、有"高原"缺"高峰"，把自己摆进去，反复对号入座、警醒深思；对戏剧界存在的心浮气躁、急功近利、粗制滥造、竭泽而渔、票房至上、自我标榜等不

良现象看在眼里、疼在心里，决心从自身做起，带头戒除浮躁，脚踏实地，坚持讲品位、讲格调、讲责任的艺术操守，自觉抵制低俗、庸俗、媚俗等不良倾向；决心坚定信心，乘势而上，不负时代召唤，无愧人民期待，努力打造思想精深、艺术精湛、制作精良的戏剧精品，为筑就新的艺术高峰竭尽全力。

对习总书记文艺思想领悟的深度，决定了李树建艺术创造的高度；对中华优秀传统文化的温情，催生了李树建艺术创新的激情。

李树建和河南豫剧院的编导、演职人员无数次地深入学习、领会习总书记关于中华优秀传统文化的精辟论述，认识上有了新的升华，从内心深处清醒地认识到：中华文化积淀着中华民族最深沉的精神追求，是中华民族生生不息、发展壮大的丰厚滋养；中华民族传统文化是中华民族的突出优势，是我们最深厚的文化软实力；中华优秀传统文化是中华民族的精神命脉，是涵养社会主义核心价值观的重要源泉，也是我们在世界文化激荡中站稳脚跟的牢固根基；博大精深、源远流长的中华戏曲，作为人民群众喜闻乐见的一种综合性艺术形式，在传承优秀文化、教化世道人心等方面具有不可替代的作用和优势。传统中有民族的精神基因，文化中有共同的价值追求。千百年形成的“忠孝节义”传统美德，在新时代完全可以赋予其新的内涵：忠——忠于党，忠于领袖，忠于祖国，忠于人民；孝——孝敬父母，尊老敬贤；节——民族气节，不辱使命；义——提倡社会主义义利观，反对见利忘义。在这方面，中华戏曲大有可为，广大戏曲工作者理应大有作为。

对中华优秀传统文化认识的提高，燃起了李树建打造“忠孝节义”系列豫剧精品的激情与韧劲。李树建立足于自身是豫剧须生豫西派代表人物的实际，结合个人唱腔悲壮、苍凉、极具穿透力及感染力的优势，在反复聆听豫剧同人、专家学者和有关领导的意见后，开始了打造中华民族传统美德“忠孝节义”系列豫剧的艺术之旅。这些年，他和他的团队锲而不舍、精益求精，反复打磨锤炼，努力实现传统文化的创造性转化、创新性发展，使之与现实文化相融相通，共同服务以文化人的时代任务。

头一部戏是由京剧《赵氏孤儿》改编而来的《程婴救孤》，突出演绎一个“忠”字，一炮打响，摘得中国十大舞台艺术精品工程第一名桂冠。第二部戏诠释的是“孝”，我们没有取材于古代的《二十四孝》，因为其中的埋儿奉母、卧冰求鲤等，或不近人情，或违背常理，或与现代文明脱节，因而不取这些愚孝，而是选了一个历史上反面的不孝之子，反其义而用之，老戏叫《雷劈张继保》，是个“文革”前就被禁演的鬼神迷信戏，我们去掉那些雷公电母的封建糟粕，改名为《清风亭上》，宣扬尊老敬贤的孝道。第三部戏突出“节”，改编排演了讴歌民族气节、不辱大汉使命的《苏武牧羊》。至此，完成了“忠”“孝”“节”三部曲，每一部都获得了巨大的成功，都拿到了中国戏曲最高奖项，都取得了社会效益与经济效益的双丰收。目前，正在编写剧本的还有“义”，剧名拟叫《义薄云天》，演红脸关公。这个剧搞成了，在海内外的受欢迎程度肯定不在“忠”“孝”“节”之下。李树建的“忠孝节义”系列豫剧，客观、科学、礼敬地对待中华优秀传统文化，并结合新的时代条件和实践要求，对其思想和形式加以补充、拓展、完善，赋予其新的时代内涵和表达方式，充分展现了中华文化的深厚底蕴和时代价值。

二、悉心示范、引领，众多名家名角纷纷跟进

“文变染乎世情，兴废系乎时序。”作为大众文化的戏剧，向来都是与现实生活和时代风貌紧密相连的。精品戏剧能够影响审美风尚，引领社会思潮，雕琢人类灵魂；而价值观念丑陋、故事情节低俗、审美趣味怪异、艺术质量低下的剧目，则会消磨人的意志，扭曲社会心态，煽动负面情绪。正因为这样，戏剧工作者更应该高度重视发挥剧目在宣扬社会主义核心价值观方面“润物细无声”的作用，以宏观的时代视野和微观的生活视角，大力弘扬真善美，无情鞭挞假恶丑，使戏剧作品接住地气、增加底气、充满生气。

基于这种认识，李树建不仅自己率先打造戏剧系列精品，而且还以高度的文化自信和文化自觉，满腔热情地帮助、影响、带动了一批不同行当、流派纷呈的豫剧名家名角纷纷跟进。例如河南豫剧院三团团长贾文龙，勠力策划创作的是“人民公仆”系列，先后推出了《村官李天成》《焦裕禄》等豫剧现代戏，新近创排的《重渡沟》也在十九大前夕首演，正在进一步琢磨，不日即可与广大观众见面。在去年全国文代会、作代会代表联欢晚会上，贾文龙演唱了《焦裕禄》中的核心唱段“百姓歌”，习总书记在接见演员时给予高度评

价，握着贾文龙的手称赞道："你演得入心入理。"再如汪荃珍，也是国家级的著名表演艺术家，她原来是河南豫剧院三团团长，河南豫剧院恢复组建后，她担任院党委书记，代表作是《香魂女》《刘青霞》《风雨故园》等剧目，演绎的是"妇女命运"系列（或称"女性命运"系列）；河南豫剧院一团团长王惠是常香玉的嫡传弟子，她推出的是"巾帼英雄"系列，包括《穆桂英》《五世请缨》《魏敬夫人》等；李金枝是河南豫剧院二团的副团长，她的行当是青衣、闺门旦，演的都是年轻女子，打造的是"花样年华"系列，包括《泪洒相思地》、《江姐》和《常香玉》中的青年常香玉等。以上几位都是国家一级演员、中国戏曲最高奖梅花奖得主，所推出的这些"系列"剧目，要么荣获全国"五个一工程奖"，要么在中国十大舞台艺术精品工程中榜上有名，都是唱响主旋律、释放正能量、叫好又叫座的剧目。

可以这样说，李树建是继国务院唯一发文追授"人民艺术家"称号的豫剧大师常香玉之后，又一位德艺双馨的中华豫剧领军人物。风生水起的"李树建现象"很值得人们特别是戏曲界深入探讨。

三、倾心培育人才、提携新秀，力求传承有序

李树建以其远大的战略眼光，高度重视对豫剧青年才俊的培育、选拔。不仅通过中国豫剧节、黄河戏剧节、河南广播电视台"梨园春"节目、豫剧优秀剧目北京展演月等平台，培养、锻炼、发现、筛选有潜力、有前途的后起之秀，而且大手笔地在河南豫剧院单独组建了青年豫剧团，集合了一大批初出茅庐的优秀青年演员，让他们挑大梁、唱主角，从机制、体制上避免了众多拔尖新人分散在各大院团长期跑龙套、当配角，迁延、耽误、压抑他们成长成才的弊端，使齐刷刷的一批青年演员通过生龙活虎的艺术实践脱颖而出，有效地解决了豫剧事业青黄不接、新老断层的难题。

从更长远计，李树建带领豫剧人紧紧抓住中宣部将河南定为"戏曲进校园"活动试点省份的机遇，踊跃投身省上推出的"双百双千"活动，在百名戏曲名家联系百所高校、百所戏曲院团联系百所中小学、戏曲走进千所乡村学校少年宫和千所乡村音乐厅的活动中，将传统戏曲的火种播撒校园，为"戏曲进

校园”在全国的开展提供了有益的借鉴。

对于河南以外的豫剧院团来说，人才的缺失更为突出。为了缓解这一状况，李树建组织河南省剧协、河南豫剧院，多次派出编剧、导演、作曲、演员奔赴各地豫剧团，帮助同行们排忧解难。河南主创人员风尘仆仆地参与了新疆生产建设兵团豫剧团《天山人家》、陕西西安市豫剧团《秦豫情》(或叫《豫剧一九四二》)、河北邯郸东风剧团《桃花山上桃花开》、安徽宿州市梆子剧团《风涌大运河》、中国台湾豫剧团《天问》等剧目的编导和演出。《秦豫情》由河南豫剧院一团优秀青年演员徐俊霞担纲主演；《天山人家》的编剧、导演、作曲、配器更是悉数来自河南。豫剧人才在全国范围的协作、调配，大大缓解了河南以外豫剧院团人才不足的窘境，对豫剧在当地的生存、发展给予了有力的支撑。

更加难能可贵的是，李树建等豫剧名家甘当绿叶扶红花，力推优秀青年演员，为他们提供崭露头角的舞台和机会。在《全家福》中，李树建和汪荃珍两位中国戏剧梅花奖得主，就主动为青年演员当配角。类似的举措，为豫剧传承有序、后继有人，形成新老交替、人才辈出的喜人局面打下了坚实的基础。

四、潜心“走出去”与“请进来”，彰显领军人物的责任与担当

腹有诗书气自华。李树建认为，豫剧作为流布甚广、历久弥新的传统戏剧，既渗透着中原儿女的历史基因，又浸润着与时俱进的时代精神；既延续着中原文化的血脉，又吸纳着兄弟地区的精粹。在新的时代条件下，要保持全国戏剧高地的良好态势，就要坚持开放包容，以更加自信的心态、更加宽广的胸襟，做到不忘本来、吸收外来、面向未来。他积极带领河南豫剧人努力践行“走出去”与“请进来”相结合的战略，彰显了豫剧领军人物的责任与担当。

在“走出去”方面，除了如前面所述，组织河南豫剧名家到兄弟省区传帮带、联手推出剧目，李树建还身体力行，多次将他精心打造的“忠”“孝”“节”中华传统美德三部曲带到兄弟省区市巡演，今年夏天，又在北大、清华闪亮登场，将豫剧这一全国最大的地方剧种演到了全国顶尖高等学

府。所到之处，都受到了异乎寻常的欢迎，赢得了好评如潮的口碑。

上个月（2017年11月），由河南省文化厅、中国艺术报社主办，河南李树建戏曲艺术中心、梅兰芳大剧院承办的河南稀有剧种北京公益展演周，以怀梆《大破天门》拉开大幕。身为中国剧协副主席、河南省剧协主席的李树建，不仅对豫剧的交流倾注了大量心血，而且对国家非遗项目的河南稀有剧种同样情有独钟。他在京接受记者采访时说："全国有286个剧种，河南就占了34个。但提到河南戏曲，大家首先想到的是豫剧、曲剧、越调。其实，在河南有许多稀有剧种，它们同样承载着一个地方的文化记忆和文化基因，映射着当地的风土人情；但它们大都活跃在基层，没有机会到省城，更没有机会到京城来展示自己的风采。相信通过这次展演，河南戏曲'百花齐放春满园'的局面定会展现在世人面前。"这次展演共有沁阳怀梆、清丰柳子戏、永城柳琴戏、内乡宛梆、安阳淮调、陕州蒲剧、平舆丝弦道、太康道情戏、范县四平调及商丘四平调等9个河南稀有剧种参加，内有7个剧种是国家级非遗项目。这是继今年3月河南稀有剧种公益展演月在省城郑州举办之后，推动河南稀有剧种走向全国的又一次重大行动策划，也是河南稀有剧种首次组团登上首都舞台，向首都观众全面展示了河南稀有剧种的独特魅力。

李树建不仅走出河南、走向全国，还大步迈向海外，吸收借鉴人类文明成果，参与世界文明对话。他先后带团到26个国家和地区演出，《程婴救孤》剧组于2013年2月17日登上美国戏剧中心百老汇舞台，2016年10月18日登上全球电影中心好莱坞电影奥斯卡颁奖剧场杜比大剧院，让中原文化、河南豫剧的神韵飞扬五洲四海。

在"请进来"方面，一是通过三年一届的中国豫剧节，广邀兄弟省区市的豫剧演出团体来豫演出，一起观摩、取长补短、互学共促。二是举办包括兄弟省区市豫剧院团领导和艺术骨干在内的研讨会，就豫剧艺术的传承、创新、发展和大家共同关心的振兴豫剧的问题深入探讨，组织名家讲座，交流心得体会，实现各院团间的良性互动、共同提高；研讨会提倡不同风格、不同流派互切互磋、平等讨论，鼓励解放思想、大胆探索，尊重差异、包容多样，让文化创新精神竞相迸发、持续涌流。今天我们在这里济济一堂，豫剧界的名家大腕少长咸集，共谋豫剧繁荣兴盛大事，已是第二次了。接下来，树建同志将就豫剧院团管理问题作专题讲座。这种“请进来”的形式今后还将不断完善，长流水不断线地持续开展下去。三是举办“戏聚中原”演出季。今年夏季，由省委宣传部、省文化厅、省戏剧家协会联合主办的首届演出季，首批演出单位就涵盖了北京、上海、陕西、湖北、河南等5个省市的多家院团，参演剧种包括话剧、豫剧、越调、评弹剧、儿童剧等。树建对这一河南与全国戏剧交流的平台信心满满，切望通过“戏聚中原”演出季，编织全国知名文化品牌，构建河南与全国戏剧界交流合作、协同发展的大格局，助推河南戏剧在全国的领先优势，加快河南建设全国重要文化高地的进程。

五、全心践行“以人民为中心”的创作导向

“社会主义文艺是人民的文艺，必须坚持以人民为中心的创作导向，在深入生活、扎根人民中进行无愧于时代的文艺创造。”对习近平总书记的谆谆教导和殷殷期待，李树建不仅牢记于心，而且付之于行，坚持不懈用“为人民抒写、为人民抒情、为人民抒怀”的艺术实践来贯彻落实。

人们看到——李树建率先垂范，与全省戏剧人一道，深入生活、扎根人民，用心解决创作的“本、源、质、效”问题，推出了包括“忠”“孝”“节”三部曲在内的一大批有筋骨、有温度、沾泥土、带露珠的优秀作品，在全国重大赛事中屡创佳绩：河南实现了全国“五个一工程”奖戏剧类九连冠、国家舞台艺术“十大精品工程”八连冠、中国舞台艺术政府最高奖“文华大奖”五连冠，在全国戏剧界独领风骚。

人们看到——李树建身先士卒，与全省戏剧人一道，经常沉到社区、农村、基层，开展采风创作、慰问演出、文化惠民活动，在为广大人民群众送去高品质精神食粮的同时，自己也收获着心灵的感动，汲取着源自人民、源自生活的创作滋养。他在省宣传文化系统推出的“中原文化大舞台”“舞台艺术送农民”“春满中原”“百城万场”等文化惠民活动中携手发力、从不缺位，为实现全省舞台艺术惠民全覆盖做出了重要贡献。

人们看到——李树建不负重托，与全省戏剧人一道，把为人民创作、为人民演戏作为时代对文艺工作者的深情呼唤和历史赋予广大戏剧人的崇高使

命，强化导向思维，坚持人民至上。在剧目打造上，努力做到高扬主旋律、传递正能量，为人民高歌、与时代同行；在市场营销上，视观众为上帝，始终将社会效益放在首位，把豫剧的盛会办成了人民的节日。为让普通百姓、低收入者都能买得起票、看得起戏，他参与策划推出超低票价，省级院团低至30元，地市院团低至20元，团体票享受八折优惠；他常常带头在预定剧目演出结束后为观众加唱，让观众过足戏瘾，感到这张票买得物有所值、物超所值；他还经常给环卫工人、农民工等基层观众赠送戏票，请他们免费观看，与社会各界群众一道共享社会主义文艺大发展大繁荣的成果，提高、充实他们的文化获得感和幸福感。

中国特色社会主义进入了新时代。新时代、新方位，宣示着新起点、新要求、新任务，也呼唤着新气象、新担当、新作为。愿李树建等当代中华豫剧领军人物和广大戏剧工作者一道，深入学习贯彻党的十九大精神，用习近平新时代中国特色社会主义思想特别是习近平文艺思想武装头脑，不忘初心、牢记使命，努力创作出更多接地气、传得开、留得下的精品力作，为社会主义文化繁荣昌盛作出新的更大的贡献。

（2017年12月13日）

新时代，应重点向申凤梅学什么？

——在人民艺术家申凤梅先生诞辰90周年座谈会上的发言

新时代，我们纪念越调大师申凤梅先生，应以习近平新时代中国特色社会主义文艺思想为指导，突出重点，下大功夫，努力在以下两个方面向她学习。

一、学习她在艺术上追求卓越、勇于攀登高峰的进取精神

申凤梅在其57年的艺术实践中，始终虚怀若谷、择善而从，从京剧的念白、昆曲的唱词，到豫剧的唱腔、曲剧的旋律，乃至川剧的做功，还有河北梆子、河南坠子、四平调等等，对各个兄弟剧种的长处，她都如饥似渴、细心揣摩，海纳百川、广收博取；即使已经蜚声梨园、俨然大家，她仍然经京剧名家袁世海先生牵线，恭恭敬敬地拜京剧须生泰斗马连良先生为师，甘执弟子礼，从化妆到做戏都认真听从老师的指教。她还请我国最著名的相声翘楚侯宝林先生为她说戏。直到暮年，她仍然孜孜不倦地学习新知，乐于接受新知识，如在《舌战群儒》中就融入了四平调和河南坠子等曲调，使这段戏与人物的性格和身份更加契合，也更加动听。她并不满足于自己已经在传统戏、新编历史剧和现代戏等数以百计的剧目中扮演过生、旦、净、末等全行当的多种角色，成功塑造了异彩纷呈的舞台形象；而是志存高远、追求卓越，跨越时空、倾其大半生心力，通过人物的一招一式、一腔一调，细致入微地对角色进行创造，成功塑造了从小生到老生不同年龄阶段诸葛亮的申派艺术形象。毛泽东主席等党和国家领导人多次观看她的演出，对她演绎的诸葛亮形象非常认可，亲切地接

见她，并与她合影留念；周恩来总理更是高度称赞他为“活诸葛”，还把她请到家中做客。老舍先生也欣然命笔，激赞她“香满春城梅不傲，更随桃李拜师来”。

申凤梅先生日复一日、年复一年，反复研读《三国志》《三国演义》，与诸葛亮神交于舞台46年，她用大半生岁月，呕心沥血去诠释一个角色，将诸葛亮刻画得入木三分，以至于达到“我即诸葛亮”“诸葛亮即我”的两忘境界。经过半个多世纪锲而不舍地求索，终于形成了独特厚重的申派艺术。她饰演的诸葛亮，从容高雅，庄重大方，举止有度；其艺术风格潇洒凝重，质朴豪放，大气磅礴，唱腔吐字特别清晰，行腔婉转，以声带腔，刚柔相济，韵味醇厚，把一个原本程式简单、表演粗糙的民间小戏，革新改造成为拥有千百万受众、美轮美奂的地方剧种，将越调推上了前所未有的高峰，使之成为一颗散发着莹润光芒的艺术明珠；她本人也成为开山立派的一代宗师，当之无愧地登上了当代越调艺术的高峰，在越调艺术发展史上树起了一座不朽的丰碑。

广大戏曲工作者要像申凤梅那样，执着坚守艺术理想，永不懈怠地提高学养、涵养，增加思想积累、知识储备、文化修养、艺术训练；笃定恒心，戒除浮躁，精益求精，锐意创新，将作品当作自己的立身之本，努力打造有筋骨、有温度，传得开、留得下的戏曲精品。只有这样，大批德艺双馨的戏曲名家才能不断涌现，习近平总书记尖锐指出的“有高原、缺高峰”的问题才能有效解决，才能形成不断出精品、出人才的生动局面。

二、学习她坚持以人民为中心、心中时刻装着观众的人民情怀

申凤梅先生出身草根，为了逃脱童养媳的命运，自幼投身越调，长期颠沛流离于乡间村野；1947年秋，刘邓大军南下，申凤梅和她的戏班参加了中国人民解放军，被编入胜利剧团，开始用毛泽东《在延安文艺工作座谈会上的讲话》精神指导艺术实践；后又划归地方，改为越调剧团。申凤梅先生的内心深处有着浓厚的百姓情结，她一直把自己的双脚深深扎在田间地头，扎在广大群众中间。她常说：“我一生最大的快乐就是在舞台上为成千上万的观众演

戏，只要观众爱看我的戏，就是死在练功场上、排演场上、舞台上，我也心甘情愿！”在她的心里，观众是最需要看重的，不管是在城市乡村、条件好坏、观众多少，也不管是顺境逆境，她都一丝不苟地对待每一场演出，用她对人民、对艺术的尊重征服了一拨又一拨的观众。她经常率团下乡村、入矿山、进军营、到灾区、赴边疆，不知疲倦地为工人、农民、战士们倾情义演。以入矿山为例，她一轮又一轮地到各个煤矿慰问演出，并常常用午休时间到矿山食堂为炊事员们清唱，她说：“炊事员们也很辛苦，往往因为做饭误了看戏，我们应该送戏上门。”她听说焦作矿务局冯营矿实现安全生产1000天，就带领剧团到矿上义演，使干部职工深受感动，现场授予她“名誉矿工”称号。有一次在小马村矿演出，累得吃不下饭，大家劝她休息两天，她执意不肯，坚持带病上场，她说：“煤矿工人一年到头看不了几场戏，我既然来了，咋能不出场呢？”还有一次，她正率团在矿区演出，恰逢省里开文代会，她就白天到省城开会，晚上回矿区演出，一场也没缺过。她说：“自己辛苦赶得紧点儿没关系，决不能让观众们失望！”申凤梅先生晚年疾病缠身，她硬是拖着多病之躯，经常靠吃止痛片、输氧，夜以继日地坚持演出；1993年春，在周口陈营乡演出时，她还专门为一位74岁行动不便的老人单独演唱。别看她瘦得体重只剩下80斤，平时连走路都少气无力，可是一上舞台马上就精神焕发，扮演的诸葛亮形象依然气定神闲、光彩照人。不少人心疼地问她，您哪来的这股心劲儿？她笑着回答：“要不是我心里装着广大观众，恐怕早就不行了，我宁愿累倒在舞台上，也不愿病死在医院里！”这就是时刻心系观众的人民艺术家！这就是人民艺术家至死不渝的人民情结！这就是对“人民需要文艺”“文艺需要人民”最具说服力的生动诠释！

习近平总书记指出：“文艺要热爱人民”，“文艺工作者要想有成就，就必须自觉与人民同呼吸、共命运、心连心，欢乐着人民的欢乐，忧患着人民的忧患，做人民的孺子牛”。广大戏曲工作者要牢记习总书记的殷切嘱托，像申凤梅先生那样，扎根人民、扎根生活，脚踩坚实的大地，始终把人民的冷暖、人民的幸福放在心上；把人民作为艺术创作的源头活水，把人民的喜怒哀乐倾注在自己所塑造的艺术形象上；老老实实地向人民学习、向生活学习，从人民群众的伟大实践和丰富多彩的生活中汲取无尽的营养，不断进行生活和艺术的积累，持续进行美的发现和美的创造。要像申凤梅先生那样，坚定不移、坚持不懈地为人民抒写、为人民抒情、为人民抒怀，创造出有正能量、有感染力，能够温润心灵、启迪心智，人民群众喜闻乐见的优秀作品；彰显深厚的人民情怀，决不能脱离人民这一艺术创作取之不尽、用之不竭的源泉，做无根的浮萍、无病的呻吟、无魂的躯壳。要像申凤梅先生那样，不仅要在艺术上追求卓越，而且要在思想道德修养上追求卓越；既要有过硬的专业素质，又要有高尚的人格修为，重艺德、讲品位，以崇高的职业操守、良好的公众形象、文质兼美的优秀作品赢得人民群众的喜爱，做到为历史存正气、为世人弘美德、为自身留清名，做到德艺双修、德艺双馨。

当下，广大戏曲工作者应按照中宣部、省委宣传部、省文化厅关于做新时代“红色文艺轻骑兵”的部署，踊跃投身文化进万家、送欢乐下基层、春满中原、舞台艺术送农民、文艺志愿者等惠民、为民、乐民活动，增强责任担当，把最好的精神食粮奉献给人民。

让我们深入贯彻落实党的十九大精神，用习近平新时代中国特色社会主义思想武装头脑，进一步弘扬申凤梅先生神韵，传承申派艺术瑰宝，在新时代展现新作为，努力做一名申凤梅式的戏曲工作者，为实现中华民族伟大复兴的中国梦、为中原更加出彩作出各自的贡献！

（2018年2月1日）

感悟《朝阳沟》 出彩新时代

——在豫剧现代戏《朝阳沟》创演60周年研讨会上的发言

河南豫剧院三团创演的豫剧现代戏《朝阳沟》，从1958年3月首演，已经火爆传唱了一甲子。60年来，演员已经更替到了第四代，总计演出5000多场。东起大海之滨，西至茫茫戈壁，无不留下了三团人的身影。

在《朝阳沟》横空出世60周年之际，人们都在思考：为什么这出描写知识青年上山下乡、带有明显时代烙印的戏能够一直活在老百姓的口碑里，戏中银环、拴保、拴保娘、银环妈、老支书等人物形象那样的深入人心？为什么直到今天，《朝阳沟》的一些唱段仍在民间广泛流传，从城市公园广场到乡村田间地头，熟悉的曲调一经响起，听者往往就情不自禁地轻声应和？为什么《朝阳沟》这一影响几代中国人的旋律能够彰显出超越时空的独特魅力，成为中国戏曲现代戏的一座高峰？

抚今追昔，探幽发微，《朝阳沟》确实给了人们诸多感悟和启示：

感悟之一："厚积基础上的一次爆发"

在不少人看来，《朝阳沟》的诞生颇具传奇色彩，认为它是大跃进的产物，是杨兰春先生在七天之内匆匆赶写出来的速成品。

殊不知，这种"立马可待"式的"急就章"，是以他深厚的生活基础为前提的，是他酝酿已久、早已成竹在胸的。且不说生在农村、长在农村，18岁就参加了革命工作，抗日战争中在八路军当过重机枪手，解放战争中参加了中原突围，后又转战陕南豫西，身经百战、九死一生，特别是在登封大冶镇这一带浴血奋战过，与农民兄弟结下了生死相依的鱼水深情，对农民、农村有着深切的了解，众多父老乡亲的生动形象已经深深地印在了他的脑海里；且不说他为了丰富演员们的生活基础，早就把林县和登封曹村（《朝阳沟》引起轰动后改成了朝阳沟村）作为三团的生活基地，曹村成为他创作这个戏的重要原始素材来源地，银环原型赵银环至今还生活在这里，拴保压根儿就是杨兰春老家一个小青年的名字，拴保娘、老支书、二大娘、老小孩儿等也都是从生活基地、实际生活中走出来的；早在创作《朝阳沟》之前，杨兰春就风尘仆仆地遍访省内外知青区，采访了数十个有着不同经历、性格各异的知识青年，积累了异常丰富的生活素材，从思想上、艺术上作好了创作这个戏的充分准备。正可谓“万事俱备，只欠东风”。因此，在省文化局冯纪汉局长撂给他两盒烟、下达了一星期内创作演出这部戏的任务后，他才能文思泉涌、短促突击，和三团全体演职员紧急动员、日夜奋战，不辱使命、不负众望，七天之内成功打造出一鸣惊人、一飞冲天的大型豫剧现代戏《朝阳沟》，没有耽误为一个重要会议的代表们演出。

有道是：“厚积才能薄发。”正如当年杨兰春的副手、著名导演许欣先生所说：《朝阳沟》正是编剧兼导演、也是三团老团长的杨兰春先生“厚积基础上的一次爆发”，是他长年累月用心血和汗水积累起来的艺术结晶。据许欣回忆，杨兰春创作这个戏是“蓄谋已久”、早有准备的，是有丰富的生活根基和深厚的艺术积累的。早在中国戏剧学院学习时，杨兰春和马可就把赵树理的小说《小二黑结婚》改编成歌剧，成为老一辈歌唱家郭兰英的保留剧目；接着又创作了豫剧现代戏《小二黑结婚》《罗汉钱》《刘胡兰》等剧目；他还硬是把几十部戏词背得滚瓜烂熟。1958年初，杨兰春就告诉许欣：“今年我有两个打算，一是在《人民戏剧》上发表一篇文章，二是写一个新剧本。”当年的2月份，许欣从开封回到郑州，去杨兰春办公室汇报工作时，就看到他办公桌上放着戏词，杨兰春正看着戏词在那里哼唱，内容就是后来《朝阳沟》中“亲家母，你坐下”那段戏。可见，杨兰春在奉命写《朝阳沟》之前，不仅已经勾画了剧中的人物，构思了该剧的情节，而且还草拟了人物的部分唱词。这足以证明，《朝阳沟》这个“速生儿”是杨兰春多年积淀的结果，这“一剧之本”一周内能够应运而生，其来有自。这也正应了那句老话：“机遇都是留给有准备的人的。”不禁使人想起鲁迅先生在答文学青年问时说的一段话：“哪里有什么天才，我是把别人喝咖啡的时间都用来读书和写作的！”

习近平总书记强调：“推动文艺繁荣发展，最根本的是要创作生产出无愧于我们这个伟大民族、伟大时代的优秀作品。”《朝阳沟》启示我们，在新的历史条件和时代机遇中，文艺工作者应走出小自我、投身大时代，在创作中顺应时代发展的趋势与特征，体现深刻的社会关切、现实关怀，以扎实的文艺创作功底和厚重的生活根基作为“厚积”之基，专注于视野的广度、认识的高度、思想的深度、表达的精度，在创作中追求“薄发”之境，登广博之峰而造文艺之极，努力打造出聚焦新时代、描绘新作为、展现新风貌的精品力作。

感悟之二：“要把根扎深、扎透”

《朝阳沟》的主创人员和演职员们都是在毛主席《在延安文艺座谈会上的讲话》哺育下成长起来的文艺工作者，他们笃信“生活是创作的唯一源泉”。杨兰春曾说：“生活是我的生命，脱离群众生活，艺术生命就会枯竭。”“走马观花不如下马看花，下马看花不如亲自种花”是他的口头禅；他反复告诫大家：“要把根扎深、扎透。”三团的演职员们对生活积累高度重视，将太行山区的林县和嵩山登封县的曹村作为生活基地，定期组织大家去基地体验生活，与那里的农民群众同吃同住同劳动，与老百姓深交朋友、打成一片，从生活中汲取最有价值的营养。他们的灵感都是从生活中来的，大家身上都散发着清新的泥土芳香，他们在剧中所塑造的人物形象，无一不是在与人民群众深入交流中逐步完成的，勤劳善良的劳动人民是他们塑造角色最直接的原型。如饰演拴保娘的高洁，有一次到林县深山演出，房东郭大娘不仅把她和另一个女演员安顿在儿子结婚刚用过的新房，而且拄着树枝摸黑冒雨走了四五里山路给他们送伞。每念及此，高洁都会感到有一股暖流涌上心头，常常止不住流下感激的热泪，潜移默化间，高洁从郭大娘身上加深了对拴保娘这一人物形象的理解；饰演二大娘的马琳在登封曹村体验生活时，几乎天天跟着房东老太太上山拾羊粪，刚开始还戴着手套，不几天就不戴了，双手都磨出了茧子，真正和当地人融在了一起；饰演银环的魏云，是个郑州市城里生城里长的中学生，下到农业劳模吴大娘家“四同”，跟着吴大娘把家里地里的农活儿都学会了，被吴大娘视为己出，魏云返程那天下着小雨，吴大娘感冒发烧送了她好几里地，把魏云感动得泪流满面，之后每当唱到《朝阳沟》“下山”这场戏时，脑海里立马就浮现出吴大娘送她时的情景，泪水顿时夺眶而出，自然演唱得情深意切、真实感人……演员们正是从现实生活出发，去体验剧中人物的思想感情、喜怒哀乐，进而形成剧曲动作、唱腔，最终塑造出舞台艺术形象的。唯其如此，三团演员们塑造的个性鲜明的人物形象——刚强淳朴的拴保、清秀上进的银环、慈眉善目的拴保娘、一蹦三尺高的银环妈、嘴比刀子还快的二大娘、沉稳厚道的老支书等等，才能一个个栩栩如生，恒久地刻印在人们的心底。

杨兰春之所以选择知识青年上山下乡作为《朝阳沟》的主题，更是在深入农村体验生活时触发灵感的。1957年秋，杨兰春到登封曹村深入生活时，正赶上大旱，他和全村男女老少一起连明彻夜地往山上送水点种小麦。在朝夕相处中，乡亲们有啥知心话都愿悄悄跟他说。几个老大爷七嘴八舌：“现在，谁家的孩子不念两天书，谁家的姑娘不上几天学？我的老天爷呀，读两天书、上几天学都不想种地了，这地叫谁种呢？那能把脖子扎起来喝西北风？”杨兰春觉得老农们说得很在理。当时，毛主席、党中央正号召知识青年上山下乡，他就敏锐地抓住了这一鲜活的主题，开始构思起后来的《朝阳沟》；连剧中的一些唱词也是就地取材、沙里淘金，比如：曹村农民冯宝德说过一段顺口溜：“往前走脸朝前脊梁朝后，往南走刮北风风吹屁沟。走一步退两步不如不走，吃一碗屙两碗老本尽丢。”杨兰春巧妙地将其中第三句借用到银环下山的唱段中：“走一步退两步不如不走，千层山遮不住我满面羞……”生动传神地刻画出主人公欲走还留的犹豫、徘徊、矛盾心理状态。

人们从中不难感悟到，《朝阳沟》之所以能够久演不衰，深受几代观众的喜爱，根本的原因就在于题材紧贴老百姓，深刻地反映了火热的现实生活，深切地关注着人民的命运，抒写了家国情、夫妻情、婆媳情、母女情、邻里情、姑嫂情，满足了广大人民群众的审美需求，富有浓郁的生活气息，弘扬了伟大的时代精神。《朝阳沟》的巨大成功告诉我们，现实生活是艺术创作取之不尽、用之不竭的源泉，文艺工作者只有扎根生活沃土、扎根人民群众，并且把根扎深、扎透，才能捕捉到沾泥土、带露珠的鲜活题材。应进一步健全完善“深入生活、扎根人民”的长效机制，让艺术家们下得去、待得住，推动文艺工作者在“深扎”活动中，既要“身入”，更要“心入”“情入”，从中收获感动，洗礼灵魂，磨砺意志，汲取营养，创作出无愧于时代和人民的优秀作品。

感悟之三：“抛弃浮躁心理，潜下心来认真钻研艺术”

《朝阳沟》能够成为豫剧现代戏里程碑式的剧目，还在于剧组团队在艺术上有着永不满足、精益求精、不断超越自我的精品意识。用著名表演艺术家高洁的话说，就是“明确了艺术是为谁服务的，抛弃了浮躁的心理，能够潜下心来钻研艺术。”

抛弃浮躁、潜心艺术，首先体现在对剧本的一再修改上。《朝阳沟》搬上舞台后，一直在不断地打磨、完善、提高。初演时，主线并不特别突出，既有扫盲识字的内容，又有兴修水利的内容，甚至还有计划生育的内容。一路走来，边演边改。到1963年长影将其搬上银幕时，更是对上山下乡这两场戏作了比较大的改动，亲家母对唱加入二大娘等的唱段也是这个时候加上去的。可以毫不夸张地说，《朝阳沟》不愧为“十年磨一剑”的典范。

抛弃浮躁、潜心艺术，也体现在演职员们特别注重学习上。他们既“请进来”，从河南大学请来高文教授讲文史、讲唐诗、讲宋词，请豫东的“红脸王”唐玉成、豫西的王二顺、“狗尾巴”讲唱腔；又“走出去”，到外地进修，并根据每个人的声腔特点，恭恭敬敬地拜老艺术家为师，如高洁跟着常香玉学，马琳跟着崔兰田学，柳兰芳跟着马金凤学……强烈的求知欲和浓厚的学习氛围，使三团拥有了一批奋发向上的年轻演员，一批功力深厚的编剧导演，一批锐意改革的音乐唱腔设计师，形成了人才济济、群英荟萃的喜人局面。

抛弃浮躁、潜心艺术，还体现在演职员们特别注重创新上。以音乐唱腔为例，王基笑、姜宏轩、梁思晖等一批音乐家，在深入挖掘、研究豫剧传统唱腔的基础上，吸取其中的精华，成功地实现了转调，突破了二百多年来豫剧男女声同腔同调的束缚，既使得男声唱腔得以解放，也使得女声唱腔得以开拓。这种豫剧现代戏唱法上的新突破，不仅在豫剧界被普遍采用，也在其他剧种普遍推广开来。

三团创立的豫剧“反调”唱腔新板式，令人耳目一新，被戏曲界推崇为“标新立异二月花”的一种新的音乐流派，不是没有道理的。杨兰春说：“戏曲，戏曲，我认为百分之八十要用‘曲’——也就是用音乐来塑造人物形象，来表现不同人物的感情。”的确，《朝阳沟》中的人物形象之所以生动、鲜明，在很大程度上得益于改革、创新后的唱腔设计。《朝阳沟》音乐在广纳博取豫剧优秀传统唱腔的基础上，运用转调离调、调式对比等多种作曲手段和音乐主题贯穿的手法，引入多种伴唱、合唱的形式，谱写出新的旋律与节奏，从而使全剧音乐格外新颖亮丽，平添了新风扑面的时代气息，铸就了一段段百听不厌的豫剧唱段。

三团初期的演员们大多从省文工团、省歌剧团转化而来，他们将戏曲演唱方法与美声唱法融会贯通，从各自条件出发，经过刻苦训练、长期摸索，自主创新出最适合本人嗓子特点的演唱方法和声腔风格，如高洁的柔和细腻、含蓄优雅，马琳的豪爽直率、舒展大方，魏云的激越高亢、热情奔放，柳兰芳的清脆圆润、婉转甜美，王善朴的刚健浑厚、朴实无华，一个个都出落得活色生香、不同凡响。

令人欣喜的是，我国演艺界在经历了武侠、宫廷、玄幻、穿越等几轮热闹后，一大批底蕴深厚、制作精良，让人们从中看到希望、感到力量、受到启迪、得到鼓舞的现实题材作品重回寻常百姓的视野，赢得广大观众的青睐：先是电视剧《人民的名义》热播，后有《战狼Ⅱ》横扫票房；今年春节档，原本排片靠后的《红海行动》凭口碑成功逆袭、后来居上，而那些粗制滥造、内容浅薄、“不靠演技靠颜值”的作品受到了冷落。这些积极的变化，在一定程度上扭转了演艺界过于倚重“流量明星”而忽视作品思想内涵的浮躁之风，从一个侧面烘托出《朝阳沟》人拒绝浮躁、潜心艺术的难能可贵；也再一次证明，老黄牛吃得下草才能挤得出奶，浅尝辄止、浮光掠影之作永远与精品无缘。应在全社会大力营造远离功利影响、警惕快餐文化、激励沉潜钻研的浓厚氛围和创作环境，引导广大文艺工作者去除焦躁、沉下心来，练功磨剑、苦修内功，投入火热生活、常在基层行走，多读书、读好书，甘于寂寞、不慕虚华，千锤百炼、追求卓越。只有这样，才能真正做到与时代同行、为人民放歌，才能创作出有筋骨、有道德、有温度、有质感的传世之作、不朽之作，铸造出富有民族性和人民性、具备旺盛人气、堪称经典名剧的黄钟大吕。

春风浩荡满目新，砥砺奋进正当时。作为当年与杨兰春一起参加过修改《朝阳沟》与豫剧院三团结下不解之缘的豫剧文化促进会会长，我衷心祝愿三团乘着党的十九大和全国“两会”胜利召开的强劲东风，以习近平新时代中国特色社会主义思想为指导，像把毛主席《在延安文艺座谈会上的讲话》作为宝典那样，把习总书记在文艺工作座谈会上的重要讲话和在中国文联十大、中国作协九大开幕式上的重要讲话作为新时代的文艺工作宝典，在成功创演《朝阳沟》和《焦裕禄》《村官李天成》《乡官马海明》《香魂女》《刘青霞》《刘胡兰》《小二黑结婚》《好队长》《杏花营》《李双双》《冬去春来》《谎祸》《朝阳沟内传》《拾来的女婿》《儿大不由爹》《蚂蜂庄的姑爷》《红果，红了》等近百部豫剧现代戏的基础上，不忘初心、牢记使命，不辜负伟大的时代和伟大的人民，不辜负“全国演现代戏的一面旗帜”的荣誉称号，更加自觉地坚持以人民为中心的创作导向，锲而不舍地创演现代戏，把满足人民日益增长的精神文化需要作为我们的出发点和落脚点，把人民作为文艺审美的鉴赏家和评判家，把为人民演好戏作为演职员的天职，扎根人民、扎根生活，始终与人民同呼吸、共命运、心连心，走进人民生活深处，萃取伟大时代精华，塑造典型艺术形象，努力创演出更多既叫好、又叫座，传得开、留得下，中国风、泥土香，出精品、出人才的现实题材剧目，担当新使命，出彩新时代，攀登新高峰！

（2018年3月29日）

办好职业教育　提升就业质量

——在济源市第一职业高中学习实践科学发展观活动工作会议上的讲话

全省第三批深入学习实践科学发展观活动，已经开展两个多月了。根据省委的统一安排，由我联系济源市第一职业高中的学习实践活动。刚才，我们参观考察了济源一职高的教学情况，听取了有关同志的汇报介绍，感到济源一职高在市委、市政府的坚强领导下，对学习实践活动高度重视、组织得力，突出实践特色、重在解决问题，"规定动作"不走样、"自选动作"有特色，取得了可喜的阶段性成效；教学活动以提高素质教育为主题，以提高教学质量为核心，以提高教师队伍为关键，以办人民满意的教育为宗旨，规模不断扩大，水平不断提高，环境不断优化。有所见便有所感，有所闻便有所思。现就发展中等职业教育问题，提几点意见。

一、中等职业教育的发展趋向

职业教育即为技术和职业进行的教育和培训，它突出强调培养创造能力、实践能力和创新能力。中等职业教育是指高中阶段的职业教育，目的是培养中等专业技术人员、管理人员和职业知识技能要求较高的操作人员及中级技术工人等，其定位就是在九年义务教育的基础上，培养数以亿计的技术型人才和高素质的劳动者。中等职业学校包括中等专业学校、职业高中和技工学校。

20世纪以来，特别是第二次世界大战结束以来，许多国家中等职业技术教育蓬勃发展，为各国的经济发展做出了重大的贡献，成为各国中等教育体系中不可或缺的重要组成部分。中等职业教育的地位并未因高等教育的大众化而受到冲击。美国是一个实现了高等教育普及化的国家，50%的适龄青年可以进入高校学习，即使如此，中等职业教育在美国依然生机勃勃。按照我国高等教育大众化的发展目标，到2010年，我国高等教育的入学率将达到15%。从理论上说，将有85%的适龄青年上不了大学，他们当中相当大的一部分人在完成九年义务教育后将选择中等职业教育。因为就业是民生之本，中等职业教育则是实现就业的重要途径。综观各国尤其是发达国家的中等职业教育，大体呈现如下发展趋向：

1. 优化教育结构，重视中职教育。发展职业教育，尤其是加大中等职业教育在教育布局中的权重，对于繁荣经济、促进就业、消除贫困、维护稳定意义重大，这在“二战”后的不少国家都得到生动验证。在实现工业化的过程中，如何满足企业对于大量技术工人的需求，如何实现农村劳动力的转移，如何促进城镇职工的就业和再就业，都有赖于中等职业教育的发展。我国的现实情况在于：一是大学文凭不能保证人的终身生活无忧；二是并非人人都能上大学；三是上不了大学同样也可以谋生。当人们明白了教育投资得不到相应的回报，供孩子读普通高中和大学并不一定能找到满意的工作，或者孩子考不上大学时，家长子女读普通高中的热情便会降低，中等职业教育自然就成为理性的选择。

2. 根据地方需要，合理设置专业。中等职业教育专业和课程一定要根据地方需要设置，这是中等职业教育发展的规律使然。中等教育只有满足了地方的需要，才能得到地方的支持；有了地方的支持，中等职业教育发展才有坚实的基础。那些一味充当外地劳工“转运站”的职业学校是办不长久的。

3. 加强职业指导，突出能力培养。职业指导一般包括三个方面：一是职业介绍，即介绍职业特点和未来发展前景，包括工作环境、收入状况以及对人才的要求；二是职业能力诊断，即通过测验、谈话、观察等手段，诊断学生个性特点、能力倾向等，为学生选择职业提供咨询；三是提供就业信息，帮助学生就业。职业教育中强调能力培养已是大家的共识。“能力本位教育”的观点已被广泛接受。

4. 围绕市场需求，实行开放办学。中等职业教育必须以市场需要为中心，专业课程设置，师资队伍建设，设备更新等都要围绕市场转。实行开放办学是指：一是在招生对象上，实行开放制，即放开学历、年龄、性别方面的限制（特殊要求的除外）。二是在办学时间上，实行全日制、函授制、业余制（定时制）多种形式并举，尽量满足不同类型人员的需要。三是在学制上，实行长期和短期相结合，长期的属于学历教育，短期的属于非学历教育；长期的根据学历要求决定时间长短，短期的则根据课程需要决定时间长短，半年、几个月，甚至几周都可以。四是在课程设置上，依具体情况而定，长班依据系统性、基础性和应用性相结合的原则设置课程，短班课程则突出应用性。

5. 充分利用资源，推进联合办学。联合办学一般有三种形式：一是学校与企业联合办学。在这方面，美国的“合作职业教育”、日本的“产学合作”、德国的“双元制”是比较成功的经验。二是职业学校之间的合作。在师资、设备、资料等方面资源共享。这种合作的关键是要解决好合作后的利益分配问题，变同行无同利为合作共盈利。三是职业学校与普通中学之间的合作。一方面，职业学校可以利用自己的优势为普通中学学生开一些职业技术课程，为普通中学的素质教育提供支持；另一方面，职业学校可以借助普通中学的师资和资料来加强自己的文化课教学。

6. 提高教学质量，畅通升级渠道。建立中等职业教育与高等教育之间的通道，是国外一些国家中等职业教育长盛不衰的又一条有效经验。目前，我国正在架设中高等教育之间的“立交桥”，这无疑将对我国中等职业学校吸引生源产生积极的影响。当然，这种通道的建立应当以质量为保证，没有质量的中等职业教育最终还是会被高等教育所拒绝。这就要求中等职业学校踏踏实实抓好教学质量，为学生未来的发展打牢根基。

综上所述，目前国内外职业教育具有以下几个鲜明特色：一是注重创新能力培养。在培养学生的实践能力的同时，注重超前培训学生的创新能力，使学生具备以创新能力为核心的综合实践能力。二是注重加强基础教育。教学内容注意吸收科学技术革命的最新成果，职业教育各领域普遍进行电子计算机和信息处理教育。三是注重科目的综合化。为使学生具有广泛的职业适应性，为其升学或就业两种选择提供条件，同一学校的学生可以在各学科之间跨科选修，也可将相近学科合并为一个综合性学科。四是注重拓宽办学渠道。采用地区合作、校企合作、社区合作等多种类型和多种层次的办学形式，广泛开展职业技术交流与学术交流，优势互补，资源共享。五是注重抓好职业指导。重视为学生提供职业信息，培养学生对社会职业的兴趣以及独立选择职业的能力，按照各年级不同的发展阶段，选择不同的指导主题，有计划地系统地进行指导。六是注重提高办学层次。职业技术教育的重点将逐渐转向中等以上的教育阶段，条件成熟了，不仅可以办本科专业，而且还可办研究生层次的专业，构筑通向高等职业教育人才的立交桥，以适应科技与经济发展对各层次应用型人才的需求。

二、我省中等职业教育的发展现状

2008年10月，教育部将河南作为全国职业教育改革实验区，省委、省政府召开全省职业教育攻坚大会，印发了《河南省人民政府关于实施职业教育攻坚计划的决定》，明确了今后5年的总体思路、基本原则、主要目标和政策措施。一年来，全省各级党委政府积极实施职教攻坚计划，中等职业教育呈现出强劲的发展势头。

一是认识日渐深化。中等职业教育以服务为宗旨，以就业为导向已成为共识。发展理念和改革思路日益清晰，学校主动服务经济社会发展的意识和能力显著增强，毕业生越来越受到各行各业的欢迎。

二是规模快速扩大。今年，在全省初中毕业生比去年减少20万人的情况下，中等职业教育招生达到70.2万人，圆满完成了教育部下达的计划，招生规模首次超过普通高中，为实现中职和普高1：1的目标奠定了基础。全省中等职业教育在校学生已达183万人，居全国首位。以济源为例，现有中等职业学校10所，在校学生11120多人，每年招生量都在5000人以上。

三是布局趋于合理。各地按照2012年中等职业教育在校生规模占高中阶段在校生规模比例达到50%以上的目标，积极调整规划，实施科学布局。全省已调整减少了97所弱、小、偏的中职学校。2003—2004年，济源市先后将成人中专、煤矿职高并入一职高，2005年一职高被教育部认定为国家级重点中等职业学校。

四是体制不断创新。职教集团化办学向纵深发展。按照政府统筹、市场运作、龙头带动、城乡联姻、校企合作、互利共赢的原则，以骨干职业院校为龙头，以特色专业为纽带，在全省组建了60个职教集团和17个省级专业性技工集团。职教集团龙头带动作用的增强，实现了校际、校企之间的资源共享、优势互补，提升了河南职业教育整体水平，促进了职业教育与经济社会发展的紧密结合。

五是环境愈益优化。实训基地和技能培训得以加强，省级职教专家队伍建设步伐加快，职业教育的吸引力明显增强，职教强县活动取得实效，国家职教改革试验区建设开局良好。济源市通过政府扶持、学校自筹、社会参与等形式，已开办10所中职学校，其中4所为教育部门所办，4所为企业所办，2所为民办，逐步形成了多元化的办学格局。

当然，中等职业教育还存在不少矛盾和问题：一是发展还不平衡。一些地方对职教工作的重视程度不够，工作力度不大，推进速度不快。有些部门还没有按要求完成职教攻坚责任目标，有些规定和政策还没有落到实处。二是机制有待完善。多元化投融资格局尚处在初始阶段，职教资源还比较分散，部门分割、相互掣肘、各自为战、效能低下的问题依然存在。三是职教师资严重短缺。2008年底，全省中等专业学校专任老师仅为5.59万人，缺口高达10多万人；专任教师中的“双师型”教师仅占教师总数的16.8%，与60%的要求相距甚远。四是办学条件急需改善。我省生均校舍面积、生均图书、生均教学仪器设备值等指标均低于全国平均水平。

三、发展中等职业教育的对策建议

1. 办学方向要明确。在坚持教育“三个面向”方针，坚持社会主义办学方向，坚持德育为首，坚持素质教育的前提下，根据市场化的要求，在充分调查论证的基础上，科学合理地确定自己的发展方向，从宏观上把握改革的大方向，制定出严密的改革方案、教学评估体系和专业评价机制，不仅布局要科学，而且专业设置要合理，使学校实现有专长、有特色的良性发展。

2. 办学之路要多元。中职学校因袭传统的办学模式是行不通的，只有走多元化办学之路，才有生存和发展的空间。我省登封市武校遍地开花，实现了教育产业的规模化和效益的最大化。其主要做法就是放开各类武术中等职业学校招生的种种限制，允许学校根据社会需求和自身办学能力，自主确定招生计划和招生规模，自己组织考试，单独招生及实行注册入学，在不影响义务教育阶段正常教学的前提下，根据实际需要，学校可以随时招生；还出台了各种优惠政策，如对下岗职工和特困户子女减收学费、免收住宿费，设立贫困生困难补助、优秀生奖学金等，一改过去坐等学生上门报名的做法，使学校出现了常年“热招”的好势头。这些做法值得我们借鉴。

3. 名牌意识要强化。树立名牌意识是现代众多企业深化改革、搞活经济的一项重要举措，也是中等职业学校生存和发展的必要条件。要根据自身优势，依据专业设置的近期和远期规划，按照“紧贴当地社会经济发展、充分考虑学校办学条件、办出特色”的原则，确定学校的拳头专业和特色专业，使学校具有强大的吸引力和生命力。有名师，才能创名校。要建设一支学有专长、教有特色的高素质现代化教师队伍。有了高质量的学生，才能扩大学校的声誉和影响力。要倾力培养合格且有特长的学生。要加强现代化教学设施建设，使名牌有足够的硬件支撑。

4. 相结合模式要探索。从主动适应劳动力市场的需求着手，中等职业教育专业设置的学历证书如何与职业资格证书及职业培训证书相互促进、相互依存，是职业学校功能转变的一个亟待解决的问题。在高新技术领域，经验和经历在工作中发挥着越来越重要的作用，非学历的职业资格证书和职业培训证书可能会比学历证书更受重视，职业培训将受到人们的青睐。教育行政部门与学校应主动、积极地将职业培训纳入学校的正常职能范围和教学范围，努力探索职业教育的学历证书与职业培训的资格证书相结合的途径和办法，建立起开放型的办学体制和专业运行机制，逐步形成学历教育与职业培训并重的办学模式。

5. 实践性教学要突出。教学质量是办学的生命线，以质兴校是办学的基本原则。教师在教学实践中，要坚持“传授知识，培养能力，发展智力，面向全体，发展特长”的教育目标，变应试教育为培养创新能力的素质教育，由“要我学”到“我要学”“我会学”。要建立和完善各种实践性教学设施，与企业建立长期的协作关系，培育固定的实习基地，实现教学、科研、生产的一体化。要根据教学实际需要，适当增加实践性教学时间，开辟丰富多彩、形式多样的技能达标活动，提高学生的动手能力，实现学习与就业的无缝对接、紧密接轨。

6. 良好氛围要营造。要把职业教育作为一项事关改革发展全局的重要工作，摆上市委、市政府的重要议事日程，作为一把手工程来抓，切实做好发展规划、资源配置、条件保障、政策措施的统筹管理，齐心协力推进职教攻坚深入开展。要强化检查督导，建立和完善职教攻坚评价考核机制和奖惩机制。要加大宣传力度，大力倡导新的人才观、成才观和就业观，努力形成全社会尊重技术、尊重劳动的良好风尚，进一步动员社会各方面力量踊跃参与职教攻坚行动，努力形成重视和支持职教攻坚的浓厚氛围。

（2009年11月23日）

从“文化软实力”说开去

——在河南省文化厅所作的学习实践科学发展观活动辅导报告

在文化厅的精心安排下，我同省学习实践科学发展观活动领导小组办公室、省委宣传部、驻文化厅检查指导组的同志们一起，先后察看了河南省歌舞剧院、省文物考古研究所、省图书馆和省艺术职业学院；考察了河南艺术中心。在调研过程中，边走、边看、边听、边议，受益匪浅。总的感觉是，这些年，我省文化系统在实现文化资源大省向文化强省跨越进程中，围绕中心，服务大局，在文化体制改革、文化产业发展、公共文化投入、文化设施布局、精品创作生产、文化遗产保护、基层文化建设、群众文化活动、文化市场管理、政策措施完善、对外文化交流等方面，做了大量卓有成效的工作，在整体推进中，实现了重点突破，创造了新鲜经验。现围绕学习实践科学发展观、推进文化强省建设，提几点意见。

一、对“文化软实力”的理解

党的十七大报告首先提出“提高国家软实力”的要求；在今年的全国宣传思想工作会议上，胡锦涛总书记再次强调要“提高国家文化软实力”。

这不禁使人想起了毛主席老人家的一段至理名言：“实力地位、实力政策，世界上没有不讲实力的。手里没有一把米，叫鸡也不来。”“软实力”是相对于“硬实力”而言的。大到一个国家，小到一个地区，其综合实力都包括两个方面：一个是由经济、科技、军事等形成的“硬实力”；一个是由文化、意识形态等形成的“软实力”。硬实力是有形的力量；软实力是无形的力量。硬实力往往财大气粗，吆五喝六，具有威慑作用；软实力则以情感人，以理服人，具有潜移默化、润物无声的功能。

“软实力”的概念最早是美国哈佛大学肯尼迪政治学院约瑟夫·奈教授提出来的，他曾在克林顿政府内担任国家情报委员会主席。他把软实力看作影响别国意志和行为的无形精神力，包括文化感染力、价值观感召力、政治制度吸引力、外交说服力、国际信誉力、领导人与国民形象魅力等。经济全球化的浪潮正势不可当席卷世界，由经济发展、军事装备、科技进步、领土和地域扩张所构成的硬实力竞争愈演愈烈，由文化感染力、道德影响力等所构成的软实力竞争也如火如荼。两者相互依存、相互为用，使各国综合国力的竞争日趋激烈。

综合国力包括硬实力和软实力两个方面。硬实力是软实力的基础，软实力是硬实力的支撑。历史上任何一个强盛的国家都是软硬实力并重的国家。我国秦皇、汉武、唐宗、宋祖时代的业绩，主要通过软硬实力兼备来实现的。他们都是既注重经济、军事，也注重文化，因而对内对外都有很强的辐射力和影响力。改革开放30年来，我国的硬实力得到迅猛发展，人们的消费水平和消费欲望也随之大幅攀升。而人们对生活的需求是依次递进、循序渐进的。生理性需求为第一层次，也是最基本的需求，主要是维持人的衣食住行、生息繁衍；社会性需求为第二层次，主要是人们希望有一个安定、有序、能保证生命财产安全的社会；精神性需求为第三层次，在生理性需求和社会性需求基本满足之后，人们顺理成章地更多地提出并关注精神、心理等更高层面的需求，精神文化消费将变得越来越重要，使得21世纪精神文化的消费将成为最重要的消费。

在软实力中，文化软实力居于核心地位，属于首要因素。文化是一个民族的灵魂、灯塔和标志，是民族凝聚的基础和民族认同的精神家园，是一个民族的名片、识别码和身份证。文化软实力，既包含音乐、舞蹈、戏剧、曲艺、杂技、书法、美术、工艺、图书、影视，也包含伦理道德、价值观念等，在很大程度上表现为公民的精神状态、意志品格、对内的凝聚力和对外的穿透力。这一切又都来自于人们对社会核心价值的认同。而要把全社会的意志和力量高度凝聚起来，就要求有一套与经济基础、政治制度、生产力发展水平相适应的核心价值体系。在当代中国，靠什么去统一13亿人口的思想？靠什么来凝聚56个民族的力量？靠的就是：①统一的指导思想；②共同的理想信念；③强大的精神支柱；④基本的道德规范。一言以蔽之——社会主义核心价值体系。否则，我们就将失去团结一致、共同奋斗的思想道德基础，就将导致人心涣散、社会混乱。因此，我们要把建设社会主义核心价值体系，作为提高文化软实力的首要任务，坚定不移地用马克思主义中国化的最新成果武装全党、教育人民；坚定不移地用中国特色社会主义共同理想凝聚人心、融汇力量；坚持不懈地用以爱国主义为核心的民族精神和以改革创新为核心的时代精神鼓舞斗志、陶冶情操；坚持不懈地用社会主义荣辱观明辨是非、引领风尚。使其成为全体社会成员普遍接受、自觉遵守、乐于奉行的价值理念，成为全民族奋发向上的精神力量和团结和谐的心灵纽带。

一位学者说过，19世纪靠军事改变世界，20世纪靠经济改变世界，21世纪则要靠文化改变世界。人们已经认识到，当代综合国力的竞争已经不仅仅局限在经济和军事力量上，文化也潮涌般地走向了台面，文化软实力已经成为综合国力的重要内容。利用文化提高国际地位和影响力、话语权，已是各大国的一项战略抉择。党中央将“提高国家软实力”提到国家战略的高度加以强调，充分体现出我们党对当代国际社会竞争态势的敏锐洞察和科学把握，对实现中华民族伟大复兴的深谋远虑和高瞻远瞩。我们一定要响应党中央的号召，大力弘扬具有中国风格、中国气派的中华文化，不断增强中华文化的民族性、包容性、时代性，增强中华文化的吸引力、感染力、影响力，向世界艺术盛宴端上中国特色的文化大餐，让中华文明的优美旋律响彻世界和谐文化大合唱。

二、对建设文化强省的思考

党的十七大对推动社会主义文化大发展大繁荣作出了全面部署，突出强调了建设社会主义核心价值体系、建设和谐文化、弘扬中华文化、推进文化创新等四个方面的主要任务。在今年8月底召开的全省文化产业发展和文化体制改革工作会议上，徐光春书记、郭庚茂省长对文化强省建设进行了再动员、再部署。要把中央和省委的部署要求落到实处，就必须以科学发展观为统领，以文化强省建设为目标，以文化资源为依托，以改革创新为动力，一手抓公益性文化事业，一手抓经营性文化产业，加快文化资源大省向文化强省的跨越进程。

（一）以保障人民群众基本文化权益为着力点，大力发展公益性文化事业

一个哲人说过："人在吃饱之前只有一个烦恼，但在吃饱之后却有无数烦恼。"现在，人们不仅求"生存"，还要求"发展"；不仅求"温饱"，还要求"幸福"。在我国现阶段，民生不仅包括人民群众的基本物质生活，也包括基本精神文化生活。因此，我们党把"建立覆盖全社会的公共文化服务体系"作为实现全面建设小康社会奋斗目标的新要求，明确提出发展公益性文化事业是保障人民基本文化权益的主要途径。

近几年来，我省公益性文化事业在省委、省政府的高度重视下，获得了长足发展。公共文化基础设施不断完善，建成了河南艺术中心等一批标志性文化设施。基层文化设施的建设步伐不断加快，广播电视"村村通"、文化信息资源共享、农村电影放映、"新农村书屋"等重大公共文化服务工程进展顺利，使更多群众享受到了文化发展成果。文化精品不断涌现，文化活动日益增多，人民群众的精神文化生活水平有了很大提高。同时，我们也要清醒地看到，目前我省文化事业发展还存在诸多薄弱环节和不容忽视的问题：一是公益性文化事业基础薄弱。虽然这几年对文化设施的投入在逐年增加，但由于经济发展水平低、财政实力弱等客观原因，财政对公益性文化事业投入太少，欠账较多，人均文化事业费连续十几年在全国倒数第一，34%的公共图书馆全年没有购书经费，32.5%的群众艺术馆、文化馆全年没有业务经费，40%的乡镇文化站（中心）处于无房舍、无器材、无经费的"三无"状态。二是群众精神文化生活单调。农民和进城务工人员的精神文化生活相当贫乏。据国家统计局对我省居民文化消费状况的调查，"最近一年中一次也没去过剧院看演出"的城镇居民为76.8%，农村居民高达89.5%；"一年中从未到影院看过电影"的城镇居民为63.5%，农村居民高达86.3%。

文化的主体是人，文化建设的最终目的是促进人的全面发展，以保障人民群众基本文化权益为己任。一是公益性文化设施建设要点、线、面结合。"点"就是重点，城市的重点是社区，农村的重点是乡镇，而重中之重是乡镇文化站建设；"线"就是文化、广电、出版、文物等部门条线分工，通力合作，互建互补，共建共享；"面"就是点线互联、纵横交错，全面覆盖。二是公共文化产品的有效供给要精心组织。有了阵地和载体，还必须有丰富的服务内容。加大面向基层、面向群众精神文化产品的创作生产力度，扶持现实题材、农村题材、少儿题材作品创作，推出更多群众喜闻乐见的大众文化产品。三是公益性文化活动要广泛开展。要坚持重心下移，面向基层、服务群众，多举办一些群众乐于参与、便于参与的文化活动，多提供他们普遍欢迎的文化服务；要变“送文化”为“种文化”，变“三下乡”为“常下乡”。培养农民文艺骨干，鼓励多种形式的农民自办文化活动。四是公共文化设施管理服务要创新。各级政府部门要为公益性文化单位提供必要的运行经费，保证其正常运转。要建立健全科学有效的管理体制和运行机制，对重要公益性文化产品、重大公共文化服务项目和公益性文化活动，要引入竞争机制，实行政府采购、项目补贴等，扩大服务范围，增强服务效益。积极引导社会力量参与公共文化服务。加大对贫困地区、革命老区和少数民族地区的公共文化扶持力度。

（二）以提升文化软实力为着力点，大力发展经营性文化产业

文化事业是公益性的，是主流文化的主要阵地，体现了政府满足人民群众基本文化权益方面的重要责任。文化产业是经营性的，是文化产品的重要来源，是满足人民群众多层次、多方面、多样性精神文化需求的重要途径。正像现在人们对服饰的要求，不仅能御寒保暖，还要追求时尚、张扬个性、凸显品位一样。

近几年，我省文化产业发展很快。2007年全省文化产业实现增加值约400亿元，增长18%，高于全省GDP的增长速度。打造了河南奥斯卡电影院线等一批重点文化产业项目，组建了河南报业集团、中原出版传媒集团等一批有影响的文化企业集团，形成了《梨园春》等一批知名文化品牌。去年以来，我省文化产业呈现新的发展态势：一是文化与旅游相结合，大力发展旅游演艺业，相继推出《禅宗少林·音乐大典》《大宋·东京梦华》等璀璨夺目的演艺项目；二是影视产业呈现良好发展势头，组织拍摄了《少林寺传奇》《湖光山色》《五世请缨》等电影、电视剧；三是动漫产业有了可喜发展，河南省新华书店投资组建的河南天乐动画影视发展有限公司制作的三维动画系列片《独脚乐园》横空出世，与英国公司签署了版权交易协议。在欧洲和英联邦地区播出和发行，标志着我省动漫作品开始打入国际市场。目前我省文化产业发展的突出问题，

一是总量规模小。2007年，河南文化产业增加值只占全省生产总值的4%。而一些文化产业发达省份已经达到6%—7%。二是结构不合理。我省文化产业实现增加值中，核心层、外围层、相关层之比是19.4∶7.2∶73.4，全国平均水平为37∶20∶43。显示出我省文化产业还是以传统文化产业为主，现代文化产业所占份额很小，科技含量高的文化产品更少。三是具备竞争力的文化产业主体少，缺少像河南报业集团、中原出版传媒集团这样一些在全国具有一定竞争力的产业主体，缺少能够依靠现代资本市场实现文化资本、人力资本与金融资本有效对接的战略投资者。

要看到我省发展文化产业的巨大潜力和广阔前景，采取有效措施，壮大产业规模，使文化产业占国民经济的比重明显提高，国际竞争力明显增强。一要加快培育合格市场主体。通过积极的产业政策和有序的市场化运作，充分发挥国有文化企业的骨干作用，推进结构调整和资产重组，将其做大做强，鼓励有条件的文化企业上市融资。当前我省国有文化企业是走在全国前列的，如河南日报报业集团综合实力在全国省级党报中名列前茅，中原出版传媒集团综合实力在“全省百强企业”中名列第17位，省电台综合实力进入全国前5强，省电视台经营创收和卫视收视率、覆盖率名列全国前10强，都市频道进入全国地方电视台同类频道前3强。但与先进省市相比，民营文化企业发展却很不充分，如浙江省民营文化企业已经成为浙江文化产业发展的重要力量，出现了宋城集团、横店集团等一批龙头民营文化企业。宋城集团总资产超过50亿元，横店集团总资产达70多亿元。我们要积极鼓励和支持社会资本以多种形式进入政策许可的文化领域，将民营文化企业发展纳入各地文化产业发展总体规划，切实加强引导和扶持。在我省文化产业增加值中，包括娱乐休闲、文化旅游、网络传输、数字影视、广告会展等新兴文化产业的外围层，所占份额只有7.2%，比全国平均水平低了12.8个百分点。一定要在做大做强以新闻出版、广播影视、文化艺术为主的核心层文化产业的同时，大力发展包括动漫游戏、文化创意产业在内的外围层文化产业，提高现代新兴文化产业的比重。二要实施重大文化产业项目带动。前几年，我省实施重点项目带动战略，成效明显。一个“奥斯卡电影院线”就带火了全省的电影放映业。项目是发展文化产业的基本载体。要坚持以项目促发展，以项目求突破，以项目聚力量，用项目把文化资源和市场、资本、技术、人力资源等生产要素有机结合起来，打造具有核心竞争力的文化产品和文化品牌。要加大文化产业基地和区域特色文化产业群建设，运用高新技术的新文化生产方式，培育新的文化业态，加快建设传输快捷、覆盖广泛的文化传播体系。充分发挥政府资金的导向和激励作用，扶优扶强扶重点，加大对自主创新项目的支持力度。三要建立健全各类文化市场。重点发展文化产品市场，完善文化要素市场，培育和规范文化网络市场。健全文化行业组织和文化中介机构，培育区域乃至全国性的大型现代流通组织和物流中心，发展现代文化产品连锁经营和电子商务，促进文化产品和生产要素合理流动。建立高效的文化市场综合执法体系和监管体系，提高执法效率和监管水平。四要实施中原文化"走出去"战略。我国正在实施中华文化"走出去"战略，河南作为文化资源大省，也要积极推动中原文化"走出去"，扩大中原文化的对外影响力。我省的武术、杂技在国际上享有盛誉，有很多团队常年在国外演出。我省是文物大省，文物外展优势明显。开封汴绣、南阳玉雕等民间工艺品，在国际市场上也颇有吸引力。但是，目前我省文化企业外向度低，文化产品出口总量不大。2007年全省文化商品出口额不到6亿美元，只占全省出口额的8%；在近200种出口文化商品中，出口额上千万美元的仅4种，上百万美元的仅10种，无论是数量还是品种都与文化资源大省的地位极不相称。我们一定要迎头赶上，依托资源优势，大力发展外向型文化企业，积极开展对外文化交流和文化产品贸易，主动与国际知名文化机构、文化企业开展合作，推动中原文化昂首阔步走向世界。

（三）以解放和发展文化生产力为着力点，大力深化文化体制改革

这几年，我省文化建设之所以能取得新的进步，开创新的局面，得益于文化体制改革的扎实推进；而解决制约我省文化发展的深层次矛盾和问题，仍然有赖于改革的深入、体制机制的创新。改革要体现中央"加大力度、加快进度、取得实质性进展"的要求。深化文化体制改革的重点有二：一是经营性文化单位的转企改制。要探索多种模式，完善政策保障，积极推进能够实现市场配置的国有经营性文化单位转制为企业，认真落实改革中涉及职工切身利益的有关政策，切实做好劳动人事、社会保障等的衔接，按照"老人老办法"的原则，妥善解决好职工的社会保障和分流安置。二是艺术院团改革的深化。这

是体制改革的重点也是难点。要科学区分省重点扶持院团和一般院团，对于重点扶持的艺术表演团体，应实行目标责任制，建立监督考核与奖惩制度，深化内部三项制度改革，实行人事代理与合同聘用，畅通艺术人才进出渠道。提倡“一团一策”，对一般艺术院团的改革，要成熟一个、转制一个，不搞“齐步走”“一刀切”，既要有敢为人先的勇气，又要有科学的态度和方法，要不折不扣地落实改制院团的各项优惠政策，在政策保障、资金支持、市场拓展等方面给予支持。要明白改革的目的，是使文化的活力充分显现，文化的力量充分汇集，文化的功能充分发挥。

（四）以弘扬民族优秀文化为着力点，大力做好文化遗产保护工作

河南历史悠久，人文荟萃，历史文化积淀非常丰厚，馆藏文物和地下文物均居全国第一位，必须加强对文化遗产的发掘、保护、传承和利用。对物质文化遗产的保护，要贯彻“保护为主、抢救第一、合理利用、加强管理”的方针，进一步改进和完善重大工程建设中的文物保护工作，抓好重点文物维修工程，加强古都和历史文化名城名镇保护，提高馆藏文物的保护和展示水平。对非物质文化遗产的保护，要突出“传承发展”的要求，重点抓好普查工作，加强非物质文化遗产的研究、认定、保护和传播，确保优秀非物质文化遗产得到有效传承和发展。

（五）以多出精品为着力点，大力推动文化人才队伍建设

近年来，我们积极实施文化精品战略，以“河南文化精品工程”为抓手，推出了一批在国内外叫得响的文艺精品。《风中少林》荣获中国舞蹈最高奖“荷花奖”金奖，并成功入选2005—2006年度国家舞台艺术精品工程；豫剧《程婴救孤》获得国家“文华大奖”第一名和2004—2005年度国家舞台艺术精品工程第一名；大型现代豫剧《村官李天成》及其舞台艺术片，双双赢得全国“五个一工程”奖；大型木偶剧《森林里的故事》在第二届全国木偶皮影比赛中荣获金奖，《牡丹仙子》获得国际木偶展演优秀剧目和优秀剧目奖；大型实景演出《禅宗少林·音乐大典》和《大宋·东京梦华》，在全国产生广泛反响；还有《常香玉》《铡刀下的红梅》《木兰诗篇》《清明上河》等也获普遍好评。在这些精品剧目的示范带动下，全省各地生产文化精品的积极性空前高涨，一个狠抓精品生产、推动文化大发展大繁荣的热潮正在形成。

实现文化大发展大繁荣，人才是关键，队伍是根本，精品是标志。一是要造就各个领域的拔尖人才。要尊重人才成长规律，加大培养力度，注重实践锻炼，放手让年轻人在艺术实践中担当重任、成长成名。要完善激励机制，设立奖金奖项，建立荣誉制度。比如，文学界设有鲁迅文学奖、茅盾文学奖，新闻界有韬奋新闻奖、长江新闻奖，演艺界为什么不可以设被国务院命名的唯一一名“人民艺术家”的“香玉戏剧奖”？要努力造就一批各专业领域的领军人物、一批懂经营善管理的文化企业家、一批掌握现代传播技术的专业人才，培养一支德艺双馨、结构合理、富有活力的浩浩荡荡的文化人才队伍。二是要坚持先进文化的前进方向。要把社会主义核心价值体系渗透到精神文化产品创作生产之中，弘扬共同理想，培育和谐精神，唱响时代主旋律，用高质量高水平的作品形象地告诉人们什么是真善美、什么是假恶丑、什么是值得肯定和赞扬的，什么是必须反对和制止的，充分发挥优秀文艺作品凝聚人心、鼓舞斗志、陶冶情操、提升境界的作用。三是要遵循文化艺术的内在规律。精品生产必须尊重艺术规律，按照艺术规律办事。打造文化精品，要选好题材。河南历史悠久，有取之不尽的历史文化题材，也有丰富多彩的现代文化资源。人民群众对反映现实的优秀文艺作品，有越来越高的期待。我们的作家、艺术家，一定要贴近实际、贴近生活、贴近群众，到火热的生活中去，聚丰富的生活积累，不可急功近利，不要心浮气躁，唯其如此，才能成大器、出力作。要坚持专家和群众相结合、演员和观众相结合，充分听取和吸收各方面的意见和建议，海纳百川，集思广益。精品的创作生产不是一蹴而就的，而是要经过千锤百炼和反复加工修改而成的。有道是：“十年磨一戏。”《朝阳沟》是如此，《程婴救孤》也是如此。《程婴救孤》刚推出来的时候，在全省戏剧大赛中仅获得了银奖，但他们没有就此罢手，而是在演出过程中不断加工修改，经过十几次、几十次、上百次的打磨提高，终于获得了两个全国最高奖的头彩。

三、对省文化厅开展深入学习实践科学发展观活动的希望

我们高兴地看到，省文化厅党组以高度的政治责任感和认真负责的工作

态度，迅速部署、精心组织、积极落实、扎实有效地推进省直文化系统学习实践活动的开展，取得了初步成效。

一是行动迅速，部署周密。“全省深入学习实践科学发展观活动动员大会暨市厅级主要领导干部专题研讨班”结束后，厅党组迅速召开会议，专题研究部署文化厅深入学习实践科学发展观活动，通过了《河南省文化厅深入学习实践科学发展观活动实施方案》，成立了领导小组和办公室，接着又召开了动员大会，制定了《学习调研阶段工作安排》《学习调研日程安排》《领导干部领题调研方案》等文件，学习调研阶段的各项工作任务正在逐一落实，学习实践活动在省直文化系统已全面铺开。

二是形式多样，氛围浓厚。学习活动中，文化厅党组不仅要求全体党员干部按照《省委实施意见》的要求，完成规定动作，还积极创新学习形式，设计自选动作，通过举办集中培训、专家辅导、集体研讨、中心组学习、党员领导干部宣讲、上党课等，对党员干部进行学习培训，深化了活动主题，增强了学习实效，营造了积极向上的舆论氛围。

三是思路清晰，方向明确。厅党组明确提出了重点把握好“五破五立”、突出“两个重点”的要求，思路清晰，方向明确，提出着力解决的问题切合我省文化工作的实际，具有很强的针对性、实践性和可操作性。

四是联系实际，注重实效。厅党组根据文化厅的实施方案和学习调研阶段的工作安排，结合各自分工，分别带领有关部门和单位负责人深入基层，领题调研；积极响应省委宣传部开展“三联”活动的意见，制定了实施方案，积极参加省直宣传文化系统的联组学习、联合调研、联手整改，做到了“两手抓、两不误、两促进”。

文化厅机关和省直文化系统的学习实践活动，可以用“准备充分，动员到位，举措得力，开局很好”来概括。

按照中央和省委开展学习实践活动的决定和实施意见的要求，下一步，我们不仅要完成学习调研阶段第三个环节的任务，还要做好分析检查、整改落实阶段的预安排。临近岁末，诸事繁多，但开展深入学习实践科学发展观活动是全党政治生活中的一件大事，也是推动各项工作的动力源泉。我们一定要从讲政治、讲大局的高度，充分认识开展学习实践活动的重要性、必要性和紧迫性，切实把学习实践活动引向深入。为此，我向大家提几点希望。

一是希望文化厅机关和省直文化系统通过学习实践活动，选准坐标科学定位。要做到不为已有的成绩而满足，不为过去的经验所束缚，不为传统的方法所局限。以更开阔的思路、更有效的政策、更得力的措施，勇于超越，敢于创新，当好省委、省政府文化建设科学决策的参谋部，文化建设力量的协调部，文化体制改革的策划部，文化事业和文化产业发展的指挥部。

二是希望文化厅机关和省直文化系统通过学习实践活动，构建文化建设格局。要把工作的着力点放在构建公共文化服务体系、构建文化产业发展体系、构建文艺精品生产与普及体系、构建现代文化市场体系、构建文化遗产保护体系、构建文化人才培养体系、推进文化体制改革和机制创新等7个方面，落实领导责任制，加强分类指导，营造良好环境，推进文化建设。

三是希望文化厅机关和省直文化系统通过学习实践活动，促进文化普惠于民。在文化工作中要体现执政为民的思想，始终以实现好、维护好、发展好最广大人民群众的根本利益为己任，以提高人民群众的思想道德素质和科学文化素质、促进人的全面发展为己任。充分尊重群众的首创精神，保护一切创新成果。坚持三贴近原则，不断创作生产出深刻反映现实生活、弘扬社会主义核心价值、体现中华民族优秀传统的让人民满意的作品。推动文化走向人民大众，走向普通百姓，努力使文化发展成果惠及全体人民。

四是希望文化厅机关和省直文化系统通过学习实践活动，推进文化全面繁荣。要统筹兼顾文化发展与经济发展，统筹兼顾区域文化发展，统筹兼顾不同人群的文化需求，把重点工程和基础工程、精品工程和普及工程有机结合起来，既要打造一批体现中原气派、展现河南实力的标志性文化设施和精品艺术，又要建设一大批满足人民群众享受文化成果、参与文化活动的基础设施，提供丰富多彩的文化产品、文化服务，不断提升文化在社会主义核心价值体系建设中的作用力，提升文化产业在生产总值中的百分比，提升文化建设对社会就业的贡献率，提升人民群众对文化生活的满意度，提升河南文化在全国和全球的影响力。

（2008年9月1日）

辑五

书序随笔

毛主席，河南人民怀念您

——《毛主席来河南》序

《毛主席来河南》一书是在习近平总书记“两个不能否定”光辉思想指导下，将毛泽东主席新中国成立后20多次亲临河南的历历往事，如数家珍、娓娓道来的一部回忆文集。

河南地处“天地之中”，是中华民族和华夏文明的重要发祥地，素有“九州腹地、十省通衢”之称。新中国成立后，毛泽东主席对河南的社会主义革命和建设事业一直非常关注，从1952年10月至1971年8月，先后20余次莅临河南，深入基层、调查研究，召开会议、解决问题，听取汇报、指导工作，极大地鼓舞了河南人民建设社会主义的热情和干劲。

每当河南人民在社会主义革命和建设中有所发现、有所发展、有所前进的时候，他老人家总是以十分欣喜的心情及时给予充分肯定；对千百万人民群众在社会主义事业的伟大实践中创造出来的新经验、新成就，给予高度赞扬。对河南在50年代后期工作中出现的失误，他又因势利导，循循善诱，及时纠正，表现出对各级干部的极大爱护和对各种错误倾向的痛心疾首。每次来河南，他都是轻车简从、自奉甚俭，夜以继日、忘我工作。他那深入实际、密切联系群众的工作作风，俭朴无华、不事铺张的生活作风，日理万机、殚精竭虑为党和人民事业操劳的崇高精神，给河南广大党员、干部和人民群众留下了永远难以忘怀的深刻印象。《毛主席来河南》这部回忆文集，表达的正是河南广大党员、干部和人民群众对伟大领袖的深切怀念之意和无限敬仰之情。

文集包括两个方面的内容：一是毛主席视察河南城市和农村、接见干部群众、召开会议等方面的图片；二是对毛主席来河南的回忆、纪念文章和专题资料，部分文章里还选用了毛主席对河南的指示、批示和题词手迹。

本书由三个篇章组成。第一篇章是毛主席视察河南的历史照片。所选彩色照片、黑白照片均按时间顺序，逐一考证排列。资料收集较为完整，考证也堪称翔实。例如：毛主席视察七里营的照片，从“毛主席到七里营村初下汽车”，到“离开七里营时，群众送来了祝毛主席身体健康的匾额”，与史料记载的完整一致。

第二篇章是亲历者回忆毛主席召开会议、视察黄河及河南农村的文章和两次郑州会议的专题资料。起首，用较大篇幅介绍了毛主席主持召开的两次郑州会议的情况。1958年11月和1959年2月，毛主席先后在郑州主持召开了有部分中央领导人、大区负责人及部分省市委书记参加的工作会议（即第一次郑州会议），中共中央政治局扩大会议（即第二次郑州会议）。在第一次郑州会议上，毛主席提出了关于区别集体所有制和全民所有制这两种所有制、划清社会主义和共产主义这两个社会发展阶段的界限，关于和不同社会制度相联系的商品生产性质的观点和大力发展社会主义商品生产的思想；第二次郑州会议确定了整顿和建设人民公社、遏制“共产风”的基本政策，制定了《关于人民公社管理体制的若干规定（草案）》，明确了队为基础、等价交换、按劳分配的原则。两次郑州会议，对已经觉察到的“大跃进”和人民公社化运动出现的问题进行了反思和调整，对当时急于向全民所有制、向共产主义过渡之风提出了警示，为在实际工作中纠正那些脱离实际、脱离群众的“左”倾错误开了个头。毛主席从人民公社纷繁复杂的问题当中，抓住所有制以及社会主义与共产主义的关系等事关全局的主要问题，从理论上进行思考，在政策上进行调整；他反复重申和提出的一些正确观点和政策思想，对社会主义建设具有重要的理论价值和指导意义。

接下来是毛主席视察黄河专题。黄河既是中华民族的摇篮，又是一条长期桀骜不驯的“害”河。1952年10月，新中国刚刚成立不久，抗美援朝硝烟未散，毛主席就亲临河南，先后到兰考、开封、郑州、新乡等地视察黄河，实地调查了解黄河的历史和治理情况，从河南人民和中华民族的长远利益出发，发出了“要把黄河的事情办好”的伟大号召，表现了人民领袖对治理黄河问题的高度重视。此后，毛主席来河南时还多次听取治黄规划等专题汇报，把治理黄河、造福人民看作一件关系国家全局、关系子孙后代的大事，提出了一系列具有长远指导意义的重要思想。

紧接着是毛主席视察河南农村专题。毛主席在领导中国革命和建设的漫漫长路中，一贯注重调查研究和对基层实际情况的透彻了解。对河南农村的视察，是毛主席对新中国农村情况进行实地调查的一个缩影。1958年夏天，毛主席冒着酷暑，视察了河南新乡、襄城、长葛、兰考、商丘等地农村。他深入村庄庭院、田间地头，零距离地同基层干部和农民群众亲切交谈，详细询问查看当地工作、生产和群众生活的真实情况，倾听大家的意见和呼声。对广大干部群众建设社会主义的满腔热情，毛主席满怀欣喜地给予点赞；对某些不切实际的“口号”和“高指标”，毛主席也进行了客观而中肯的批评。

第三篇章是毛主席与河南纪事。所辑录的文章，内容充实，剪裁得当，语言生动，妙趣横生，客观、真实地记叙了毛主席倾情河南的一个个历史瞬间和感人场景，读来仿佛身临其境地在聆听一位博学导师、慈爱长者的谆谆教诲。

2013年1月5日，习近平同志在新进中央委员会的委员、候补委员学习贯彻党的十八大精神研讨班上发表重要讲话，在论述改革开放前后两个历史时期的关系时，明确提出：“不能用改革开放后的历史时期否定改革开放前的历史时期，也不能用改革开放前的历史时期否定改革开放后的历史时期。”“两个不能否定”的光辉思想，体现了以习近平同志为核心的党中央所具有的高超的政治洞察能力、政治智慧和政治定力，闪耀着辩证唯物主义和历史唯物主义立场观点方法的光芒。

我们党领导的革命、建设、改革伟大实践，是一个接续奋斗的历史过程，是一项救国、兴国、强国，进而实现中华民族伟大复兴的完整事业。党领导人民进行社会主义建设的探索，经历了改革开放前和改革开放后两个历史时期。改革开放前的历史时期，是党领导全国各族人民进行社会主义革命和建设并取得巨大成就的历史时期，起于1949年新中国成立，止于1978年党的十一届三中全会。改革开放前的历史时期是同毛泽东主席紧密联系在一起的。党的十八大高度评价以毛泽东同志为核心的党的第一代中央领导集体对探索适合中国国情的社会主义建设道路作出的重要贡献，强调党在社会主义建设中取得的独创性理论成果和巨大成就，为新的历史时期开创中国特色社会主义提供了宝贵经验、理论准备、物质基础。这是完全符合历史事实的正确结论。中国特色社会主义是在改革开放的历史新时期开创的，同时也是在新中国已经建立起社会主义基本制度并进行20多年建设的基础上开创的。

以习近平同志为核心的党中央，正以气吞山河的宏伟气魄，将毛泽东主席和老一辈无产阶级革命家所开创的实现中华民族伟大复兴的事业创造性地推向前进。在喜迎党的十九大之际，编纂出版回忆文集《毛主席来河南》，对于我们深入学习领会习近平总书记系列重要讲话精神和治国理政思想，在实现中华民族伟大复兴中国梦的进程中让中原更加出彩，必将焕发出强大的激励作用。

（2017年6月）

学习研究刘少奇思想的工具书

——《刘少奇大辞典》首发式上的讲话

今年是中华人民共和国成立60周年，也是刘少奇同志诞辰111周年、逝世40周年。自己担纲组织编写和出版的国内第一部反映刘少奇同志生平与思想的大型工具书《刘少奇大辞典》，是研究老一辈无产阶级革命家与共和国缔造者重要著述、给新中国60华诞的一份献礼。江泽民同志欣然题写书名，实乃本书的点睛之笔，极大地昭示了本书的权威性。在本书即将发行之际，中共河南省委书记卢展工、河南省人大常委会主任徐光春、河南省人民政府省长郭庚茂、中国人民解放军军事科学院政委刘源等同志分别发来了贺信。编委会成员、特邀嘉宾和各界代表济济一堂，共同怀念功臣伟绩，一起庆祝《大典》出版发行，场面令人感动，情景令人怀想。

传奇人生令人敬叹

刘少奇同志是伟大的马克思主义者，杰出的革命家、政治家和理论家，是以毛泽东同志为核心的第一代领导集体的主要成员，是新中国重要的缔造者和主要领导者之一。

早在大革命时期，刘少奇同志已是著名的工人运动领袖。长征中，他在遵义会议上坚决支持毛泽东同志的正确主张。他主持开创了华北工作新局面，是党在“白区工作正确路线的代表”。他担任中共中央中原局书记、华中局书记和新四军政委，卓有成效地领导了创建抗日根据地的斗争。1943年，他担任中共中央书记处书记和中共中央军委副主席，成为以毛泽东同志为核心的中央领导集体的核心成员。

在毛泽东同志赴重庆谈判期间，刘少奇同志代理中共中央主席职务。此后，他担任中央工委书记，指导解放区土地改革运动，并对即将成立的新中国的经济问题进行系统研究，提出了构思完整的设想，为新中国勾画了建设蓝图。中华人民共和国成立后，刘少奇同志出任中共中央副主席、全国人大常委会委员长、国家主席、国防委员会主席，参与制定中国社会主义革命和建设的一系列重大决策，为领导社会主义建设取得伟大成就做出了历史性的贡献。

卓越贡献彪炳史册

作为卓越的马克思主义理论家，刘少奇同志在政治、经济、军事、文化、教育和党的建设等诸多领域有着杰出的理论建树，为毛泽东思想的形成和发展，为中国革命和建设道路的探索，贡献良多。

刘少奇同志是党内最早明确提出毛泽东思想概念、积极宣传毛泽东思想的领导人之一，为确立毛泽东思想在全党的指导地位做出了独特贡献。他在党的七大所作的关于修改党章的报告中，第一次对毛泽东思想作出科学概括和系统阐述，提出毛泽东思想就是马克思列宁主义的理论与中国革命实践之统一的思想。

刘少奇同志是党内公认的党的建设的权威理论家，为巩固和发展党的队伍，维护党的团结和统一，加强党和群众的联系，做出了巨大的努力，倾注了毕生的心血。著名的《论共产党员的修养》《论党》《论党内斗争》等一系列论著，体现了他为捍卫党在思想上、组织上的纯洁所做的深刻思考。这些党建理论的重要著作，在党的建设历程中发挥了重要作用。

刘少奇同志积极探索适合中国国情的社会主义建设道路，对推进社会主义建设提出了许多真知灼见，是勇于探索和改革的先行者。他主张，把经济建设作为党的中心工作，把发展社会主义生产力放在首位，调动一切积极性恢复和发展经济，发展以国营经济为主体的多种成分，逐步增加国民经济中的社会主义成分。他认为，所有制的变革必须同生产力的发展水平相适应，社会主义经济不能排斥商品生产和商品交换，不能排斥市场和价值规律。他提出，社会主义经济应当注重经营和管理，要用经济的办法来管理经济，改革农村经营管理体制，实行以“包产到户”为中心的多种形式的生产责任制。

刘少奇同志的理论贡献是多方面的。他首先提出“人民内部的矛盾”的概念，他倡导建立新型的教育制度和劳动制度，他关于工人运动理论和党的白区工作的理论等，过去是、现在是、将来仍然是指导我们工作的重要文献和教育后人的经典教材。他一生留下了数百万字的著作，是总结和提炼治党治国经验的宝贵理论成果，需要我们坚持不懈地深入学习和研究。

根植沃土情系中原

在长期的革命和建设中，刘少奇同志与河南人民结下了深厚的情谊。

早在大革命时期和土地革命战争时期，刘少奇同志就十分关注河南的革命斗争，多次对河南的工人运动和根据地斗争作出指示。抗日战争时期，作为中原局书记，他直接领导河南工作。在八路军渑池兵站，他撰写并第一次向党员干部作了《论共产党员的修养》报告；在号称“小延安”的竹沟，他的足迹遍布那里的山山水水。

新中国成立后，刘少奇同志满腔热情地支持河南的社会主义建设事业，先后10次到河南视察和调查研究，作出了许多重要的指示。1957年2月，就在毛泽东同志发表《关于正确处理人民内部矛盾的问题》之际，刘少奇同志在河南发表了一系列要妥善处理人民内部矛盾的谈话，指导解决了新乡一一六厂工人“闹事”、许昌学生“闹事”等问题。他在河南省干部大会上作关于正确处理人民内部矛盾的报告时指出，要利用人民“闹事”来教育我们的干部，教育群众，教育我们党。对“闹事”不要马马虎虎，而要认真处理。他根据在河南等地的调研和实践的经验，形成了《如何正确处理人民内部矛盾》的讲话，后被编入《刘少奇选集》。这些经验，对于我们今天如何更好地保持社会稳定，促进社会和谐，都有着振聋发聩的启示意义。

宣传研究历久弥新

1980年2月，党的十一届五中全会作出《关于为刘少奇同志平反的决议》。是年5月，刘少奇同志的骨灰从河南迎回北京。数万群众肃立于河南人民会堂至老郑州机场的道路两旁，郑州机场候机楼上悬挂的横幅，道出了广大中原儿女的心声——“少奇同志，河南人民怀念您”。

1993年10月，中央文献研究室与中共河南省委在郑州联合举办了纪念刘少奇同志诞辰95周年学术研讨会；会议期间专程到开封，在刘少奇同志生命的最后岁月纪念地举行了刘少奇铜像落成仪式。1998年11月，河南省委、省政府在确山县竹沟隆重举行了中共中央中原局成立60周年暨刘少奇同志诞辰100周年纪念大会。在确山县、渑池县、洛阳市、南阳市、开封市等地，刘少奇同志工作和居住过的旧址，都作为革命文物予以保护，成为缅怀老一辈无产阶级革命家和革命传统教育的基地。我有幸出席上述活动，撼人心魄的场景至今历历在目，成为激励我辈前进的强大动力。

作为国内第一个研究刘少奇同志生平思想的学术团体，河南省刘少奇党建经济思想研究会成立10余年来，举行了一系列全国性的学术活动，推出了20多部著作、上千万字的研究成果，有力地推进了刘少奇同志生平思想的研究；河南省刘少奇党建经济思想研究会还成为中国中共文献研究会刘少奇生平思想研究分会的主要发起单位。

《刘少奇大辞典》于2005年启动时，我以中共河南省委副书记的身份，担任编委会主任。国内众多知名专家学者参加了这项浩繁宏大的工程。在中央文献研究室的悉心指导下，在各位同人的共同努力下，这部完整记述刘少奇同志生平业绩、精要阐释刘少奇同志思想理论、全面汇总刘少奇思想研究成果的百科全书，终于要和大家见面了，使我们无比欣然。

编撰《刘少奇大辞典》意义深远

党的十七届四中全会向全党发出了“建设马克思主义学习型政党”的号召。《刘少奇大辞典》的编撰工作虽已圆满完成，而学习和研究刘少奇同志等老一辈无产阶级革命家的思想和风范，则永无止境，没有穷期。

党的十七届四中全会审议通过了《中共中央关于加强和改进新形势下党的建设若干重大问题的决定》，标志着党的建设这一新的伟大工程进入了新的阶段。在中国共产党成立88年、执政60年、领导改革开放30年的具有重大历史意义的时刻，认真总结马克思主义执政党加强自身建设的基本经验，包括重温刘少奇同志等老一辈无产阶级革命家的论著和业绩，为在新阶段锐意进取、奋勇拼搏，开拓新路，继续前进，显得特别重要。

60年前，毛泽东同志号召大家读读《甲申三百年祭》，提醒战友们进京赶考要考出好成绩。60年后的今天，我们党考得怎么样？向人民交出了一份什么样的答卷？跳出所谓的“历史周期率”了吗？老一代革命家的精神传承得如何？事实给予了雄辩的回答：中国共产党经受住了历史的考验，60年的耀眼成就让人自豪，60年的实践经验弥足珍贵。当前，加强党的执政能力建设和先进性建设，需要从党的思想建设、组织建设、作风建设、制度建设和反腐倡廉建设等方方面面，推出一系列相应的配套建设。学习和研究老一辈无产阶级革命家的生平思想，自然应当围绕这个主题不断深入。一要学习风范，继承优良传统；二要以史鉴今，提供科学资政；三要深入思考，推进理论创新。

刘少奇同志等老一代党和国家领导人，在科学社会主义的道路上探索一生，奉献一生。对于他们最好的缅怀，就是在这条道路上继续进行科学的探索和实践。2011年是伟大的中国共产党诞生90周年，期待有更多更优秀的研究成果问世。

（2009年12月11日）

邓小平市场经济理论的萌芽

——《邓小平鲁山报告的睿智》序

中国特色的社会主义市场经济理论是邓小平理论的重要组成部分，在他的市场经济理论中，揭示出市场经济不是社会制度范畴，而是经济体制范畴；强调市场经济必须与一定的社会基本经济制度相结合，把市场经济引入社会主义制度中，提出了社会主义经济体制的崭新范畴。

中共十一届三中全会总结新中国成立以来经济建设的经验教训，作出了把工作重心转移到经济建设上来，实行改革开放的战略决策。从此，社会主义市场经济理论进入全面实施阶段。综观30年来改革开放和建设中国特色社会主义的伟大实践，不难看出，是邓小平市场经济理论引领全国人民开创了全新的发展局面，使中国以崭新的姿态屹立于世界民族之林。

邓小平有计划的市场经济理论不是短时间内形成的，早在解放战争时期就已经萌芽了。1948年4月25日，他在河南省鲁山县召开的豫陕鄂前委和后委联席会议上作了题为《跃进中原的胜利形势与今后的政策策略》的报告，即“邓小平鲁山报告”。这个报告深刻阐述了中原地区人民解放战争的胜利形势，充分肯定了中国人民解放军挺进中原以来的成绩和经验，明确指出了应该引起注意的问题，鲜明地提出了从革命党转变为执政党应当采取的一系列政策策略，是实现中原地区党组织历史性转变的重要文献。当他在讲到“工商业政策”问题时说：“像鲁山街上这个小市场，如果倒闭了，起码有一万人失掉生计，马上向你伸手要饭吃；我们这个区有三万人靠种植烟草生活，如果纸烟厂垮了，不能出口，这三万人马上没有饭吃，没有衣穿。究竟是打倒了资本家，还是打倒了老百姓？我看这不是打倒了资本家，而是打掉了人民的生计……私人工商业是新民主主义经济不可缺少的一部分，我们要扶助它发展。”这段话，以鲁山当时的社会经济状况为例，实事求是地阐明了市场的重要作用。他的这一论断与改革开放后所推行的社会主义市场经济理论是一脉相承的，是邓小平最早关于社会主义市场经济的论述。中央党史研究室、中央文献研究室、北京邓小平理论研究会、河南省委党史研究室、河南省委党校、河南省社会科学院、河南省社科联等单位的专家学者多次在鲁山召开研讨会，就此报告进行深入研究。2002年4月举办了“邓小平在鲁山发表重要讲话54周年暨建立爱国主义教育基地座谈会”，2003年9月召开了“邓小平鲁山报告研讨会”，2006年4月召开了“邓小平早期经济思想与构建和谐社会研讨会”，2007年6月召开了“中共豫西区党委成立暨鲁山解放60周年座谈会”，2008年4月召开了“纪念邓小平鲁山报告60周年研讨会”，专题对邓小平早期经济思想进行分析和探讨，专家们认为邓小平的这一论断是“邓小平市场经济思想的雏形”，鲁山是邓小平市场经济思想的萌发地，这篇报告是我党由革命党向执政党转变的纲领性文献，是建设中国特色社会主义理论的重要基石。

几年来，经过社会各界专家锲而不舍的研讨，发表了相关论文数十篇。鲁山县委、县政府高度重视这些研究成果，鲁山县邓小平早期思想理论研究会将这些论文整理并择优编纂成《邓小平鲁山报告的睿智》一书。此书将对学习和研究邓小平理论，丰富邓小平理论体系起到不可替代的作用。这一成果，不仅是河南省的精神财富，也是全国人民的精神财富。

《邓小平鲁山报告的睿智》作为纪念党的十一届三中全会召开30周年和邓小平鲁山报告发表60周年所奉献的一份特殊礼物付梓问世了，谨表祝贺，并向致力于“邓小平鲁山报告”研究的专家、学者以及为此书编辑出版付出努力的同志一并表示敬意。

（2008年3月）

接续奋斗建小康

——读李长春同志著作《中原大地奋进曲》

拜读长春同志的新书《中原大地奋进曲》，别有一番滋味在心头，仿佛又回到了20世纪90年代“团结奋进、振兴河南”那段激情燃烧的岁月，邓小平同志南方谈话的强劲东风扑面而来，长春同志当年那激越高亢、极富感染力号召力的话语又在耳畔回荡。

本书堪称是团结奋进、振兴河南的忠实记录，是内陆省份跨越发展的成功展示，是思路理念、智慧勇气的经验宝典，是生动翔实、弥足珍贵的年代信史。

以邓小平同志南方谈话和党的十四大为标志，20世纪90年代，河南同全国一样，迎来了至关重要的战略发展期。1990—1998年，长春同志先后在河南任两年省长、六年书记。在长春同志主政河南的八年时间里，中原大地上新亮点、闪光点、兴奋点连线成片，交相辉映：作为主要领导人和具体指导者，长春同志高瞻远瞩，总揽全局，殚精竭虑，倾力奉献，风尘仆仆地走遍了河南的山山水水，团结带领全省干部群众，用邓小平理论武装头脑，转变观念换脑筋，启动思想观念“总开关”，倡导“五破五立”，思想观念和精神面貌焕然一新；确定了“一高一低”的奋斗目标，实施三大战略，建设十大基础工程和20项振兴工程，树立工业战线十面红旗和农业战线十面红旗，走出了一条围绕农字做文章、上了工业促农业、强农兴工、协调发展的农业大省实现工业化的康庄大道；借鉴、移植辽宁推行国企改革的成功经验，创造性地提出了一系列国企改革的新思路，深入探索乡镇企业发展新机制，大力发展第三产业，高度关注县域经济，形成了“十八罗汉闹中原”生龙活虎的喜人局面；实施“优化环境、内引外联、四面辐射、梯次发展”的开放战略，以开放促改革、促开发、促发展，全方位开放，高起点发展，形成了以郑州为中心的中原城市群，闯出了内陆省份对外开放的新路子；理出了脱贫致富的基本思路，以“公司+农户”为主要形式的农业产业化经营在中原农村遍地开花，千家万户的分散经营与千变万化的大市场连接起来；把弘扬河南优秀传统文化与学习焦裕禄精神、学习红旗渠精神紧密结合起来，全省精神文明建设跃上一个新台阶；高度重视党建工作特别是领导班子建设，倡导“三防四实”的工作作风，心系人民群众，高度关注民生，坚决治理“三乱”，全省各级领导班子的精神面貌发生了很大变化，团结协作、干事创业蔚然成风；旗帜鲜明地反对腐败，倡导并带头按共产党人的规矩交往和办事，形成了良好的政治生态。这一时期，河南的国民经济上了一个大台阶，经济总量和人均指标均大幅前移，城乡面貌巨变，民生显著改善，百姓安居乐业。这八年，河南跨出由相对封闭向全面开放、由不太和谐向团结奋进、由传统农业大省向新兴工业大省、由文化资源大省向重要文化大省、由解决温饱向小康社会迈进的铿锵步伐。20世纪90年代成为大家公认的河南历史上发展最好的时期之一，河南成为中西部地区内陆省份实现跨越式发展的成功实践者和亮丽风景线。

所有这些，无不凝聚着长春同志的无尽心血和汗水、政治勇气和智慧，体现着长春同志全身心投入河南改革、开放、发展、稳定宏伟事业的历史担当和领导艺术，彰显着长春同志执政为民、心系百姓、对中原父老乡亲的一片赤诚和一往情深。长春同志一系列极富创造性、颇接地气的思路、理念、战略、举措，已经春风化雨般融入了全省广大干部群众的血液，人们至今仍耳熟能详、津津乐道，转化并将持续转化为存史、资政、团结、育人的巨大物质财富和宝贵精神财富。我和河南其他同志一样，深感获益匪浅、受惠良多。

正如习近平总书记所说：“一切伟大的成就都是接续奋斗、接力探索的结果，一切伟大的事业都需要在承前启后、继往开来中推进。”长春同志离开河南到广东、中央工作后，历届河南省委、省政府团结带领全省广大干部群众一张蓝图绘到底、一届接着一届干，在中原大地上谱写了一曲曲令人荡气回肠的胜利凯歌。今天，长春同志书稿中富有远见卓识的诸多思路、理念、举措、经验，对于我们深入学习领会习近平总书记系列重要讲话精神，全面贯彻落实党的十八大和十八届三中、四中、五中全会精神，按照“五位一体”总体布局、“四个全面”战略布局和五大发展理念，主动适应经济新常态，实施“十三五”

规划，推进中原经济区、郑州航空港经济综合实验区、粮食生产核心区建设，加快中原崛起、河南振兴、富民强省、全面建成小康社会，实现中华民族伟大复兴的中国梦，仍然具有重要的启发和借鉴意义。

在编排上，本书也别出心裁、别开生面。本书打破了大多数文集纯粹编年史式的编排模式，不单是按照时间先后顺序对文稿进行编辑，而且将文稿归纳为12个单元加结语篇，分门别类、条分缕析、图文并茂、详略得当；还作了一些简明扼要的注释和题注，并选用了几篇当时的新闻报道作为附录。这对于认识、了解时代背景和历史状况大有裨益。这种在编辑、剪裁上的精雕细刻、煞费苦心，体现了作者、编者读者至上、处处为读者着想的良苦用心，也特别值得称道、值得点赞。

（原载于《人民政协报》2016年3月28日、《河南日报》2016年3月27日）

中原崛起的足音

——读徐光春同志新作《跨越的脚步》

新年伊始，光春同志的新作《跨越的脚步》付梓出版，书赠我“指正”，实不敢当；倒是利用春节长假，聚精会神，先睹为快。作者那无比强烈的政治责任、胸怀全局的战略眼光、博大精深的理论功底、周密严谨的逻辑思维、清新生动的语言风格跃然纸上。即便是经常听他讲话、谈话，我也颇觉耳目一新，如同享用了过大年丰盛可口的精神大宴。细细品味，眼前浮现出中原快速崛起的磅礴画卷，耳畔响起了河南跨越发展的铿锵足音。

作者是2004年底到河南工作的，距今已三年有余。三年多来，他和省委一班人团结带领近一亿河南人民，全面贯彻胡锦涛总书记对河南提出的“实现跨越式发展、走在中部地区前列”的要求，全面贯彻中央促进中部地区崛起的重大战略决策，在立足省情、分析形势、把握规律的基础上，响亮地提出了“加快经济大省向经济强省跨越、加快文化资源大省向文化强省跨越”的历史任务，明确了为什么跨越、从哪跨越、向哪跨越、怎样跨越以及跨越的具体步骤。经过近年来的扎实实践，路径愈加清晰，措施愈加得力，成效愈加显现，信心愈加坚定。《跨越的脚步》对所有这些都做了翔实系统的记录，蕴含着作者对经济建设、政治建设、文化建设、社会建设、党的建设的所思、所想、所悟、所得，体现着作者对跨越发展的深刻认识和辩证思维。可以说，这是一部全面反映河南跨越发展的“断代史”，在一定意义上也是河南发展的“谋略大全”。

从负责全国新闻宣传的领军人物到主政一方的党政要官，如何迅速完成角色转换，承担起守土有责、富民强省的历史使命，始终萦绕在作者的心头，在书中留下了鲜明的轨迹。作者深信，群众是最好的老师，实践是最好的学校，知识是最好的本钱，思考是最好的方法。为此，作者经常深入基层、深入群众、深入实践、深入一线，走遍了河南的山山水水；经常夜伴孤灯，专心阅读，用心思考，潜心研究，悉心谋划，在区域乃至全国大局中找到了中原的定位，在推进发展中选准了中原的坐标，在集中民智中确定了发展的途径，形成了科学发展的政策和惠民利民的措施，从而有效地调动了全省上下干事创业的积极性和创造性，大家围绕崛起谋发展，围绕跨越献智慧，以崛起促跨越，以跨越推崛起，成功实现了由传统农业大省向全国重要的经济大省、新兴的工业大省和有影响的文化大省的重大转变，踏上了建设经济强省、文化强省的新征程。使河南这几年成为坚持科学发展、高度关注民生、构建和谐中原的新亮点、闪光点和兴奋点频出的几年，成为全省经济社会发展又好又快、城乡面貌变化最大、人民群众得到实惠最多的几年。正是作者这种对党的事业的高度负责，对河南人民的无限热爱，对中原大地的炽热情怀，跨越的步伐才如此矫健，跨越的进程才如此壮阔，也才出现了被外界刮目相看的“河南现象”。应该说,《跨越的脚步》是在实践中干出来的，是在学习中悟出来的，是在群众中跑出来的，是在思考中谋出来的。

将科学的理论与具体的实践紧密结合，将科学的精神与求实的态度紧密结合，创造性地开展工作，是我们党的优良传统和宝贵经验。《跨越的脚步》一书对此作了令人信服的诠释。面对中央的新要求，面对发展的新形势，面对人民的新期待，作者和省委一班人，全面领会中央的方针政策和战略部署，准确吃透省情民情，作出了一系列符合中央精神、切合河南实际、顺应群众意愿的重大决策，出台了一系列促进科学发展的重大举措。从分析研判发展形势，到走出一条不以牺牲农业为代价加快工业化、城镇化的路子；从发挥区位、交通、文化、资源等整体优势，到扩大开放度、推进城镇化、提升产业层次；从实施中心城市带动战略，到发展壮大县域经济、加快黄淮四市发展；从实施自主创新跨越发展战略，到创新促进科学发展的体制机制；等等，如同一串串光彩夺目的珍珠闪现于本书的字里行间，不啻是科学发展观在河南忠实践行的秉笔直书，是中央重大方针政策在河南全面贯彻落实的真实写照。

文如其人，言为心声。作者不仅是一位殚精竭虑、执政为民的人民公仆，同时还是一位思想深邃的学者型高级领导干部。对许多重大理论问题，作者都有自己的独到见解。比如，在科学发展观的认识上，他认为科学发展观的提出，解决了对发展的认识问题、发展的途径问题、对发展的评价问题和对发展成果的享用问题；提出科学发展观在理论和实践上对续不续得上、讲不讲得清、管不管得住、搞不搞得好等事关全局、众所关注的重大问题，都作出了肯定而有力的回答。又如，作者对传统文化的透辟论述，特别是对中原文化的概念、内容、特点、地位、作用等问题所作的思考、阐述和概括，对中原文化发展历史过程的6个阶段、中原文化在地域范围上大中小的3个概念、中原文化主要内容的18个方面所作的区分，可谓拨冗就约，提纲挈领，痛快淋漓。这些都充分体现了作者深厚的理论素养、文化修养和国学底蕴。长期的新闻宣传生涯和丰富的从政经验，锤炼了作者娴熟老到、运用自如的语言文字驾驭能力。无论是讲话还是行文，都准确鲜明而不失严谨，通俗易懂而不失高雅，在升华概括中条分缕析，在娓娓道来中沁人心脾。

本书在体例、编排、装帧、印制等方面，也有许多可圈可点之处。比如，体例编辑大胆创新，既不是简单的文章汇编，也不是单纯的讲话集成，而是采用专题摘编为主、兼顾鲜活思想补充的编辑形式，重要篇目完整呈现，十数页不厌其长；精当论述作为补充，寥寥数行不嫌其短，一条红线贯穿到底，浑然天成，毫无阻滞之感。又如，装帧设计简洁大方、庄重典雅，被出版界资深专家誉为高级干部文库的样本。

一本好书犹如一盏明灯、一扇窗户。由中共中央党校出版社出版的《跨越的脚步》一书无疑将成为宣传河南、推介河南的厚重教材，成为人们知晓河南、解读河南的一把钥匙，成为站在新起点、实现新跨越的精神财富。

（原载于《人民日报》2008年3月2日）

总结经验　化危为机

——《河南企业白皮书（2012）》序

“十一五”以来，全省企业得到了长足发展，取得了辉煌成就。2012年是实施“十二五”规划承上启下的重要一年，也是全面推进中原经济区建设的关键一年，同时还是国际经济危机、特别是欧债危机影响持续发酵，经济运行不稳定、不确定性最明显的一年。《河南企业白皮书（2012）》正是对“十一五”以来包括2011年全省企业发展的追踪与解读。

面对纷繁复杂的国内外经济形势，全省企业发展既面临着严峻的挑战，也充满着化解挑战的机遇。市场经济从来不缺少机遇，缺少的是发现机遇的视野和紧抓机遇的能力。面对国际经济危机的影响和冲击，企业理应担负起应有的责任，既要勇于迎接挑战，更要善于抢抓机遇。

“十一五”以来，特别是2011年河南企业的发展给了我们哪些启示呢？

启示之一：越是困难，越要增强发展信心。全省经济社会发展的外部环境纷繁复杂，面临的困难还将会持续一段时间，甚至还会出现一些意想不到的问题，对此必须有足够的认识。应当充满信心地看到，这些困难和问题还未从根本上改变我省经济发展的基本面，一些领域已经或正在出现积极变化，保持我省经济平稳较快发展仍具有诸多利好条件。一是世界经济深度调整，产业分工日趋细化，产业转移步伐加快，为我省发挥后发优势提供了条件和可能；二是国务院《关于支持河南省加快建设中原经济区的指导意见》全面实施，《中原经济区规划》编制工作全面启动，为我们争取更大的发展机遇、寻求更大的发展动力提供了重要契机和强大动力；三是省九次党代会吹响了全面建设中原经济区的号角，发展方向、目标任务和工作重点益发明确，新型工业化、新型城镇化和新型农业现代化“三化”协调发展，既是我们发展的难点，更是我们发展的突破点和新的经济增长点，借助全面建设中原经济区的东风，实现“中原突围”，将会打开更为广阔的发展空间。信心比什么都重要，广大企业要有信心，广大企业家要有信心，整个社会要有信心。既要有“过冬”的准备和措施，又要有迎接新的春天到来的自信和毅力。

启示之二：越是困难，越要坚持改革创新。在危机面前，谁的改革开放步伐大、自主创新能力强，谁就能在危机的冲击下笑到最后。“不经历风雨，难得见彩虹”。从某种意义上说，危机是一个好课堂，也是一个好教员，它教会了我们许多顺风顺水时未曾遭遇过的棘手问题和求生存、谋发展的非常手段，迫使我们痛下决心解决制约发展的深层次矛盾和痼疾。这就要求我们，越是困难越要注意克服畏难焦躁情绪，潜下心来，凝神静气，认真研究国内外经济形势的新变局，深入落实科学发展的新举措，真正把主要精力聚集在制度创新、技术创新和管理创新上来，要围绕创新打造平台，围绕创新广揽人才，围绕创新调整产品，围绕创新做优标准，从根本上改变高投入、高消耗的粗放型发展方式，大力推动低碳、环保、绿色发展，加强节能减排和新能源、新材料、新技术的研发和应用，破解经济社会和企业可持续发展的“瓶颈”，将技术创新作为企业发展的重要支撑，力促企业转型升级，抢占现代产业竞争的制高点。

启示之三：越是困难，越要全力开拓市场。这次经济危机使全球性的市场格局发生了重大变化，许多传统、稳定的市场不断缩减，甚至丧失，与此同时也涌现出许多新的市场方向和市场机会。关键就在于我们能不能抓住新的机会，在稳固原有市场的同时，奋力开拓新兴市场。广大企业紧紧抓住中原经济区建设“三化”协调科学发展的重大机遇，紧紧抓住新型城镇化建设、农业现代化建设进程中的广阔市场空间，创造出有效的市场份额，走新型工业化的发展壮大之路。广大企业密切关注市场变化，熟悉、掌握国内外两个市场的相关规则，及时调整营销策略，加强产业链相关企业的交流与合作，“抱团取暖”，努力确保重点客户不丢失、市场份额不下降，善于把克服危机的思路和新技术手段有效结合起来，创新了商业模式，拓展了市场销售渠道。如今，与客户零距离已经成为价值创造的重要前提，生产者兼消费者在许多领域已经出现，“产销合一”使得消费者积极持续地参与产品的创造，那些动态发掘消费者洞察力的企业将获得市场竞争优势。

启示之四：越是困难，越要履行社会责任。自觉履行企业社会责任，既是经济社会科学发展的客观要求，也是企业自身发展的现实需要。企业要做大做强，没有良好的社会形象不行。企业是社会经济肌体的基本细胞，离开社会资源，企业发展便成无源之水、无本之木。没有一个好的环境，企业就难以生存。特别是在危机中树立起来的形象，往往比在正常情况下更有价值、更有号召力、更有影响力。越是困难时期，越要切实履行企业的社会责任。在追求价值最大化的同时，主动把企业生产经营的经济效益和社会效益、环境生态效益统一起来，树立正确的社会责任观，通过坚持以人为本，构建和谐劳动关系，积极推进集体劳动合同和集体工资协商制度等，与全体员工一道共克时艰，积极投身社会公益事业，保证企业整体利益、员工利益与社会利益的有机统一，从而获得一种无形而有力的竞争资源，实现基业长青。

启示之五：越是困难，越要狠抓内部管理。企业的内部管理，涵盖了企业日常生产经营的方方面面，是企业发展壮大的根本，也是企业的永恒主题。没有坚实的管理基础，就谈不上企业的可持续发展。面对危机，广大企业进一步强化内部各项管理工作，通过规范管理制度，确保其科学性、可操作性、时效性和权威性，加快由突击性管理向常规性管理的转变；通过强化成本控制，对工艺流程、生产进度、过程质量、物质消耗、生产成本、库存与在制品等进行全面控制，有效降低了生产要素消耗和成本水平，提升了市场竞争力；通过健全质量管理，实行严格的质量否决制度，加强产品生产、销售的全过程监督和检测，确保了产品质量，扩大了市场份额。实践证明，企业只有不断加强自身基础管理建设，使管理由无序向有序转变、由粗放向精细转变，才能不断夯实发展壮大的基础，才能实现持续、健康发展。

启示之六：越是困难，越要彰显人才作用。企业家是“善于将将”的领军人才，是企业发展、河南振兴、中原崛起弥足珍贵的资源。加强企业家队伍建设，是实现企业长远可持续发展的必然选择，也是社会主义市场经济发展的客观要求。这次全球性经济危机把企业家推向了风口浪尖，在波涛汹涌的险境下，能否带领企业化解风险和危机，顺利驶向光辉的彼岸，是检验企业家战略思想、领导能力和经营管理水平的试金石。只有经过千锤百炼，企业家才能真正成熟、成长起来；只有经过大风大浪的考验，企业家才能真正带领企业百折不挠、走向世界。企业家们勇于承担这份责任，以克难攻坚、创新发展的业绩，以促进经济社会进步的贡献证明了自己的价值。大量的人才存在于企业之外，通过分享一些知识资产和互联网的帮助，企业可以方便快捷地利用他们的集体智慧。突破组织和思维的局限，对外部人才不求所有，但求所用，建立起产学研、上下游、国内外有效结合的开放式人才体系，也至关重要。

《河南企业白皮书（2012）》的编纂出版，是我省企业发展进程上的一大盛事。我省企业发展的经验十分宝贵，值得认真总结；启示也非常丰富，值得认真借鉴。当然，作为填补我省企业发展史空白的开篇之作，该《白皮书》在许多方面还不完善，阐述也不尽确当。盼越办越好，办出特色，办成经典。

一部多层面解析经济金融问题的专著

——《感悟金融——30年经济金融工作实践与探索》序

20世纪80年代初，李兴智同志大学一毕业，即分配到当时的河南省计委经济研究所工作，当时我是该所的所长。身为江西萍乡人，他来报到时即提出还想回江西工作。我很欣赏他待人真诚、做事认真的品行和扎实的文字功底。为了将他留住，还把他爱人从江西调到了河南；两年多后，又将他推荐到省政府办公厅省长办公室一处工作。1995年下半年，他调入广发银行郑州分行工作，从行长助理到副行长、行长，一路走来，河南这块土地给了他成长进步的空间，他也充分施展了自己的聪明才智。他于2010年调任广发银行南京分行行长。前几天，他送来一部文稿，嘱我作序。我非常赞赏他在繁忙的工作之余，还能抽出时间来刻苦学习、思考、总结，起草了这么多的文稿，发表了这么多的论文；加上他此前已经出版的三部著作，足以说明他把在经济研究所工作期间养成的深入思考问题的习惯一直沿袭了下来，实属难能可贵。

通览书稿，感到本书有以下几个显著特点：

一是研究的时间跨度大，内容紧扣时代脉搏，体现了作者与时俱进、勇于进取的精神。20世纪80年代到2010年这30年，正是我们经济建设迅猛发展和改革开放快速推进的重要时期。改革开放事业没有现成的模式和经验可循，是在小平同志“摸着石头过河”的思想指导下不断地探索前进的，因而在前进的道路上不可避免地会遇到这样那样的问题和困难，从而也会在理论上产生这样那样的认识，在实践中产生不同的主张。作为投身于改革开放大潮中的理论与实践工作者，理应围绕着推动改革开放事业做一些有益的思考和探索。从兴智同志的书稿中，我看到了他在这方面所做的努力，内中确有不少好文章、好观点、好主张。如20世纪80年代的代表性文章《正确认识和处理好人民生活与市场物价的关系》、90年代的代表性文章《区域性金融风波带给我们的警示》以及2000年以后大量的关于宏观经济运行与宏观调控、经济金融改革等方面的文章，都是对作者紧密联系实际、紧扣时代主题、紧紧围绕我国经济金融发展和改革开放中的重大问题，不断地进行实践、学习、思考、探索的生动诠释。问题抓得准，论述有深度，资料翔实，观点明晰，读来颇受教益。

二是研究的层面比较宽，涉猎内容十分丰富，体现了作者胸怀全局、博学多思的品格。经济是整个政府工作的核心，金融又是经济工作的核心，研究经济工作不可能不涉及金融，研究金融也不可能脱离整个经济。尤其是我国加入WTO以后，在开放大格局下的中国经济金融，更不可能脱离世界经济的大环境而存在和发展。因此，用全局性的思维来思考、探索中国经济金融发展和改革开放中的问题，就成了我们每一位理论工作者与实践工作者都应坚持的原则。从宏观到微观，从国际到国内，从经济到金融，从政府、银行到企业等几个层面，本书均有涉猎，较全面地把握了我国经济、金融改革发展中的一些重大问题和热点问题。例如，对通货膨胀问题，宏观经济运行与宏观调控问题，金融危机与金融改革问题，房地产调控问题，中小企业融资难问题，银政、银企合作问题，银行业经营管理问题等，书中都用大量的篇幅进行分析、论述。作者凭其较好的理论素养和长期的实践经验，始终着力于理论的应用、实践的提高，坚持实践检验理论的研究方法，深入浅出、鞭辟入里地把一些难点、热点、重点问题解析清楚，给人以启迪。

三是研究的角度比较实，内容紧扣河南实际和自己的本职工作，体现了作者的河南情结与实干作风。无论是理论工作者还是实践工作者，任何时候思考问题、研究问题都应该既立足于局部的具体情况，因地制宜；又要开阔视野，将全局性的问题放在区域内来研究，将区域性的问题纳入全局去思考。银行的经营也是这样，要依托地方经济的发展，同时，地方经济发展又离不开银行的支持。书中的文章，大都是立足于河南的实际和作者的本职工作所作的思考、探索，字里行间浸透着赤子般的河南情结，充满着明显的实践特色和实干特点。在兴智同志的带领下，广发银行郑州分行以清晰的发展战略和市场定位、持续不断的业务创新、严格规范的管理、独具特色的企业文化和团队建设以及锐意进取的市场开拓，在中原大地上获得了快速的发展和良好的口碑，取得了骄人的业绩。书中的实践探索部分，让人解读出作者对本职工作的深深热爱和执着追求，感悟到广发银行骄人业绩背后的深层原因。

总之，这是一部将宏观与微观、经济与金融、理论与实践密切结合的用心之作，是李兴智同志30年经济、金融工作实践付出的总结与收获之作，值得经济、金融工作者一读。

（2013年5月30日）

《春秋先贤蘧伯玉》序

中华民族文化源远流长，先民给今人留下了极为宝贵的精神财富，历史上中原大地创造了无可比拟的辉煌，可谓英杰辈出。春秋时期卫国的一代贤相，著名的政治家、思想家蘧伯玉就是其中的一位。中华姓氏发轫绵远，河南省是数百个姓氏的祖根地；蘧伯玉是蘧、璩、据、琚、渠、瞿、曲等姓氏共同的始祖。

蘧伯玉故里在长垣县伯玉村，长垣也是我的故乡。幼时常听讲蘧公的故事和传说，对蘧公敬佩之至。今阅《春秋先贤蘧伯玉》书稿，对蘧公有了更为全面的认识与了解。他那高尚的品德，兼容多家的思想内涵，以德治国的方略与实践，虚怀若谷的情怀，舒卷自如的人格魅力，赢得了孔子、庄子等圣贤的尊崇，对儒家学说及道家学说的形成产生了深刻影响。孔子赞其曰："外宽而内直，自设于隐括之中，直己而不直于人，汲汲于仁，以善存亡，盖蘧伯玉之行也。"又曰："君子哉，蘧伯玉，邦有道则仕，邦无道则卷而怀之。"庄子也高度赞扬其"行年六十而六十化"之与时俱进精神。历代文人更是以诗文表达了对蘧伯玉的敬慕之情。汉代文学家班昭诗曰："蘧氏在城之东南兮，民亦尚其丘坟。惟令德为不朽兮，身既没而名存。"宋代文学家苏东坡诗曰："蘧瑗知非我所师，流年已似手中蓍。卖剑买牛真欲老，得钱沽酒更无疑。"又诗"吾年凛凛今几余，知非不去惭卫蘧"。明代国子监祭酒胡俨，谒蘧公墓诗云"卫昔多君子，斯人实我师"，等等。蘧伯玉对中国文化与文人的影响于此可见一斑。

蘧伯玉与孔子、庄子等大思想家相比，虽无著作流传于世，但他的言行、故事散见于中国浩瀚的古籍并流传于民间。出于对中国传统文化和家乡的热爱，《春秋先贤蘧伯玉》的作者蔡云川、萧岐峻同志怀着强烈的责任感，自觉地走上了发掘、整理这份遗产的艰辛之路，其精神是难能可贵的。他们钻入故纸堆中反复查阅，认真考证，将散见于典籍中的只言片语，淘沙澄金。每每查阅有关资料，或动笔，或复制，积页成册；发现疑点，不顾寒暑，奔波查证。可谓查万卷书博览而综取，涉四方路纠讹而更误，往往因一事不详而终日苦思。历二寒暑，终于完成了其事勘、其文顺，征引宏富，条理井然，内容丰厚的《春秋先贤蘧伯玉》一书。此书的付梓出版，是一件幸事、好事。幸在这一宝贵的历史文化遗产得以发掘，让我们能够重温先哲那博大精深的光辉思想；好在蘧公以德治国的思想和与时俱进、寡过知非的精神在建设中国特色社会主义的事业中得到弘扬和发展。

建设中国特色社会主义，实现中华民族的伟大复兴，这庄严的历史使命，要求我们本着“洋为中用，古为今用”的原则，既要借鉴西方发达国家的文明成果，更要弘扬民族的优秀文化，始终能够代表中国先进文化的前进方向，以激励民族自尊心和自豪感，为我们今天的事业提供精神支持，为河南、为中华民族的文明进步作出贡献。是为序。

（2003年1月13日）

嵩山是一座文化富矿

——《历史名人与嵩山》序

嵩山地处中原，历史悠久，文化灿烂，是中华民族的重要发祥地。嵩山齐泰华而成其雄，俯河洛而助其秀，以古老神奇、奥博精深而屹立于世界名山之林。

“嵩高万仞蟠地中，海内众山无与雄”，嵩山是世界上最早裸露水面形成的陆地之一，因地质类型齐全、发育完整、岩龄古老，被称为“万山之祖”和“天然地质博物馆”。嵩山地区旧石器时期就有人类繁衍生息，有灵井遗址、织机洞遗址、君召遗址等，裴李岗文化、仰韶文化、龙山文化、二里头文化时期的遗址更是星罗棋布，堪称中华文明的孵化器和发动机，被称为“华夏文明的源头”。嵩山是黄帝和夏、商、周三代建都之地，黄帝之所常游，都于有熊；尧舜不断巡狩，修坛沉璧，大禹“有事太室”，建都阳城；太康居斟寻，汤都于亳，周公营洛，尤其是周武王“祀于天室”，并遗命“定天保，依天室”，“太室，少室皆冢也”，嵩山自古即被奉为华夏圣山。佛教最早落迹嵩山，道教创始于嵩山，理学发源于嵩山，中国最早的寺院白马寺、法王寺、慈云寺，天下第一名刹——禅宗祖庭少林寺，北天师道祖庭、道教第六小洞天中岳庙，洛派理学传播中心、中国古代四大书院之首嵩阳书院，三教荟萃，文化和谐，“抬脚踢到汉砖瓦，伸手摸住秦文化”，嵩山不愧是中华民族的文化圣山。世界文化遗产正在申报项目嵩山历史建筑群，中国历史第一都古阳城，中国现存最古老的天文台观星台，中国现存最古老的佛塔嵩岳寺塔，中国现存规模最大，时间跨度最长的塔林少林寺塔林等，不胜枚举。中原文化是华夏文化的缩影，嵩山文化是中原文化的精髓，因此，有专家提出嵩山文化圈是中华民族文化的核心，并有“一千年文明看北京，三千年文明看西安，五千年文明看中原，八千年文明看嵩山”之说。

“萃两间之秀，居四方之中”，嵩山地区钟灵毓秀，英才辈出，这块热土曾经培育和造就了黄帝、许由、大禹、管仲、子产、韩非、陈胜、祭遵、杜密、杜甫、白居易、李颀、刘禹锡、李诫、许衡、高拱、耿介等星光璀璨，彪炳千古的历史名人。周武王、汉武帝、魏孝文帝、武则天、乾隆等，历史上凡是有作为的帝王，大都与嵩山有很深的渊源；司马迁、曹植、李白、王维、韩愈、范仲淹、欧阳修、苏轼、苏辙、元好问、袁宏道、徐霞客等，历史上凡是有名望的文人，大都曾游历过嵩山；蔡邕、郑道昭、褚遂良、徐浩、李邕、苏轼、黄庭坚、米芾、赵孟頫、董其昌、王铎，历史上凡是有影响的书法家，大都在嵩山留有墨宝；摄摩腾、竺法兰、跋陀、达摩、普寂、一行、王子乔、张道陵、鲍靓、寇谦之、潘师正、元丹丘、司马承祯、丘处机、王常月，历史上凡是有地位的高僧名道，大都曾在此修禅修道。帝王将相祭祀封禅，迁客骚人浅吟高歌，学士大儒游晏讲学，高僧名道坐禅修真，他们与嵩山生生不息的联系，为嵩山留下了极其宝贵的精神财富和文化遗产，使得嵩山文化源远流长、博大精深。

此书收录了350多位历史名人，上自远古，近至民国，大多在历史某一时期或某一方面产生过重大影响，做出了突出贡献。此书述说了每个人物的生平、业绩和与嵩山的渊源，考证了他们在嵩山活动的时间，叙述了他们在嵩山的收获，介绍了他们有关的遗迹，使人一目了然。此书分为岳生篇、帝王篇、名宦篇、游学篇、隐士篇、高僧篇、仙道篇七个部分，既有所承，又有创新，体例上具有鲜明的特色，可以说是一个有益的尝试。这几方面的名人实际上也是嵩山圣贤文化、祭祀文化、佛教文化、道教文化、儒学文化、天文文化、武术文化、隐逸文化、陶瓷文化、艺术文化的创造者，他们擦亮了“中岳嵩山”这块金字招牌，为嵩山的文化积淀做出了杰出的贡献。嵩山不会忘记他们，也不应该忘记他们，我想本书为他们立传也意在于此吧。

徐光春书记说过：“一本名人传记、一座名人故居或纪念馆就是一张积淀了丰富历史文化信息，蕴含巨大经济文化价值的地方名片”，“丰厚的名人文化资源是一座座文化富矿”。嵩山虽然集世界地质公园、国家重点风景名胜区、国家森林公园于一体，以其秀丽的自然景观、丰富的文化资源、奇特的地质风貌而驰名，但当今其“神州首岳”“五岳之宗”的名山地位已有所淡化。可以说，在嵩山历史建筑群申报世界文化遗产的进程中，嵩山文化研究会秘书长常松林《历代名人与嵩山》的出版有着重要的现实意义。

我们相信，只要紧紧围绕中岳嵩山的独特历史地位，积极挖掘这些得天独厚的名人资源，充分发挥历史名人的教育启迪作用，有效利用他们的光环集聚效应，将这些宝贵的精神财富转化为物质财富，把嵩山由历史文化名山打造成文化经济名山，让它的魅力所蕴含的能量充分释放，嵩山必定会放射出更加灿烂的光华，在引领本地区的经济和社会发展的同时，也一定会涌现出更多英杰才俊。

（2009年）

牡丹昌荣 天下大同

——《国花牡丹档案》序

这是我企盼看到的一本书。1994年，全国人大常务委员会批转人大代表们评选国花的议案，由中国花卉协会负责组织实施，在全国开展有领导、有组织、有步骤的评选国花活动。经过全国人民广泛的推荐、评选、投票表决，评出牡丹为我国国花，兰花、荷花、菊花、梅花为四季名花。由于多种原因，这一评选结果迄今没有正式宣布。

世界上大多数国家都有各自的国花，国花牵动国人心。14年过去了，全国人民呼唤国花登场的声音不绝于耳，随着我国的日渐繁荣昌盛而愈益强烈，公布牡丹为国花的议案多次提交全国人大会议。伴随着2008年北京奥运会的步步临近，公布国花再次成为国人心中的期盼。最近有消息说，奥运会前将公布牡丹为国花。看来，牡丹当选国花是人心所向，众望所归，已经瓜熟蒂落，水到渠成，到了“千呼万唤始出来”的时候了。

古今中外，牡丹因人人亲近、亲近人人而无人不晓、无人不爱；“唯有牡丹真国色”等诗句，更是世人耳熟能详，对牡丹当选国花视为天经地义，理所当然。然而要问牡丹为什么应该成为国花、能够成为国花，个中理由就不是人人都能回答得了的。一些研究牡丹和牡丹文化的专家学者建议说，现在各种各样的牡丹书籍不少，就是缺少一本从理论与实践的结合上全方位讲述牡丹的书。这个建议颇有见地，应该为牡丹当选国花提供理论支持。由于该书涉及诸多专业和部门，理论性和知识性较强，需要资料多，工作量大，所以久久未能与读者见面。河南省旅游文化产业发展研究会和河南省文化产业发展研究院成立后，把牡丹文化产业作为研究和策划的重点之一，把此书编写出版提上日程。他们组织10多位专家学者，用了将近两年的时间，推出了这本图文并茂的专著，从8个方面论述了牡丹当选国花的理由。这是截至目前我看到的第一本全面论述国花牡丹的书。这本书结构科学，资料丰富，观点鲜明，文字流畅，颇具文献性和学术性。谨向该书的出版表示祝贺。

有道是：国运兴，牡丹盛。翻开牡丹的“家谱”，我们看到牡丹与中华民族一道走过的数千年风雨历程，与祖国的命运荣辱与共。隋唐五代时期，牡丹迎来第一次发展高潮，由乡间走进皇家园林；唐代东都洛阳和京都长安对牡丹如痴如狂；两宋时期，牡丹在全国范围又有了一个大普及；北宋的洛阳牡丹花会，不仅继承了唐人赏花的狂热，而且平民的广泛参与程度则远远超过唐代；辽金元时代，即使牡丹发展在整体上处于停滞状态，但少数民族政权也在逐步吸纳牡丹文化；明清时代，牡丹发展再次形成高潮，牡丹文化更加普及，并将牡丹定为国花。

新中国成立后，牡丹跨入了一个全新的历史发展时期。特别是改革开放以来，牡丹与经济、文化、科技、旅游结伴同行，不仅走遍全国，而且冲出国门，风靡全球。拂去岁月的风尘，姚黄、魏紫、二乔、绿绣球、黑牡丹等观赏牡丹千姿百态、争奇斗艳；药用牡丹大面积种植，形成了牡丹产业。二者都取得了可观的社会效益和经济效益，成为国际和平使者，为天下大同铺路架桥。今天，越开越旺、越种越盛的牡丹，不正是科学发展、欣欣向荣的中国国运的象征吗？中国人民对牡丹焕发出的激情和信心，不正是同心同德共同致富奔小康的见证吗？亿万人民十多年来对国花的全民评选和尽快公布牡丹为国花的期盼，不正是56个民族共捧“国色天香”、为构建和谐中国的热切呼唤吗？

我国地域辽阔，是一个多民族的国家，各地区、各民族的风俗习惯不尽相同，但对牡丹却有着同样的喜爱和尊崇。从古至今，各阶层的人们，以牡丹抒情，以牡丹明志，以牡丹比喻国运民心，以牡丹装饰衣食住行，寄托对富贵吉祥、兴旺发达、太平盛世、天下大同、和谐美满的向往和追求，孕育了独具特色、厚重珍贵、雅俗共赏的中华牡丹文化。这种文化世代相传，深入人心，铸就了中华民族对牡丹共同的心理诉求。这种心理定式，就是我们今天构建和谐社会的肥田沃土、心雨灵露。

愿牡丹作为国花，早日闪亮登场。

（2007年4月8日）

杏坛书画品七贤

——《杏坛七贤·翰墨新意展》序

杏坛，乃蒲城旧治“四致八景”之首，是孔夫子当年讲学之处，位于长垣县满村乡学堂岗村。史载，公元前493年，孔子率弟子周游列国时曾于此讲学。从此，杏坛乃成为长垣的一处古老先贤圣迹。

活跃在当今书坛的王少卿、甘泽平、朱连昌、李学峰、张剑锋、张守建、黄思源（按姓氏笔画为序）七位书画名士，皆与古蒲杏坛结有不解之缘。他们不但才华横溢，各具专长，堪为中原书画之宿将，而且还追慕圣古，效“竹林七贤”之雅，集“唐宋八家”之风。王少卿，作品造型精准，笔墨雅逸，设色绮丽，有富贵清隽气息；甘泽平，落笔沉着，潇洒流落，寄意深幽，得魏晋人之风骨；朱连昌，线条苍辣，士气贯达，结势清拔，渊源有自，章法稳实，并具熟谙错落布置之妙，诚不易也；李学峰，以书法入画，造型奇古，私淑老莲，意境古雅；张剑锋，书法崇二王、追北海、慕老坡，花鸟画颇具文人趣尚、墨彩交融、勾皴点染，格调清新；张守建，山水苍厚，开合有度，汲宋元法乳而出己意；黄思源，用笔沉厚，复能盘旋，出入周秦汉唐之间，草情篆意，端庄古朴。七人因贤能风雅之举被时人誉为“杏坛七贤”。

今逢盛世，文化繁荣。大河画廊今将七位同人的书画墨宝结集成册，并定名为《杏坛七贤·翰墨新意展》，堪称书画界一桩雅事。该书画集收入了七位书画作者近年来的精品力作，计百余幅。这些作品从不同角度和不同层面展示了“杏坛七贤”的艺术风采和书画风骨，给人们带来了多姿多彩的精神愉悦和高品位的艺术享受。若对其把盏细品，更觉余味无穷！

（2012年10月）

为豫剧名家作传很有意义

——《桑振君传》序

秉义同志早前告诉我，他和有义同志合著的《桑振君传》就要杀青了，要我为之作序，我欣然答应。

我和秉义同志很早以前就相识了，他是教授，长期在高校担任领导职务，对音乐、戏曲有独到研究。我任河南省政协主席以后，向省委提议他来接任换届时到龄的省政协秘书长，接触就更多了。有义同志长期在省司法厅工作，几年前，他的《解读朋友》一书出版，秉义同志为其作序，并送给我一本，读后印象颇深，虽未曾谋面，但神交已久。

司马迁的《史记》，开创了传记文学的先河。“传”者，记事“传”人也。传人者何？传其品、传其德、传其才、传其艺是也。如何通过记事，“传”出人物之风采，使传主鲜活起来，令读者感奋起来，那就绝非易事了。

我以为，写传至少有两难：一是写真难。记事要符合基本的历史事实，最忌瞎编乱造，这就需要作者花大量的时间去作深入的调查研究，在广集素材的同时还要仔细地甄别真伪，这是一难。二是传神难。写传，需紧紧抓住人物的特点来写，是写人而不是造神，通过具体的事例，使传主跃然于纸上，给人以难忘的印象和有益的启迪，这是又一难。鉴于以上考虑，凡传记类书稿送我，我都曾有所担心。但这次秉义送来书稿，大概是素知他办事一向比较严谨的缘故吧，倒是比较的放心。尤其是我披阅书稿后，感到作者较好地化解了以上两难，心中颇感欣慰。

本书采取的白描手法，故事性很强，语言朴实无华，文笔自然流畅，读起来朗朗上口，默默看轻轻松松。可以说，雅俗共赏是该书的一大特点。

文稿始终围绕着主人公，按照时间的先后顺序步步展开，娓娓道来，脉络清楚，不枝不蔓，有声有色。文中披露了一些鲜为人知的事情，许多情节颇具吸引力；涉及的人物，也都栩栩如生。生动传神可说是本书的又一特点。

据我所知，为了写好这本书，他们已酝酿了四五年之久，跑到开封、许昌、邯郸等地挖掘素材，还专程到桑振君的出生地考察探访，几乎问遍了熟知桑振君其人其事的家属、同事和朋友，查阅的资料不计其数。作者对素材的取舍也把握适度，没有犯某些传记中“只说过五关，不说走麦城，一味打造完人”的毛病，做到了对读者负责、对社会负责、对历史负责。真实可信，应该是本书的另一个特点。

桑振君是豫剧名旦六大家之一，她创立的豫剧桑派艺术被列为国家级非物质文化遗产，为豫剧事业的传承发展做出了杰出的贡献。该书详细地记述了她如何从旧社会一个举目无亲的讨饭丫头成长为新社会人民艺术家的风雨历程；如何凭着超乎常人的勤奋，在党的关怀和人民的培养下，锻造成为豫剧流派创始人的辉煌人生。也用事实再次告诉我们，“世上无难事，只要肯登攀”乃至真之理、至彻之言。

桑振君没有上过一天学，却修改了39部传统戏，谱写了40多部现代戏的唱腔。她积极向上、学而不厌的精神，很值得人们，特别是正在上学的学生、正在工作的年轻人认真学习。

为豫剧名家作传是件很有意义的事。豫剧是一个庞大的系统工程，不同流派的不同特色绘就了中华豫剧的宏伟画卷，谱写了中华豫剧的激越旋律。各个流派之间的相互借鉴、争芳斗艳，既满足了人们多样化的欣赏需求，也弥补了彼此的不足。万紫千红，推陈出新，相辅相成，共同发展，当是豫剧流派的生存之道、发展之路。豫剧、曲剧、越调等各个剧种有众多在全国有相当影响的戏曲流派代表人物，我们期待有更多的作者拿起笔来为他们立传。

文化乃民族之魂，戏曲文化又是中华文化的重要组成部分。发挥中原文化优势，大力弘扬戏曲文化，助推华夏历史文明传承创新区建设，应是我们戏曲大省义不容辞的责任。

（2013年金秋）

景仰前贤 赓续风雅

——《李化龙诗集笺注》序

李化龙（1554—1611年），字于田，号霖寰，是我国古代著名的政治家、军事家、文学家，明朝万历年间的重臣，位列民间所传“小小长垣七尚书”之首。他出身贫寒，少有大志，刻苦攻读，聪颖过人，万历元年（1573年）中举，次年中进士，年方20岁。历任嵩县知县、南京工部主事、右通政使、右佥都御史，后巡抚辽东，升兵部侍郎，总督湖广川贵军务，功升兵部尚书，加少保，工部右侍郎总理河工，加柱国，少傅兼太子太保；因劳成疾，卒于任上。谥襄毅，赠少师，旋加赠太师。

李化龙一生，治嵩、抚辽、平播、治河，功绩显赫。民间至今还流传着不少关于李化龙的轶闻。我小时候多次到李化龙祠堂去瞻仰，那时的李化龙祠堂庙貌崇严，神龛中的李化龙塑像，仪表堂堂，正气凛然，令人肃然起敬。祠堂两侧镌刻有一副对联“掀天揭地功业，长江大河文章”，揭示了李化龙一生的雄才大略和文治武功。惜祠堂在1958年“大跃进”时被毁坏殆尽，使人扼腕。

李化龙著有《场居集》二卷，《田居稿》一卷，《河上稿》一卷，还有《平播全书》《治河奏疏》，均《四库总目》并行于世，《明史》有《李化龙传》，史书称其“有文武才”；其业绩在《河渠志》亦有详细记载。后人对李化龙的研究一直未断，大多着眼于李化龙的政绩、军功。民国26年（1937年），商务印书馆出版了王云五先生整理的李化龙《平播全书》旧式标点本。这是中国军事史上的一部重要著作，通过李化龙在平定播州土司杨应龙集团叛乱、结束杨氏在贵州长达800余年的封建割据过程中所写的奏议、书札、咨文、牌票等，全景式地记录了“万历三大征”中最漂亮的播州之役的全貌，展示了李化龙在指挥这场战争中所表现出来的卓异的军事战略思想和高超的指挥艺术。著名历史学家范文澜先生对李化龙的治河功绩则有这样的评价：“开泇济漕，打通南北交通，南粮可以北运，年数千万石，缓和了华北因连年荒旱而造成死人无数的困境。同时，也发展了造船工业和航运事业，更有利于运兵防倭，平息了沿海一带的倭患，使沿海居民得以安居乐业。”

李化龙为我国统一的多民族国家的巩固，为中央加强对东北和西南地区的管辖，为发展东北和西南地区的经济文化做出了杰出的贡献。1989年，在“中州杰出人物百家”评选中，李化龙高票入选。专家学者对他的评语是：不论担任什么职务，都以国事为重，鞠躬尽瘁；严以律己，不受贿赂；注意民间疾苦；为我国统一的多民族国家的巩固，为发展当时的经济文化做出了重要贡献；他的这种爱国主义精神是可贵的。这一评价，是客观而公允的。2005年出版的《河南历代名人》一书，记述了他的生平业绩。

前些日子，长垣家乡友人送来一套明刻本《李化龙诗集》。这套诗集是由长垣县（现为省直管县）地方史志办公室退休干部陈振宇同志于2011年从国家图书馆查到的海内孤本。我如获至宝，披阅有日。诗集计有12卷1200多首诗，可谓李化龙“长江大河文章”的一个重要注脚，一位杰出的政治家、军事家兼文思泉涌的文学家、诗人的形象跃然纸上。

明诗在中国文学史上并不特别突出，这在很大程度上是因为它的身姿被唐诗、宋词的光芒掩盖了。在宋词、元曲大放异彩之后，明代的诗人为诗歌的发展也进行过艰辛的努力，以李梦阳为首的“前七子”和以李攀龙为首的“后七子”，高举复古旗帜，大力倡导“文必秦汉，诗必盛唐”，留下了不少脍炙人口的诗篇。李化龙生活的年代，与“后七子”交集，免不了受他们的影响；然而，《李化龙诗集》中的诗篇，远比前、后七子的诗作要丰富得多，也厚重得多。盖因李化龙的一生，远比他们轰轰烈烈、波澜壮阔。翻开《李化龙诗集》，映入人们眼帘的是东北边境的烽火硝烟、播州征伐的金戈铁马，听到的是泇河治水工地的涛声，领略到的是祖国大好河山的秀丽风光。出身贫寒的李化龙，对战争和天灾人祸给百姓带来的深重苦难有更加深切的体会。读《辽阳稿》中的《掳妇》《板升》《回乡》，《河上稿》中的《癸卯大水谣》《治官道谣》《舟行大水十二韵》等，不由使人联想到杜甫的“三吏”“三别”，二者颇有几分异曲同工之妙。从某种意义上说，《李化龙诗集》就是明万历年间的一部诗史，不独具有丰厚的文学价值，更是不可多得的珍贵史料。

明刻本《李化龙诗集》没有标点，用的是繁体字，且异体字较多；在刻板印刷的过程中，还以讹传讹地出现了一些错字；诗中又有大量的仿古乐府诗和古风、歌行体等，句式变化大，句读也使人颇费踌躇；诗中运用的大量典故，多为春秋、秦汉、两晋时代的，比较生涩难解。当代人读起来劳心费神，即使对中国古诗文比较熟悉的人也需花费不少解读功夫。为了破解这一难题，侯清海、王绍亮、陈振宇、侯锡珽诸君经过细密的研究，对《李化龙诗集》进行了标点、校对、注释，完成了这本《李化龙诗集笺注》。这是李化龙研究的一个最新成果，填补了李化龙研究的一个空白，对于加强中原文化建设，赓续中华民族源远流长的诗词文化，定会起到积极的推动作用。

（2014年5月）

《中原戏剧名家传记系列丛书》总序

在文艺、戏曲界深入学习贯彻习近平总书记在文艺工作座谈会上重要讲话精神的热潮中,《中原戏剧名家传记系列丛书》陆续付梓了，不禁欣慨交集。植根于中原沃土的豫剧（原称河南梆子）、曲剧、越调等诸多剧种，早已成为中原大地特色鲜明的文化符号，深深融入寻常百姓的血脉之中，为中华民族乃至整个人类留下了宝贵的非物质文化遗产。百多年来，中原戏剧舞台人才荟萃，名家辈出，众多老一代德艺双馨者，令人心驰神往：常香玉、陈素真、崔兰田、马金凤、阎立品、桑振君、申凤梅、毛爱莲、张新芳、王秀玲、唐喜成、牛得草、王秀兰、刘忠河、海连池、马琪、朱万明……群星璀璨，数不胜数，他们都以良好的艺德、精湛的技艺、优美的唱腔享誉剧坛。

这些中原大地上盛开的绚丽奇葩，不少已鞠躬尽瘁、与世长辞，永远离开了他们挚爱的戏剧舞台；尚健在的老艺术家们也大多年届耄耋，久不出现在公众视野；与前辈名家交往甚密之人也日渐凋零。唯恐前尘往事如烟散去，建议将大师们的平生贡献诉诸笔端、以示后人的呼声日高，为名家大师树碑立传已时不我待地提上日程。

自司马迁创传记，中华之史不独记事，更重传人。传人者何？传其品、传其节、传其才、传其德、传其神，使其形象跃然纸上，令后世如同目接耳亲，而不胜其缅怀追慕镜鉴之情，是以其人虽往，犹凛凛生气，在我左右。然欲传其人殊非易事，因事可纪、言可采、岁月可罗列，而神情风采、音容意度，则至难为力；至于所传之人，评价如何恰如其分，则更难片言居要、数语得中了。

为人立传，应以史实为要，不可加枝添叶、故作渲染、虚构成章；须以史实为据，将传主的生平准确、鲜明、生动地呈现在读者面前。这部系列丛书的编著者，独具匠心，以朴实无华的语言文字把传主们刻画得栩栩如生。编著者还讲究叙述技巧和语言趣味，按照人生时序娓娓道来，不枝不蔓，有声有色。数年来，他们不辞辛苦，登门拜访戏剧界的名家、学者，虚心求教；深入民间，辗转奔走，遍访传主们的亲朋好友和知情人；广泛搜集资料，悉心甄别真伪，夙夜挑灯，呕心沥血，毕其功成。这套丛书以其真实性、知识性、通俗性，为读者呈现出了蔚为壮观的艺术家群像。

据统计，由河南本土诞生的豫剧、曲剧、越调及其他地方小剧种不下28个。这些剧种姹紫嫣红，争奇斗艳，绘就了中原戏剧波澜壮阔的宏伟画卷，谱写出中原戏剧激越高亢的时代旋律。就流派代表人物而言，单豫剧即有“名旦六大家”和“十大门派”，本丛书所收录的仅是部分佼佼者。如享有“汴京三王”美誉的豫剧大师王秀兰、王敬先与王素君（王秀兰在20世纪40年代，是和常香玉同挂头牌的豫剧名旦；王敬先以武旦和刀马旦蜚声剧坛，开创豫剧舞台的武旦先河；王素君反串小生潘必正一举成名，最终形成了豫剧“王派”小生门派艺术），以擅演丑角自成一派的豫剧大师牛得草，以擅演须生诸葛亮自成一派的越调大师申凤梅，而曲剧名家朱万明则把“唱曲儿”与“踩高跷”相结合，创造出了曲剧品种。

中原戏剧名家个人的生活史、成长史与事业史，从多个侧面折射出社会、民族和国家前进的历史。发挥中原文化优势，大力弘扬戏曲文化，推动中原戏剧文化“走下去”“走出去”，展示河南文化的软实力，对于弘扬中华民族优秀传统文化、建设华夏历史文明传承创新区具有重要意义。做好这项工作，是我们戏曲大省义不容辞的责任。

《中原戏剧名家传记系列丛书》的出版，不仅拂开尘封往事，使名家们德艺双馨的故事不致湮灭，给后人留下弥足珍贵的篇章，而且也是对振兴中原戏剧呼声的切实回答，更是在时代嬗变中对中原文化如何助力实现中国梦、让中原更加出彩的深沉思考。

（2014年11月）

让传统文化活起来

——《四书五经解读》序

在习近平总书记系列重要讲话中，关于学习、继承、展示、弘扬中华民族优秀传统文化的精辟论述占有很重的分量。总书记明确指出："学史可以看成败、鉴得失、知兴替；学诗可以情飞扬、志高昂、人灵秀；学伦理可以知廉耻、懂荣辱、辨是非"，号召大家要"博学之，审问之，慎思之，明辨之，笃行之"，并对系统梳理传统文化资源提出要求"让收藏在博物馆里的文物、陈列在广阔大地上的遗产、书写在古籍里的文字都活起来"。

马国欣先生编著的《四书五经解读》，就是响应总书记号召、让传统文化"活起来"的有益尝试。

"四书五经"，是书写在古籍里的文字，不仅是中国儒家经常阅读的经典文籍，也已沉淀为中华民族最基本的文化元素。"四书五经"是"四书"和"五经"的合称。"四书"指的是《大学》《中庸》《论语》《孟子》，"五经"（秦代以前为"六经"，《乐》亡佚后，仅剩"五经"）指的是《诗》《书》《礼》《易》《春秋》。南宋以后，"四书五经"是儒学的基本读物，是儒生学子的必读之书。联合国秘书长潘基文曾经盛赞：中国对于人类文明的贡献，不只有"四大发明"，还有"四书五经"。

说到学习这些文化典籍的作用，我们不妨借用《礼记·经解》中收录的孔子的一段话来阐释：一个人如果把《诗》真正学深了，就能做到温柔敦厚而又不昏暗无知；把《书》真正学深了，就能做到疏通知远而又不夸张失实；把《乐》真正学深了，就能做到广博易良而又不侈靡铺张；把《易》真正学深了，就能做到洁静精微而又不邪辟狡猾；把《礼》真正学深了，就能做到恭俭庄敬而又不烦琐苛细；把《春秋》真正学深了，就能做到属辞比事而又不擅加褒贬。

包括“四书五经”在内的中华优秀传统文化，是我们华夏儿女的根与魂，是中华民族执着坚守的精神家园、发展壮大的价值指引和生生不息的内在动力，是浸透于我们心理思维、行为方式、治国方略中的文化基因。对于习总书记高度概括的“讲仁爱、重民本、守诚信、崇正义、尚和合、求大同”的中华优秀传统文化的精髓，我们应深入挖掘和透彻阐发，充分彰显其与时俱进的时代价值，通过创造性转化、创新性发展，使之成为涵养社会主义核心价值观的重要源泉。作者的《四书五经解读》无疑是在这方面迈出的非常可喜的一步。

中华文明是世界上唯一没有中断的文明，曾经雄踞人类社会前列，引领历史风骚数千年。只是在由西方开启和主导的近代文明中，中国文化经历了从盲目排外到中体西用、再到崇洋媚外的过程，一些人逐渐迷失了自我，甚至数典忘祖，对西方文化顶礼膜拜、俯首称臣。100多年来，在对待源远流长的中华文化方面，经过多次民族文化虚无主义的冲击，我们在泼掉洗澡水的同时，稀里糊涂地把孩子也倒掉了。历史的经验教训值得汲取镜鉴。民族性是文化的突出特性之一，任何文化概莫能外。中国特色社会主义先进文化只有深深植根于中华优秀传统文化的沃土，才能根深叶茂、硕果累累。不忘本来才能开辟未来，守正出新才能历久弥新。深入实施中华文化传承工程，充分运用学校教育、媒体传播、文艺创作、礼仪推广、民间传承等途径，做好经典普及工作，大力弘扬中华民族的传统美德，是我们义不容辞的责任。

当然，要深入浅出地讲清楚中华优秀传统文化的历史渊源、发展脉络、基本走向，讲清楚中华文化的独特创造、价值理念、鲜明特色，殊非易事。这有赖于充分调动理论界、文化界、教育界的力量，对传统文化进行系统地梳理甄别，坚持古为今用、推陈出新，有鉴别地加以对待，有扬弃地予以继承。我们不能指望毕其功于一役，也不能求全责备于少数人之力。然而，作者通过潜心解读“四书五经”，鲜明地告诉人们什么是真善美，什么是假恶丑，什么是应该肯定和赞扬的，什么是必须反对和否定的。这种努力和探索则是值得读者感佩的。

（2015年1月）

《追思焦裕禄——〈念奴娇·追思焦裕禄〉音乐作品论丛》序

以习近平同志为核心的党中央高度重视弘扬焦裕禄精神。

2009年到2014年，习近平同志连续三次莅临兰考，踏访焦裕禄生前的足迹，瞻仰焦裕禄陵墓，参观兰考焦裕禄纪念馆，深情回忆他少年时期学习焦裕禄事迹的感受，重新吟咏他早年填写的《念奴娇·追思焦裕禄》恢宏词章，高度凝练概括焦裕禄精神，在全国上下掀起了弘扬焦裕禄精神的热潮，又就学习焦裕禄向全党发出号召。其意义之重大、影响之深远，自然非同凡响。

《念奴娇·追思焦裕禄》是热切呼唤焦裕禄精神的时代最强音。焦裕禄同志是在1962年冬天，我国处于三年困难时期，在国民经济第一次调整的大背景下，由洛阳矿山机械厂的车间主任，选调到特重灾县兰考上任县委书记的。在兰考工作的日日夜夜，他“亲民爱民、艰苦奋斗、科学求实、迎难而上、无私奉献”的感人事迹，通过新华社穆青、冯健、周原三位老记者的长篇通讯《县委书记的榜样——焦裕禄》，迅速传遍了神州大地。50多年来，焦裕禄这个金光闪闪的名字，已经成为中华民族家喻户晓的集体记忆，成为中国共产党人见贤思齐的道德标杆，成为华夏儿女艰苦奋斗、自强自立、坚韧不拔的精神符号。20世纪90年代，是中国改革开放全面铺开的岁月，城市文明、工业文明、信息文明正逐步取代农耕文明。人们的生产生活方式正在发生急剧变化，思想、理念日益多元。在社会经济迅猛发展的同时，金钱至上、追求物欲、信仰动摇等不良倾向有所抬头，且有渐成气候之势。当年报道过焦裕禄长篇通讯的穆青、冯健、周原三位老新闻工作者，怀着焦虑的心情，又一次来到兰考等地采访，发现随着时间的推移，焦裕禄精神在一些地方逐渐被淡忘。在驻马店采访时，河南日报社驻站记者王亚明（现任河南日报社总编辑）向他们反映：有一些党员干部“随意侵犯群众利益，乱收费、乱摊派、乱罚款，一切向钱看。有的人挥霍公款大吃海喝，群众捣着他们的脊梁骨说：‘你们把酒杯捏扁了，把筷子吃短了，把椅子坐散了，哪里还有半点焦裕禄的影子’！”王亚明等反映的这些问题，他们都写进了《人民呼唤焦裕禄》一文，并于1990年7月8日在《人民日报》头版显著位置发表。时任中共福州市委书记的习近平同志，披阅此文，深有同感，思绪如潮，心情久久不能平静。习近平同志深谙民情国情，最了解中华民族当代最需要振作包括焦裕禄精神在内的伟大民族精神。民族精神乃国之神器，须臾不可坍塌。同年7月15日，他浮想联翩，夜不能寐，怀着强烈的家国意识和炽热的人文情怀，挥毫写下了《念奴娇·追思焦裕禄》这首大气磅礴的不朽华章，并于次日在《福州晚报》头版发表。

2009年3月31日至4月3日，习近平同志视察河南，直奔兰考，凭吊缅怀焦裕禄，还亲手栽下一棵泡桐，首次提到他在福州任上写下《念奴娇·追思焦裕禄》的情景。

2014年，作为中共中央总书记的习近平同志，将河南省兰考县定为第二批群众路线教育实践活动的联系点。3月18日，在兰考县委老办公室举行的县委常委扩大会议上，他睹物思人，又一次情不自禁地回忆起创作《念奴娇·追思焦裕禄》的往事。他深有感触地说：“我是有感而发，直抒胸臆。”就思想内涵和艺术底蕴而言，《念奴娇·追思焦裕禄》这首词，可以用“以情胜、以意胜、以气胜”来概括。情——激情澎湃，发自肺腑。作者通过与焦裕禄的灵魂对话，以浪漫主义的表现手法，时空交替转换，酣畅淋漓地表达了对祖国前途、民族命运的深切关怀与思考，极为真挚感人。意——英雄意气，意境深远。作者视接千古、目极八荒，立意全在国家、民族和党，和盘托出共产党人忧国忧民的博大胸怀，可谓静影沉璧、浮光跃金，这是一般诗人不能企及的。气——浩然正气，气贯长虹。在20世纪90年代初发追思焦裕禄之幽情，可谓振聋发聩，一腔高瞻远瞩、气壮山河的浩然正气，喷涌而出。20多年过去了，今天重读这篇词章，仍然如春风化雨，沁人心脾，丝毫没有因岁月的流逝而消磨其思想锋芒和艺术感染力，反而因时光的磨洗和积淀，更增添了一份璀璨的光华和凝重的分量。这正是这篇词作的强大生命力之所在。

榜样的力量是无穷的，人格的魅力是无尽的。《念奴娇·追思焦裕禄》是新一代中国共产党人向老一辈奉献者的礼拜致敬和深情赞颂，是继往开来者与披荆斩棘人的心灵感应和志向沟通，更是时代驭手面对漫漫征途的精神标高与终极追求。词章高度浓缩了习近平同志治国理政的理想信念和执政为民的责任担当，理应成为当代造就千百万焦裕禄式领导干部的核心教材，成为世代培养红色接班人的必修课程。每一个共产党员，都应该读懂、品透《念奴娇·追思焦裕禄》；每一个领导干部，都应该身体力行词章“追思”的常学常新的焦裕禄精神。

焦裕禄精神诞生在河南，《念奴娇·追思焦裕禄》词章两度重温在河南，《福州晚报》首发20多年后，第一次重新发表也是在河南（见《河南日报》2014年3月18日第一版报眼位置）。那么，河南中华豫剧文化促进会又能做些什么呢？采用我国地方剧种中受众最广、覆盖最宽、演出团体最多的中华豫剧的旋律，对词章进行谱曲演唱，自然是一种上佳的选择。于是，我们借鉴当年用豫剧戏歌为毛泽东主席《沁园春·雪》谱曲演唱、半个多世纪经久不衰的成功范例，由促进会副会长兼秘书长张秉义同志牵头，与著名作曲家朱超伦先生一起，谱写出《念奴娇·追思焦裕禄》曲谱；由中国戏剧梅花奖得主、河南省政协委员、国家一级演员贾文龙在2016年河南省政协新年茶话会上首唱，一曲走红，大河上下不胫而走，迅速传唱开来。

应公众建议，我们谨将《念奴娇·追思焦裕禄》词曲编辑成册。围绕这首词章，书中还收入了穆青等三位老记者的《县委书记的榜样——焦裕禄》和《人民呼唤焦裕禄》两篇文章，部分专家学者对《念奴娇·追思焦裕禄》词作的解读诠释以及对曲作的品评，谱曲者和首唱者的体会文章等。

（2016年4月22日）

不尽墨潮滚滚来

——序《甘苦书法作品选》

伴着淡淡茶香和对书法艺术的钟爱，我全神贯注地品读着这本刚刚结集成册的《甘苦书法作品选》，一股对作者的钦佩之情油然而生。

作为河南省文史馆馆员、省政协书画院理事、河南省书法家协会早期会员和河南省毛体书法研究会副会长，长期以来，甘苦先生在书法艺术的道路上始终坚持巩固传统、推陈出新，守正容变、张扬自我。为得《金刚经》之神韵，年逾古稀的他曾抱病三上泰山，写下了“久仰经石，而今登临，一壁绝书，面天出神，拾阶求索，道化不群”的慷慨感言。正是这种锲而不舍的韧劲，成就了这位誉满中原的知名书法家。

我与甘苦先生早年相识，中年相知。他为人谦恭，书品大气。大字或如长天走云，或如沧海飞涛，给人以酣畅淋漓之感；行草长卷如行云流水、洒脱飘逸，更兼行气贯通、布局适当，尤显章法严谨得体，给人以赏心悦目之美。

甘苦先生不但书艺精湛，而且兴趣广泛，博学多才。早年在坚持泼墨临池的同时，还涉足美术、摄影、文学编辑、古诗词研究及戏剧创作等诸多领域。所有这些，都为其书法创作提供了丰富的文化滋养，形成了弥足珍贵的字外功夫，使其书法作品的字里行间充溢着书卷气。以文化视野赏析先生书作，称其为文化书家，可谓实至名归。

甘苦先生是位求实而勤奋的书家，他60年如一日，泼墨不废，临池不辍，不断提升，从未止步。自2004年出版第一本个人书法作品集以来，这已经是他的第十本书法专著了。书中既有秀雅小品，亦有鸿幅巨制；既有捐献给汶川地震灾区的百幅义写，亦有被国家权威机构收藏的颂扬民族精神的百米长卷。应该说，这既是作者对自己长期以来书法创作的检视，也是给世人留下的一份宝贵财富。有道是："不尽墨潮滚滚来，甘苦自在砚池中。"衷心祝愿甘苦先生健康长寿，书艺常青！

（2016年11月11日）

我与河南豫剧院三团的不解之缘*

参与“修改”《朝阳沟》

我与河南豫剧院三团的缘分，起于上世纪70年代初参加“修改”《朝阳沟》。

现代豫剧《朝阳沟》是著名剧作家杨兰春先生的扛鼎之作、代表杰作。当时，上边突然要求河南组织班子对《朝阳沟》进行修改，要在地方戏中搞一个“样板戏”，省委也煞有介事地成立了有老、中、青参加的修改小组，成员除了杨兰春先生，还有著名作家张一弓、段荃法，剧作家董新民、李殿臣，著名导演许欣、陈新理，著名音乐家王基笑、姜宏轩、梁思晖等同志，我正在解放军农场接受“再教育”、大学毕业待分配，也作为“青”的代表，滥竽充数地参加了。

实际上，经过十多年的打磨锤炼，《朝阳沟》在思想性、艺术性上都臻于完美，已经达到了非常高的境界，长春电影制片厂于1963年将其搬上了银幕，已很难再作什么大的修改了。上边说，剧中的女主角银环是“中间人物”，男主角拴保的形象不够高大，要将他拔高，把他塑造成完美无缺的英雄人物。没办法，大家只好集中在省委南院的一套单元房里端正思想，肃清所谓“文艺黑线流毒”，苦思冥索，硬着头皮“修改”。杨兰春先生反复对大家讲，我已经是江郎才尽了，头脑也僵化退化了，实在难担此修改重任，就靠各位八仙过海、点石成金了！

当时还拟定了大改、小改、重写三种方案，拉出了三种本子，都作了排

* 本文是作者为2012年10月河南人民出版社出版的《口述三团》一书所写的序言；本书付印时又增加了《谋划为〈念奴娇·追思焦裕禄〉谱唱豫剧戏歌》部分。

演，也都没有过关。折腾来折腾去，连改了好多稿，都被一一否定。我记得，改动的主要地方有：把拴保改为第一主角，将银环由主角改为配角；大幅度增加了男一号人物拴保的唱段；对银环“上山”、“下山”等唱段作了一些改动，如将《走一道岭来翻一架山》一段由原来的主要由银环独唱、拴保伴舞改为两人对唱。为了显示出是“大改”，索性连剧中主人公银环、拴保的名字也改了：银环一度改成了“王耘环”，取立志扎根农村耕耘务农之意；拴保的名字则“封建迷信意识太浓”，被改成了“高山宝”，意即高山深沟里的宝贝后生；在伴奏中增加了管弦乐，对人物的唱腔特别是男声唱腔也作了修改。每改出一稿，向上汇报时，大都是由杨兰春先生主讲。别看他瘦骨嶙峋、心事重重，但讲起剧本来却如数家珍，底气十足。只见他边讲解边比画，做了很多活灵活现的夸张动作，偌大的会议室俨然成了一个临时的大舞台。参加修改本汇报演出的，除了三团的老艺术家们，还新增了一些年轻演员担纲主角，如饰演银环的就有左其伟，饰演拴保的就有韩玉生、修正宇，饰演拴保妈的有卢兰香，饰演二大娘的有袁秀荣等。

后来动员全省各地市都组成创作组进行大兵团作战式的“修改”，我就没有再参加了。这场“修改”注定不会有什么结果，等待它的只能是无疾而终。

和魏云同团访问东欧

上世纪70年代末，中央组织了一个以河南各界代表为主体的中国友好代表团访问东欧，我有幸参加了这次出访。同团出访的有全国劳模、红旗渠铁姑娘队队长，也有文艺界的代表、《朝阳沟》第一女主角银环的饰演者、河南省豫剧三团的老艺术家魏云同志。

多亏了代表团中有魏云这样一位豫剧表演艺术家！东欧人能歌善舞，一路上都洋溢着欢歌笑语。每每鼓掌欢迎中国友好代表团出节目时，几乎都是魏云同志出场，用圆润悦耳的豫剧《朝阳沟》唱段赢得东道主们的一阵阵喝彩叫好，经常是连唱几段才能收场。有时候，魏云同志唱到高兴处，还拉我为她伴奏。其实，所谓的“伴奏”，就是凑合着用嘴拉弦、用嘴打锣鼓家伙而已。为了活跃气氛，为了热场，我只好勉为其难地随喜助兴。

到了罗马尼亚，我国驻罗大使李庭荃和夫人是河南人，在官邸招待代表团一行时，他们不但要听魏云同志唱，还要看她走台步表演。魏云同志演唱了一段又一段，李大使夫妇及使馆工作人员久久不让大家离开。李大使动情地说："万万没有想到，在异国他乡能欣赏到家乡顶尖艺术家这么精彩绝伦的表演，听到这么字正腔圆的豫剧乡音！非常感谢来自家乡的父老乡亲，你们不愧为中国人民的友好使者！"

有一次，代表团正在一个使馆进餐，从操作间走出来两位中国厨师，自报家门说："俺俩都是河南人，都是中国厨师之乡长垣人，怎么也没想到'银环'能来这儿赏光！俺给老乡们做家乡拿手好菜，您可要让俺过一把家乡戏瘾啊！"其中一个小伙子还毛遂自荐，硬是与魏云同志合唱了一段《朝阳沟》"上山"选段。魏云同志没有一点儿艺术家的架子，尽管这位年轻厨师唱得荒腔走板，她还是一丝不苟地合唱到底，给使馆的同志们带来了无限欢乐，用她精湛的豫剧艺术把中国人民的友谊播洒到了欧洲大地。

受命组织打造《村官李天成》

2000年夏，全国农村党建工作座谈会在河南召开。河南濮阳市西辛庄村党支部书记李连成同志的发言，引起了主持会议的曾庆红同志的浓厚兴趣。他对时任河南省委书记马忠臣同志和我说："豫剧在广大群众中很有基础，要是以西辛庄和李连成的事迹为素材和原型，搞成一台豫剧现代戏，一定会受群众欢迎！这个任务就交给全书同志了。两年时间可以搞出来吧？搞出来我们一定看！"

中央领导同志这么重视，又点名下达任务，我当然不敢懈怠。会后，我就召集濮阳市、省委组织部、省委宣传部、省文化厅的同志们商量落实。濮阳市闻风而动，市长、市委副书记杨盛道同志组织人员很快拿出了剧本，由市豫剧团进行了彩排，作出了难能可贵的大胆尝试。万事开头难。由于受真人真事的局限，无形中束缚了创作人员的想象力和创造力，初始的这一台戏有点儿像李连成的事迹堆砌，缺乏打动人、感染人的魅力。经过省、市共同研究，我当机立断，《村官李天成》的创作演出要贯穿改革创新精神，实行剧组制，由创演现代戏得心应手的省豫剧三团和濮阳市豫剧团联合创作、排演。其间，还干脆把濮阳市豫剧团团长、一号主人公李天成的饰演者贾文龙同志调到了省豫剧三团。

我和剧组的同志们形成的共识是：大胆打破真人真事的局限，准确把握时代特点，严格遵循艺术规律，从当代农村生活中汲取灵感，从河南乃至全国众多带领群众脱贫致富奔小康的农村基层带头人身上提炼素材。由著名剧作家姚金成主笔，创作出了《村》剧的脚本，并于2001年11月彩排。省几大班子领导和老同志们都满腔热忱地为《村》剧把脉，提出了许多修改意见和建议。我和主创人员反复讨论修改剧本，明确了博采众长、修改提高的基调和方向，戏剧界也多次举行论证研讨、会诊开方，终于使《村》剧化蛹成蝶，情节和人物都有了质的突破。

2002年5月19日，我和省委组织部、省委宣传部、省文化厅、省文联的同志们一起到三团排练厅看彩排。大家都被《村》剧鲜活的人物形象、浓郁的乡土气息、醉人的豫剧声腔深深打动了，排练厅内掌声阵阵。看了演出后，我发言的结语是这样讲的："这一轮编排演出，源于原型又脱胎于原型，源于生活又高于生活。戏已经站住，可以给全省人民演，向全省人民交代；也可以进京演，向中央领导交代！"5月23日晚，省委、省政府主要领导和省几大班子领导集体观看了《村》剧。

当年9月，《村官李天成》应邀赴京演出。我和陈全国、孔玉芳等同志陪同曾庆红、刘云山等中央领导同志观看了演出。庆红同志称赞说："这个戏编得好，演得好，感人至深，催人泪下。许多唱词很有深意和新意，不愧为当代的《朝阳沟》！"中宣部部长刘云山同志说："这部戏是近年来少有的精品之一。它有两个特点，一是思想性、艺术性、观赏性的高度统一；二是传统形式、时代特征、创新精神的高度统一。震撼人心，催人泪下。一定可以搞成21世纪的《朝阳沟》"。2004年初，《村》剧入选2003 — 2004年度国家舞台艺术精品工程初选剧目。5月，《村》剧应邀参加北京国际演出季活动。5月16日晚，在长安大戏院，我陪同中央政治局常委李长春、文化部部长孙家正、中宣部副部长李从军、中国文联党组书记和北京市委领导等观看了演出。经过一年多的演出和加工，演员们对人物的理解、把握更加深刻，表演更加自如，唱腔更加收放有度，一些喜剧性的人物和情节、语言，也出现了许多出人意料的效果。剧场气氛异常热烈，笑声掌声此起彼伏。李长春等同志非常兴奋，上台一一接见演员后，又专门安排在休息室与剧组主创人员座谈了一个多小时。他说："这个戏剧本写得好，演员演得好！它把改革开放中多个农村先进集体、先进人物的事迹进行了艺术的提炼概括，在各种矛盾冲突中刻画人物，既表现了前进中的问题和困难，更表现出了战胜困难的精神和过程，人物形象生动，性格鲜明，唱词含意深刻，很好地体现了党在'三农'问题上的方针政策，展示了中原农村在改革开放中前进的生活画卷，是一部把思想性、艺术性、观赏性紧密融为一体的精品力作，是贴近实际、贴近生活、贴近群众的一个典范。"他说："这个戏要多到基层演出，这比派几个中央讲师团都管用！你们要努力多为群众演出！要演遍大江南北！"还几次特别说到："这个戏的唱腔特别好听！唱词写得也好！尤其是男声唱腔给我印象特别深，非常有激情，也非常优美动听。你们要申报全国'五个一工程'奖，我先在这里预投一票！"还要求中央宣传、文化部门的同志们都来看看这个戏，新闻媒体也要组织好对这个戏的宣传和评论。5月17日，国务委员陈至立、国家新闻出版总署署长石宗源等同志观看了《村》剧，对《村》剧都给予了高度评价和热情鼓励。全国几十家主流媒体争相报道，好评如潮。中央电视台新闻联播和晚间新闻播发了对编剧姚金成的采访。

2004年11月，《村》剧应第六届上海国际艺术节组委会之邀，赴上海连演3场，观众踊跃，反响强烈。2005年春，上海市委宣传部再次邀请《村官李天成》赴上海参加"保持共产党员先进性教育活动·浩然正气映天地"优秀舞台剧目展演，从3月18日至4月6日，《村》剧连演21场，场场爆满，在上海掀起了一股"《村官》旋风"。上海市委常委、浦东区区委书记杜家豪对记者说："这是一场十分精彩的演出，我在农村工作了8年，真切体会到村干部的'难'，该剧真实生动地反映了'三农'问题，反映了百姓的心声，感谢河南省豫剧三团为我们送来了这么好的戏，这么好的新版《朝阳沟》！"为了满足上海观众的要求，上海市委宣传部和市文广局又在艺海剧院举行了"豫剧现代戏精品剧目展演"，先后演出了《村官李天成》、《朝阳沟》、《香魂女》三台大戏。一时间，河南现代戏成为新闻媒体关注的焦点和戏剧界专家、观众们议论的热门话题。上海戏剧文化界为此举行了两次高层理论研讨会，《解放日报》、《文汇报》、东方电视台等主流媒体连续重点报道。文化界权威人士评价：以《村官李天成》为代表的豫剧现代戏“为新世纪河南文化赢得了地位和尊严”，“是中原文化崛起的先锋”，“开创了豫剧演出史上的新篇章”。《村》剧还先后被北京、河南、河北、山西、陕西等地剧团和基层剧团移植搬演，成为新时期以来豫剧现代戏被兄弟省市剧团成功移植搬演最多的剧目。仅河南省豫剧三团男女主角登台献艺的演出已超过800场；加上兄弟省市、其他剧种、基层剧团的移植搬演，则早已数以千场。它五进北京，两进上海，演到了广东、海南、山东、山西、河北、陕西等地，不少唱段已成为流行唱段和观众耳熟能详的口头语。

2005年11月，我们又把《村》剧搬上银幕，由河南电影制片厂将其拍摄成戏曲电影在城乡放映。2007年，《村》剧和戏曲电影《村官李天成》双双荣获中宣部全国“五个一工程”奖，戏曲电影同时荣获广电部中国电影华表奖。《村》剧还获得了第十七届田汉戏剧奖剧本一等奖、第一届黄河戏剧节大奖、河南省政府第三届文学艺术成果大奖等奖项。2010年5月，经过进一步加工提高的《村》剧在第九届中国艺术节演出，引起广大观众和戏剧界高度关注，一举夺得文华剧目奖、文华剧作奖、文华表演奖、文华导演奖、文华音乐奖等诸多奖项。饰演男主角李天成的贾文龙获第20届中国戏剧梅花奖，饰演女主角的汪荃珍为中国戏剧梅花奖和白玉兰奖的双料得主，贾文龙和饰演三娃的陈利民还分别获上海白玉兰戏剧表演奖。

常言说：“十年磨一戏”，“十年辛苦不寻常”。2012年4月26日，中国戏剧家协会、河南省委宣传部、省文化厅、省文联、中华豫剧文化促进会联合举办了一次高规格的“大型豫剧《村官李天成》演出800场座谈会”。全国著名的戏剧评论家、剧作家们聚集一堂，议论风生。大家认为，这个剧目可以说是当代一部当之无愧的舞台艺术精品。它成为主要创作人员的代表作，成为河南省豫剧三团的代表作，成为河南省进入新世纪以来最优秀的代表作之一，也是进入新世纪以来中国戏曲和现代戏的代表作之一。这部戏颠覆了“英模戏”的传统创作模式，语言、唱词堪比《朝阳沟》，说这是豫剧的第二个《朝阳沟》并不为过。《村》剧可以说是当代、现代题材和现代戏曲创作的一个制高点，在中国当代戏曲演出史上，创造了一个奇迹。大家认为，豫剧《村官李天成》创作演出的成功，是河南戏剧界在党中央、国务院的亲切关怀支持和省委、省政府以及宣传、文化部门直接组织领导下的一次集体拼搏。它的成功，得益于广大农村在现代化进程中的历史性突破和基层广大党员干部的感人业绩，为创作提供了丰富的素材、澎湃的激情和跃动的灵感；得益于中央和省委的高度关爱呵护和鞭策鼓励，陈奎元、李克强、徐光春、卢展工四任省委书记都不约而同地反复号召全省各级党员干部都来学唱《村》剧的核心唱段《吃亏歌》；得益于全省、全国戏剧界专家、同行的指点厚爱，新闻界朋友们的宣传推介。它追随着中国崛起的步伐，传递了“华夏历史文明传承创新区”的脉动。

为《焦裕禄》试写唱段“百姓歌”

2012年，河南豫剧院三团又创排推出了两台大型现代豫剧《焦裕禄》和《刘青霞》。其中的《焦》剧和省话剧院的《红旗渠》、省豫剧二团的《苏武牧羊》一道被文化部选为向党的十八大献礼剧目，准备赴京参加“2012年全国优秀剧目展演”。大家看过《焦》剧后，在总体肯定的同时，又觉得该剧缺少《村官李天成》中“吃亏歌”那样令人荡气回肠的核心唱段，主题歌“白姓歌”阐释升华不太到位。省文化厅厅长杨丽萍、三团团长汪荃珍和书记贾文龙等同志找我帮助修改。我不揣浅陋，试写了“百姓歌”唱词供他们参考，并与编剧姚金成同志交换了意见。

在修改过程中，我一度甚至将南阳内乡县衙的一副对联也作为道白用上了：

焦裕禄：（道白）

有道是

得一官不荣，失一官不辱，勿说一官无用，

地方全靠一官；

吃百姓之饭，穿百姓之衣，莫道百姓可欺，

自己也是百姓。

其中有一稿的唱词草稿是这样的：

焦裕禄：（唱）

百姓是父母，

我们是晚辈；

百姓是老师，

我们是学生；

百姓是主人，

我们是仆从；

百姓是英雄，

我们是小兵。

心中装着老百姓，

才能与他们

同呼吸、共命运、

心相连、息相通，

给百姓办实事，

向百姓学本领，

为百姓谋利益，

与百姓结深情。

心中装着老百姓，

才能把得住底线，

稳得住心神，

守得住清白，

管得住行动。

心中装着老百姓，

才能相信百姓、依靠百姓、宣传百姓、

组织百姓、动员百姓、服务百姓，

当好百姓的领头雁，

风雨无阻万里行。

心中装着老百姓，

才能鞠躬尽瘁、死而后已，

殚精竭虑、为民理政，

让百姓认同、实践认同、历史认同，

报答百姓这比天大、比地厚、

比山高、比海深的

未了情！

谋划为《念奴娇·追思焦裕禄》谱唱豫剧戏歌

2009年到2014年，习近平同志连续三次莅临兰考，踏访焦裕禄足迹，瞻仰焦裕禄陵墓，参观焦裕禄纪念馆，深情回忆他少年时期学习焦裕禄事迹的感受，重新吟咏他早年填写的《念奴娇·追思焦裕禄》词章，高度凝练概括焦裕禄精神，并就学习焦裕禄同志向全党发出号召，在全国上下掀起了弘扬焦裕禄精神的热潮，其意义之重大、影响之深远，非同凡响。

1990年7月8日，当年写长篇通讯《县委书记的榜样——焦裕禄》的新华社老社长穆青、总编辑冯健、名记者周原，又在《人民日报》头版发表了《人民呼唤焦裕禄》长文。时任中共福州市委书记的习近平同志，披阅此文，思绪如潮。习近平同志深谙民情国情，最了解中华民族当代最需要振作包括焦裕禄精神在内的伟大民族精神。民族精神乃国之神器，须臾不可坍塌。7月15日深夜，他浮想联翩，夜不能寐，怀着强烈的家国意识和炽热的人文情怀，写下了

《念奴娇·追思焦裕禄》这首气象万千的不朽华章，次日在《福州晚报》头版发表。

2009年3月31日至4月3日，习近平同志视察河南，直奔兰考，凭吊缅怀焦裕禄，还亲手栽下一棵泡桐，首次提到他在福州任上写下《念奴娇·追思焦裕禄》的情景。

2014年，作为中共中央总书记的习近平同志，将河南省兰考县定为第二批群众路线教育实践活动的联系点。3月17日，在兰考县委老办公室举行的县委常委扩大会议上，他睹物思人，又一次情不自禁地回忆起创作《念奴娇·追思焦裕禄》的往事。他深有感触地说："我是有感而发，直抒胸臆。"的确，就思想内涵和艺术底蕴而言，《念奴娇·追思焦裕禄》这首词，可以用"以情胜、以意胜、以气胜"来概括。情——激情澎湃，发自肺腑。作者通过与焦裕禄的灵魂对话，以革命浪漫主义的表现手法，时空交替转换，酣畅淋漓地表达了对祖国前途、民族命运的深切关怀与思考，极为真挚感人；意——意气风发，英雄意气。作者思接千古、目极八荒，立意全在国家、民族和党，和盘托出共产党人忧国忧民的博大胸怀，可谓静影沉璧、浮光跃金，这是一般诗人不能企及的；气——浩然正气，气贯长虹。在20世纪90年代初发追思焦裕禄之幽情，可谓振聋发聩，一腔高瞻远瞩、气壮山河的浩然正气喷涌而出。20多年过去了，今天重读这篇恢弘华章，仍然如沐春风，沁人心脾，丝毫没有因岁月的流逝而消磨其思想锋芒和艺术感染力，反而因时光的磨洗和积淀，更增添了一份璀璨的光华和凝重的分量。这正是这篇词作的强大生命力之所在。

焦裕禄同志光辉的榜样力量是无穷的，习近平总书记崇高的人格魅力是无尽的。《念奴娇·追思焦裕禄》是新一代中国共产党人向老一辈奉献者的礼拜致敬和深情赞颂，是继往开来者与披荆斩棘人的心灵感应和志向沟通，更是时代驭手面对漫漫征途的精神标高与终极追求。词章高度浓缩了习近平同志治国理政的理想信念和执政为民的责任担当，理应成为当代造就千百万焦裕禄式领导干部的核心教材，成为共产党人的必修课程。每一个共产党员，都应该读懂、品透《念奴娇·追思焦裕禄》；每一个领导干部，都应该身体力行词章"追思"的常学常新的焦裕禄精神。

焦裕禄精神诞生在河南；《念奴娇·追思焦裕禄》词章两度重温在河南；

《念奴娇·追思焦裕禄》在《福州晚报》首发20多年后，重新发表也是在河南（见《河南日报》2014年3月18日第一版）。那么，作为中华豫剧文化促进会的会长，我又能做些什么呢？在深受激励、热血沸腾之余，我联想到了当年用豫剧戏歌为伟大领袖毛泽东主席《沁园春·雪》谱曲演唱、在神州大地上传唱半个多世纪经久不衰的范例，于是我提议，应像当年为毛主席《沁园春·雪》谱写豫剧戏歌那样，采用我国地方剧种中受众最广、覆盖最宽、演出团体最多的中华豫剧的旋律，对词章进行谱曲演唱，并作出具体安排：由促进会副会长兼秘书长张秉义同志牵头，与著名豫剧作曲家朱超伦老先生一起，谱写出《念奴娇·追思焦裕禄》戏歌曲谱；由中国戏剧梅花奖得主、河南省政协委员、国家一级演员、河南豫剧院三团团长、大型现代豫剧《焦裕禄》的主演贾文龙演唱。

2015年9月8日，我在中华豫剧文化促进会的报告上，向中共河南省委常委、宣传部部长赵素萍同志签署意见："我意最好搞一期《梨园春》（河南卫视名牌栏目）节目，用豫剧激越高亢的旋律，把习总书记《念奴娇·追思焦裕禄》词，在焦裕禄精神诞生地——中原上空传唱得响遏行云，进而唱响大河上下、天南地北，为实现中华民族伟大复兴的中国梦传播强大的正能量。报请素萍部长审定"。2015年12月30日上午，豫剧戏歌《念奴娇·追思焦裕禄》在河南省政协新年茶话会上首唱，很快就不胫而走，在中原大地迅速传唱开来。

2017年12月，全国政协新年茶话会的筹备工作正在紧锣密鼓地进行，其中50分钟的文艺节目是由全国政协办公厅和教科文卫体委员会共同操办的。作为教科文卫体委员会侧重文化的副主任，我极力推荐河南豫剧院三团演唱的《念奴娇·追思焦裕禄》豫剧戏歌。筹备组的同志说，中央办公厅这几年对全国政协这台节目有明确要求，主要就近从在京的文艺界政协委员中出节目，不再从京外调节目；而且节目单又是由中宣部、文化部共同审定的，上河南这个节目恐怕有难度。我又找文化部分管的负责同志和艺术司的同志商量，他们也作不了主。我满心想把这一将人民领袖博大情怀演绎得淋漓尽致的黄钟大吕推上去，就冒昧给中央政治局委员、书记处书记、中办主任丁薛祥同志写信，并送上戏歌的二维码，请他把关、审定，破例为全国政协新年茶话会从京外调这一节目进京。令人无比欣喜的是，丁主任很快即批示同意这一请示，中央政治局委员、书记处书记、中宣部部长黄坤明同志和全国政协领导也在丁主任的批件上作了批示。俞正声主席高度重视，张庆黎副主席多次协调，张秋俭副秘书长、从兵驻会副主任狠抓落实，终于使这一豫剧戏歌登上了2017年12月29日举办的全国政协新年茶话会的舞台，向习近平总书记等党和国家领导人、首都各族各界人士代表进行了汇报演出，赢得了雷鸣般的掌声和喝彩声。12月30日《人民政协报》在新闻报道中，对这一节目不吝篇幅地作了突出重点报道："茶话会上，豫剧名家贾文龙表演的豫剧戏歌《念奴娇·追思焦裕禄》，打动了委员们的心。《念奴娇·追思焦裕禄》是1990年时任中共福州市委书记的习近平同志所作的一首词，词中表达了共产党人亲民爱民的高尚情操。'暮雪朝霜，毋改英雄意气……'，表演者慷慨豪迈的唱腔，引发现场如潮的掌声。数不尽的暮雪朝霜，道不完的英雄意气，其实，中国共产党人的初心和使命，始终刻印在中华民族从站起来、富起来到强起来的伟大飞跃中。如今，这个初心如磐的世界第一大党正带领全国各族人民站在十九大描绘的新征程上，披荆斩棘，一往无前。"当晚中央电视台的新闻联播给了该节目超乎寻常的展示，从而使《念奴娇·追思焦裕禄》大气磅礴的旋律，像插了翅膀一样，飞出河南，无数的华夏儿女在广袤的神州大地上引吭高歌。

（2012年10月）

捧读《千秋师表》

伴随着教师节的来临，杨学海老校长的新著《千秋师表》由人民文学出版社、天天出版社联合出版了。捧读墨香四溢的新书，我一直沉浸在感佩、感激、感恩的兴奋之中。

杨先生是教我语文课时间最长，非常可亲、可敬、可学、可信的师长。从初一入校到高三毕业，中间尽管也先后有苏文儒、田安仓、毛锐锋诸师穿插教授，但先生几乎是连贯不断线地为我们授课，是使我获益匪浅，受惠最多的良师、恩师、导师、名师。

先生富有锐意改革的创新精神。他深谙教育规律，尊重教育规律，敬畏和坚守教育规律，敢为天下先，是学校教育改革的领导者、探索者。特别是在“文革”结束后，先生以燃烧般的激情，悉心组建教研队伍，大刀阔斧地开展教学改革，首开“学习方法”课程，在豫北地区一枝独秀，屡屡在教学成绩上拔得头筹，被推选为省总工会委员、人大代表。先后有《教学随笔》《读书笔记》《往事漫忆》《夕照集》《古诗词名句集释》等书稿问世。诚如扈廷相先生在一篇文章中所言：“从教学成就来看，就教学影响而言，或以治学品格而论，杨老师可谓享誉遐迩、德高望重，是名副其实的语文教学大师，是名副其实的语文教学的一面旗帜。”

先生富有科学严谨的治学风范。作为教师，他勤于思考，博闻强记，掌握了开智练能的教学艺术；作为校长，他学养丰厚，善于总结，秉持着系统明确的教学理念。不管是任教于初中、高中，还是任教于教师培训班；也不管是当组长、主任，还是当校长，先生都始终扎根三尺讲坛，主动承担几个班的语文课。先生能随时随地走进不同班级的课堂，随问随答地出色讲解中学语文教材中的任意一篇课文，阐幽发微、妙语连珠，让学生们听得如痴如醉。

先生富有至广至深的仁爱之心。他爱学生、爱学校、爱教师、爱教育，海纳百川，大爱无疆，是我人生的引路人，是我钦敬、学习、效仿、向往的楷模。我家境贫寒，弟兄三个同时在长垣一中不同班级上学，先生鼓励、指导我为报刊写稿，帮我们找勤工俭学的门路，联系假期里打工的活干；三年经济困难时期，先生带领同学们到地里挖野菜，下河里捞苲草，度过灾荒。

由这样一位学者、教者、研究者、专家、名师撰写《千秋名师》，即教育家写教育家，自然意蕴深厚、不同凡响。书稿选取了我国近现代堪称师表的大师级人物，一一为他们立传。在这部群星谱中，为理想而奋斗，视功名若浮云，矢志不移地启人心智、传播真理者有之；崇教厚道、修身立德，学为人师、行为世范，用爱心、知识、智慧点亮学子心灵者有之；呕心沥血、殚精竭虑，默默耕耘、无私奉献，毕生致力于"传道、授业、解惑"者有之；倡导"生活即教育""社会即学校""教学做合一"的教育理论体系，成就我国近现代教育史上伟大创举者有之；亲近民众，致力于职业教育和民众教育，提倡劳工神圣、手脑并用、注重实践，独创融入民众、为底层学子提供教育组织者有之；痴迷于教育，忠诚于教育，坚守于教育，为教育事业鞠躬尽瘁、死而后已者有之。他们用各自不同的姿态在中国近现代教育文化的广阔舞台上纵横驰骋，留下了浓墨重彩的一笔；他们用各自卓异的高风亮节、学识才华、骄人业绩，谱写了一曲曲激越高亢的师表赞歌。

先生在耄耋之年，拖着多病之躯，仍含英咀华、笔耕不辍，又不辞辛劳地为读者托出了《千秋师表》这部昭彰人民教师历史功绩和高尚情操的生动教材，既用心良苦，更难能可贵。本书对于全面贯彻习近平总书记系列重要讲话精神，落实《国家中长期教育改革和发展规划纲要（2010—2020年）》，加快培养和造就教育家，实现教育家办学；对于广大教师坚定中国特色社会主义理想信念，增强立德树人、教书育人的荣誉感和使命感，强化终身学习理念，更新知识、拓宽视野，踊跃投身教育改革实践，提高教育教学质量，努力成为党和人民满意的"四有"好老师；对于全社会大力弘扬尊师重教的良好风尚，使教师成为最受社会尊重的职业，发展具有中国特色、世界水准的现代教育，都是大有裨益的。

相信读者聆听教育家的声音，领悟教育家的精髓，与大师们进行心灵对话，一定能从中收获人生的大智慧，让不朽的师德、师魂薪火相传。

（原载于《河南日报》2015年9月8日）

品《大宋·东京梦华》

《大宋·东京梦华》是河南省继《禅宗少林·音乐大典》之后，隆重推出的又一个大型实景演出项目。演出以北宋画家张择端的《清明上河图》长卷和宋代学人孟元老的《东京梦华录》相关记载为切入点，以八阕经典宋词蕴含的意境为主线，借助演员的精湛演技和现代高科技，通过声、光、电的巧妙组合与切换，生动地再现了宋代都城的繁华盛景和封建王朝的大国辉煌。“琪树明霞五凤楼，夷门自古帝王州”的盛世帝都，在如诗似画般的《大宋·东京梦华》中，演绎得淋漓尽致。可以说，这是一台思想性、艺术性、观赏性俱佳，堪称经典的演出，是一台令观众如醉如痴、给人们无限愉悦的演出，是可以与《禅宗少林·音乐大典》相伯仲的精品力作。点评《大宋·东京梦华》，可以用三个“非同凡响”来概括。

一是高远立意非同凡响。作为省委、省政府文化强省建设中的一个重要棋子，作为郑汴洛“三点一线”黄金旅游线上的一个重要节点，作为中国八大古都之一、中国历史文化名城、中国优秀旅游城市，如何将静态的历史文物和历史遗存，变成鲜活而生动的文化旅游产品；如何将历史文化资源活化，吸引更多的中外游客领略古都神韵；如何扭转开封白天游人如织、夜晚客去楼空，人气旺、收益低的尴尬局面？开封市委、市政府实施开封“夜游战略”，倾力打造了大型水上实景演出《大宋·东京梦华》，将文化资源开发与旅游产业发展紧密结合，让宋文化在现代旅游产业中迎风起舞，抓住游人的眼球，满足人们深度体验的心理需求，使游客在开封停留的时间更长，拉长了全市文化旅游产业的链条，彰显了古都的文化旅游亮点，增加了开封文化旅游的综合收入，实现了开封文化旅游产业发展史的重大突破，奠定了河南人文旅游的一块重要基石，开启了清明上河园品牌的全新时代，为我们打造了一种健康向上的文化休闲生活。《大宋·东京梦华》紧紧围绕北宋文化的主题展开，把气势恢宏、光彩夺目的精彩画卷史诗般地呈现在人们眼前，不仅让观众感受到了大宋文化和中原文化的独特魅力，增强观众的民族自信心和自豪感，而且让观众在对北宋王朝兴衰变化的感悟中，唤起了对历史的追忆与反思；表达的是对历史开封的赞颂和对今日开封的祝福，激起的是对一个民族兴衰的深沉思考和渴望崛起的壮志豪情。这不禁使人想起了两年前《参考消息》刊发的外电报道《从开封到纽约》和省委书记徐光春同志对这篇报道的重要批示，一种历史的责任感和崇高的使命感油然而生。如果说1000年前的大宋都城，书写了世界文明史最浓墨重彩的一笔的话，那么1000年后的大型实景演出，则点燃了千年古城、辽阔中原崛起的火炬。

二是艺术品位非同凡响。《大宋·东京梦华》是在深度挖掘古都开封深厚历史文化资源的基础上，悉心打造的极具中国文化审美情趣和中原文化特色的实景演出，是中国继汉风唐韵之后又一值得仔细品味和欣赏的盛世画卷。它抓住了宋文化的根本，浓缩了宋文化的精华，通过亮丽的画面、雄浑美妙的音乐、朗朗上口的宋词，以超多的演出人数、超大的演出空间、超豪华的舞台、超大型的道具、超现实的艺术场景，用短短70分钟的时间，极度渲染了北宋的奢华、皇家的大气和市井的风情，勾画出一个天空、水面、地面的三维立体，宏大、古典、令人目不暇接、眼花缭乱的实景舞台，形成了对观众视觉与听觉的强大冲击，让人们感受到了无可比拟的美的震撼和美的享受。无论是苏轼的“枝上柳绵吹又少，天涯何处无芳草”，柳永的“杨柳岸晓风残月”，还是辛弃疾的“醉里挑灯看剑，梦回吹角连营”“东风夜放花千树，更吹落，星如雨”，都是大家耳熟能详、久传不衰的佳作名句；东京上元夜、香车宝马、晓风残月、万国朝圣、杨门女将、清明踏青、荡秋千等景象，都与北宋帝都汴梁相联系，雍容华贵，雅俗共赏，很容易引起观众的强烈共鸣；根据八阕极具代表性的宋词谱写的主题音乐，时而舒缓悠扬，时而激越高亢。可以说，正是这种震撼力和感染力，极大地提升了节目的演出质量和文化品位，扩大了演出的观众基础，使它与《禅宗少林·音乐大典》《印象·刘三姐》等我国著名的实景演出，站在了同一个品牌层面上，把河南的文化旅游演艺推向了国际级的水平，成为与《禅宗少林》比肩而立，我省大型实景演出“一山一水，一东一西，一文一武，一刚一柔”的“姊妹篇”。

三是引领作用非同凡响。《大宋·东京梦华》把清明上河园的白天和夜晚、景点和演艺有机连接起来，有助于深化景区的文化主题，丰富景区的文化内涵，强化景区的文化娱乐功能，增强景区的竞争力和吸引力。它的横空出世，开启了开封市晚间文化旅游消费市场，满足了省内外游客夜游开封的需求，丰富了古都的夜生活，为促进开封文化旅游产业的升级拓展了广阔的空间。这道文化旅游大餐，风味独特，九曲回转，使历史与现实珠联璧合，错落有致，浑然天成。它的强势面市和持续火爆，必将在全省产生巨大的引领、示范、带动效应，促使大家进一步解放思想、更新观念，积极探索在新的历史起点上发展文化产业的有效途径；必将使厚重的中原文化站得更高，走得更远；必将有力地推动全省文化旅游演艺产业不断成长壮大，实现又好又快发展。

《大宋·东京梦华》作为我省文化产业百花园中的一朵奇葩，获得了社会各界的一致好评，赢得了广大观众的广泛赞誉。但我们决不能陶醉于自我欣赏，满足于现有水平。一定要深刻学习领会徐光春书记、郭庚茂代省长在刚刚结束的全省文化产业发展和文化体制改革工作会议上的重要讲话精神，以正在全省深入开展的“新解放、新跨越、新崛起”大讨论活动为动力，思想更加解放，精神更加振奋，目标更加明确，思路更加清晰，把节目做得更精更优，把产业做得更大更强。

一要在精雕细琢上下功夫。进一步强化精品意识，更新创作理念，持续不断地对每一个环节、每一个场景、每一个舞姿、每一个造型进行打磨和完善，力争使整台节目在历史穿透力、文化传承力、艺术感染力、视觉冲击力和心灵震撼力等方面都赶超国际先进、国内一流。要注重学习国内外类似文化产品的成功经验，注重听取演艺名家的艺术点评，注重收集历史学者的意见建议，注重采用科技发展的最新成果，在横向对比中拉高标杆，在集思广益中查找差距，在广纳善言中弥补缺憾，在锐意创新中寻求突破。

二要在宣传推介上下功夫。《大宋·东京梦华》实景演出能否叫响全国、享誉世界，取得更好的经济社会效益，在很大程度上取决于宣传推介工作的力度。宣传、文化、报刊、广电等部门和各类媒体，都要深刻认识宣传推介《大宋·东京梦华》实景演出对展示河南经济社会发展最新成就、增强全省文化软实力的重要意义，把对《大宋·东京梦华》实景演出的宣传推介列入工作计划，摆上议事日程。广大新闻工作者要善于运用大手笔，推出大报道，形成大声势，产生大效应，通过持续不断、卓有成效的集中宣传，扩大其知名度，提高其美誉度。文学、艺术研究单位要充分发挥自身优势，邀请国内外著名专家学者，对《大宋·东京梦华》实景演出进行座谈研讨、把脉问诊，向公众解读《大宋·东京梦华》。开封清明上河园有限公司作为投资主体，要进一步创新经营理念，增强品牌意识，引进战略合作者，进行股权改革，争取早日上市；要规范宣传用语，统一推介标志，实现文化品牌向产业品牌的转化，无愧于受到省委、省政府大会表彰的河南省文化产业发展和文化体制改革先进集体的光荣称号。

三要在协作共赢上下功夫。旅游行政主管部门、接待部门、旅行社要强化大局意识、合作意识，将《大宋·东京梦华》实景演出同我省其他优秀文化旅游产品，特别是郑汴洛“三点一线”精品旅游线路紧密结合起来；与全省文艺精品工程特别是郑州的《禅宗少林·音乐大典》、河南广电《大河秀典》和即将推出的《梨园春天天剧场》等紧密结合起来；统一规划，统一包装，统一推介，统一促销，努力实现《大宋·东京梦华》实景演出与其他文化旅游产品的信息互通、线路互连、客源互荐、功能互补。开封清明上河园有限公司要瞄准省内市场，盯牢周边市场，抓住日韩、东南亚、中国港澳台地区市场，开拓欧美市场，进一步加强与旅行社团的联系与合作，完善文化旅游营销队伍、合作伙伴、宣传媒体网络以及图文信息库建设，吸引更多客人到开封品味宋韵雅风，体验古都辉煌。要高度重视与登封《禅宗少林·音乐大典》同类实景演出的良性互动和共赢发展，畅通交流渠道，搭建合作平台，精心构筑我省有文有武、有动有静、相得益彰、相映生辉的大型实景演出格局。

四要在人才培养上下功夫。做大做强、做精做优《大宋·东京梦华》实景演出，需要众多的具有创新能力和竞争实力的文化艺术人才和专业技术人才。要进一步完善用人机制，创造一个人员能进能出、职务能上能下、待遇能高能低、人尽其才、才尽其用的良好环境。进一步完善人才培养机制，充分利用开封百年老校河南大学文学艺术类专业底蕴深厚、基础雄厚的优势，加快培养各类急需人才，尤其是熟悉演出流程、掌握操作技巧、懂科技、晓艺术、会管理、善经营的复合型人才。进一步完善人才引进机制，加快人才引进步伐，用政策留人、用事业留人、用待遇留人、用感情留人，努力使《大宋·东京梦华》实景演出各个节点、各个岗位都有一批高水平、高素质、高技能的人才。

（原载于《人民日报》2009年4月20日）

《念书的孩子》总策划絮语

一、为留守儿童撑起一片爱的天空

《念书的孩子》是伴随着我国城镇化大潮加快推进、农村留守儿童群体日益壮大应运而生的现实主义影片。

在我国城镇化、工业化、农业现代化迅猛发展的大潮中，大量农村剩余劳动力犹如潮水一般涌向城镇，由此产生了一个数量可观、规模庞大的特殊群体——“农村留守儿童”，即年龄在18岁以下、父母双方或一方外出打工半年以上、自己留在农村生活的儿童。有数据显示，目前全国共有农村留守儿童6100多万，占农村儿童总数的37.3%，占全国儿童总数的21.88%；他们高度集中在中西部劳务输出大省，在广东、江苏等东部发达省份也为数不少。近5年间，学龄前留守儿童规模快速膨胀，增幅达47.7%；义务教育阶段留守儿童有所减少，降幅为9.65%；大龄留守儿童（15—17岁）规模明显收缩，5年降幅达19.68%。在这些孩子中，与祖父母一起居住的比例最高，约占1/3；还有3.37%的孩子单独居住。如果加上“城乡流动儿童”，即随务工父母到户籍所在地以外生活学习半年以上的3580多万孩子，则总数离上亿不远。

“小么小儿郎，背着书包上学堂；爸妈进城打工去，撇下孩儿好凄凉；放学回家忙家务，梦里呼唤二爹娘。”这首流传在农村留守儿童中的儿歌，道出了这一庞大群体的心声。作为我国社会转型时期的弱势群体，留守儿童亲情缺慰、学习缺导、生活缺助、心理缺疏、安全缺护等“五缺”现象突出。由于父母不在身边，孩子们长期缺乏亲情的抚慰与关怀，常常感到紧张、焦虑，缺乏安全感，性格往往变得孤僻、冷漠、内向；由于与隔代监护人有心理上的距离，遇到苦闷时每每无法及时得到排解，积累导致悲观消极、感情脆弱、自暴自弃等畸形心理；临时监护人文化素质较低，身体状况较差，重养轻教，没有能力辅导孩子的功课，孩子的学习得不到有效的督促和指导，家庭作业完成较差，厌学、逃学、辍学的现象时有发生；监护人防范意识弱，孩子们的防护能力差，孩子们容易受到意外伤害，甚至成为不法分子侵害的对象。留守儿童中存在的亲情关怀缺失、心理问题增多、学习兴趣降低、道德意识薄弱、安全问题频发等生理、心理、伦理方面的问题，越来越引起社会各界的广泛关注。农村留守儿童能否健康快乐成长，不仅关系到他们的前途和命运，关系到我国未来人口素质的提高，而且关系到和谐社会的构建、社会的安全与稳定。关爱留守儿童，让留守儿童茁壮成长，已成为家庭、学校和社会的共同责任。

令人欣慰的是，近年来，在党和政府的高度重视，教育部门、妇联组织主动作为和社会各界的共同努力下，留守儿童面临的亲情缺失、生活抚育、教育监督、安全保护等问题以及流动儿童面临的平等接受教育等问题，正在逐步得到解决，取得了可喜的成效。

我们认为，我国农村留守儿童问题既具有紧迫性，又具有长期性。城镇化是人类社会发展的必然趋势，也是欠发达的农业国向现代化工业国转变的必由之路。现阶段正是我国城镇化快速推进的时期，由于长期形成的城乡二元结构及由此衍生的法规、制度、政策、社会心理等都不可能在短期内彻底改变，留守儿童问题将较长时间地存在。采取更加得力的措施，悉心做好留守儿童工作，对于顺利地推进我国城镇化进程、更好地统筹城乡协调发展、全面建成小康社会，必将起到不可替代的重要作用。

家庭教育是一切教育的起点和基石，父母监护是儿童社会化过程中的重要因素。孩子与父母的长期分离、家庭教育的弱化，使留守儿童的生活质量、生理心理健康状况、成长环境均不如受父母监护的儿童。20%的务工父母在儿童1岁前外出，留守婴儿得不到足够时间的母乳喂养；自己单独居住和生活的留守儿童尽管只占总量的3.37%，但潜在的生存风险却要大得多。应运用法律法规和乡规民约，强化父母的监护职责，减少父母监护缺位给儿童造成的有形和无形的伤害。你若问留守儿童的最大心愿是什么，答复几乎都是“与爸妈团聚”，不再当留守儿童。要有效地破解这一难题，就要多策并举，综合发力。比如：支持、鼓励、帮助有条件的外出务工人员带上孩子举家进城，减少农村留守儿童数量；加快新农村建设和小城镇建设，吸纳更多的农村剩余劳动力就地就近就业；以政府为主导，动员学校、社区构建关爱网络，营造温馨港湾，提供“同在蓝天下、快乐共成长”的良好学习、生活环境，落实对留守儿童的人文关怀；打破户籍制度造成的二元体制，消除基于城乡、户籍身份等方面的歧视和偏见，开展城乡儿童手拉手等活动，实现城镇常住人口基本公共服务全覆盖，使农民工和留守儿童、流动儿童真正融入城镇；出台农民工跟随子女在异地参加中考、高考政策；等等。通过家庭监护、学校帮护、社会呵护、法律保护、组织管护等一系列关护行动，动员城镇乡村、社会家庭、方方面面都为解决农村留守儿童问题尽心尽力、尽职尽责。

正是基于以上认识，我们商量，以独特的视角、真诚的情感、朴实的手法、小成本的制作，打造一部以农村留守儿童为主角，表现这一特殊弱势群体生存状况和喜怒哀乐的当代农村题材的儿童影片，以期唤起社会各界对农村留守儿童更多的关注关爱，都来为破解这一难题集思广益、献计出力，为这些可爱的孩子们撑起一片爱的天空。

二、文艺创作只有接地气才能有人气

不论是革命战争年代、社会主义革命和建设年代，还是改革开放年代，凡是创作出思想性、艺术性、观赏性俱佳的优秀文学艺术作品的名家大师，无一不是深厚的生活根基、丰富的人生阅历和充沛的素材储备使然。在众声喧嚣、文化娱乐方式日益多元化的今天，弘扬时代精神、关注现代生活、反映最广大人民群众心声和愿望的作品，仍然广受人民大众的欢迎，因而依然具有强大的吸引力和生命力。而那些在市场经济冲击和急功近利躁动下，严重脱离实际、一味闭门造车、故作无病呻吟之作，理所当然地遭到了人民群众的冷遇、诟病和唾弃。一个时期以来，荧屏上谍战剧、警匪剧、后宫剧、穿越剧、魔幻剧一窝蜂地扎堆、跟风，同质化现象愈演愈烈。抗战“神剧”更是轮番登场，雷人桥段层出不穷，一颗手榴弹可以炸下日军的飞机，一把飞刀可以打哑敌人的重炮，鬼子血肉模糊、英雄毫发无损，鹰爪功、铁砂掌、绣花针等武林“神功”频频亮相，弹指间敌寇灰飞烟灭，把付出数千万同胞伤亡的惨痛历史记忆演绎成了娱乐至死的搞笑节目。这些泛娱乐化的倾向，只顾一时吸引一部分人的眼球，罔顾艺术家的良心，不断挑战广大观众的承受极限和道德底线。对这些粗制滥造、胡编乱造的“戏说”，国人只能报之以吐槽、声讨。

这些偏颇的出现，都源于一个病根——缺乏对艺术规律的尊重，脱离了人民群众的现实生活。关于文艺创作与现实生活关系的阐述，讲得最深刻、最中肯、最精当，因而也最权威的，当属毛泽东同志了。71年前，他在延安文艺座谈会上的讲话中说：“人民生活中本来存在着文学艺术原料的矿藏，这是自然形态的东西，是粗糙的东西，但也是最生动、最丰富、最基本的东西；在这点上说，它们使一切文学艺术相形见绌，它们是一切文学艺术的取之不尽、用之不竭的唯一的源泉。”马克思主义经典作家、老一辈卓有成就的文学艺术家、当下真正有出息有作为的文艺家，都异口同声地强调人民群众的现实生活是创作的唯一源泉；而一些文艺作品，恰恰背离了这一文艺创作的规律，远离实际、远离生活、远离群众，自然就创作不出人民群众喜闻乐见的好作品了；这样弄出来的东西，也只能是昙花一现的“文化泡沫”。

深刻反映现实生活，是文艺工作者的重要使命，也是文艺创作的难点；但难点一旦突破，就会成为震撼人心的亮点。只有遵循艺术创作的规律，以严肃认真、精益求精的创作态度，坚持不懈地扑下身子、放下架子，深入实际、体验生活、贴近群众，少一点功利思维、少一点浮躁心态，多一点百姓情结、多一点人文关怀：一句话，只有俯身接住地气，才能打造出现实主义的佳作乃至力作。编剧孟宪明是曾六获电视剧飞天奖的著名剧作家、河南省文学院一级作家，又是民俗专家，具有深厚的生活底蕴，对我国城镇化、工业化、农业现代化进程有着深切的感悟，对农村、农民有着深刻的理解，对农民工、留守儿童、留守老人的生存状况、内心世界有着细致入微的观察，因而能够创作出《念书的孩子》这一真实地、入木三分地反映农民工与留守儿童、留守老人境况的电影。导演原雅轩是个从豫北农村走出来的、责任心很强、非常真诚的年轻人，国家“五个一工程”奖获得者，他执导这部具有引导和教育意义的艺术片，意在抓住当前我国社会转型期亟待解决和干部群众高度关注的热点问题，通过影片呼唤关爱——关爱孩子、关爱老人、关爱动物、关爱弱势群体，强势群体关注弱势群体；关爱让一切变得温暖，弘扬真、善、美，给人信心，给人力量。男主角李佳奇本身就是一个生长在中部农村的农家孩子，后被著名豫剧表演艺术家王希玲招进郑州王希玲艺校学习，对农村留守儿童有着感同身受的体验，所有表演都非常阳光、非常质朴、非常乡土、非常纯真，没有丝毫的牵强与做作，引发了诸多看点、动情点。正是编剧、导演、演员们脚踏实地接地气的爱心传递，使这一小成本电影在国际上斩获大奖，在观众中赢得口碑！

（2013年5月18日）

图书在版编目（CIP）数据

中原崛起的足音 / 王全书著 . -- 北京 : 中国文史出版社, 2018.3

（政协委员文库）

ISBN 978-7-5205-0409-6

Ⅰ . ①中… Ⅱ . ①王… Ⅲ . ①区域经济发展 - 研究 - 河南 Ⅳ . ①F127.61

中国版本图书馆CIP数据核字(2018)第157259号

责任编辑：卜伟欣

出版发行：中国文史出版社
网　　址：www.wenshipress.com
社　　址：北京市西城区太平桥大街23号　　邮　编：100811
电　　话：010—66173572　66168268　66192736（发行部）
传　　真：010—66192703
印　　装：北京地大彩印有限公司
经　　销：全国新华书店
开　　本：710mm×1010mm　1/16
印　　张：23.75
字　　数：388千字
版　　次：2018年8月北京第1版
印　　次：2018年8月北京第1次印刷
定　　价：68.00元